DIREITO MÉDICO

O GEN | Grupo Editorial Nacional – maior plataforma editorial brasileira no segmento científico, técnico e profissional – publica conteúdos nas áreas de concursos, ciências jurídicas, humanas, exatas, da saúde e sociais aplicadas, além de prover serviços direcionados à educação continuada.

As editoras que integram o GEN, das mais respeitadas no mercado editorial, construíram catálogos inigualáveis, com obras decisivas para a formação acadêmica e o aperfeiçoamento de várias gerações de profissionais e estudantes, tendo se tornado sinônimo de qualidade e seriedade.

A missão do GEN e dos núcleos de conteúdo que o compõem é prover a melhor informação científica e distribuí-la de maneira flexível e conveniente, a preços justos, gerando benefícios e servindo a autores, docentes, livreiros, funcionários, colaboradores e acionistas.

Nosso comportamento ético incondicional e nossa responsabilidade social e ambiental são reforçados pela natureza educacional de nossa atividade e dão sustentabilidade ao crescimento contínuo e à rentabilidade do grupo.

OSVALDO SIMONELLI

DIREITO MÉDICO

2ª edição revista, atualizada e reformulada

gen | Editora FORENSE

- Direitos exclusivos para a língua portuguesa
  Copyright © 2024 *by*
  Editora Forense Ltda.
  Uma editora integrante do GEN | Grupo Editorial Nacional
  Travessa do Ouvidor, 11 – Térreo e 6º andar
  Rio de Janeiro – RJ – 20040-040
  www.grupogen.com.br

- Capa: Fabricio Vale

- **CIP-BRASIL. CATALOGAÇÃO NA PUBLICAÇÃO**
  SINDICATO NACIONAL DOS EDITORES DE LIVROS, RJ

S618d
2. ed.

    Simonelli, Osvaldo
       Direito médico / Osvaldo Simonelli. - 2. ed. - Rio de Janeiro : Forense, 2024.
       384 p. ; 24 cm.

       Inclui bibliografia
       ISBN 978-85-3099-438-9

       1. Medicina - Legislação - Brasil. 2. Ética médica - Brasil. I. Título.

24-88135   CDU: 340.134:61(81)

Meri Gleice Rodrigues de Souza - Bibliotecária - CRB-7/6439

Respeite o direito autoral

*"Não quero ter a terrível limitação de
quem vive apenas do que é passível de fazer sentido.
Eu não: quero uma verdade inventada."*
Clarice Lispector

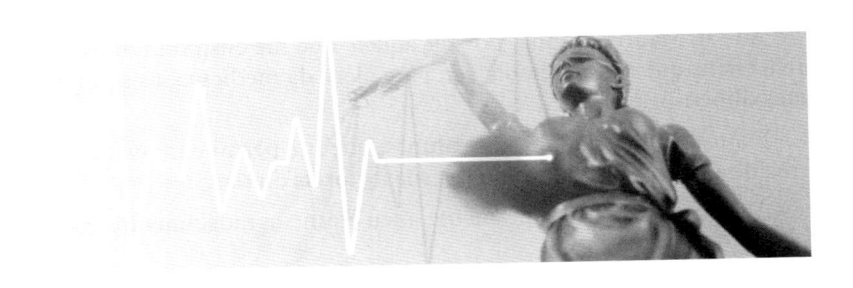

AGRADECIMENTOS

Meus agradecimentos a quem, direta ou indiretamente, permitiu que eu pudesse viver intensamente as minhas verdades, representadas neste livro. Mesmo que não nominados expressamente, saibam que fazem parte deste projeto. Minha vida se confunde com o Direito Médico, e, graças a ele, meus sonhos puderam se projetar em realidade. Em especial:

À minha avó materna, Antonietta Braga Pires (*in memoriam*), que sempre acreditou que eu seria capaz. Sempre. De forma incondicional.

Ao meu pai, Domingos João Simonelli (*in memoriam*), pelos ensinamentos. Por me transmitir valores essenciais e sempre acreditar em meu potencial. Saudades.

À minha mãe, Laura Braga Pires Simonelli, por me ensinar que, na vida, não há espaço para desistir e sempre há um caminho a ser buscado. As dificuldades não existem quando se têm objetivos.

À minha irmã, Débora Pires Simonelli, por ser a primeira a me mostrar o lindo e gratificante caminho de dedicação e trabalho no magistério.

À minha companheira nesta vida, de outras vidas, Camila Cruanes Garcia Simonelli. Compreensiva. Parceira. Empreendedora. Forte. Você sonhou comigo este projeto e, por sua motivação e compreensão, ele se torna possível. Gratidão por estar ao meu lado, sempre.

Aos meus filhos, Lucas, Vitor e Felipe. Meu pedido de perdão aqui registrado pela ausência nos dias de futebol. Meus agradecimentos pela compreensão. Ainda em tenra idade, mas já tão maduros e companheiros.

Ao Dr. Henrique Carlos Gonçalves (*in memoriam*), por ter sido o meu grande mentor nesta caminhada do Direito Médico. Obrigado pelos valiosos ensinamentos, eternamente gravados em minha memória e meu coração.

Aos Drs. Renato Azevedo Júnior e Silvia Helena Rondina Mateus, por sempre acreditarem no meu potencial nesta jornada e me ensinarem tanto ao longo de nossa convivência.

Ao Dr. Henrique Liberato Salvador. Um homem forte, de princípios, que demonstra, com sua história de vida, que a ética não é negociável.

Ao Dr. Henderson Fürst, por ter acreditado neste projeto e me permitido vivenciar a experiência de imergir em meus pensamentos, memórias e vivência no Direito Médico.

Ao Dr. Mauro Aranha, por ser aquele que me ensinou tantos valores dentro de nossa convivência, que me auxiliou a ver, para além da medicina, os seres humanos em suas diferentes dimensões.

E a todos os meus alunos e alunas, que me permitem viver o Direito Médico de uma forma dinâmica, viva, por meio das suas vitórias diárias.

A todos vocês, indistintamente, meu eterno agradecimento.

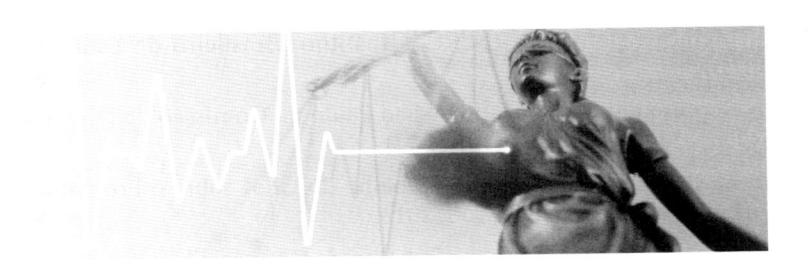

SOBRE O AUTOR

OSVALDO SIMONELLI

Advogado, Professor, Palestrante e Jornalista.

Formado em Direito pela Faculdade de Direito de São Bernardo do Campo em 1998.

Pós-graduado em Direito Público e Direito Processual Civil pela Escola Paulista da Magistratura.

Mestre em Ciências da Saúde pela Escola Paulista de Medicina/UNIFESP.

Assessor Jurídico do Sindicato e da Federação das Santas Casas do Estado de São Paulo (2000/2002).

Advogado do Conselho Regional de Medicina do Estado de São Paulo de 2002 a 2020. Chefe do Departamento Jurídico entre 2005/2015, Superintendente Jurídico entre 2016/2018.

Certificado pela Harvard Law School – Bioethics: The Law, Medicine, and Ethics of Reproductive Technologies and Genetics, pela Harvard Law School.

Idealizador do Programa de Formação em Direito Médico®.

Autor e coautor de artigos e obras no Direito Médico.

Coautor de Resoluções no âmbito do Conselho Federal e do Regional de Medicina de São Paulo (Códigos de Ética Médica – anos 2009 e 2018, Código de Processo Ético-profissional Médico – anos 2013 e 2016, Comissões de Ética Médica – ano 2016, Resolução PA – ano 2017, Canabidiol, 2014).

Ex-membro Efetivo da Comissão de Direito Médico da Ordem dos Advogados do Brasil, Seção São Paulo. Nomeado pela Portaria 265/09/PR (julho de 2009).

Ex-membro Efetivo da Comissão de Direito da Saúde e Responsabilidade Médico--hospitalar, da Ordem dos Advogados do Brasil, Seção São Paulo. Nomeado pela Portaria 465/10/PR (posse em abril de 2011).

Vice-presidente da Comissão de Direito Médico e da Saúde da OAB Subseção Arujá (2019/2021).

Membro efetivo do IBERC – Instituto Brasileiro de Estudos em Responsabilidade Civil. 2021.

Representante do Estado de São Paulo na Comissão de Direito Médico da Associação Brasileira de Advogados – ABA. 2021.

Ex-membro do Grupo de Trabalho do CFM sobre o Programa Mais Médicos (2013). Nomeado pela Portaria CFM 71/2013.

Ex-membro do Grupo de Trabalho de Estratégia Jurídica para a defesa do Ato Médico do CFM (2016). Nomeado pela Portaria CFM 100/2016.

Ex-membro do Grupo de Trabalho de Estratégia Jurídica para a defesa do Ato Médico do CFM (2016). Nomeado pela Portaria CFM 100/2016.

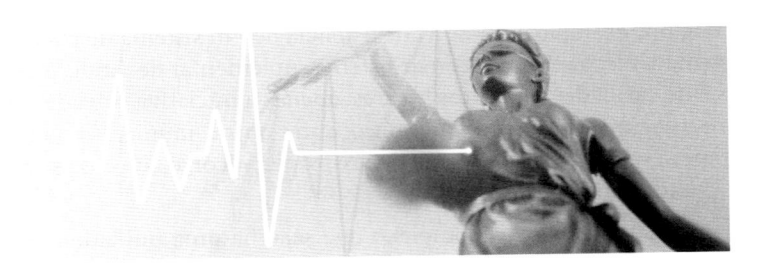

PREFÁCIO

Um dos marcos do início da civilização humana é um fêmur quebrado que foi calcificado.[1] Isso porque, diante de um cenário hostil à sobrevivência de um dos seres mais frágeis, uma perna fraturada representaria poucas chances de resistência, e se houve a possibilidade de calcificar, é porque alguém cuidou dela para que pudesse se recuperar.

É assim que podemos contar que os cuidados da saúde surgem como reflexo da própria civilização humana, pois é a capacidade de cuidado de seus membros que possibilitava que as comunidades se desenvolvessem. É possível observar até mesmo que o desenvolvimento da democracia está de algum modo relacionado ao desenvolvimento da própria medicina.[2]

Para que o cuidado pudesse ser melhor aplicado, bem como o seu conhecimento desenvolvido, parte da comunidade passou a abdicar-se de tarefas rotineiras de subsistência, dependendo de permutas entre si. A estruturação metodológica e o crescimento social demandarão também uma melhor organização, que implicará no surgimento das primeiras escolas de ofício em saúde na Idade Média em Montpellier (1181), Londres (1123), Bologna (+-1200), Oxford (1220), Siena (1245), Coimbra (1290), Florence (1321), Praga (1348), Pádua (1399), entre outras. Também outras atividades relacionadas à saúde irão se organizar em ofícios, como o boticário, o protético, o dentista, e demandarão escolas, bem como fornecedores de matérias-primas e materiais dos mais distintos. E eis o modo como, em grandes saltos históricos, configura-se o que é o universo das atividades relacionadas à saúde.

Assim, quando falamos nos cuidados da saúde, nos referimos a um complexo ecossistema que abarca muito mais que a oferta de serviços de consultas e cirurgias. Por trás de cada ato exercido por profissionais de saúde há um complexo fluxo econômico que envolve desde a produção de conhecimentos até a produção tecnológica de fármacos, próteses, insumos cirúrgicos, equipamentos de diagnóstico por imagem, de proteção individual, passando por sua distribuição adequada, controle de qualidade, de custo x benefício, entre outros detalhes.

Para compreender esse complexo ecossistema, é possível abordar vários aspectos e facetas, com diversos recortes, que possibilitarão diferentes análises. Uma delas, por exemplo, é a análise jurídica do custeio desse complexo ecossistema, que se dá de várias formas – no

---

[1] Cf. BYOCK, Ira. *The best care possible*: a physician's quest to transform care through the end of life. Nova York: Avery, 2013.

[2] JAEGER, Werner. *Paidéia*. São Paulo: Martins Fontes, 1995. p. 1.001 e ss.

Brasil, por exemplo, tem-se a coexistência de um sistema de cobertura universal de saúde (o Sistema Único de Saúde) com o sistema suplementar de saúde, além de iniciativas filantrópicas e de caridade; em outros lugares, apenas a iniciativa privada, eventualmente coexistindo com o seguro de saúde comunitário, entre outras inúmeras combinações possíveis; e, claro, sempre estará presente a própria pessoa que recorre ao ecossistema para ter acesso à saúde custeando individualmente.

Todavia, por mais complexo que seja, há uma unidade matricial de relações, que é a base de todo ecossistema de cuidados em saúde, que remete ao primitivo fêmur quebrado e calcificado: a relação entre paciente e profissionais de saúde.

A tão chamada "relação médico-paciente" compreende um complexo de atos, manifestações, dilemas, problemas e incidências normativas que, na prática do dia a dia, passou-se a se chamar de *Direito Médico*.

O Direito Médico usualmente é tratado como uma nova área do direito. Certamente é uma nova área de atuação profissional do direito, com crescente demanda tanto preventiva quanto contenciosa, seja na esfera ético-profissional, seja na cível ou ainda na criminal.

Mas, enquanto ciência, o Direito Médico é uma nova área jurídica? Apenas se considerarmos um paradigma pós-positivista e funcionalista é que poderemos considerar que, sim, o Direito Médico é uma nova área do direito.

De forma didática, seria como um recorte temático e transversal de todo o direito, pois, como se verá na obra que tenho o privilégio de prefaciar, o Direito Médico lida com a incidência normativa de todas as áreas do direito na relação médico-paciente e precisa lidar com a complexa análise do suporte fático para interpretar adequadamente o suporte normativo. Disso falaremos adiante.

Para compreender como o Direito Médico só pode ser formulado num paradigma pós-positivista e funcionalista, vamos nos restringir à análise do postulado da aplicação de um método. Para o paradigma positivista fundado no cartesianismo, é imprescindível que se adote um método apropriado, uma vez que a segurança e a validade do resultado do pensamento científico são dadas pelo método, que também confere coerência e sentido à operação científica, e o postulado racionalista pressupõe um direito coerente, preciso, completo, não redundante, decisível e logicamente derivável.[3]

Como postulado do racionalismo, a estrutura de construção científica do direito também passou a se pautar pela fragmentação do conhecimento, reduzindo o fenômeno jurídico a partes menores determinadas por problemas mais específicos determináveis por métodos igualmente mais específicos. Surgem as áreas específicas do direito com suas particulares formas de estabelecer postulados de representação do mundo, ou seja, cada qual com uma estrutura normativa própria, cujo conteúdo é reconhecidamente daquele fragmento científico do direito. Essa é a característica marcante do racionalismo legado às ciências positivistas: a simplificação do mundo para melhor compreendê-lo – é preciso separar o mundo em partes para compreender o todo.[4]

---

[3]   WARAT, Luis Alberto. *Introdução geral ao direito*. Porto Alegre: SafE, 1994. p. 52.

[4]   VASCONCELLOS, Maria José Esteves. *Pensamento sistêmico*: o novo paradigma da ciência. Campinas: Papirus, 2002. p. 77.

No caso do Direito Médico, não se pode falar em uma fragmentação do fenômeno jurídico para melhor compreendê-lo, tampouco estamos diante de um conteúdo científico que fora simplificado para melhor determinação do método ao qual deve ser aplicado. Antes, o objeto do Direito Médico é um problema sistêmico apresentado pela sociedade civil ao qual toda a ciência jurídica articula seu conhecimento e métodos para tentar compreender e sistematizar normativamente. Dessa forma, o Direito Médico demanda conhecimentos específicos de cada área cartesiana do direito, bem como a interação entre cada uma delas.

Um exemplo dessa articulação específica e conjunta é dado pelo caso do testamento vital, ou diretrizes antecipadas de manifestação de vontade. Articula-se especificamente o conhecimento do direito civil para saber a natureza jurídica e os requisitos de existência, validade e eficácia, para perquirir se há como encaixar tal modalidade de manifestação de vontade para quando não se é possível manifestar sobre questões existenciais dentro de normativas preexistentes e se os formalismos que existem são aplicáveis também a tal modalidade de manifestação, bem como se é possível desconsiderar tais formalidades para o caso de uma manifestação explícita, como é o caso das pessoas que, não querendo ser ressuscitadas em caso de colapso cardiorrespiratório fora do ambiente hospitalar, tatuam no peito a decisão "DNR" (*Do Not Ressucitate*). Tal manifestação de vontade seria suficientemente válida para ter os efeitos de uma diretriz antecipada de vontade? E se, ao ser encontrada, a pessoa portadora de uma tatuagem DNR estivesse vestindo uma camiseta de ativismo "pro-life choice", corrente de ideologia favorável à manutenção da vida em qualquer forma e estágio (sendo, por exemplo, contrária ao aborto, à eutanásia etc.)? A articulação conjunta de conhecimento ocorreria quando questionada a conduta do médico que deixasse de salvar a vida de tal paciente. Teria ocorrido omissão de socorro da qual decorreu homicídio culposo? Ou então seria atípica, ou talvez não se possa alegar antijuridicidade diante da dúvida, ou ainda alegar a culpabilidade do agente?

O Direito Médico não pode, portanto, ser compreendido no paradigma positivista de bases racionalistas. A complexidade do suporte fático demanda igualmente abordagem complexa e integral do conhecimento jurídico, o que só pode ser realizado por meio do paradigma pós-positivista de bases hermenêuticas[5]. A maneira de estruturar o Direito Médico tampouco pode ser com base nas clássicas formulações do conhecimento científico jurídico específico, segundo princípios e sistemas normativos que representem os dogmas do conhecimento positivo de completude do ordenamento para lidar com aquele fato. Deve ser proposto como uma função do conhecimento jurídico em torno dos problemas apresentados pela relação médico-paciente.

A área, como se pode ver, é apaixonante. Mas já antecipo que não é mais apaixonante que a Bioética – minha primeira área de formação. Deixo aos leitores a missão de descobrirem por si sós por qual se apaixonam mais.

Ao citar a Bioética aqui, faço com o intuito de que o estudo do Direito Médico seja sempre – sempre! – feito conjuntamente com a Bioética, pois é o conhecimento que a humanidade desenvolveu que melhor nos auxilia a compreender adequadamente o suporte fático e interpretar corretamente o direito para aplicá-lo.

---

5   Nesse sentido, substancial a contribuição do pensamento de Willis Santiago Guerra Filho e Paola Cantarini em *Teoria Poética do Direito*. Rio de Janeiro: Lumen Juris, 2015, p. 6-14, na qual propõem uma compreensão fenomenológica do Direito, não apenas reduzindo-o a uma manifestação dogmática específica, inclusive apontando a crescente procedimentalização do Direito na contemporaneidade.

Tendo exposto estas reflexões preliminares, ficam evidentes as virtudes da presente obra para o estudo, aprimoramento e atualização do Direito Médico. Em primeiro lugar, Osvaldo Simonelli trouxe a leitura ampla do direito que se aplica à relação médico-paciente. Como se poderá notar, o autor aprecia tanto a responsabilidade civil quanto a criminal, além da ética e suas consequências recíprocas e complexas. Não se trata de apenas uma das análises, como é frequente que ocorra no direito brasileiro, mas de forma conjunta, sabendo que é uma área pós-positivista.

Da mesma forma, o autor traz ao leitor um capítulo inteiro sobre Bioética, explicando sua relevância e demonstrando como aplicá-la cotidianamente na adequada interpretação dos casos que, como se sabe, são cada vez mais inimagináveis e surpreendem pelos conflitos axiológicos que carregam em si.

E, como não fosse suficiente, o autor também avalia o fenômeno jurídico do conjunto das diversas relações médico-paciente e seus sistemas de financiamento, dando origem à análise dos sistemas de saúde, para que se saiba situar em qual contexto se encontra.

Por fim, outro ponto que quero destacar na leitura da obra de Simonelli é a sua indissociabilidade da prática. O autor escreve para pessoas reais, lidando com sofrimentos reais de pacientes e profissionais, e que precisam dar respostas. É um livro com respostas, não com angústias, e que irá caminhar lado a lado de seus leitores para ajudar na práxis cotidiana, bem como na formação de profissionais que possam lidar com a crescente demanda jurídica do sistema de saúde.

Com isso, espero que os leitores desta obra a apreciem tanto quanto eu apreciei ao lê-la pela primeira vez. É um privilégio ter sido seu primeiro leitor, tanto quanto é um privilégio compartilhar da amizade de Osvaldo em tempos tão interessantes, e nele tenho um constante interlocutor para minhas próprias incertezas teóricas em inéditas questões que surgem em Bioética e Direito Médico.

Boa leitura.

Henderson Fürst

Doutor em Direito pela PUC-SP. Doutor e mestre em Bioética pelo CUSC. Professor de Bioética e de Direito Médico do Hospital Israelita Albert Einstein. Professor de Direito Constitucional da PUC-Campinas. Presidente da Comissão Especial de Bioética e Biodireito da OAB-SP, cargo que também ocupou no Conselho Federal da OAB. Diretor da Sociedade Brasileira de Bioética. Membro da Comissão de Direito Médico do Conselho Federal de Medicina. Membro da CISS/Conselho Nacional de Saúde. Editor jurídico do Grupo Editorial Nacional.

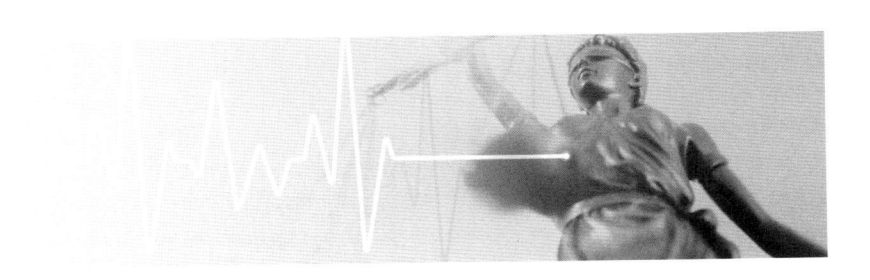

APRESENTAÇÃO

Nos anos de 2016 e 2017, em que presidi o Conselho Estadual de Medicina do Estado de São Paulo (CREMESP), tive a oportunidade e a satisfação de contar com os préstimos do então, à época, superintendente jurídico daquela Instituição, Osvaldo Simonelli.

Como sabem, o Conselho, mediante análises e decisões de sua Plenária de conselheiros, tem a prerrogativa e o dever de zelar pela boa prática médica no Estado de São Paulo, e o faz quando produz resoluções e pareceres que a regulam; quando fiscaliza hospitais, clínicas e afins; avalia e julga, em sindicâncias e processos ético-profissionais, a eticidade do exercício profissional; cumpre suas obrigações cartoriais; e quando atua, em colaboração intersetorial, junto a instituições não médicas que envolvem os interesses da saúde pública.

Vale dizer, que toda essa gama de ações, para que sejam pertinentes, consistentes, efetivas e responsáveis, requer a participação atenta e capaz do corpo jurídico do Conselho. E digo aqui que Osvaldo, como seu comandante, engrandeceu a missão institucional da referida Casa, entregou com brilhantismo o que dele se esperava, e mais: o respeito aos valores e princípios bioéticos que devem referenciar os propósitos da Medicina, desde o respeito à dignidade e à singularidade da pessoa humana até à equidade e justiça distributiva na concessão de benefícios em saúde coletiva.

Porque, se as leis positivam e alargam o âmbito da Justiça, é a impessoalidade de seus agentes e a primazia do interesse público que as legitimam.

Este livro que ora vem à tona retrata a trajetória de seu autor. E é a sua trajetória que o legitima e lhe faz jus.

Mauro Aranha de Lima
Psiquiatra (CRM/SP 47.726 RQE 29.833).
Ex-presidente do Conselho Regional de Medicina
do Estado de São Paulo.

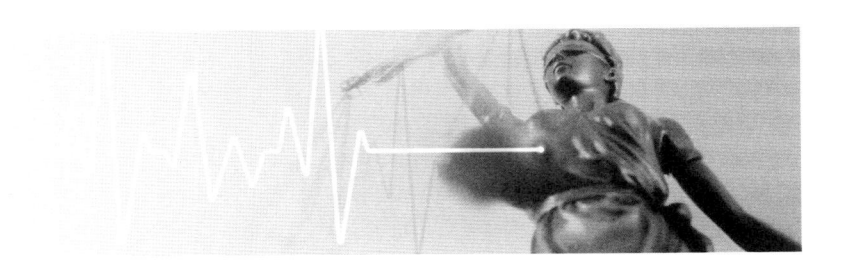

NOTA À 2ª EDIÇÃO

Esta 2ª edição, atualizada e ampliada, conta com alterações importantes ocorridas no Direito Médico no ano de 2023, principalmente na área da publicidade médica, em razão da Resolução do Conselho Federal de Medicina nº 2.336/2023.

Ademais, também foram inseridas observações importantes a respeito do sigilo médico em casos de aborto, conforme últimos posicionamentos do Superior Tribunal de Justiça, além de um tema que ganhou amplo destaque no campo do Direito Médico e da Saúde Suplementar envolvendo o chamado "reembolso médico", a partir da utilização do sistema denominado de "livre escolha de prestadores".

O Direito Médico é absolutamente dinâmico, e estar sempre atento às principais alterações é essencial para o advogado que pretende se tornar especialista e, mais do que isso, uma referência na área.

Bem-vindos à 2ª edição do livro *Direito Médico*.

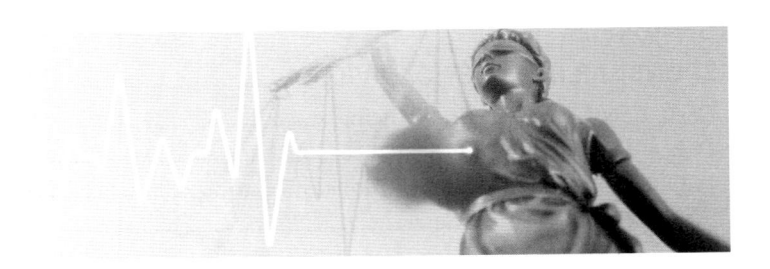

SUMÁRIO

CAPÍTULO VII
SISTEMA DE SAÚDE BRASILEIRO

REFERÊNCIAS

ANEXO – O PROCESSO ÉTICO-PROFISSIONAL MÉDICO NA PRÁTICA

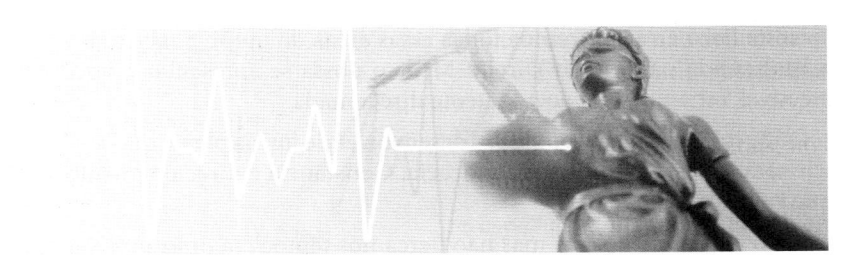

INTRODUÇÃO

Estudar o Direito Médico vai muito além dos bancos acadêmicos. Aliás, bancos estes que raramente apresentam aos egressos dos bacharelados em Direito tal possibilidade, tão pujante em termos de mercado.

O período pandêmico exacerbou o que, há tempos, já se observava: a importância de termos uma área do Direito dedicada à compreensão da relação entre os profissionais de saúde e os seus pacientes, em suas múltiplas dimensões.

Não se trata, simplesmente, de aplicarmos as regras hodiernas consumeristas, civilistas, constitucionais ou administrativas a tais relações, mas fazê-lo a partir de uma visão humanística, bioética e voltada ao fortalecimento de direitos elementares relacionados a um bem absolutamente intangível e inegociável: a saúde.

O estudo do Direito Médico é dividido em três eixos, que formam a base conceitual e necessária para a especialização na área: responsabilidade profissional; ética e bioética; e sistema de saúde brasileiro.

Dentro do contexto da responsabilidade profissional, encontram-se as suas três vertentes: civil, penal e administrativa, estando, nesta última, a disciplinar e a ética.

No campo da ética e da bioética, o estudo direciona-se à compreensão da relação entre os profissionais de saúde e os seus pacientes sob a perspectiva dos Conselhos de Fiscalização Profissional, das normas infralegais voltadas à regulamentação das condutas, além do olhar humanístico do ponto de vista da bioética, com a sua visão para a compreensão da ética comportamental diária, a ética da vida como é retratada em sua conceituação literal.

Por fim, conhecer o sistema de saúde estruturado pela Constituição Federal de 1988 é fundamental. Os âmbitos público e privado, complementar e suplementar formam os pilares do Sistema Único de Saúde e entender essa estrutura mostra-se essencial ao advogado que atua no Direito Médico.

São três eixos de estudo que se entrelaçam, com pontos de intersecção que serão devidamente abordados neste livro. Ensino, exemplo e prática compõem a filosofia de trabalho a ser desenvolvida no caminho correto da especialização dentro do Direito Médico.

Neste livro atravessaremos todas essas áreas de modo conceitual e prático, formando uma base sólida para que o Direito Médico possa se apresentar a você de maneira plena, indefectível, estruturada e devidamente direcionada.

Que esta nova jornada possa se desenvolver de forma plena, que seus estudos possam ser direcionados ao sucesso na sua advocacia. Constância e direcionamento são mais eficientes do que velocidade.

"Não tenhamos pressa, mas não percamos tempo", já dizia José Saramago. E vamos ao que viemos!

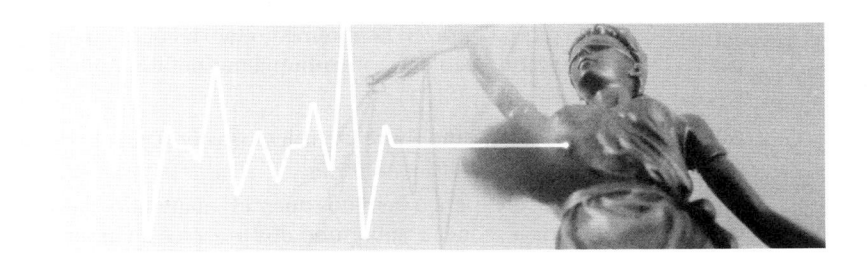

Capítulo I

A RELAÇÃO ENTRE O DIREITO E A MEDICINA

I.A. O QUE É O DIREITO MÉDICO?

Próximo aos anos 400 a.C., Hipócrates[1] reformula a medicina dos deuses e transforma essa prática em algo mais identificado aos homens. Por intermédio de seu consagrado "Juramento", utilizado simbolicamente pelos egressos dos cursos de Medicina hodiernamente, foi estabelecida uma relação muito próxima entre a atividade médica e o Direito por meio de conceitos firmes a respeito daquele exercício profissional, principalmente sob a luz da ética médica.

E, ao realizarmos uma análise crítica desse juramento,[2] observa-se de maneira cristalina que ele não está lastreado somente na ética, mas também em uma relação intrínseca entre o Direito e a Medicina:

> Eu juro, por Apolo médico, por Esculápio, Hígia e Panacea, e tomo por testemunhas todos os deuses e todas as deusas, cumprir, segundo meu poder e minha razão, a promessa que se segue:
>
> [...]
>
> Aplicarei os regimes para o bem do doente segundo o meu poder e entendimento, nunca para causar dano ou mal a alguém.

[1] Hipócrates (460 a.C.-377 a.C.) foi um médico grego. Ele é considerado o mais célebre médico da Antiguidade e o iniciador da observação clínica. Nasceu na ilha grega de Cós, na costa da Ásia Menor. Era filho de Heráclides e Fenareta, descendente de Asclépio, deus grego da medicina, por parte de pai, e de Hércules, por parte de mãe.

[2] CONSELHO REGIONAL DE MEDICINA DO ESTADO DE SÃO PAULO – CREMESP. Juramento de Hipócrates. Disponível em: https://www.cremesp.org.br/?siteAcao=Historia&esc=3. Acesso em: 25 maio 2020.

> A ninguém darei por comprazer, nem remédio mortal nem um conselho que induza a perda. Do mesmo modo não darei a nenhuma mulher uma substância abortiva.
>
> [...]
>
> Não praticarei a talha, mesmo sobre um calculoso confirmado; deixarei essa operação aos práticos que disso cuidam.
>
> Em toda casa, aí entrarei para o bem dos doentes, mantendo-me longe de todo o dano voluntário e de toda a sedução, sobretudo dos prazeres do amor, com as mulheres ou com os homens livres ou escravizados.
>
> Àquilo que no exercício ou fora do exercício da profissão e no convívio da sociedade, eu tiver visto ou ouvido, que não seja preciso divulgar, eu conservarei inteiramente secreto.

Em seu ato de vanguarda, Hipócrates direciona a ética médica atual à atuação jurídica do profissional da Medicina. No trecho anteriormente mencionado, pode-se observar *nuances* do princípio bioético da não maleficência, da proibição da eutanásia e do aborto, do próprio ato médico, da relação médico-paciente e daquele que é a base da relação jurídica entre o médico e o seu paciente: o sigilo profissional.

E, nesse aspecto em especial, destaca-se que o Juramento de Hipócrates não nos fornece apenas a regra geral, mas igualmente a exceção, quando cita a prática do "justo motivo", hipótese de violação legítima do sigilo, tal qual conhecemos nos atuais ordenamentos a respeito do tema.

Destarte, Hipócrates é considerado o "pai da medicina moderna", pois, ainda no século V a.C., consegue estabelecer de forma sólida as normas e as condutas médicas para que a relação médico-paciente seja a base da atuação profissional médica, e, atualmente, para a fundação dos estudos relacionados ao Direito Médico.

Para entender melhor o que é o Direito Médico e a sua relevância social e jurídica, é necessário adentrarmos o exercício necessariamente burocrático da medicina, cada vez mais presente na relação com o paciente e com a própria sociedade.

A atuação médica não fica mais restrita ao ambiente do consultório, em vínculo essencial-mente fechado e privado, passando a sofrer interferência direta das inúmeras áreas do Direito. A partir, principalmente, da Carta Republicana de 1988, há a entrada no ordenamento jurídico do Código de Defesa do Consumidor, ainda com influência direta do revogado Código Civil de 1916, com previsões específicas ao profissional da saúde, *v.g.*, o art. 1.545:

> Art. 1.545. Os médicos, cirurgiões, farmacêuticos, parteiras e dentistas são obrigados a satisfazer o dano, sempre que da imprudência, negligência, ou imperícia, em atos profissionais, resultar morte, inabilitarão de servir, ou ferimento.

Dentro do campo contratual, a chamada "pejotização da medicina", por meio de uma abertura indiscriminada de empresas médicas, apresenta-se como um verdadeiro nó górdio a ser desvendado diante da sanha arrecadatória estatal. Paralelamente a isso, conhecer a natureza e o valor jurídico dos documentos médicos, como relatórios, laudos, atestados, o próprio prontuário e os chamados "termos de consentimento", vem se mostrando essencial para a própria atividade médica.

O advogado que escolhe o Direito Médico, por sua vez, precisa estar cada vez mais conectado com as diversas áreas do Direito e atento às demandas que envolvem a saúde, *v.g.*, o campo do Direito Administrativo, quando da fiscalização pelos Conselhos Profissionais, além da responsabilidade civil e penal; o Código Civil; o Código de Defesa do Consumidor; e, evidentemente, a própria Carta Republicana de 1988, que é a base do direito à saúde e permeia os estudos dentro do Direito Médico quase que em sua integralidade.

A relação entre médicos, pacientes e advogado especialista na área é cada vez mais necessária, como corolário de nossas próprias relações sociais, na exata medida em que somos um reflexo de tais vínculos e, no Direito Médico, isso fica ainda mais evidente, trazendo à baila reflexões advindas da própria Sociologia no que poderíamos denominar "Direito Médico Compreensivo", que busca justamente avaliar, a partir de uma visão social das relações estabelecidas, a etiologia subjetiva das ações de cada indivíduo.

Significa dizer que o paciente que estabelece uma relação efetiva e, por que não, afetiva com o seu médico, o faz de acordo com o ambiente no qual está inserido, com as suas próprias experiências de vida, identicamente à postura do profissional. O advogado que decide por atuar no Direito Médico precisa se inserir em tais situações com uma missão fundamental: solucionar o conflito e reaproximar os partícipes dessa relação.

O Direito Médico é de fato uma advocacia ultraespecializada.

Poder-se-ia dizer até mesmo que o Direito Médico se encontra inserido no que há de mais próximo entre a advocacia e o ser humano.

O Direito Médico, portanto, compreende o estudo sistematizado de algumas áreas do Direito em integração com as Ciências da Saúde.

I.B. INTRODUÇÃO AO DIREITO MÉDICO

Ao falar da "medicina", é importante destacar que o fazemos de maneira simbólica, representativa de todos os demais setores da saúde, pois não há como promover a medicina sem que todas as outras áreas estejam relacionadas.

No Direito Médico, o raciocínio é muito semelhante, destacando-se toda uma gama profissional estrutural que envolve advogados, juízes, promotores e os próprios Conselhos de Fiscalização Profissional, tratando o Direito Médico como algo que vai além da "terminologia", atingindo-se a sensibilidade consistente na representação de todos os interesses desse ramo diferenciado do Direito.

É correto afirmar que o Direito Médico está em um núcleo e se relaciona com diversas áreas do Direito da Saúde. Essa estrutura começou no período de colonização do Brasil com a instituição da polícia sanitária do Estado e suas regras de fiscalização para embarcações, alimentos, cemitérios e serviços conectados diretamente com a saúde pública, principal foco de proteção estatal à época.

Nesse momento, identifica-se o surgimento do denominado "direito sanitário brasileiro", com a criação de códigos de normas e condutas para fins eminentemente epidemiológicos. Com o passar do tempo, as políticas públicas dessa área foram naturalmente evoluindo até que a Constituição de 1988 sacramentasse o direito à saúde, com todas as figuras jurídicas envolvidas.

No Brasil, a utilização do termo "Direito Médico" começa com uma associação à medicina legal, área do ensino médico voltada ao estudo das ciências médicas com um enfoque absolutamente jurídico. As primeiras doutrinas dos anos de 1970 trabalhavam com enfoque voltado à medicina forense, com destaque para os trabalhos desenvolvidos pelo médico legista e professor Genival Veloso de França, considerado um precursor do Direito Médico e um dos expoentes dessa associação primária entre as áreas.

Essa aproximação entre o Direito e a Medicina tornou-se natural pelo simples fato de que ambos lidam diretamente com os maiores valores do homem, representados pela vida, no sentido dos cuidados da saúde, de sua prevenção e promoção, e pela liberdade, relacionada ao poder de escolha quanto a suas relações sociais e jurídicas, ao direito de ir e vir, de aceitar ou não o que lhe é posto.

Direito e Medicina também garantem a existência com dignidade e lidam diretamente com a organização da sociedade. Não há Medicina efetiva sem que ela esteja ligada às políticas públicas e não há sociedade atualmente que possa se organizar sem regras de Direito. Lidam com o que há de mais sagrado enquanto garantia individual consubstanciada pela inviolabilidade da intimidade do cidadão; lidam com seres humanos em alto grau de vulnerabilidade, não no sentido estrito do Direito, mas sim de modo fático, de experiências de vida, na medida em que alguém que busca um sistema de saúde está, de fato, precisando de auxílio em sua mais genuína forma.

Igualmente, um paciente que passa por uma situação desconfortável no âmbito de uma relação de saúde e se socorre dos préstimos de um profissional do Direito precisa ser acolhido com um grau de humanização ímpar. É preciso um alto grau de confiabilidade na profissão, tanto da saúde quanto do Direito, para que um indivíduo entregue plenamente a chave que dá o acesso à sua privacidade, aos seus segredos e a situações mais íntimas.

A Constituição trata o Direito e a Medicina como áreas extremamente relevantes. O Direito é fundamental, conforme expresso pela Carta Republicana quando confere ao advogado o papel de "indispensável à administração da Justiça" (art. 133). A saúde, por sua vez, figura como direito de todos e dever do Estado, alçada ao *status* único constitucional como um direito social de relevância pública (arts. 196 e 197).

I.C. A RELAÇÃO MÉDICO-PACIENTE. A BASE DO DIREITO MÉDICO

A base do Direito Médico é a relação médico-paciente.

Estabelecer linhas de raciocínio dentro do Direito é algo relativamente simples para quem se dedica aos estudos durante cinco anos, em que a capacidade técnica é treinada para compreender as estruturas das normas e buscar se especializar em uma área de atuação.

No Direito Médico não é diferente.

Contudo, para compreendê-lo em toda a sua extensão, não basta a idealização do que seria apenas o comumente chamado "erro médico", na medida em que tal visão representa apenas uma das peças de um imenso enigma a ser desvendado diuturnamente: a intrigante perspectiva sociológica e jurídica sobre as relações humanas.

Constitui equívoco grave desenvolver o restrito raciocínio no sentido de que a atuação em Direito Médico tem seu desenlace a partir da conclusão de um erro médico ou da evidência de uma má prática profissional. Quando um paciente se automedica, procura os serviços de um profissional farmacêutico, utiliza medicamento que pode mascarar determinados sintomas, diversas relações jurídicas relevantes se estabelecem nesse percurso, que culmina, por exemplo, em um resultado indesejado nas mãos de um profissional médico ou da própria enfermagem.

Essa desconstrução contraintuitiva é essencial para a compreensão ampla da relação entre o profissional de saúde e o paciente em toda a sua verdadeira extensão.

Revolvendo a relação médico-paciente, base de nossos estudos, é de especial interesse o fato de que, tal como surgida nos tempos de Hipócrates, não se apresenta substancialmente diferente nos presentes dias, conforme verificamos em excertos extraídos do próprio Código de Ética Médica, estabelecido pela Resolução n. 2.217/2018 do Conselho Federal de Medicina:

> Capítulo I
> Princípios fundamentais
> [...]
> II – O alvo de toda a atenção do médico é a saúde do ser humano, em benefício da qual deverá agir com o máximo de zelo e o melhor de sua capacidade profissional.

O Código de Ética Médica, portanto, tem um olhar muito específico sobre essa relação, tanto que a insere na sua fração principiológico-normativa, a máxima a ser buscada enquanto visão de perfeito desempenho ético da medicina, premissa estabelecida pelo legislador por intermédio da Lei Federal n. 3.268/1957.

No Código de Ética Médica, diversas são as previsões principiológicas, diceológicas e deontológicas a respeito da relação entre o médico e o seu paciente, mas uma em especial merece destaque:

> Capítulo I
> Princípios fundamentais
> [...] XX – A natureza personalíssima da atuação profissional do médico não caracteriza relação de consumo.

Discussões à parte acerca da aplicação do Código de Defesa do Consumidor (CDC) no contexto da relação entre o profissional da saúde e o seu paciente, essa previsão principiológica representa, sob a ótica da deontologia médica, a principal característica da ética profissional enquanto atuação personalíssima, individual e, por vezes, insubstituível.

Assim é que, sob tal ótica estritamente ético-profissional, a relação entre médico e paciente não pode jamais configurar uma relação de consumo.

Ao analisar a parte deontológica do Código de Ética, punitiva portanto, destaca-se, inserido no Capítulo V, o art. 32, que assim informa:

> Capítulo V
> Relação com pacientes e familiares
> É vedado ao médico:
> [...]

> Art. 32 Deixar de usar todos os meios disponíveis de promoção de saúde e de prevenção, diagnóstico e tratamento de doenças, cientificamente reconhecidos e a seu alcance, em favor do paciente.

A interpretação desse artigo previne quanto a uma obrigação deontológica, no sentido de que se encontra o médico obrigado a entregar a seu paciente tudo quanto de melhor estiver ao seu alcance – e esse termo final ("ao seu alcance") é o que nos prepara para uma das mais importantes premissas jurídicas no contexto da medicina: a chamada "atividade de meios" e não "de resultados". Aliás, há consagrada frase atribuída a Hipócrates em que essa característica da relação entre o médico e o seu paciente fica evidente:

> A arte da medicina está em observar. Curar algumas vezes, aliviar muitas vezes, consolar sempre.

Dentro desse vínculo profissional que se aproxima da sacralidade, ao paciente incumbe a tarefa de se comprometer com o tratamento, seguir o que é acordado e orientado pelo médico, estabelecendo uma grande relação de confiança e reciprocidade, enquanto ao profissional atribui-se a nobre tarefa de atuar de maneira eficaz, realizando sua melhor técnica com o que possui a seu alcance.

Com uma visão consolidadora dessa relação, o Conselho Federal de Medicina exalta quatro premissas fundamentais ao melhor desenvolvimento da atuação médica frente ao seu paciente:[3]

> **Confortar** – é a mais nobre missão do médico, a síntese perfeita do humanismo pregado por Asclépio e Hipócrates. Não é piedade profissional, é apoiar, amparar, consolar. A doença provoca uma intolerável sensação de angústia, carência, despertando uma necessidade de carinho e afeição. Perguntas formais, prescrições, solicitação de exame, raciocínio diagnóstico etc. são demonstrações de capacidade técnica.
>
> **Escutar** – respeitar o próximo significa reverenciar a divindade que cada um traz no seu interior, e escutar o paciente é a maneira mais sagrada de reverenciá-la. Nas religiões orientais, a menção ao "outro" é predicado sagrado. No Ocidente, infelizmente, tem-se o significado de que levar uma vida previsionada [sic] por prazos fatais, pressa, e relacionamentos descartáveis seja uma premissa de sobrevivência. A autêntica escuta exige paciência, atenção, interesse. O médico que quiser desenvolver com o paciente uma relação construtiva não pode demonstrar tédio, impaciência, insensibilidade.
>
> **Olhar** – segundo os gregos, o "rei" dos sentidos. "Nem do escuro o olhar consegue mentir", já diziam os chineses. Ralph Waldo Emerson, filósofo norte-americano, diz que é impossível um olhar ser diferente da ação da mente. O paciente gosta e precisa ser olhado: quer ter a certeza de que existe para o médico, não quer ser apenas um registro de computador. O médico que esqueceu o significado do olhar precisa reaprendê-lo, e também esquecer o computador.

---

[3]   DÓREA, A. J. P. da S. Relação médico x paciente. Disponível em: https://portal.cfm.org.br/artigos/relacao-medico--x-paciente/. Acesso em: 27 nov. 2022.

Tocar – no primeiro toque de mão o paciente antecipa o clima da sua relação com o médico. A pressão e a duração do cumprimento a ele dirigido são muito significativas. O médico experiente sabe que para a maioria dos pacientes a consulta já é satisfatória quando são auscultados e apalpados. Os doentes não só precisam da habilidade de quem os trata, mas compaixão e desvelo podem ser transmitidos pelo toque, além da competência profissional.

Aos profissionais do Direito é conferida a missão de repassar, de relembrar e de reforçar essas premissas a profissionais de saúde e pacientes, como um auxílio ao fortalecimento das relações jurídicas e sociais, aproximando todos os partícipes indispensáveis dentro do contexto e do ambiente da saúde.

Esse tema – a relação entre o médico e o seu paciente – será retomado em capítulo específico, quando tratarmos dessa "nova" relação que há hoje, intermediada pelas contemporâneas tecnologias, pelas redes sociais e pelo próprio sistema de atendimento a distância, disciplinado e regulamentado sob a denominação "telemedicina".

O que se afigura como absolutamente essencial, neste exato momento, é a compreensão de que o profissional da saúde não é, efetivamente, o culpado, o responsável, o causador das mazelas relacionadas aos serviços de saúde que são entregues à população, apresentando-se, diante do contexto fático, como padecente do próprio sistema.

Não se trata de uma narrativa eminentemente protetiva de tais profissionais, mas uma observação acerca da realidade político-social que tem início já nas barreiras e dificuldades impostas à própria qualificação efetiva enquanto ainda nos bancos acadêmicos.

De toda sorte, é fundamental a compreensão de que a relação entre o médico, o profissional da saúde e o seu paciente é a base sólida que fundamenta os estudos voltados ao Direito Médico.

O breve "mapa mental" abaixo serve para demonstrar o raciocínio ilustrativo e exemplificativo a respeito dos pilares estruturais envolvendo os eixos de estudo dentro do Direito Médico:

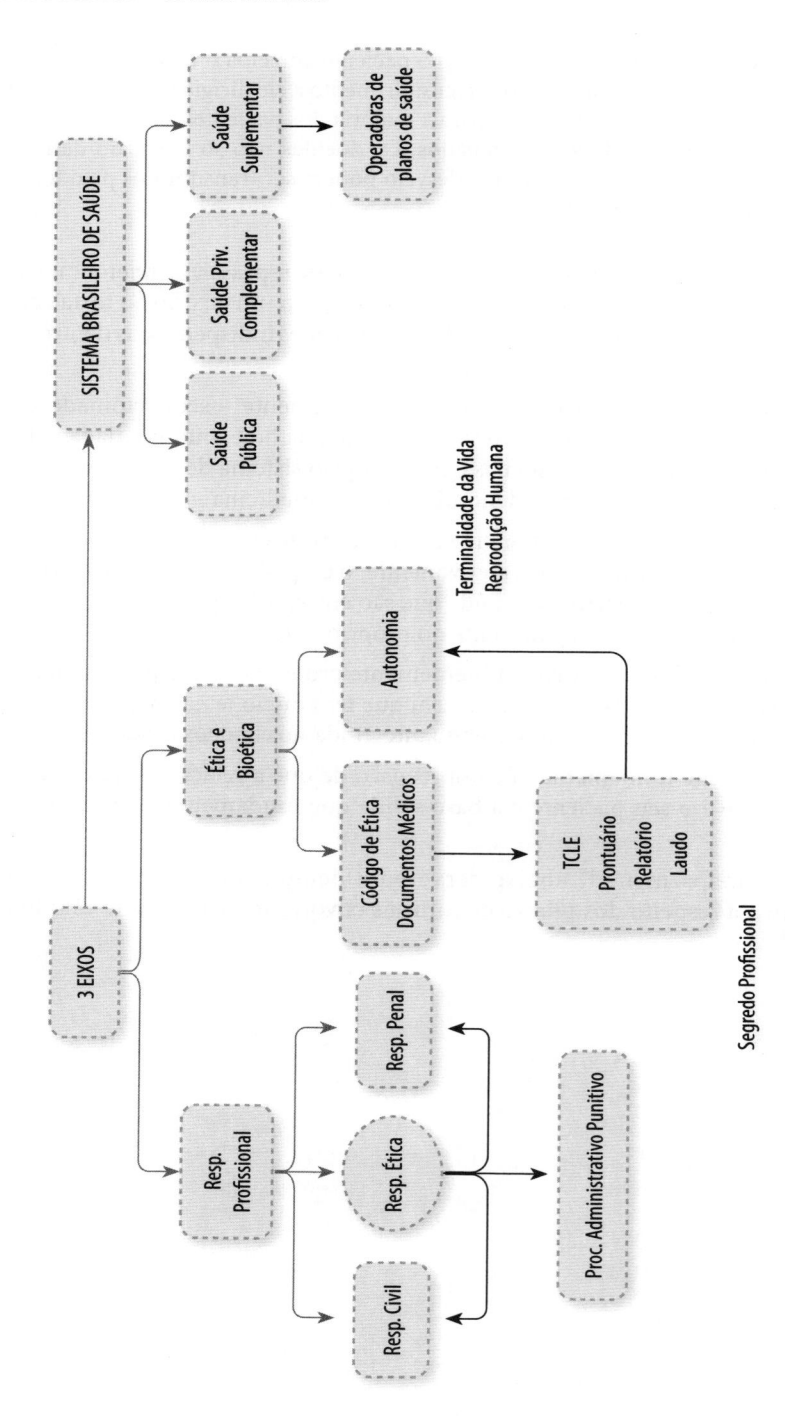

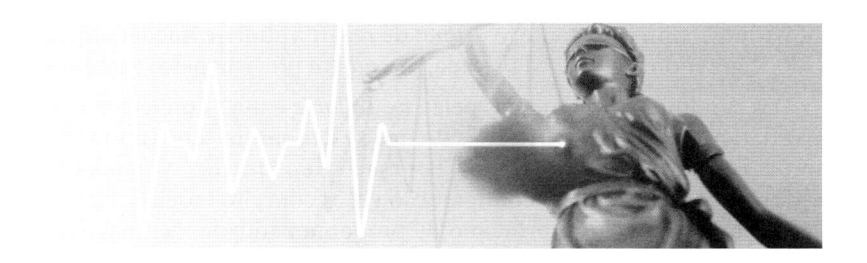

Capítulo II

RESPONSABILIDADE CIVIL

II.A. RESPONSABILIDADE CIVIL NA SAÚDE

A responsabilização, a cobrança social e jurídica pelo ato praticado que causa prejuízo a outrem não é novidade dos tempos modernos. Por mais acentuada que seja hodiernamente, principalmente no que tange à responsabilização de ordem civil, de cunho eminentemente indenizatório e ressarcitório, a história da humanidade é envolta pela postulação de direitos em face daquele que ultrapassa os limites de sua esfera pessoal, catalogado como "infrator".

Qualquer ato ou omissão juridicamente relevante, portanto, é capaz de gerar a necessária responsabilização. Contudo, no campo profissional, a responsabilidade deriva de um conhecimento técnico, específico, que induz à ideia de que se está tratando com alguém qualificado para a prática a que se dispõe, exsurgindo uma aparência razoável de credibilidade e autoridade aos olhos do leigo.

Não há distinção, no campo da responsabilidade, quanto aos atos praticados. Entretanto, quando se está diante de profissionais que detêm determinadas capacidades técnicas que os diferenciam dos cidadãos comuns, o Direito tende a proteger aqueles que, sob o olhar da tecnicidade, cognição e compreensão, não dispõem de recursos suficientes. Há na sociedade uma natural relação de predominância de subordinação a quem detém especial técnica, em qualquer área profissional.

Socialmente, o mecânico que sabe exatamente como solucionar um problema automotivo, naturalmente, ascende sobre o leigo, que pouco conhece de tal técnica.

Na origem da organização social, as sociedades primitivas tinham visão muito própria sobre a forma de responsabilização de cunho eminentemente privado, em que vigorava o direito à autotutela, ausente o Estado na intervenção sobre as relações particulares.

O indivíduo detinha, portanto, o direito de reagir à altura e imediatamente frente a um dano sofrido, vigorando a vingança privada, a *vendetta* prevista pelos romanos.

Tais condutas representadas pela *Lex Talionis* – mais conhecida como "Lei de Talião" – aproximaram as vinganças privadas do que se denomina "Justiça Retributiva", com rigorosa reciprocidade entre o crime e a pena. Por mais que a ideia de "olho por olho, dente por dente" seja grotesca diante da atual configuração e dos conceitos sociais, fato é que se estabeleceu, aos critérios da época, um princípio de proporcionalidade, demonstrando o início de uma estruturação punitiva, obviamente com características de surrealidade à vista dos atuais conceitos normatizadores e sociais.

A Lei de Talião era uma regra geral e oral que foi absorvida em alguns instrumentos jurídicos da época, entre eles o Velho Testamento, do qual vários princípios podem ser entendidos como regras de direito àqueles que professam a religião cristã.

> Em Levítico 24:18-20 (cerca de 1445 a.C.):
>
> [18] Mas quem matar um animal, o restituirá, vida por vida.
>
> [19] Quando também alguém desfigurar o seu próximo, como ele fez, assim lhe será feito.
>
> [20] Quebradura por quebradura, olho por olho, dente por dente; como ele tiver desfigurado a algum homem, assim se lhe fará.
>
> Em Êxodo 21:12, 22:25 (cerca de 1447 a.C.):
>
> [12] Quem ferir alguém, de modo que este morra, certamente será morto.
>
> [22] Se alguns homens pelejarem, e um ferir uma mulher grávida, e for causa de que aborte, porém, não havendo outro dano, certamente será multado, conforme o que lhe impuser o marido da mulher, e julgarem os juízes.
>
> [23] Mas se houver morte, então darás vida por vida,
>
> [24] Olho por olho, dente por dente, mão por mão, pé por pé,
>
> [25] Queimadura por queimadura, ferida por ferida, golpe por golpe.

Por volta de 1770 a.C., o Rei Hamurábi decide por codificar[1] uma série de normas a respeito da responsabilidade, superando alguns códigos pretéritos que não possuíam uma organização efetiva, *v.g.*:

> *Código de Ur-Namu*[2] (cerca de 2040 a.C.), surgido na Suméria, descreve costumes antigos transformados em leis e a enfatização de penas pecuniárias para delitos diversos ao invés de penas tálicas. Considerado um dos mais antigos de que se têm notícias, no que diz respeito à lei, foi encontrado nas ruínas de templos da época do rei Ur-Namu, na região da Mesopotâmia (onde fica o Iraque atualmente).
>
> "O Código de Ur-Namu [...] foi descoberto somente em 1952 pelo assiriólogo e professor da Universidade da Pensilvânia, Samuel Noah Kromer. Nesse Código elaborado no mais remoto dos tempos da civilização humana é possível identificar em

---

[1] BUENO, M. C. *Código de Hamurábi – Manual dos Inquisidores – Lei das XII Tábuas – Lei de Talião*. São Paulo: Edijur, 2018.

[2] UR-NAMU. *In*: WIKIPÉDIA: a enciclopédia livre. Disponível em: https://pt.wikipedia.org/wiki/Ur-Nammu. Acesso em: 5 set. 2019.

seu conteúdo dispositivos diversos que adotavam o princípio da reparabilidade dos atualmente chamados danos morais" (SILVA, Américo Luís Martins da. *O dano moral e a sua reparação civil*. São Paulo: Revista dos Tribunais, 1999. p. 65).

Código de Manu[3] (ano 1000 a.C. aproximadamente). Escrito em sânscrito, é tido como a legislação mais antiga da Índia.

O Código de Hamurábi, por sua vez, trouxe as primeiras ideias de patrimônio e igualmente previa artigos específicos com relação ao próprio exercício da medicina, como exemplificativamente demonstrado abaixo:

> **Art. 215** – Se um médico trata alguém de uma grave ferida com a lanceta de bronze e o cura ou se ele abre a alguém uma incisão com a lanceta de bronze e o olho é salvo, deverá receber dez siclos.
>
> [...]
>
> **Art. 218** – Se um médico trata alguém de uma grave ferida com a lanceta de bronze e o mata, ou lhe abre uma incisão com a lanceta de bronze e o olho fica perdido, dever-se-lhe-á cortar as mãos.
>
> **Art. 219** – Se o médico trata o escravo de um liberto de uma ferida grave com a lanceta de bronze e o mata, deverá dar escravo por escravo.

A partir do ano 450 a.C., menciona-se, historicamente, a Lei das Doze Tábuas,[4] considerada a base do Direito Romano, tal qual como incorporado, inclusive, nas normas brasileiras estruturais do Direito Civil moderno:

> **Tábua VIII** (*De delictis* – Dos delitos)
> [II] Contra aquele que destruiu o membro de outrem e não transigiu com o mutilado, seja aplicada a pena de talião.
> [III] Pela fratura de um osso de um homem livre, pena de trezentos "*asses*"; de um escravo, pena de cinquenta "*asses*".

Paralelamente, em período historicamente próximo, exsurge a reestruturação do Juramento de Hipócrates, na Grécia, em que o vínculo entre o Direito e a Medicina restam definitivamente traçados, caminhando para uma melhor organização da sociedade, vislumbrada com o advento da *Lex Aquilia*, por volta de 286 a.C., em Roma.

A responsabilidade aquiliana passa a ser a base da responsabilidade civil como a conhecemos, inclusive com a estrutura de culpa lastreada nos conceitos de negligência, imprudência e imperícia, mas, essencialmente, estabelecendo o fim da vingança privada, iniciando-se novo momento histórico acerca da interferência do Estado nas relações privadas.

---

[3] CÓDIGO DE MANU. *In*: WIKIPÉDIA: a enciclopédia livre. Disponível em: https://pt.wikipedia.org/wiki/C%C3%B3digo_de_Manu. Acesso em: 5 set. 2019.

[4] LEI DAS DOZE TÁBUAS. *In*: WIKIPÉDIA: a enciclopédia livre. Disponível em: https://pt.wikipedia.org/wiki/Lei_das_Doze_T%C3%A1buas. Acesso em: 5 set. 2019.

Surgem, então, dois conceitos importantíssimos para a responsabilidade civil, tal como a conhecemos atualmente e de caráter fundamental para a compreensão quanto à efetiva aplicação de tal instituto jurídico no âmbito da saúde, da medicina e das relações com o paciente, consubstanciados nas responsabilidades contratual e extracontratual, definidas por Cavalieri Filho:[5]

Responsabilidade contratual

Se preexiste um vínculo obrigacional, e o dever de indenizar é a consequência do inadimplemento, temos a responsabilidade contratual, também chamada de ilícito contratual ou relativo.

A responsabilidade denominada "contratual" pressupõe, portanto, a existência prévia de uma avença estabelecida livremente entre paciente e profissional, compreendendo as relações restritas ao âmbito da medicina privada, isto é, ao profissional que é livremente escolhido, contratado e pago pelo cliente.

No âmbito da responsabilidade contratual, àquele que foi lesado pelo seu descumprimento, basta provar a existência prévia do contrato firmado, o fato do inadimplemento e o dano, com o devido nexo de causalidade, transferindo ao réu a responsabilidade de demonstrar que o dano decorreu de uma causa estranha a ele.

Entretanto, é forçoso reconhecer que a maioria das relações na área da saúde advêm de uma atividade extracontratual – porquanto inexistente qualquer documento escrito –, e, invariavelmente, intermediada por uma operadora de plano de saúde. E, nesse aspecto, assumem especial relevância as chamadas "responsabilidades extracontratuais", seguindo definição de Cavalieri Filho:[6]

Responsabilidade *ex delictu* (delitual).

Se esse dever surge em virtude de lesão a direito subjetivo, sem que entre o ofensor e a vítima preexista qualquer relação jurídica que o possibilite, temos a responsabilidade extracontratual, também chamada de ilícito aquiliano ou absoluto.

Trata-se, portanto, de responsabilidade derivada de uma relação espontânea. No âmbito da saúde atrelada ao Direito, as circunstâncias da vida colocam frente a frente médico e enfermo, incumbindo àquele o dever de prestar assistência enquanto uma obrigação ordinária, um dever de cuidar inerente à profissão médica, rememorando os ensinamentos a respeito da responsabilidade do técnico, do profissional habilitado diante do cidadão não técnico.

Como regra geral, o autor da ação deve provar, ainda, a imprudência, a negligência ou a imperícia do causador do dano (elementos subjetivos da culpa), isentando-se o réu de responder pela indenização se não demonstrados tais elementos.

E por qual razão é relevante o conhecimento acerca de tais definições? Justamente porque tal debate se encontra envolto pelo instituto processual da carga probatória. A regra geral impõe o consagrado conceito no sentido de que "quem alega deve provar". Mas nem sempre

---

[5]   CAVALIERI FILHO, Sergio. *Programa de responsabilidade civil*. 9. ed. São Paulo: Atlas, 2010.

[6]   CAVALIERI FILHO, Sergio. *Programa de responsabilidade civil*. 9. ed. São Paulo: Atlas, 2010. p. 15.

será assim, mormente quando tratamos da incidência do Código de Defesa do Consumidor na relação entre médico e paciente, como restará evidenciado.

Cabe um breve adendo quanto ao fato de que, com o advento do Código Civil de 2002, exsurge a responsabilidade civil extrapatrimonial, qual seja, a de ordem eminentemente moral, como norma eminentemente civilista, complementando a previsão inicialmente contida no texto da Carta Republicana de 1988 como uma garantia individual fundamental. Portanto, a moral passa a ser um bem civilmente tutelado, passível de reparação, notadamente por intermédio dos artigos abaixo transcritos:

> **Constituição Federal**
>
> Art. 5º. [...]
>
> V – é assegurado o direito de resposta, proporcional ao agravo, além da indenização por dano material, moral ou à imagem;
>
> [...]
>
> X – são invioláveis a intimidade, a vida privada, a honra e a imagem das pessoas, assegurado o direito a indenização pelo dano material ou moral decorrente de sua violação;
>
> **Código Civil**
>
> Art. 186. Aquele que, por ação ou omissão voluntária, negligência ou imprudência, violar direito e causar dano a outrem, ainda que exclusivamente moral, comete ato ilícito.
>
> [...]
>
> Art. 927. Aquele que, por ato ilícito (arts. 186 e 187), causar dano a outrem, fica obrigado a repará-lo.
>
> Parágrafo único. Haverá obrigação de reparar o dano, independentemente de culpa, nos casos especificados em lei, ou quando a atividade normalmente desenvolvida pelo autor do dano implicar, por sua natureza, risco para os direitos de outrem.

Destaca-se, ainda, que, após a devida estruturação normativa acerca do dano eminentemente patrimonial, os danos extrapatrimoniais adquiriram especial relevância jurídica, não apenas com a incorporação do dano moral à legislação pátria, mas também com a inclusão de novas categorias, como a do dano estético, reconhecido como bem jurídico autônomo pela Súmula 387 do Colendo Superior Tribunal de Justiça,[7] e a do denominado "dano existencial", como uma espécie de reparação decorrente de um sofrimento intenso que acarreta a perda da qualidade de vida do indivíduo.

Para salientar a estrutura ressarcitória estabelecida pelo Código Civil, menciona-se o art. 951, que, em que pese instituir uma previsão aberta, ao final, atribui responsabilidade especial aos profissionais de saúde, ao indicar a qualidade de paciente como alvo na norma:

> Art. 951. O disposto nos arts. 948, 949 e 950 aplica-se ainda no caso de indenização devida por aquele que, no exercício de atividade profissional, por negligência, imprudência ou imperícia, causar a morte do paciente, agravar-lhe o mal, causar-lhe lesão, ou inabilitá-lo para o trabalho.

---

7   "É lícita a cumulação das indenizações de dano estético e dano moral."

Além desse aspecto, há teorias aplicáveis à responsabilização na seara médica que se originam de circunstâncias fáticas próprias, como a "perda de uma chance", com origem na doutrina francesa, e que tem como premissa básica a caracterização de determinada situação decorrente de má prática profissional, que enceta a retirada de uma chance de cura real e efetiva da esfera do paciente.

Assim, situações, *v.g.*, como altas médicas precoces, em que há uma evolução da doença de forma a comprometer a vida do paciente, e diagnósticos equivocados, que retiram a possibilidade de tratamento, enquadram-se na teoria da perda de uma chance, pois acarretam um dano absolutamente evitável do ponto de vista técnico-científico médico.

O Superior Tribunal de Justiça já se manifestou a respeito de mencionada teoria, culminando em acórdão assim ementado:

> RECURSO ESPECIAL. RESPONSABILIDADE CIVIL. TEORIA DA PERDA DE UMA CHANCE. HOSPITAL. ATUAÇÃO NEGLIGENTE. ÓBITO. INDENIZAÇÃO PELA CHANCE PERDIDA. VALOR DA INDENIZAÇÃO. RAZOABILIDADE. SÚMULA N. 7/STJ.
>
> [...]
>
> 2. A teoria da perda de uma chance comporta duplo viés, ora justificando o dever de indenizar em decorrência da frustração da expectativa de se obter uma vantagem ou um ganho futuro, desde que séria e real a possibilidade de êxito (perda da chance clássica), ora amparando a pretensão ressarcitória pela conduta omissiva que, se praticada a contento, poderia evitar o prejuízo suportado pela vítima (perda da chance atípica).
>
> 3. Hipótese em que a morte da paciente não resultou do posterior agravamento da enfermidade diagnosticada a destempo, mas de um traumatismo crânio-encefálico resultante da queda de uma escada em sua própria residência um dia depois da última consulta médica realizada, não se podendo afirmar com absoluta certeza que o acidente doméstico ocorreu em razão das tonturas que ela vinha sentindo e que a motivou a procurar auxílio médico.
>
> 4. À luz da teoria da perda de uma chance, o liame causal a ser demonstrado é aquele existente entre a conduta ilícita e a chance perdida, sendo desnecessário que esse nexo se estabeleça diretamente com o dano final. [...]
>
> 5. Existência de laudo pericial conclusivo quanto à efetiva concorrência da enfermidade extemporaneamente diagnosticada para o resultado morte, tendo em vista que a baixa contagem de plaquetas foi determinante para que não fosse possível estancar a hemorragia intracraniana da paciente.
>
> 6. Atuação negligente dos profissionais médicos que **retirou da paciente uma chance concreta e real de ter um diagnóstico correto e de alçar as consequências normais que dele se poderia esperar.**
>
> 7. **Na responsabilidade civil pela perda de uma chance, o valor da indenização não equivale ao prejuízo final, devendo ser obtido mediante valoração da chance perdida, como bem jurídico autônomo.**
>
> 8. Ainda que estabelecidos os danos morais em R$ 50.000,00 (cinquenta mil reais) com base no sofrimento e na angústia do autor pela morte de sua esposa, não se mostra desarrazoada a quantia fixada a esse título, mesmo considerando que a indenização deve reparar apenas a chance perdida.

9. Recurso especial não provido (STJ, REsp 1.677.083/SP [2017/0034594-5], Terceira Turma, Rel. Min. Ricardo Villas Bôas Cueva, j. 14.11.2017, *DJe* 20.11.2017).

Em que pese tratar de bases normativas únicas e uniformes, a responsabilidade civil em saúde demanda determinadas análises que não podem desprezar as características específicas acerca do vínculo especial formado entre o paciente, o hospital e o médico, ensejando um olhar muito próprio quando diante de uma situação envolvendo um erro ou uma determinada prática profissional danosa.

II.B. RESPONSABILIDADE CIVIL SUBJETIVA DOS MÉDICOS

A base primária para a efetiva compreensão quanto aos fundamentos que permeiam o instituto da responsabilidade civil é justamente o antigo Código civilista, datado de 1916, e que, apesar de não ter qualquer previsão específica quanto à responsabilização extrapatrimonial autônoma acerca do denominado "dano moral", indicava de maneira clara as premissas para que fossem firmados os devidos contornos indenizatórios, em especial no que se refere aos arts. 159 e 1.545, com destaque para este último, que declinava um viés específico de responsabilização para profissionais de saúde:

> **Art. 159.** Aquele que, por ação ou omissão voluntária, negligência, ou imprudência, violar direito, ou causar prejuízo a outrem, fica obrigado a reparar o dano. A verificação da culpa e a avaliação da responsabilidade regulam-se pelo disposto neste Código, arts. 1.518 a 1.532 e 1.537 a 1.553.
>
> **Art. 1.545.** Os médicos, cirurgiões, farmacêuticos, parteiras e dentistas são obrigados a satisfazer o dano, sempre que da imprudência, negligência, ou imperícia, em atos profissionais, resultar morte, inabilitação de servir ou ferimento.

Nesse toar, percebe-se de forma evidente a tríade da culpa estabelecida aos profissionais de saúde, já em 1916, mediante a necessária jornada pela comprovação de um ato que fosse caracterizado por imprudência, negligência ou imperícia decorrentes do próprio exercício profissional.

Essa é, justamente, a base da responsabilidade subjetiva, confirmada com o advento da Lei n. 8.078/1990 – Código de Defesa do Consumidor –, em que a distinção entre o prestador de serviços enquanto profissional liberal e as empresas prestadoras de serviço restou firmemente caracterizada por intermédio da relação contida no art. 14, *caput*, e o respectivo § 4º, *in verbis*:

> Art. 14. O fornecedor de serviços responde, independentemente da existência de culpa, pela reparação dos danos causados aos consumidores por defeitos relativos à prestação dos serviços, bem como por informações insuficientes ou inadequadas sobre sua fruição e riscos.
>
> [...]
>
> § 4º A responsabilidade pessoal dos profissionais liberais será apurada mediante a verificação de culpa.

Assim, em conjunto com a regra contida no Código Civil, conforme mencionado alhures, a responsabilidade profissional médica é permeada pelos institutos caracterizadores da culpa, quais sejam, a negligência, a imprudência e a imperícia, sem as quais seria impossível desvelar o conceito básico de "erro médico" ou *malpractice*, como bem determinado pela doutrina norte-americana e, por via de consequência, fixar o dever de indenizar.

No âmbito da responsabilidade subjetiva, há que se constatar a existência de um ato ou omissão juridicamente relevante (negligência), o dano e o respectivo nexo de causalidade. E, a partir dessa tríade, tornar-se-á possível a efetiva responsabilização de um médico, sem o que não há o dever de indenizar.

V.g., uma cirurgia de revascularização do miocárdio, também conhecida como "ponte de safena", em que o médico se coloca diante de um quadro em que o paciente está sob risco constante, decorrente da própria patologia, e sua intervenção ocorre justamente para retirá-lo de tal conjuntura, restabelecendo seu estado de saúde. Entretanto, o paciente não consegue sobreviver ao procedimento, falecendo na própria mesa cirúrgica – uma hipótese possível do procedimento, não desejada, mas plausível. Assim, a teoria da responsabilidade subjetiva, advinda do modelo romano de culpa aquiliana, exige que seja demonstrada, de maneira efetiva, a ocorrência de uma má prática profissional para que se estabeleça o liame de causalidade entre o ato médico e o evento danoso do óbito.

Dentro da doutrina civilista, portanto, três são os elementos caracterizadores do dever de indenizar, sendo a negligência o mais habilitado a demonstrar a efetiva culpa ou caracterizar o "erro médico", na medida em que se trata, invariavelmente, de uma omissão danosa, o dever-fazer que não foi observado atentamente pelo médico.

Hipóteses como prolongamento injustificado de parto que culmina em danos à parturiente ou ao nascituro, erros de diagnóstico determinantes à evolução da doença, e perfuração de órgãos internos em lipoaspiração são exemplos típicos de negligência profissional passíveis de indenização, na medida em que decorrem de erros evitáveis pela cautela.

Trata-se, exatamente, de um contraposto ao termo "diligência", originado do verbo em latim *diligere*, que tem como significado "cuidar", "proteger", acautelar-se no exercício profissional.

No âmbito da imprudência, há uma forma de má prática, mas que não se caracteriza, necessariamente, como um erro procedimental, em que pese ser igualmente indenizável. Na imprudência, há uma real intenção do médico em fazer o bem, uma crença factível de que a linha entre o "fazer o bem" e "não fazer o mal" – princípios clássicos bioéticos – está sendo respeitada em absoluta consonância com o ato médico que está sendo realizado. Ao ignorar certos riscos, o médico assume uma carga de responsabilidade juridicamente relevante, e, causando danos, será chamado ao ressarcimento.

O médico imprudente ignora alguns limites da ciência, ainda que imbuído de um *intentio* absolutamente genuíno: fazer o melhor pelo paciente. O médico que receita uma medicação *off-label* sem ter convicção da concretude quanto aos efeitos colaterais, que realiza uma cirurgia com um método ainda não cientificamente comprovado, ou, ainda, que assume sozinho determinado procedimento cirúrgico renunciando à sua equipe, é absolutamente imprudente, ainda que com bons objetivos; e, causando um dano, deverá indenizar.

A imprudência, em regra, surge de alguma circunstância da vida que faz que o médico assuma o risco de avançar determinadas linhas tênues, o que pode ser caracterizado como arrojo, em caso de sucesso, ou uma absoluta *aberratio*, na hipótese de resultado oposto. E o resultado, invariavelmente, é o que determinará a necessidade indenizatória, decorrente da existência ou não de um dano efetivo ao paciente.

No âmbito da imprudência, há dois olhares específicos determinantes, sendo um deles a ótica da legalidade, enquanto o outro permeia a efetiva noção de realidade.

Segundo a Lei n. 3.268/1957[8] e inúmeros posicionamentos dos Conselhos de Medicina,[9] o facultativo, após a obtenção da devida habilitação, é livre para o exercício profissional em qualquer de seus ramos ou especialidades. Assim, o clássico conceito de imperícia, caracterizado pelo desconhecimento quanto à área de atuação, é conduzido a uma interpretação diversa quando se trata do prisma legalista do exercício pleno da medicina.

Noutro giro, não se pode olvidar que, por vezes, a realidade se molda e impõe, à norma, novas adequações e contornos.

Com o avanço do conhecimento médico enquanto ciência, é inegável que um profissional médico, que se dedica a determinada área realizando os devidos estudos por meio do rigoroso processo de seleção da residência médica, adquire um *status* de especialista, diferenciando-se substancialmente dos generalistas.

Entretanto, o médico que adquire habilidades especiais por intermédio de um programa de residência não induz à conclusão necessária, sob a ótica normativa, de que o profissional generalista seria, presumivelmente, incapacitado aos atos profissionais, portanto, imperito.

Neste ponto, cabe uma distinção importante a fim de que se possa adequar e enquadrar o correto entendimento: a imperícia do ponto de vista ético e a do ponto de vista civil têm vieses distintos.

Do ponto de vista da responsabilidade civil, o médico que não possui a capacitação para o exercício de determinado ato, *v.g.*, um ginecologista que se arrisca a realizar procedimentos cirúrgicos com finalidade estética, ou, ainda, profissionais com qualificação em especialidades médicas com pouca dedicação prático-cirúrgica, assumem um grau elevado de responsabilidade sobre o resultado do procedimento.

A linha entre a imprudência e a imperícia, nesses casos, é tênue, na medida em que, do ponto de vista legal, todos os médicos mencionados estão capacitados, mas assumem um risco e caminham pelo vale das incertezas, por vezes, do quase que total desconhecimento prático.

O que se pode afirmar, nesse aspecto, é que, levando-se a efeito o conceito de imperícia sob o prisma único da ausência de especialização, poder-se-ia chegar a uma condição subjetiva

---

8   "Art. 17. Os médicos só poderão exercer legalmente a medicina, em qualquer de seus ramos ou especialidades, após o prévio registro de seus títulos, diplomas, certificados ou cartas no Ministério da Educação e Cultura e de sua inscrição no Conselho Regional de Medicina, sob cuja jurisdição se achar o local de sua atividade."

9   "Não há exclusividade de ato médico para nenhuma especialidade, assim qualquer médico que se sinta habilitado poderá praticar quaisquer atos médicos independentemente de ser especialista, obviamente respondendo pelos erros eventualmente cometidos" (CONSELHO REGIONAL DE MEDICINA DO ESTADO DA PARAÍBA – CRMPB. Processo consulta n. 11/2009. Disponível em: https://sistemas.cfm.org.br/normas/arquivos/pareceres/PB/2009/11_2009.pdf. Acesso em: 5 dez. 2022).

da responsabilidade médica com aplicação da presunção danosa, ou *dano in re ipsa*, o que seria absolutamente inviável.

Em se tratando de má prática médica, o instituto da responsabilidade civil deve sempre ter suas atenções voltadas à efetiva ocorrência das premissas básicas ressarcitórias e indenizatórias, lastreadas no efetivo nexo de causalidade com o dano, visto que, sabidamente, o compromisso do médico é o de trabalhar por todos os meios ao seu alcance pelo melhor resultado, mas nunca de forma garantidora mediante pacto prévio.

Mesmo em especialidades médicas em que a relação entre o médico e o paciente seja diferenciada, na medida em que o risco à saúde é grave e demanda intervenção médica por um aspecto curativo e não eletivo, não é possível vislumbrar qualquer modificação nesse conceito, pois, entre o médico, o resultado e o paciente, há o componente biológico imprevisível, álea incontrolável de forma plena pela ciência.

Quando há uma promessa efetiva de resultado, firma-se um contrato que deverá ser cumprido pelo médico. Assim, o cirurgião plástico, que promete ao seu paciente determinados resultados, deverá cumpri-los, não por estarmos diante de uma atividade médica de resultados, mas sim de um contrato firmado entre as partes.

Há um equívoco em se determinar que a atividade médica estética, *per si*, atrai o instituto da responsabilidade objetiva, ou, ainda, da obrigação de resultados, na medida em que se presumiria que todos os profissionais assim agem, quando o que dará o contorno da efetiva responsabilização médica nessas hipóteses é justamente o pacto, o compromisso deliberadamente assumido, e não a presunção.

Destaque, *in casu*, para *decisum* proferido pelo Superior Tribunal de Justiça, nos autos do Recurso Especial n. 1180815/MG,[10] relatoria da Ministra Nancy Andrighi, em cujo excerto principal assim consta:

> 1. Os procedimentos cirúrgicos de fins meramente estéticos caracterizam verdadeira obrigação de resultado, pois neles o cirurgião assume verdadeiro compromisso pelo efeito embelezador prometido.
>
> 2. Nas obrigações de resultado, a responsabilidade do profissional da medicina permanece subjetiva. Cumpre ao médico, contudo, demonstrar que os eventos danosos decorreram de fatores externos e alheios à sua atuação durante a cirurgia.

---

[10] Íntegra da ementa: "RECURSO ESPECIAL. RESPONSABILIDADE CIVIL. ERRO MÉDICO. ART. 14 DO CDC. CIRURGIA PLÁSTICA. OBRIGAÇÃO DE RESULTADO. CASO FORTUITO. EXCLUDENTE DE RESPONSABILIDADE. 1. Os procedimentos cirúrgicos de fins meramente estéticos caracterizam verdadeira obrigação de resultado, pois neles o cirurgião assume verdadeiro compromisso pelo efeito embelezador prometido. 2. Nas obrigações de resultado, a responsabilidade do profissional da medicina permanece subjetiva. Cumpre ao médico, contudo, demonstrar que os eventos danosos decorreram de fatores externos e alheios à sua atuação durante a cirurgia. 3. Apesar de não prevista expressamente no CDC, a eximente de caso fortuito possui força liberatória e exclui a responsabilidade do cirurgião plástico, pois rompe o nexo de causalidade entre o dano apontado pelo paciente e o serviço prestado pelo profissional. 4. Age com cautela e conforme os ditames da boa-fé objetiva o médico que colhe a assinatura do paciente em termo de consentimento informado, de maneira a alertá-lo acerca de eventuais problemas que possam surgir durante o pós-operatório. RECURSO ESPECIAL A QUE SE NEGA PROVIMENTO" (STJ, REsp 1180815/MG, Terceira Turma, Rel. Min Nancy Andrighi, j. 19.08.2010).

Em uma análise dos argumentos lançados em tal julgado, vê-se que há uma nítida intenção de se manter a responsabilidade do cirurgião plástico como subjetiva, praticando-se apenas a natural inversão do ônus da prova, como invariavelmente ocorre nas demandas da saúde. Entrementes, há que se criticar a conclusão genérica no sentido de que "os procedimentos cirúrgicos de fins meramente estéticos caracterizam verdadeira obrigação de resultado", ante o próprio conflito com a continuidade do *decisum* ao mencionar "pois neles o cirurgião assume verdadeiro compromisso pelo efeito embelezador prometido".

Não se pode olvidar que o termo "estética" decorre do grego *aisthésis*, cujo significado principal deriva da "faculdade de sentir", "percepção", conectado intrinsecamente à própria visão de autoestima e colocação do indivíduo frente à sociedade, à sua visão de mundo e a como nele cada um se coloca. Segundo a filosofia grega, "percepção".

Trata-se, portanto, de uma experiência própria, absolutamente individual, na medida em que cada um tem uma perspectiva absolutamente pessoal e única quanto à sua própria compleição física.

O resultado sempre trará consigo um determinado grau de incerteza decorrente da álea procedimental. A biologia humana impede a convicção plena acerca do desenlace procedimental, sendo que a questão fulcral se encontra, não no ato médico praticado, mas na eventual promessa que o antecede, e, quanto a esse aspecto, não há relação alguma com a esteticidade do procedimento.

Promessa de resultado é, subsequentemente, um contrato, e o seu descumprimento gera o dever de indenizar. Isso, repita-se, não depende de uma determinada categoria ou atuação médica.

Assim, os fatores a serem analisados diante do caso concreto envolvendo uma acusação de má prática profissional no campo estético são: (1) se houve o devido esclarecimento quanto à situação de origem e aos possíveis resultados; (2) se o profissional adotou a melhor técnica para obter o desfecho procedimental adequado.

Tais condições são passíveis de análise a partir, inicialmente, de dois fatores: o primeiro, especificamente voltado à compreensão do que foi previamente acordado, consubstanciado por intermédio do Termo de Consentimento Livre e Esclarecido, no qual, mais importante do que o próprio documento, definitivamente, é o diálogo que o precede; e o segundo, que repousa no correto preenchimento da documentação médica, notadamente do prontuário, entendendo-se como tal o conjunto de documentos que compõem o histórico de saúde do paciente.

E assim o é em todas as áreas de atuação médica, *v.g.*, o neurocirurgião que, ao afiançar a seu paciente determinados resultados cirúrgicos sem explicitar os riscos e as possibilidades, assume um compromisso contratual, e, não ocorrendo o desfecho como dantes caucionado, também atrairá o dever de indenizar.

É impossível desassociar a cirurgia estética de uma questão que transcende o aspecto físico, objetivando amenizar a necessidade de fundo absolutamente emocional, psicológico, assumindo, invariavelmente, um caráter misto (reparador e estético), como definido pela jurisprudência a partir do julgamento no âmbito do Recurso Especial n. 1.097.955/MG pelo Superior Tribunal de Justiça:

2. Nas cirurgias de natureza mista – estética e reparadora –, a responsabilidade do médico não pode ser generalizada, devendo ser analisada de forma fracionada, sendo de resultado em relação à sua parcela estética e de meio em relação à sua parcela reparadora.

Não se trata, portanto, de transmutar a responsabilidade médica, em determinadas áreas, para o campo da atividade de resultado, mas de afiançar desfechos que, uma vez não cumpridos, ensejam a averiguação dos fatos sob a ótica contratualista, e não apenas procedimental.

Há, ainda, parte da doutrina e da jurisprudência que busca atribuir, equivocadamente, responsabilidade objetiva ao médico anestesiologista, como se sua obrigação originária, que se inicia com a preparação do paciente para o ato anestésico até o devido restabelecimento do *status quo ante*, fosse uma intervenção de resultado, como indicado em acórdão oriundo do Tribunal de Justiça do Estado de Santa Catarina:

> ANESTESIOLOGISTA. OBRIGAÇÃO DE RESULTADO.
> O compromisso do anestesista nasce com a preparação do assistido e vai até que o estado de saúde deste seja restabelecido após a intervenção cirúrgica. Consequentemente, tal qual ocorre com os profissionais da área da medicina estética, o anestesista responde por uma obrigação de resultado, qual seja, trazer o paciente ao seu estado normal de saúde após a intervenção a que se submeteu. [...]
> (TJSC, Apelação Cível n. 2010079530-6, Rel. Des. Gilberto Gomes de Oliveira, j. 06.12.2012).

A regulamentação do ato anestésico decorre de normativa própria, emanada do Conselho Federal de Medicina, consubstanciada na Resolução n. 2.174/2017, que, entre outras obrigações, dispõe sobre a necessidade de avaliação dos riscos cirúrgicos e a impossibilidade de o profissional responsabilizar-se simultaneamente por mais de um paciente – nessas hipóteses, poder-se-ia admitir uma obrigação de resultado comportamental e não procedimental, aproximando-se da culpa presumida.

Assim, uma vez demonstrado que o médico anestesiologista estava, simultaneamente, responsável por dois pacientes e um deles sofre um abalo ao seu estado de saúde, a responsabilidade indenizatória é absolutamente objetiva, aplicando-se, a nosso ver, inclusive a teoria do risco comportamental, por analogia à disciplina contida no art. 927 da norma civilista, em seu parágrafo único:

> Art. 927. Aquele que, por ato ilícito (arts. 186 e 187), causar dano a outrem, fica obrigado a repará-lo.
> Parágrafo único. Haverá obrigação de reparar o dano, independentemente de culpa, nos casos especificados em lei, ou quando a atividade normalmente desenvolvida pelo autor do dano implicar, por sua natureza, risco para os direitos de outrem.

Cabe destacar que, do ponto de vista ético, basta ao médico anestesiologista descumprir a resolução federal para que fique sujeito à punição; ou seja, ao assumir a responsabilidade por dois pacientes, há a respectiva tipificação punitiva. Contudo, para que exsurja o dever de indenizar, o dano deve se verificar.

II.C. RESPONSABILIDADE CIVIL DO CIRURGIÃO-CHEFE. TEORIA DO *CAPTAIN OF THE SHIP*

No âmbito da doutrina norte-americana a respeito da responsabilidade civil por má prática médica, destaca-se uma interessante teoria, nominada como *captain of the ship*.

Aplicando-se a teoria do "capitão do navio", o cirurgião-chefe é quem está no comando da sala procedimental, estando todos os membros da equipe a ele diretamente conectados.

Essa teoria surge nos Estados Unidos da América a partir do *case McConnell* vs *Williams*, 361 Pa. 355, em 1949, em que o obstetra solicita a um interno que o assista durante um parto, essencialmente no momento do nascimento.

Após a nascença, o obstetra solicita ao seu auxiliar que aplique uma solução de nitrato de prata nos olhos do bebê, conforme prática comum estabelecida à época, em determinação do serviço de saúde do Estado da Pensilvânia, onde o caso ocorreu.

Uma das enfermeiras presentes na sala cirúrgica constatou que o interno havia, de fato, aplicado uma dose no olho esquerdo e duas no olho direito, colocando solução em excesso, o que ocasionou a perda da visão.

O desenlace processual concluiu que a inserção de nitrato não era um trabalho que pudesse exigir habilidades especiais médicas; entretanto, esse caso ganhou contornos interessantes a partir da discussão a respeito do engajamento do obstetra, enquanto responsável direto pelo ato do interno, que causou um dano ao bebê.

A parte queixosa admitiu que o acusado era um obstetra de grande reputação, e a cirurgia foi integralmente satisfatória, restando o debate quanto à eventual responsabilidade do cirurgião sobre a negligência praticada pelo interno, sob sua responsabilidade, e, uma vez que os fatos não apoiariam a conclusão de que o cirurgião fora negligente, o autor desenvolveu um argumento para a sua responsabilidade legal.

Nesse caso, o obstetra testemunhou estar no controle do interno, responsável, portanto, pelos atos por ele praticados, o que acabou atraindo a responsabilidade pelos atos praticados na sala de cirurgia, estivessem ou não diretamente ligados ao seu controle; sempre haveria a responsabilidade indireta do cirurgião-chefe ou do "capitão do navio".

Ao longo das últimas décadas, a teoria vem perdendo força nos tribunais norte-americanos, pela compreensão de que os cirurgiões não são capazes de controlar tudo o que ocorre na sala de cirurgia, e de que a equipe operacional está envolvida em um empreendimento colaborativo, principalmente relacionado ao ato anestésico, em que há uma maior rejeição quanto à aplicação da doutrina (*v.g.*, *Franklin* v *Gupta*, 81 Md. App. 345, 567 A.2d 524 [1990], e *Parker* v *Vanderbilt*, 767 S.W.2d 412 [Tenn. App., 1988]).

No âmbito dos tribunais brasileiros, o Superior Tribunal de Justiça enfrentou o tema, pela primeira vez, nos autos dos Embargos de Divergência em Recurso Especial n. 605.435/RJ, em que a conclusão fora pela responsabilidade direta e autônoma dos profissionais que, de fato, causaram um dano ao paciente, afastando-se, conseguintemente, a responsabilidade indireta do cirurgião-chefe. Assim decidiu a E. Corte Superior:

> 4. Na Medicina moderna a operação cirúrgica não pode ser compreendida apenas em seu aspecto unitário, pois frequentemente nela interferem múltiplas especialidades

médicas. Nesse contexto, normalmente só caberá a responsabilização solidária e objetiva do cirurgião-chefe da equipe médica quando o causador do dano for profissional que atue sob predominante subordinação àquele.

5. No caso de médico anestesista, em razão de sua capacitação especializada e de suas funções específicas durante a cirurgia, age com acentuada autonomia, segundo técnicas médico-científicas que domina e suas convicções e decisões pessoais, assumindo, assim, responsabilidades próprias, segregadas, dentro da equipe médica. Destarte, se o dano ao paciente advém, comprovadamente, de ato praticado pelo anestesista, no exercício de seu mister, este responde individualmente pelo evento.

6. O Código de Defesa do Consumidor, em seu art. 14, *caput*, prevê a responsabilidade objetiva aos fornecedores de serviço pelos danos causados ao consumidor em virtude de defeitos na prestação do serviço ou nas informações prestadas – fato do serviço. Todavia, no § 4º do mesmo artigo, excepciona a regra, consagrando a responsabilidade subjetiva dos profissionais liberais. Não há, assim, solidariedade decorrente de responsabilidade objetiva, entre o cirurgião-chefe e o anestesista, por erro médico deste último durante a cirurgia.

Cabe destacar relevante excerto do voto condutor do julgado, no qual o Exmo. Ministro Raul Araújo esclarece:

> Embora exista o fato de que todos integram uma equipe, o trabalho do anestesista não é comandado, dirigido, pois não atua sob as ordens do cirurgião-chefe. O anestesista é um médico que se emparelha, que se ombreia com o cirurgião-chefe, durante a cirurgia. O cirurgião-chefe dá ordens aos médicos que o auxiliam na cirurgia, ao pessoal de enfermagem e outros profissionais auxiliares, mas o trabalho do anestesista, por sua especialidade, é de predominante autonomia. Faz-se de *per si*, quer dizer, sob as técnicas que esse ramo da Medicina, a Anestesiologia, ensina e proporciona.

Em outra oportunidade, nos autos do Recurso Especial n. 1.790.014/SP, o Superior Tribunal de Justiça reafirmou entendimento quanto à impossibilidade de culpabilização do cirurgião-chefe, por ato do anestesista, obstando a aplicação da teoria da responsabilidade objetiva indireta do profissional que, em tese, está no comando das atividades médico-cirúrgicas dentro da sala procedimental.

Entretanto, cabe destacar que, nesse último precedente, houve um amplo debate a respeito da responsabilidade objetiva indireta do cirurgião, a partir da culpa *in eligendo*, aplicada na instância originária, qual seja, o Tribunal de Justiça de São Paulo, vencendo o voto divergente, na medida em que a relatoria apontava pela manutenção da tese paulista.

Assim, o voto apresentado em caráter divergente restabeleceu o entendimento exposto nos Embargos de Divergência alhures mencionado, para inocentar o médico-cirurgião quanto ao erro procedimental cometido pelo anestesiologista, firmando que:

> Nessa linha de entendimento, considerando que, no presente caso, é fato incontroverso nos autos que o erro médico foi cometido exclusivamente pelo anestesista, não há como responsabilizar o médico cirurgião, ora recorrente, pelo fatídico evento danoso, impondo-se, assim, a reforma do acórdão recorrido.

A doutrina norte-americana que abarca a tese do *captain of the ship* para culpabilizar o profissional cirurgião em sua atividade, não apenas na prática procedimental, mas como responsável pela condução e pela coordenação dos trabalhos, encontra correspondente doutrinário pátrio no que se poderia denominar "responsabilidade civil objetiva indireta", lastreada na *culpa in eligendo*, porém é inaplicável quando em relação ao ato médico anestésico.

A anestesia é praticada de forma autônoma por profissional capacitado para tal prática, sem interferência do cirurgião-chefe, o que não afasta, *per si*, a aplicabilidade da teoria responsabilizatória quanto aos demais atos praticados sob sua coordenação dentro da sala cirúrgica, no que se relaciona aos demais médicos que o auxiliam no procedimental, à enfermagem e aos demais profissionais auxiliares, inclusive os da instrumentação cirúrgica.

Nesses casos, a teoria do *captain of the ship*, devidamente adequada às premissas e aos conceitos normativos pátrios, aos quais os atos médicos estão devidamente subsumidos, parece ser aplicável a fim de estabelecer o liame etiológico entre uma eventual prática danosa e culposa ocorrida sob a responsabilidade do cirurgião-chefe e o respectivo dever de indenizar, lastreado em um conceito de responsabilidade civil objetiva indireta e solidária.

II.D. RESPONSABILIDADE CIVIL DOS MÉDICOS RESIDENTES E PRECEPTORES

Sob a ótica da responsabilidade civil médica, um olhar especial deve ser direcionado à situação dos médicos residentes e seus respectivos preceptores, dentro da estrutura de ensino arquitetada pela legislação pátria, originalmente instituída pelo Decreto n. 80.281/1977, posteriormente substituído pela Lei n. 6.932/1981, cujo art. 1º assim disciplina:

> Art. 1º A Residência Médica constitui modalidade de ensino de pós-graduação, destinada a médicos, sob a forma de cursos de especialização, caracterizada por treinamento em serviço, funcionando sob a responsabilidade de instituições de saúde, universitárias ou não, sob a orientação de profissionais médicos de elevada qualificação ética e profissional.

Sabiamente, o legislador disciplinou a residência médica como um ensino, uma espécie de treinamento, mas em serviço, sob a orientação constante de profissionais médicos de notório conhecimento a respeito da especialidade a ser desenvolvida, destacando-se o fato de que o residente é médico habilitado, ao contrário do interno, quando ainda vinculado à faculdade de Medicina, em período de graduação.

O residente encontra-se registrado nos assentamentos do Conselho Regional de Medicina de sua jurisdição de atuação, sendo que esse, inclusive, é um dos pré-requisitos para o ingresso no sistema de especialização disciplinado pela Lei. Trata-se de um aprimoramento das suas capacidades como médico, em que pese já legalmente habilitado ao pleno exercício da Medicina.

A regulamentação administrativa se dá por intermédio da Comissão Nacional de Residência Médica, enquanto "instância colegiada de caráter consultivo e deliberativo do Ministério da Educação", cuja principal função é "regular, supervisionar e avaliar as instituições e os programas de residência médica" (art. 2º do Decreto Federal n. 7.562/2011).

Portanto, sob o viés da efetiva responsabilização dos médicos residentes, alguns fatores hão de ser ponderados, na medida em que a legislação civil não faz qualquer distinção quanto a tais profissionais aprendizes.

A primeira questão a ser observada repousa, justamente, no fato de que são médicos devidamente habilitados, encontrando-se, entretanto, sob orientação direta de um preceptor, ou, por vezes, de um residente em nível mais avançado que o seu, recebendo orientações dentro de uma estrutura que se convencionou denominar R1, R2, R3, seguindo-se assim até o último ano da especialização.[11]

A jurisprudência, na lacuna da lei a respeito de tal responsabilidade, tem apontado para duas direções bastante específicas, sendo uma delas quando o residente atua de maneira individual, assumindo de forma direta o ato médico, enquanto a outra indica a ausência de responsabilidade pelo ato praticado sob orientação e supervisão de seu preceptor.

Rememorando os aspectos da culpa, o médico residente poderia estar propenso em maior grau a uma acusação de imperícia, posto que ainda não está habilitado à especialidade a que se dedica, principalmente no momento em que avoca para si a responsabilidade por praticar um ato médico ainda em curso de aprimoramento, sem a presença de um responsável, em especial, o respectivo preceptor.

V.g., em decisão que retrata a separação existente, no âmbito da responsabilização civil, envolvendo um hospital universitário, o médico residente e seu preceptor, a Corte Bandeirante conclui pela ausência de responsabilidade do médico em aprendizado,[12] conforme ementa *ipsis litteris virgulisque*:

> DANOS MATERIAIS E MORAIS – Erro médico decorrente de imprudência – Responsabilidade civil do hospital-escola e do médico orientador – Gravidade do estado de saúde da vítima que não exonera o agente – Cláusula de Incolumidade que incide no tratamento gratuito em hospital-escola ou pelo Sistema Único de Saúde – Não configurada a responsabilidade do médico residente – Indenizações reduzidas – Apelação do hospital-escola provido em parte – Apelo do Professor corréu improvido – Recurso adesivo da autora prejudicado.

No bojo do voto condutor do julgado, o Desembargador Relator Designado, Maury Ângelo Bottesini, com muita precisão, destacou:

> **A responsabilidade pelas resultantes do tratamento é do mestre orientador e realizador da cirurgia,** o Professor Doutor [...], que toda a prova testemunhal afirma ser a pessoa que iniciou e finalizou o ato cirúrgico em que um elemento estranho ao corpo da paciente foi deixado na cavidade abdominal dela. A presença do médico residente e réu [...] no centro cirúrgico certamente era parte do ensinamento e como a prova testemunhal afirma que todo o ato cirúrgico foi conduzido pelo mestre [...], **evidencia-se a inexistência de responsabilidade do residente orientado pelo Professor, mesmo que**

---

[11] Os termos "R1", "R2", "R3" referem-se ao ano em que o residente se encontra; residente no primeiro ano da especialização: "R1", e assim por diante.

[12] TJSP, Apelação com Revisão n. 2408264/5-00, Quinta Câmara "A" de Direito Privado.

ele tivesse praticado atos interventivos em alguma parte do tratamento cirúrgico, inclusive o fechamento do abdome ao final do tratamento. (grifos nossos).

Segundo o entendimento firmado no âmbito do acórdão susomencionado, ainda que o médico residente tivesse praticado atos interventivos, a responsabilidade civil deveria ser atribuída ao preceptor, mestre e orientador de seus alunos.

Há um profícuo debate travado nos autos do Recurso Especial n. 316.283/PR[13] entre os saudosos Ministros Aldir Passarinho e Ruy Rosado de Aguiar a respeito da capacidade técnica do médico residente, cujo voto por parte desse último fora assim lavrado:

> Dei provimento ao agravo para examinar a questão da responsabilidade profissional dos médicos residentes. No entanto, não encontrei legislação específica sobre sua atuação em atos médicos, que os distinga dos demais profissionais.
>
> [...]
>
> Na doutrina, já foi dito que "para a lei no que diz respeito ao dever de indenizar nos casos de dano ao paciente (erro médico), ou responder por crime cometido (interesse público), não há qualquer distinção entre médicos. Residente ou não, clínico geral ou especialista, todos são iguais.
>
> [...]
>
> A partir dessa lição, podemos chegar a duas conclusões: o médico titular não se exime por ter sido o ato praticado pelo residente sob a sua orientação; de outra parte, existe a responsabilidade também do residente, ainda que de menor grau, se praticou com culpa ato médico a que o título de graduação o habilitava" (SEBASTIÃO, J. *Responsabilidade médica civil, criminal e ética*. Belo Horizonte: Del Rey, 1998. p. 53). Não comungo da assertiva de que, para a lei, todos os médicos são iguais, pois sempre será necessário considerar as condições pessoais do médico e as circunstâncias de sua atuação, que serão muito distintas entre o único médico de um pequeno hospital do interior e o especialista que tem à sua disposição a sofisticada aparelhagem do hospital de referência. Também é diferente a situação daquele que, embora sendo médico, não participa do ato cirúrgico, ao qual apenas assiste, como observador.
>
> No que diz com o médico residente, o il. Professor Ricardo Luis Lorenzetti observou que ele não está capacitado por si mesmo para efetuar toda classe de atividades médicas, pois se submete a uma espécie de aprendizagem, e seus atos estão sujeitos à supervisão do médico titular do serviço (*Responsabilidad Civil de los Médicos*, 11/320). A partir dessa lição, podemos chegar a duas conclusões: o médico titular não se exime por ter sido o ato praticado pelo residente sob a sua orientação; de outra parte, existe a responsabilidade também do residente, ainda que de menor grau, se praticou com culpa ato médico a que o título de graduação o habilitava.
>
> Na espécie dos autos, segundo afirmado nas instâncias ordinárias, houve a efetiva participação dos recorrentes nos atos da cirurgia, sem ser o caso de situação excluída da competência profissional dos residentes, pois se tratava de "cirurgia rápida e sem riscos" (fl. 386).

---

13   STJ, REsp n. 316.283/PR, Quarta Turma, Rel. Min. Ruy Rosado de Aguiar, j. 18.12.2001, *DJ* 18.03.2002.

Conquanto as ponderações do eminente e saudoso Ministro, o entendimento fora seguido no sentido de que não há como estabelecer diferentes responsabilidades, com destaque para trecho do voto proferido pelo Exmo. Ministro Aldir Passarinho Junior:

> Sr. Presidente, entendo que a razão está com o eminente Sr. Ministro-Relator, porque o residente é médico, e a residência não é obrigatória, ela é tão somente feita para capacitação para uma determinada especialização.
>
> Compreendo as razões que tendem a atenuar a responsabilidade do residente em relação ao médico orientador, mas, parece-me, ainda é melhor que assim não se faça para que não se estimule exatamente o oposto, que é a omissão das pessoas que, não sujeitas diretamente a uma responsabilidade, poderiam com isso deixar de atuar com eficiência, dedicação e zelo que são impostos, ainda mais em uma profissão dessa natureza, que lida com a saúde dos seres humanos.
>
> De modo que, prefiro acompanhar o voto do eminente Sr. Ministro-Relator, não conhecendo do recurso. Penso que a responsabilidade é por igual, todos são médicos.

Nesse toar, em que pese o embate de altíssimo nível travado nos autos do paradigma acórdão em questão, vê-se que não há, ao menos em algumas decisões, mitigação a respeito da responsabilidade civil quando o ato é praticado pelo médico residente.

Para melhor ilustrar a questão, há que se trazer à baila posicionamento ético dos Conselhos de Medicina acerca da atuação do residente, na medida em que representa auxílio na interpretação da responsabilidade civil, em que pese estarmos diante de esferas distintas e autônomas.

No âmbito do Conselho Regional de Medicina do Estado de São Paulo, há dois pareceres-consultas relevantes a respeito do tema:

Consulta n. 127.498/2006:

O Diretor Clínico ou Técnico que permite que médicos sem experiência na área realizem atos de alta complexidade, na ausência de preceptores experientes, comete uma ação temerária e deve responder solidariamente. Tal exigência é claramente colocada quando se exige que o médico residente, embora já legalmente habilitado, somente atue sob supervisão de preceptores experientes.

Consulta n. 14.321/1994:

A residência médica impõe, obrigatoriamente, prestação de serviço médico sob a orientação de médicos assistentes, independente do horário, ou seja, 24 (vinte e quatro) horas por dia. Portanto, é meu parecer, baseado na Lei n. 6.932, de 07.07.1981, que dispõe sobre as "Atividades do Médico Residente e dá outras providências", que é essencial a presença do Professor Assistente, cabendo ao corpo de residentes denunciar e exigir das Instituições de Ensino que tal Lei seja cumprida integralmente.

Outro parecer, oriundo do Conselho Federal de Medicina, n. 03/1992, exarado a partir de uma consulta do Conselho Regional de Minas Gerais, trata especialmente da responsabilidade ética do residente, finalizando da seguinte maneira:

Concluindo, entendemos que tanto o Médico Residente quanto o Preceptor estão passíveis de responderem ética e juridicamente por atos médicos realizados bastando, para tanto, que cada instância judicante defina a responsabilidade a ser atribuída a cada membro da equipe médica pelo ato médico realizado (CFM, 1992).

É possível constatar que, tanto no âmbito da jurisprudência quanto nos aspectos éticos consultivos, o que se verifica não é a total isenção de responsabilidade, conforme estabelecido na decisão alhures transcrita da E. Corte Bandeirante, mas que, quando se trata, principalmente de atos compartilhados entre residentes e preceptores, haja a devida solidariedade, de forma a identificar o grau de responsabilidade individual, inclusive como já decidido pelo mesmo Tribunal Estadual, nos autos da Apelação n. 239.221-4/1-00,[14] em que o Exmo. Desembargador Teixeira Leite assim registrou, em seu voto, ao condenar solidariamente os profissionais envolvidos no atendimento e o hospital, de forma proporcional a ser observada em eventual ação de regresso:

> Assim, em eventual ação regressiva entre si, responderão os devedores na seguinte proporção: Dimas, 30%; fundação, 30%; Alberto, 20%; Madalena, 10%; e Sebastiana, 10%. As atendentes de enfermagem respondem em menor proporção, porque, na segunda vez em que Eliane foi atendida, o principal responsável pelo bom atendimento da vítima era o médico ortopedista.

Segundo tal decisão, cada partícipe da relação pode ser efetivamente responsabilizado pelo ato praticado – evidentemente, sem prejuízo ao credor na ação, mas de forma solidária em lide própria –, sendo que, quanto ao médico residente que atua sob supervisão profissional--educacional, deve ser avaliada sua responsabilidade de acordo com o comando que lhe foi dado e com a ação tomada, ou com a omissão constatada e que tenha gerado um dano ao paciente.

Até mesmo como desdobramento da premissa ética que institui o ato médico como sendo de natureza personalíssima, faz-se necessário desdobrar a lide e individualizar as respectivas esferas de responsabilidade, a partir de cada ato médico praticado.

II.E. RESPONSABILIDADE CIVIL OBJETIVA E OBJETIVA DERIVADA DOS HOSPITAIS E PLANOS DE SAÚDE

Estudar e conhecer o ambiente médico-hospitalar é essencial para que se possa definir a responsabilidade civil de cada um dos partícipes nessa relação, dentro de um conceito de medicina baseada em evidências, protocolos clínicos e cirúrgicos, além da responsabilidade individual de cada profissional e seu respectivo cargo, como diretores clínicos e técnicos, preceptores, residentes e chefes de especialidades.

Contudo, dentro de tal conjuntura, há um inafastável fato: a responsabilidade civil do hospital invariavelmente estará presente em um contexto de responsabilização por danos causados a um paciente, quando ocorrido em suas instalações.

---

[14] TJSP, Apelação Cível n. 239.221-4/1-00, Quarta Câmara de Direito Privado.

Há exceções à regra e serão abordadas. Entretanto, como situação ordinária, hospitais, médicos e planos de saúde estarão no polo passivo das demandas decorrentes de possíveis erros médicos quando se trata de relação privada, lastreada em regras consumeristas.

Nesse contexto em que as pessoas jurídicas fornecedoras de serviços responderão independentemente de culpa, por força da cabeça do art. 14 do Código de Defesa do Consumidor,[15] os médicos, enquanto profissionais liberais, responderão mediante a análise do instituto da culpa, consoante previsão do § 4º do mesmo artigo citado.

A questão que se coloca é a compatibilização entre tais institutos, de forma a solucionar as demandas em obediência aos institutos jurídicos em eventual conflito, a fim de que não haja prejuízo ao autor da demanda, tampouco aos réus, garantindo-se a ampla defesa.

Há que se ponderar, portanto, a necessidade de criação de um instituto intermediário, consubstanciado no que se denomina "responsabilidade objetiva derivada", por intermédio da qual, hospitais e operadoras de planos de saúde, originalmente vinculados à teoria da responsabilidade civil objetiva, por força da norma consumerista, passam a ser responsabilizados pela verificação da culpa dos profissionais envolvidos, fazendo exsurgir a responsabilidade objetiva pura e a derivada.

Em algumas hipóteses de responsabilidade civil relacionadas à saúde, bastará a prova quanto ao nexo de causalidade para exsurgir o dever de indenizar. O Superior Tribunal de Justiça possui entendimento firme acerca das situações causadoras e caracterizadoras do dever indenizatório de forma pura, em que não se perquire a culpa, bastando, para tanto, o estabelecimento do nexo de causalidade:[16]

> 4. A responsabilidade objetiva para o prestador de serviço, prevista no art. 14 do CDC, na hipótese de tratar-se de hospital, limita-se aos serviços relacionados ao estabelecimento empresarial, tais como estadia do paciente (internação e alimentação), instalações, equipamentos e serviços auxiliares (enfermagem, exames, radiologia).

Dessarte, resta evidenciado que a exceção à responsabilidade objetiva derivada do hospital encontra guarida naquilo que o estabelecimento está obrigado a fornecer diretamente, como o serviço de hotelaria hospitalar e outros não relacionados ao atendimento médico.

Quando há o ato médico imperfeito dentro do ambiente hospitalar, resta impossível a aplicação da responsabilidade objetiva do fornecedor, na medida em que o dever de indenizar sobressairá apenas com a efetiva caracterização da má prática profissional.

Tal condição é a que se pode denominar "responsabilidade civil objetiva derivada da culpa", e encontra-se já indicada a partir da exegese jurídica de julgados oriundos do Superior Tribunal de Justiça:[17]

---

[15] "Art. 14. O fornecedor de serviços responde, independentemente da existência de culpa, pela reparação dos danos causados aos consumidores por defeitos relativos à prestação dos serviços, bem como por informações insuficientes ou inadequadas sobre sua fruição e riscos."

[16] REsp n. 1.704.511/RS, Terceira Turma, Rel. Min. Nancy Andrighi, j. 10.10.2019, *DJe* 15.10.2019.

[17] REsp n. 1.621.375/RS, Terceira Turma, Rel. Min. Nancy Andrighi, j. 19.09.2017, *DJe* 26.09.2017.

5. A responsabilidade dos hospitais, no que tange à atuação dos médicos que neles trabalham ou são ligados por convênio, é subjetiva, dependendo da demonstração da culpa. Assim, não se pode excluir a culpa do médico e responsabilizar objetivamente o hospital. Precedentes.

Questão controvertida a respeito da responsabilidade civil hospitalar envolve os danos causados a pacientes decorrentes da infecção contraída em períodos de internação, na medida em que, no contexto das características do ambiente, há divergências consideráveis acerca da caracterização como objetiva pura ou derivada.

A infecção hospitalar é um conceito complexo, dentro da área da saúde, que demanda aprofundamento teórico quando se trata de base à responsabilização de ordem civil reparadora e indenizatória.

Os conceitos relacionados à infecção hospitalar podem ser extraídos a partir de norma eminentemente técnica, oriunda do Ministério da Saúde, qual seja, a Portaria MS/GM n. 2.616, de 12 de maio de 1998:

ANEXO II

CONCEITOS E CRITÉRIOS DIAGNÓSTICOS DAS INFECÇÕES HOSPITALARES

1. Conceitos básicos.

1.1. Infecção comunitária (IC):

1.1.1. é aquela constatada ou em incubação no ato de admissão do paciente, desde que não relacionada com internação anterior no mesmo hospital.

1.1.2. São também comunitárias:

1.1.2.1. a infecção que está associada com complicação ou extensão da infecção já presente na admissão, a menos que haja troca de microrganismos com sinais ou sintomas fortemente sugestivos da aquisição de nova infecção;

1.1.2.2. a infecção em recém-nascido, cuja aquisição por via transplacentária é conhecida ou foi comprovada e que tornou-se evidente logo após o nascimento (exemplo: herpes simples, toxoplasmose, rubéola, citomegalovirose, sífilis e AIDS);

1.1.2.3. As infecções de recém-nascidos associadas com bolsa rota superior a 24 (vinte e quatro) horas.

1.2. Infecção hospitalar (IH):

1.2.1. é aquela adquirida após a admissão do paciente e que se manifeste durante a internação ou após a alta, quando puder ser relacionada com a internação ou procedimentos hospitalares.

A infecção adquirida efetivamente em ambiente hospitalar, posteriormente à admissão do paciente, comporta, portanto, uma interpretação mais restritiva acerca da responsabilidade objetiva do hospital, inviabilizando a isenção de responsabilidade de forma objetiva.

Entretanto, a questão que se coloca é: como diferenciar, no cerne de uma ação reparadora civil, a infecção hospitalar propriamente dita da infecção comunitária? Apenas pela respectiva dilação probatória, invariavelmente de cunho pericial, a fim de que se possa estabelecer a origem infecciosa danosa ao paciente.

Mencionada norma de cunho técnico-administrativo estabelece, inclusive, a necessidade de se manter constante observação quanto aos índices de infecção hospitalar por intermédio da Comissão de Controle de Infecção Hospitalar (CCIH), a partir de constante vigilância epidemiológica por parâmetros estabelecidos pela Agência Nacional de Vigilância Sanitária (ANVISA).

Nesse toar, em que pese os julgados existentes apontarem a responsabilidade civil de natureza objetiva dos hospitais no que se relaciona com a infecção hospitalar,[18] não se pode olvidar que todos eles apontam para o sentido de que, dentro da respectiva dilação probatória, há espaço suficiente ao rompimento do nexo etiológico por intermédio da prova de inexistência de ato culposo no dano resultante.

Isso porque o ambiente hospitalar é absolutamente propício à proliferação de bactérias e microrganismos infecciosos, sendo responsabilidade do hospital demonstrar que, dentro de sua prática habitual, mantém o respectivo controle, com notificação aos órgãos competentes e combate quando detectado foco infeccioso, ou seja, cabe ao hospital demonstrar que não fora negligente no controle da infecção, como determina a normativa técnica em vigor.

Igualmente, a responsabilidade objetiva do hospital nesses casos não afasta a possibilidade de, em dilação probatória, restar demonstrado tratar-se das chamadas "infecções comunitárias", como conceituado por intermédio da norma técnica susotranscrita.

Uma última hipótese que igualmente comporta dilação probatória extensa, ampliada, envolve a infecção hospitalar contraída a partir do tempo excessivo de internação em que o paciente, já em condições de obter a respectiva alta médica e prosseguir em cuidados domiciliares, permanece além do período indicado sob responsabilidade do nosocômio, mas ainda vinculado a um médico assistente, que não lhe concede a respectiva autorização médica de saída.

O contexto em questão encontra conceituação dentro da responsabilidade objetiva derivada, na medida em que a culpa pela contração da infecção deixa de ser diretamente do hospital, a partir das necessárias instâncias internas de controle, transferindo-se ao médico, responsável direto pela assistência.

De toda sorte, evidentemente, em sede de inversão do ônus *probandi*, o hospital deverá demonstrar os elementos necessários ao rompimento do nexo etiológico, isentando-se de responsabilidade reparatória, inclusive por intermédio de perícia técnico-médica epidemiológica, se necessário for.

Na prática, não há como se estabelecer a responsabilidade objetiva clássica bastando a comprovação do fato, do dano e do respectivo nexo entre eles, na medida em que seria impossível, em tais relações, a demonstração do nexo etiológico sem que fosse percorrido o caminho da culpa, exceção feita aos casos já definidos pelo Colendo Superior Tribunal de Justiça, em especial àqueles que se relacionam com as condições de atendimento.

---

[18] "4. É obrigação dos hospitais adotar o conjunto de ações desenvolvidas deliberada e sistematicamente com vistas à redução máxima possível da incidência e da gravidade de infecções hospitalares, sobressaindo sua responsabilidade objetiva quando a infecção for adquirida em razão da hospitalização do paciente (Lei 9.431/1997). Ante o entendimento dominante do tema nas Turmas de Direito Privado, aplica-se, no particular, a Súmula 568/STJ" (STJ, REsp n. 1.708.346/ES, Decisão Monocrática, Rel. Min. Nancy Andrighi, j. 12.06.2018).

A circunstância em que um paciente sofre queda de maca hospitalar não demanda qualquer demonstração de culpa, bastando o fato, o dano e o nexo de causalidade, possibilitando ao hospital eventual ação de regresso contra quem deu causa a tal baque.

Há outro ponto de destaque relacionado à responsabilidade civil dos hospitais, no que se refere à teoria da aparência e ao paciente enquanto consumidor nessa relação.

Dentro do ambiente hospitalar há uma série de espécies contratuais, envolvendo, principalmente, os médicos, partindo das contratações celetistas, passando pela chamada "pejotização", em que os profissionais laboram sob contratos entre pessoas jurídicas, chegando até mesmo à locação de salas individuais, mediante contratos com cláusulas excludentes de responsabilidade civil na relação com os pacientes, em eventuais insucessos.

Sem embargo, tais medidas são absolutamente ineficazes quando se versa acerca da responsabilidade civil do hospital em que, de fato, há uma realidade indicando outro caminho, a partir da chamada "teoria da aparência", sendo irrelevante ao consumidor a natureza contratual estabelecida entre os médicos e o respectivo nosocômio, bastando que o paciente tenha se socorrido da prestação de serviço hospitalar, e este tenha lhe fornecido um profissional para lhe atender.

Tal situação é distinta da contratação de serviços médicos de forma autônoma, em que o paciente contrata os serviços hospitalares como maneira de viabilizar o serviço profissional a ser realizado, utilizando-se, contratualmente, apenas das instalações e dos recursos do ambiente hospitalar.

Nesses casos, o hospital não é responsável por eventual insucesso danoso e culposo do procedimento médico realizado, mas apenas e tão somente por aquilo que se dispôs a fornecer, qual seja, suas instalações.

O Código de Defesa do Consumidor, aplicável às relações de saúde por força de pacífica jurisprudência, estatui a chamada "cadeia de consumo", em que todos os responsáveis – direta ou indiretamente – pelo dano devem responder solidariamente.

Nesse contexto, das relações privadas, as operadoras de planos de saúde são responsáveis solidárias pelos danos causados aos seus beneficiários, por médicos e hospitais da sua rede credenciada, dentro da modalidade de culpa denominada *in eligendo*.

O Superior Tribunal de Justiça, no julgamento do Recurso Especial n. 866.371/RS,[19] firmou entendimento no sentido de que

> 3. A operadora do plano de saúde, na condição de fornecedora de serviço, responde perante o consumidor pelos defeitos em sua prestação, seja quando os fornece por meio de hospital próprio e médicos contratados ou por meio de médicos e hospitais credenciados, nos termos dos arts. 2º, 3º, 14 e 34 do Código de Defesa do Consumidor, art. 1.521, III, do Código Civil de 1916 e art. 932, III, do Código Civil de 2002. Essa responsabilidade é objetiva e solidária em relação ao consumidor, mas, na relação interna, respondem o hospital, o médico e a operadora do plano de saúde nos limites da sua culpa.

---

[19]   STJ, REsp n. 866.371/RS, Quarta Turma, Rel. Min. Raul Araújo, j. 27.03.2012, *DJe* 20.08.2012.

Tal definição estabelece o liame entre todos os responsáveis na cadeia de consumo em saúde perante o consumidor, distinguindo-se, na relação interna, os limites da culpa de cada partícipe dessa relação.

No mesmo julgado há, ainda, uma relevante distinção quanto à responsabilidade das operadoras de planos de saúde, a partir de sua natureza jurídica:

> 1. Se o contrato for fundado na livre escolha pelo beneficiário/segurado de médicos e hospitais com reembolso das despesas no limite da apólice, conforme ocorre, em regra, nos chamados seguros-saúde, não se poderá falar em responsabilidade da seguradora pela má prestação do serviço, na medida em que a eleição dos médicos ou hospitais aqui é feita pelo próprio paciente ou por pessoa de sua confiança, sem indicação de profissionais credenciados ou diretamente vinculados à referida seguradora. A responsabilidade será direta do médico e/ou hospital, se for o caso.
>
> 2. Se o contrato é fundado na prestação de serviços médicos e hospitalares próprios e/ou credenciados, no qual a operadora de plano de saúde mantém hospitais e emprega médicos ou indica um rol de conveniados, não há como afastar sua responsabilidade solidária pela má prestação do serviço.

Constata-se, com bastante clareza, um limite à responsabilidade solidária quando se trata de operadora de plano de saúde, com características de rede referenciada, tal como se apresentam as seguradoras de saúde, ao contrário dos planos que oferecem profissionais cadastrados, em que a escolha do beneficiário é limitada aos profissionais e à respectiva rede de atendimento credenciada, exclusiva ou própria.

Nesta última hipótese, atrai-se a responsabilidade solidária da operadora de plano de saúde, a partir da denominada culpa *in eligendo*, quando diante de um dano causado ao consumidor, ora beneficiário e paciente.

II.F. RESPONSABILIDADE CIVIL DOS HOSPITAIS PÚBLICOS

A responsabilidade civil do Estado encontra-se disciplinada no art. 37, § 6º, da Constituição Federal, desta forma:

> § 6º As pessoas jurídicas de direito público e as de direito privado prestadoras de serviços públicos responderão pelos danos que seus agentes, nessa qualidade, causarem a terceiros, assegurado o direito de regresso contra o responsável nos casos de dolo ou culpa.

Tal regra fora reafirmada em julgamento proferido pelo Supremo Tribunal Federal, por intermédio do Tema de Repercussão Geral n. 940, mas com um acréscimo interpretativo ao texto constitucional de relevância ímpar em termos processuais, conforme se extrai da tese firmada:

> A teor do disposto no art. 37, § 6º, da Constituição Federal, a ação por danos causados por agente público deve ser ajuizada contra o Estado ou a pessoa jurídica de direito privado prestadora de serviço público, sendo parte ilegítima para a ação o autor do ato, assegurado o direito de regresso contra o responsável nos casos de dolo ou culpa.

O destaque à tese firmada em tema de repercussão geral recai sobre a "ilegitimidade de parte" quanto ao autor do ato danoso, na medida em que caberá ao Estado, posteriormente, ajuizar a respectiva demanda regressiva, nos casos de dolo ou culpa.

Vertendo a tese firmada à área da saúde, os médicos atuantes no serviço público passam a ser parte ilegítima para figurar em ações relacionadas à má prática profissional, quando no âmbito de hospitais públicos, tanto da Administração Pública direta ou da indireta – em especial as autarquias hospitalares –, quanto de entidades privadas que atuam em nome do sistema, como ocorre no âmbito das Santas Casas de Misericórdia.

Tais nosocômios, em que pese serem entidades privadas por natureza, filantrópicas e de utilidade pública, ao serem mantidas por convênios e subvenção direta do Estado, atraem a incidência do Tema de Repercussão Geral n. 940, afastando-se a legitimidade dos respectivos facultativos quando em ações movidas por possível má práxis.

A própria Constituição Federal concede preferência a tais entes na contratação com o poder público (art. 199, § 1º), bem como lhes concede benefícios fiscais, quando devidamente cadastrados como entidades beneficentes de assistência social (art. 195, § 7º).

Com relação aos hospitais públicos, cabe destacar, ainda, que não há incidência do Código de Defesa do Consumidor, conforme entendimento do Superior Tribunal de Justiça, nos autos do Recurso Especial n. 1.771.169/SC:[20]

> 8. Quando prestado diretamente pelo Estado, no âmbito de seus hospitais ou postos de saúde, ou quando delegado à iniciativa privada, por convênio ou contrato com a administração pública, para prestá-lo às expensas do SUS, o serviço de saúde constitui serviço público social.
>
> 9. A participação complementar da iniciativa privada – seja das pessoas jurídicas, seja dos respectivos profissionais – na execução de atividades de saúde caracteriza-se como serviço público indivisível e universal (*uti universi*), o que afasta, por conseguinte, a incidência das regras do CDC.

Segundo as regras estabelecidas pela redação contida no art. 3º, § 2º, da Lei Consumerista, "serviço é qualquer atividade fornecida no mercado de consumo, mediante remuneração, inclusive as de natureza bancária, financeira, de crédito e securitária, salvo as decorrentes das relações de caráter trabalhista"; assim, as relações de consumo se estabelecem a partir da remuneração direta pelo serviço prestado, o que inocorre no âmbito dos serviços de saúde prestados pelo Estado, direta ou indiretamente.

Portanto, no âmbito dos serviços de saúde prestados diretamente pelo Estado, ou, de forma complementar e indireta, pelas instituições de saúde privadas, há incidência direta da tese fixada no Tema de Repercussão Geral n. 940, bem como não há qualquer relação estabelecida de consumo, aplicando-se-lhes as regras gerais de responsabilidade, a partir do art. 37, § 6º, da Constituição Federal, e demais normas de caráter civilista.

---

[20]   STJ, REsp 1.771.169/SC, Terceira Turma, Rel. Min. Nancy Andrighi, j. 26.05.2020, *DJe* 29.05.2020.

II.G. EXCLUDENTES DE RESPONSABILIDADE CIVIL

A responsabilidade civil constitui-se em conceito legal de convivência social, que obriga ao causador de um dano desfazer-se de parte de seu patrimônio, que passará a integrar as posses da vítima.

Tal condição torna-se essencial à sociedade que pune civilmente aquele que, agindo com culpa ou dolo, causa um dano a terceiro, ainda que exclusivamente de ordem moral ou extrapatrimonial.

Assim, a base da responsabilidade civil repousa no liame entre o fato juridicamente relevante, caracterizável a partir de uma ação ou uma omissão, e o dano efetivamente causado.

Entretanto, a partir de determinadas condutas, esse vínculo entre o dano e o fato originário, denominado pela doutrina como "nexo de causalidade" ou "nexo etiológico" é rompido, causando a exclusão quanto ao dever de indenizar; são as chamadas "excludentes de responsabilidade".

Partindo-se do Código Consumerista, a exegese do art. 14, § 3º indica que o fornecedor de serviços pode escusar-se da responsabilidade quando comprovar que o defeito inexiste ou ante a presença da culpa exclusiva do próprio consumidor, no que se denomina, pela doutrina civilista, de "culpa exclusiva da vítima", quando esta concorre diretamente à ocorrência do dano, liberando o agente causador primário de qualquer responsabilidade.

Situações em que o paciente adota condutas que atraem a responsabilidade pelo dano causado rompem o liame de causalidade, *v.g.*, quando o médico anestesiologista prescreve jejum pré-operatório e o paciente, contrariando a determinação do profissional, ingere alimentos dentro do período proibitivo, sofrendo danos no momento do ato anestésico. Nessa hipótese, após ser anestesiado, o paciente irá regurgitar, broncoaspirar e sofrer graves sequelas a partir do ato anestésico, o que, em tese, configuraria o dever de indenizar; entretanto, pela sua exclusiva culpa, há rompimento do nexo etiológico entre o ato médico realizado e o dano causado, eximindo o profissional quanto ao dever de indenizar.

Também se incluem nas hipóteses de excludentes de responsabilidade civil o caso fortuito e a força maior, previstos no art. 393 do Código Civil, com definição que não encontra a clareza necessária no âmbito da doutrina, inclusive com tratamento igualitário por parte dos doutrinadores, como se sinônimos fossem.

Para fins de aplicação no âmbito do Direito Médico, podemos afirmar que o caso fortuito ocorre a partir de eventos absolutamente imprevisíveis e inevitáveis, não relacionados a atos humanos, *v.g.*, um incêndio ocorrido a partir de causas naturais, que implica danos aos pacientes, no âmbito de um hospital.

Quanto à força maior, poder-se-ia atribuir, *v.g.*, a danos causados a pacientes internados, quando há uma ação de marginais com poderio armamentista, que invadem um nosocômio para retirar um paciente, comparsa do bando.

Considerando que o dever de indenizar exsurge a partir da caracterização do ato ilícito (art. 186 c.c. art. 927 do Código Civil), há determinadas situações que excluem a própria condição de ilicitude do ato e, como via de consequência, a respectiva indenização, em que pese a existência do dano.

Entre as excludentes de ilicitude aplicáveis ao Direito Médico, há o chamado "estado de necessidade", previsto no art. 188, II, do Código Civil, com aplicação restringida por seu parágrafo único, em situações quando o médico age, mesmo que causando eventual lesão, na tentativa de remover um perigo iminente, de acordo com as características da situação fática.

Situação enquadrável no conceito jurídico de estado de necessidade envolve o atendimento médico emergencial em voo, quando o profissional é obrigado, mesmo fora de sua especialidade, a atender um paciente em situação de risco à saúde ou à vida.

Mesmo que, eventualmente, cause uma lesão ao paciente a partir de uma ação caracterizável como imperita ante a ausência de conhecimentos na área específica da qual o paciente demandaria atendimento, o médico não pode ser culpabilizado, uma vez que agiu no cumprimento de um dever ético, em momento de absoluta necessidade jurídica.

Há que se ponderar, entretanto, que não se pode enquadrar a exclusão de ilicitude sob a modalidade "estado de necessidade" quando o profissional age com excesso, ou em ato que possa ser caracterizado como um erro grosseiro, em completo desrespeito a protocolos básicos, os quais qualquer médico tem o dever de conhecer, independentemente de sua especialidade ou formação complementar.

A violação injustificada do sigilo profissional também é situação caracterizável como ato ilícito indenizável, capaz de gerar danos ao paciente.

Todavia, situações de dever legal fazem que o médico deixe de ser responsabilizado civilmente, em que pese ter violado a regra primária da relação com seu paciente.

A legislação penal impõe ao médico a obrigação de comunicar aos órgãos epidemiológicos competentes, diante de diagnósticos previstos em normas administrativas, as "patologias de notificação compulsória".

Em tais circunstâncias, há uma mitigação do dever de sigilo profissional, com potencial de causar danos aos pacientes, mas que deixa de ser indenizável ante a exclusão de ilicitude da conduta a partir de uma obrigação legal, tal como ocorre na comunicação obrigatória às autoridades policiais, por profissionais de saúde, de situações de violência contra a mulher, consoante estabelece o art. 1º, § 4º, da Lei n. 10.778/2003, com as alterações introduzidas pela Lei n. 13.931/2019.

Por fim, cabe mencionar que, em determinadas situações concernentes à relação entre o médico e o seu paciente, há a atuação de um terceiro que, ao interferir diretamente, assume a responsabilidade pelo resultado danoso, excluindo, por conseguinte, a do ato primário.

Uma prescrição médica que é, inadvertidamente, alterada por um profissional da enfermagem ou um farmacêutico, atrai a aplicação do conceito denominado "culpa exclusiva de terceiro", desonerando o primeiro facultativo que prescreveu corretamente, contudo, gerando um dano ao final.

II.H. O ESTADO DE PERIGO

O cérebro, quando diante de uma situação crítica, tem formas diferentes de agir. Há liberação de hormônios, comportamentos incomuns e respostas rápidas, mas, nem sempre, eficazes e corretas quando submetidas ao crivo das normas jurídicas.

Estar em perigo significa agir de forma impensada, instintiva, em que a emoção supera a razão, em uma busca apenas pela sobrevivência. É o cérebro agindo de maneira desordenada, a fim de proteger-se de um perigo iminente, sem controle consciente.

E, ao tomar decisões que podem nos prejudicar juridicamente ante a falta de análise consciente da situação, o sistema legal civilista indica a configuração do que se denomina "estado de perigo", conforme definição contida no art. 156 do Código Civil:

> Art. 156. Configura-se o estado de perigo quando alguém, premido da necessidade de salvar-se, ou a pessoa de sua família, de grave dano conhecido pela outra parte, assume obrigação excessivamente onerosa.
>
> Parágrafo único. Tratando-se de pessoa não pertencente à família do declarante, o juiz decidirá segundo as circunstâncias.

O estado de perigo é invocado, portanto, em situações de saúde nas quais, estando diante de um quadro de urgência ou emergência, o paciente é chamado a assinar termos e documentos jurídicos, como salvaguarda financeira hospitalar, para, então, ser-lhe garantido o devido atendimento médico.

Evidentemente, o hospital, em especial componente do sistema privado de saúde, deve possuir as respectivas contrapartidas financeiras em decorrência dos atendimentos realizados.

Entretanto, em tais situações, o negócio jurídico firmado é considerado nulo de pleno direito, na medida em que a decisão de firmar um contrato com o hospital não é adotada de maneira consciente, mas como uma reação do cérebro a uma condição única e eficaz para retirar o paciente da situação de risco em decorrência do seu estado de saúde.

O Ministério da Saúde, por intermédio da Portaria n. 354, de 10 de março de 2014, conceitua urgência e emergência como sendo, a primeira, uma "ocorrência imprevista de agravo a saúde com ou sem risco potencial a vida, cujo portador necessita de assistência médica imediata", enquanto a última, a "constatação médica de condições de agravo a saúde que impliquem sofrimento intenso ou risco iminente de morte, exigindo portanto, tratamento médico imediato".

À luz da norma penal, há a previsão contida no art. 135-A do Estatuto Repressivo, que tipifica como crime "exigir cheque-caução, nota promissória ou qualquer garantia, bem como o preenchimento prévio de formulários administrativos, como condição para o atendimento médico-hospitalar emergencial", caminhando no mesmo sentido do chamado "estado de perigo" para o direito civil, mas de forma específica a incidir na relação entre o paciente e o atendimento médico-hospitalar emergencial.

Veja-se que a norma típica restringe tal condição ao chamado "atendimento emergencial", ou seja, em situações em que há o risco iminente de morte, e não potencial agravamento, como na hipótese da urgência.

Entretanto, há que se observar que a situação do paciente em estado de urgência pode transmudar-se em emergencial, se não houver o devido atendimento no tempo e na forma correta e hábil.

Cabe destacar que o Superior Tribunal de Justiça possui precedentes que reconhecem a ilegalidade de tal procedimento no âmbito hospitalar, conforme destacado pelo Ministro Ricardo Villas Bôas Cueva, nos autos do AgInt no AREsp n. 1.569.918/CE: "o entendimento do STJ é no sentido de que gera dano moral indenizável a conduta do hospital que exige cheque caução para o atendimento emergencial de familiar, pois evidenciada a situação de vulnerabilidade do consumidor submetido a coação psicológica".

Não obstante seja esse o entendimento majoritário na Corte Superior, cabe destacar um julgado em especial, em que mesmo diante de tal imposição, qual seja, apresentação de garantias financeiras para que o atendimento médico ocorresse, o dano moral não foi fixado, na medida em que não se constatou, diante da situação peculiar, a abusividade passível de condenação extrapatrimonial:

> 5. É preciso observar casuisticamente se houve abuso de direito na ação do hospital, seja pela cobrança de valores extorsivos, seja pelo constrangimento ilegal de pacientes e familiares quanto a tratamentos inadequados ou inúteis; sem descurar do interesse das partes e outras circunstâncias peculiares ao caso (art. 51, § 1º, III, do CDC) (STJ, REsp n. 1.771.308, Terceira Turma, Rel. Min. Nancy Andrighi, j. 19.02.2019, *DJe* 22.02.2019).

Portanto, mesmo diante de situações em que há a exigência do cheque-caução ou outra garantia financeira para que o atendimento médico ocorra, há que se analisar as características do fato, a fim de que se possa constatar, efetivamente, a existência ou a ausência de dano de ordem extrapatrimonial.

Quanto ao dano material, em se constatando a situação posta no art. 156 da norma civilista, há que se declarar a nulidade do documento jurídico firmado, restituindo-se as partes, em termos financeiros, ao *status quo ante*.

II.I. O RESSARCIMENTO DE DANOS PELA LGPD

A denominada "Lei Geral de Proteção de Dados", instituída pela Lei n. 13.709/2018, impõe uma série de medidas cujo objetivo é proteger um dos bens mais valiosos nos tempos atuais: os dados e as informações pessoais.

Aliás, por intermédio da Emenda Constitucional n. 115/2022, acresceu-se ao art. 5º da Carta Republicana o inciso LXXIX, segundo o qual passou a ser "assegurado, nos termos da lei, o direito à proteção dos dados pessoais, inclusive nos meios digitais".

No âmbito da saúde, tal questão encontra-se em um ponto ainda mais crítico, na medida em que a LGPD cataloga os dados em saúde como sendo "sensíveis", cuja proteção deve ser ainda maior (art. 5º, II).

Nesse sentido, é essencial vislumbrarmos que, ultrapassando a seara administrativa, com as suas punições específicas, que perpassam inclusive pela aplicação de sanções pecuniárias – multas –, a responsabilização de ordem civil não se afasta apenas pelas determinações impostas pela ANPD (Autoridade Nacional de Proteção de Dados), convertida em autarquia federal em regime especial pela Lei n. 14.460/2022, característica esta das agências reguladoras, essencialmente em decorrência de sua autonomia.

A própria LGPD, em seu Capítulo VI, Seção III, determina expressamente a necessidade reparatória:

> Art. 42. O controlador ou o operador que, em razão do exercício de atividade de tratamento de dados pessoais, causar a outrem dano patrimonial, moral, individual ou coletivo, em violação à legislação de proteção de dados pessoais, é obrigado a repará-lo.

É importante destacar que a LGPD ainda privilegia as normas específicas, em especial a consumerista, conforme redação contida no art. 45:

> Art. 45. As hipóteses de violação do direito do titular no âmbito das relações de consumo permanecem sujeitas às regras de responsabilidade previstas na legislação pertinente.

A discussão posta envolve a responsabilidade civil sob a ótica do dano comprovado frente ao dano presumido, ou *in re ipsa*.

A norma, tal como redigida, não parece apontar para uma necessária e obrigatória responsabilização de ordem pecuniária a partir da lógica presumida, considerando indicar, expressamente, o termo "causar a outrem dano", ou seja, a interpretação teleológica indicaria que o vazamento, *per si,* não seria suficiente a atrair a aplicação dos preceitos indenizatórios de forma imediata, alicerçados na relação de causalidade entre a negligência no tratamento dos dados e o dano efetivamente causado – diferentemente da esfera administrativa, autônoma, em que o mero descumprimento da Lei já se constitui em conduta a ser reprimida por intermédio das sanções administrativas instituídas, sendo, o dano ou sua ausência, condição agravante ou atenuante.

Acerca da quantificação de eventual dano concretizado, à luz da violação das normas de proteção de dados, consideram-se os ensinamentos do I. Professor CAPANEMA:[21]

> O art. 944 do Código Civil dispõe que "A indenização mede-se pela extensão do dano". E a extensão de um dano relativo à proteção de dados poderá levar em consideração os seguintes critérios:
>
> a) a quantidade de dados pessoais afetados;
>
> b) a natureza dos dados pessoais afetados: o vazamento de dados pessoais sensíveis, por exemplo, determinará uma indenização maior, especialmente se se tratar de dados biométricos, que não podem ser substituídos;
>
> c) a reincidência da conduta;
>
> d) a omissão em tomar medidas de segurança e técnicas para minorar o dano ou em colaborar com a Autoridade Nacional de Proteção de Dados;
>
> e) a ausência de notificação dos usuários da ocorrência do incidente;
>
> f) a comprovada utilização dos dados pessoais vazados de titulares por terceiros.

---

[21] CAPANEMA, Walter Aranha. A responsabilidade civil na Lei Geral de Proteção de Dados. Disponível em: https://www.tjsp.jus.br/download/EPM/Publicacoes/CadernosJuridicos/ii_6_a_responsabilidade_civil. pdf?d=637250347559005712.

II.J. COMPREENDENDO A RESPONSABILIDADE CIVIL NA PRÁTICA

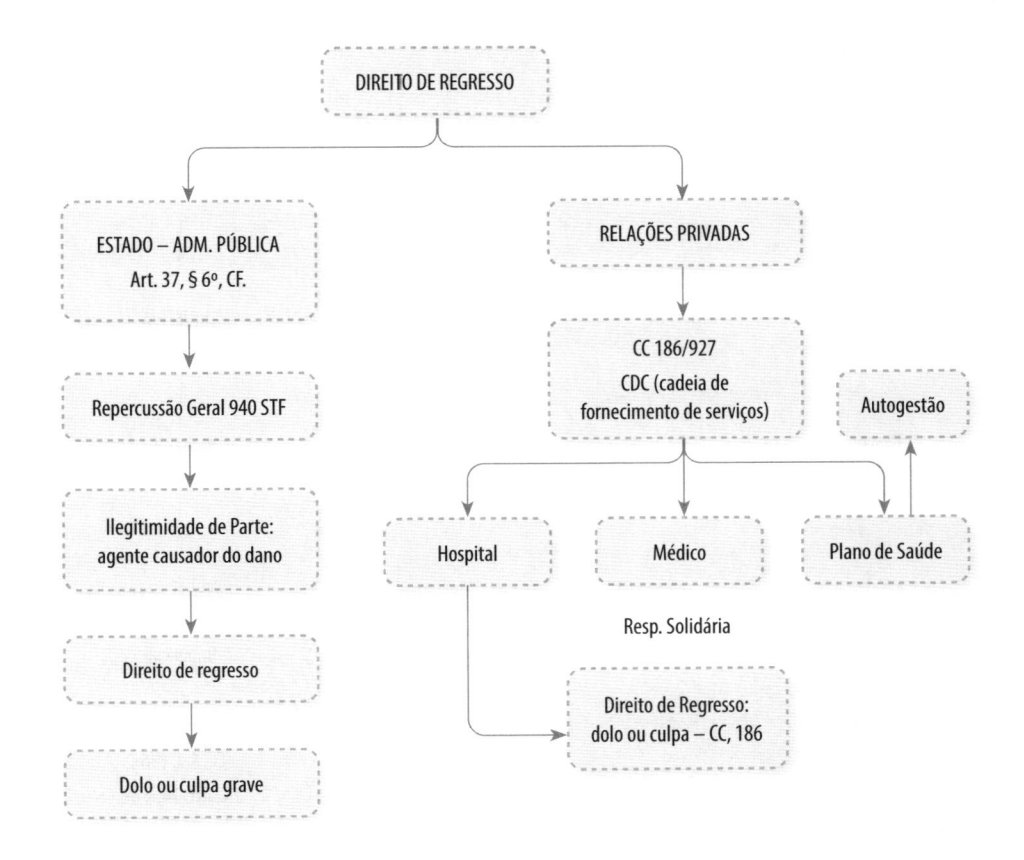

A estrutura demonstrada pelo mapa mental acima serve à compreensão quanto ao chamado "direito de regresso", assegurado para que, aquele que fora condenado, primariamente, possa obter o devido ressarcimento em razão da natureza condenatória. Nas relações privadas, é estabelecido pelo art. 934 do Código Civil:

> Art. 934. Aquele que ressarcir o dano causado por outrem pode reaver o que houver pago daquele por quem pagou, salvo se o causador do dano for descendente seu, absoluta ou relativamente incapaz.

No âmbito da Administração Pública, o direito de regresso se constitui como uma espécie de obrigação do Estado em reaver os valores despendidos com indenizações em que haja uma causa estabelecida a partir da responsabilidade do agente no dano, sempre averiguada a culpa, em especial, de acordo com as regras previstas no art. 28 da Lei de Introdução às Normas do Direito Brasileiro (LINDB):

> Art. 28. O agente público responderá pessoalmente por suas decisões ou opiniões técnicas em caso de dolo ou erro grosseiro.

Assim, há que se perquirir, nesses casos, não apenas a "culpa" ou o "dolo", mas, essencialmente, a culpa em sua forma grave, grosseira.

Quanto à categorização da responsabilidade civil em suas vertentes, objetiva, subjetiva e objetiva derivada:

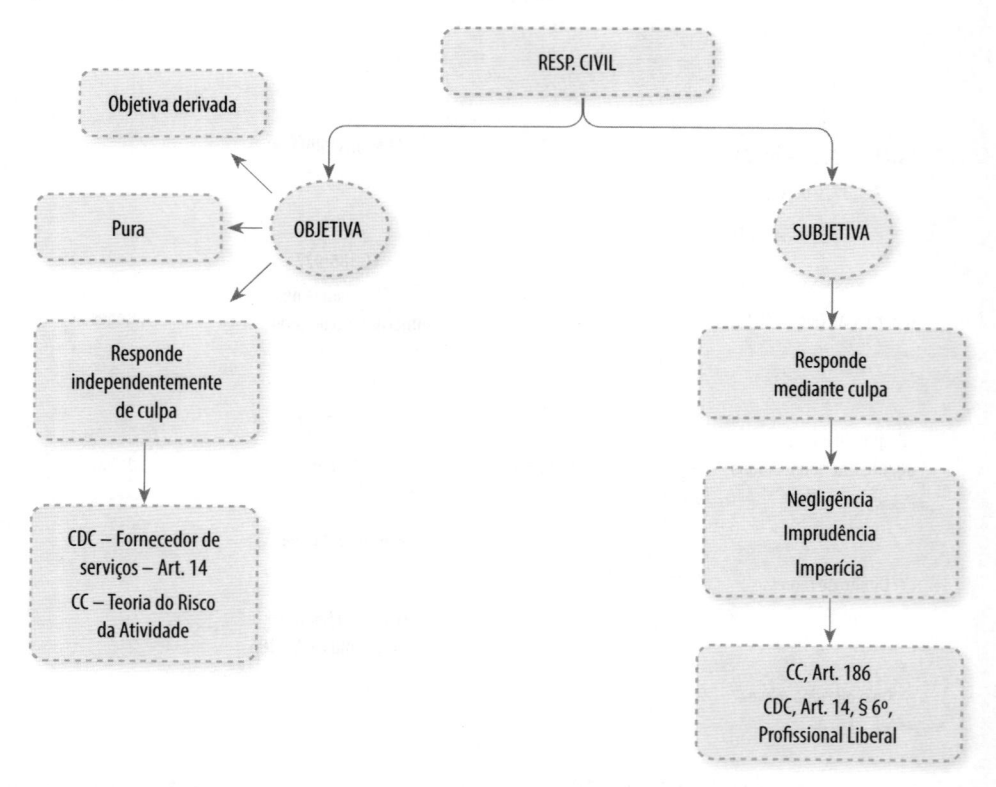

Para o ajuizamento de uma ação voltada à responsabilidade civil do médico, do hospital, ou, até mesmo, do plano de saúde em caráter solidário, é necessário um estudo aprofundado dos fatos e momentos em que ocorreram, e quais profissionais tiveram responsabilidade direta no atendimento. Isso se denomina "análise de viabilidade de ação", cujo objetivo é estabelecer, de forma concreta, o nexo de causalidade entre o dano e o ato médico praticado, por meio da desconstrução do ato profissional, partindo-se, sempre, do final para o início, com o devido apontamento de todas as fases, documentos existentes, e pontos lacunosos específicos, para que possam ser analisados e eventualmente preenchidos, *v.g.*, por intermédio de depoimentos testemunhais.

A linha do tempo que deverá conduzir o processo prévio, de análise documental, pode ser assim estruturada:

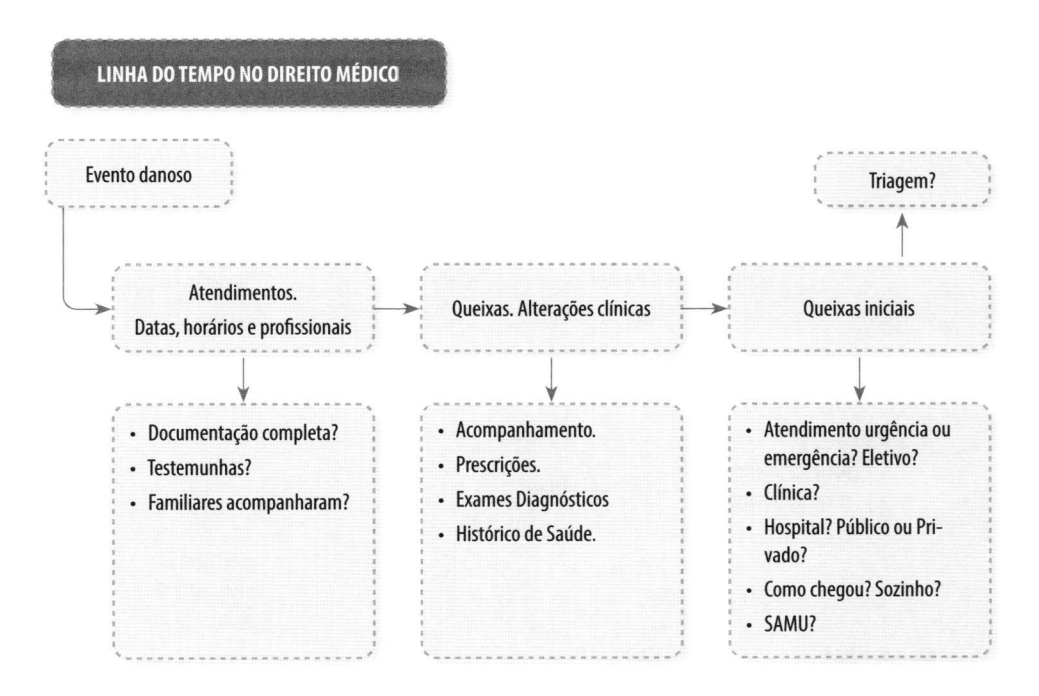

Quanto ao denominado "dano informacional", a partir de uma negligência consubstanciada na ausência de informações suficientes a subsidiar a correta compreensão do paciente quanto ao procedimento que será realizado, seus respectivos riscos e possíveis consequências, esta é a estrutura de análise exemplificativa:

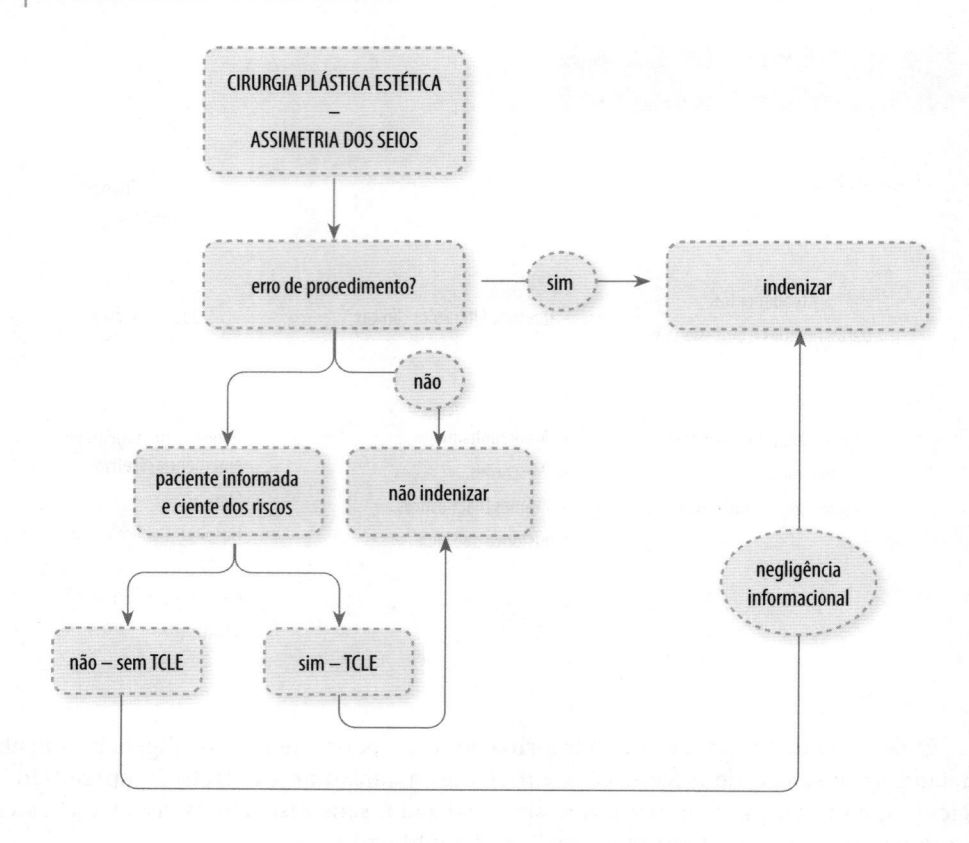

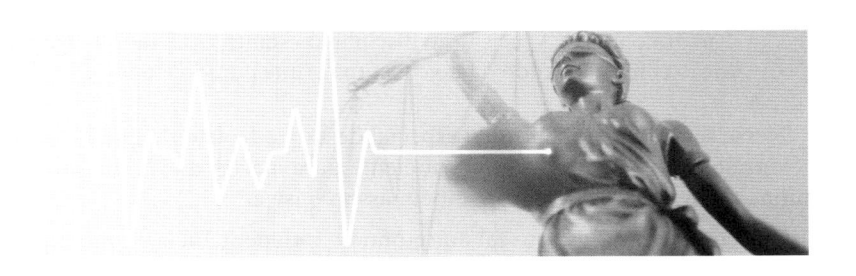

Capítulo III

RESPONSABILIDADE PENAL NA SAÚDE

III.A. A ESTREITA INFLUÊNCIA DO DIREITO PENAL SOBRE O ADMINISTRATIVO

Como já constatado, um mesmo ato profissional é capaz de gerar três esferas de responsabilidade, autônomas e independentes, cada qual com suas próprias particularidades; a terceira delas a ser estudada é a penal.

A responsabilidade pelos crimes cometidos é uma das mais antigas da humanidade, desde as primárias organizações minimamente sociais, consubstanciadas em alguma forma de repressão ao mal injustamente provocado.

Entretanto, a evolução social fez que o Estado assumisse tal responsabilidade, substituindo as *vendettas* privadas, estruturadas no conceito de "olho por olho e dente por dente".

O Direito Penal, portanto, assume papel fundamental na organização do Estado, como forma de reprimir as condutas socialmente reprováveis, chegando ao Estado Democrático de Direito sistematizado, de forma a garantir a recuperação do condenado e sua devida reinserção social, se possível, dentro de uma forma de Justiça que vem sendo denominada "restaurativa", cujo objetivo é solucionar os conflitos com a devida aproximação entre as partes, o que é essencial quando se trata da relação entre médico e paciente, base do Direito Médico.

Dentro do que já fora abordado, o processo administrativo ético-profissional, sancionatório, possui relações estreitas com o Direito Penal, sendo tal característica, inclusive, prevista no texto da Lei n. 3.268/1957 (art. 21):

> Art. 21. O poder de disciplinar e aplicar penalidades aos médicos compete exclusivamente ao Conselho Regional, em que estavam inscritos ao tempo do fato punível, ou em que ocorreu, nos termos do art. 18, § 1º.

Parágrafo único. A jurisdição disciplinar estabelecida neste artigo não derroga a jurisdição comum quando o fato constitua crime punido em lei.

Nesse sentido, a lei concedeu especial destaque ao fato de que a competência atribuída aos Conselhos de Medicina não é suficiente para afastar a averiguação do fato sob a ótica criminal, quando o mesmo fato também assim ensejar.

Entretanto, em que pese tal autonomia e independência, como regra, o Direito Penal e o Direito Administrativo sancionatório possuem pontos importantes de convergência e incidência direta daquele neste último. É o caso, *v.g.*, da sentença penal que absolve o médico quando provada a inexistência do fato ou restar comprovado que ele não concorreu para a ocorrência da infração penal, conforme assentado por intermédio do art. 7º do CPEP (Resolução CFM n. 2.306/2022):

> Art. 7º O processo e julgamento das infrações às disposições previstas no Código de Ética Médica (CEM) são independentes, não estando em regra, vinculado ao processo e julgamento da questão criminal ou cível sobre os mesmos fatos.
>
> § 1º A responsabilidade ético-profissional é independente das esferas cível e criminal.
>
> § 2º A sentença penal absolutória somente influirá na apuração da infração ética quando tiver por *fundamento* o art. 386, incisos I (estar provada a inexistência do fato) e IV (estar provado que o réu não concorreu para a infração penal) do Decreto-lei n. 3.689/1941 (CPP).

Veja-se que se trata de uma regra benéfica ao profissional, também réu em processo penal, o que conduz ao entendimento pela legalidade quanto à sua previsão processual em norma administrativa, na medida em que lhe garante a extensão de um privilégio legal, a partir de uma sentença criminal.

Entretanto, não basta a mera alegação.

Para que tal sentença possa influir positivamente em favor do médico denunciado no processo ético-profissional, é essencial que tenha ocorrido o trânsito em julgado, mesmo que já concluída a tramitação administrativa, momento em que o facultativo poderá valer-se do procedimento da revisão, previsto no Capítulo IX, Seção I, do CPEP (a partir do art. 121), caso tenha sofrido condenação ética.

Outro momento de intersecção entre as esferas penal e administrativa ocorre quando o Juiz Criminal aplica uma das penas previstas no art. 43 do Estatuto Repressivo, caracterizadas como "restritivas de direitos", e que, de maneira direta, afetam o exercício profissional, *v.g.*, "prestação de serviço à comunidade ou a entidades públicas" (inciso IV), ou, ainda, "interdição temporária de direitos" (inciso V).

Nesse último caso, o art. 47 do mencionado Códex estabelece:

> Art. 47. As penas de interdição temporária de direitos são:
>
> I – proibição do exercício de cargo, função ou atividade pública, bem como de mandato eletivo;
>
> II – proibição do exercício de profissão, atividade ou ofício que dependam de habilitação especial, de licença ou autorização do poder público; [...].

Nessas hipóteses, aplicadas ao Direito Médico, a sentença penal pode determinar, *v.g.*, que o profissional fique alijado do direito de exercer suas atividades por determinado período, ainda que parcialmente, em substituição às penas restritivas de liberdade, nas hipóteses previstas na norma penal.

Quando caracterizada tal situação, cabe ao próprio Poder Judiciário comunicar o respectivo Conselho Regional de Medicina no qual o médico se encontra inscrito, para que conste tal restrição em seus assentamentos e que ela seja informada à sociedade por meio dos respectivos canais de consulta, em especial o sistema de busca constante dos sítios dos Conselhos de Medicina; em regra, aparece uma informação de "suspensão por ordem judicial", que pode ser total ou parcial.

Contudo, a Lei n. 3.268/1957 é clara quanto à autonomia e independência das esferas, sendo que tal restrição não afasta a competência do Conselho de Medicina para apuração dos fatos sob a perspectiva ético-profissional, com plena soberania para proferir sua decisão que pode ser tanto absolutória quanto condenatória, desvinculada da sentença penal.

III.B. OS CRIMES RELACIONADOS À SAÚDE

Na esfera repressiva penal, há crimes específicos relacionados à saúde, bem como outros com previsões genéricas, mas com características que devem ser analisadas quando se trata de sua incidência no campo de estudo do Direito Médico. A primeira indicação própria encontra redação na contravenção tipificada por intermédio do art. 66 da chamada "Lei das Contravenções Penais", instituída pelo Decreto-lei n. 3.688/1941:

> Art. 66. Deixar de comunicar à autoridade competente:
>
> I – crime de ação pública, de que teve conhecimento no exercício de função pública, desde que a ação penal não dependa de representação;
>
> II – crime de ação pública, de que teve conhecimento no exercício da medicina ou de outra profissão sanitária, desde que a ação penal não dependa de representação e a comunicação não exponha o cliente a procedimento criminal.

Para fins de aplicabilidade no âmbito do Direito Médico, o inciso II susomencionado implica um conhecimento bastante específico para que o médico não cometa a contravenção penal em questão.

Isso porque a regra repressiva indica que o cometimento da infração ocorre quando o médico ou outro profissional da saúde, no exercício de sua atividade, deixa de comunicar, à autoridade competente, crime de que tenha tido conhecimento, com duas ressalvas fundamentais e cumulativas: (i) a ação penal não pode depender de representação; e (ii) a comunicação não pode expor o seu próprio paciente a um procedimento criminal.

Veja-se, portanto, que a regra geral implica a colaboração entre profissionais de saúde e autoridades na prevenção e no combate ao crime em geral; contudo, as exceções impõem restrições que devem ser cumpridas e observadas, sob pena de colocar o próprio *expert* em situação suficientemente delicada, a responder por tal conduta nas três esferas de responsabilidade.

Na primeira regra excepcional, a comunicação deve ser precedida de uma análise jurídica, a respeito de o possível crime cometido estar na esfera daqueles que dependem de representação da vítima ou do ofendido para que seja deflagrada a apuração estatal.

V.g., um paciente que chega ao consultório de seu psiquiatra relatando ter sido ofendido verbalmente por alguém, de forma a caracterizar um crime contra a honra. Nesse caso, o médico não deve realizar a devida comunicação à autoridade competente, ponderando, junto de seu paciente, o exercício do direito de representação criminal, se a hipótese tiver alguma relação com o ato médico em curso.

Noutra via, *v.g.*, o crime de estupro contra paciente maior e capaz, enquadrado originalmente pelo Código Penal como dependente de representação, não demandava atuação direta comunicativa por parte do profissional de saúde; contudo, com a alteração advinda por intermédio da Lei n. 13.718/2018 – em especial da redação do art. 225 –, em tal delito se procede mediante ação penal pública incondicionada.

Tal modificação fez que houvesse substancial alteração nos protocolos de atendimento médico a pacientes vítimas de tal crime, em especial por meio da já revogada Portaria n. 2.561/2020, do Ministério da Saúde, que obrigava os profissionais de saúde a realizarem a respectiva comunicação do fato à autoridade policial, bem como preservarem possíveis evidências materiais do crime de estupro a serem, igualmente, entregues a quem compete a respectiva investigação.

Há que se estabelecer uma crítica sob dois aspectos, que serão devidamente abordados nos respectivos tópicos, no que tange a tal obrigação legal de comunicação: a violação do sigilo e a autonomia da paciente.

Em uma segunda etapa legal de ponderação, deve o profissional avaliar se a comunicação irá expor seu próprio paciente a alguma forma de procedimento criminal, destacando frase indicada na Nota Técnica CREMESP n. 01/2014, segundo a qual "o médico é o fiel depositário das informações que pertencem única e exclusivamente ao paciente, além do que jamais poder ser o delator de seu próprio assistido".[1]

Evidentemente, tal questão será aprofundada quando do estudo a respeito do sigilo profissional; todavia, a exposição de paciente a procedimento criminal suscita diversas dúvidas a respeito de tais limites dentro da atividade envolvendo os profissionais de saúde.

A norma legal positivada não faz qualquer distinção ou restrição quanto a categorias de crimes, apenas impõe ao profissional a obrigação de manter sigilo quando a comunicação expuser, inevitavelmente, seu paciente a qualquer forma de investigação criminal. E, nesse aspecto, cabe o ensinamento do culto Ministro Marco Aurélio, nos autos do Ag. Reg. no Recurso Extraordinário n. 547.900/MG: "Onde o legislador não distingue, não cabe ao intérprete fazê-lo, muito menos para adotar óptica que acabe por prejudicar aquele a quem o preceito visa a proteger".

Há situações classicamente graves, em que tal previsão normativa impõe penosas reflexões, *v.g.*, paciente que chega ao atendimento com suspeita de aborto provocado, o que atrairia

---

a possível tipificação contida no art. 124 do Código Penal, como sendo o "aborto provocado pela gestante ou com seu consentimento".

Aos profissionais de saúde é entregue uma missão sacerdotal: acolher a paciente e não a julgar por seus atos e condutas. Se não pela sua própria consciência profissional, que o faça por intermédio do comando da lei.

A lei, nesse aspecto, é inegociável.

Evidentemente, o crime de aborto é condenável pelo Estatuto Repressivo, sendo um delito a que se procede independentemente de representação, típica ação penal pública, com competência, inclusive, do Tribunal do Júri; entretanto, não cabe ao médico denunciar sua paciente, mas cuidar dela, acolhê-la, de forma preventiva e terapêutica, deixando os ulteriores procedimentos ao encargo das autoridades, cada qual com sua competência.

O Superior Tribunal de Justiça, nos autos do *Habeas Corpus* nº 783927-MG, determinou o trancamento de uma ação penal em curso pelo crime de aborto provocado pela gestante, na medida em que constou, de forma incontroversa nos autos, que o médico que realizou o atendimento da paciente teria acionado a autoridade policial e figurado como testemunha na ação penal, em razão de ter a paciente realizado supostas manobras abortivas em sua residência, com a ingestão de medicamentos, procurando o sistema de saúde em momento posterior.

Segundo a Corte Superior, o médico, ainda, teria encaminhado cópia do prontuário médico aos autos do inquérito policial para a comprovação das afirmações e alegações formuladas contra a paciente, ensejando, assim, o trancamento da ação penal por aplicação do artigo 207 do Código de Processo Penal (que prevê as hipóteses proibitivas quanto aos depoimentos), além de determinar envio dos autos ao Conselho Regional de Medicina e ao Ministério Público para apuração da conduta do profissional que atendeu a paciente e realizou a notícia do crime.

Trata-se, portanto, de situação em que o sigilo médico deve ser integralmente preservado, não devendo o médico comunicar à autoridade policial situações que têm potencial de tornar seu paciente réu em processo ou investigação criminal.

Aliás, o aborto, em suas hipóteses legais e respectivas dimensões, será objeto de tópico específico de análise e estudo.

Sequestro e cárcere privado

Art. 148. Privar alguém de sua liberdade, mediante sequestro ou cárcere privado:

Pena – reclusão, de um a três anos.

§ 1º – A pena é de reclusão, de dois a cinco anos:

I – se a vítima é ascendente, descendente, cônjuge ou companheiro do agente ou maior de 60 (sessenta) anos;

II – se o crime é praticado mediante internação da vítima em casa de saúde ou hospital;

III – se a privação da liberdade dura mais de quinze dias.

IV – se o crime é praticado contra menor de 18 (dezoito) anos;

V – se o crime é praticado com fins libidinosos.

§ 2º – Se resulta à vítima, em razão de maus-tratos ou da natureza da detenção, grave sofrimento físico ou moral:

Pena – reclusão, de dois a oito anos.

Evidentemente, não se trata de avaliar os aspectos relacionados ao crime de forma ampla, em todos os seus elementos e variáveis, matéria relacionada ao Direito Penal, mas estabelecer a devida correlação com o Direito Médico e sua respectiva aplicabilidade.

Nesse aspecto, deve-se compreender que hospitais, clínicas, ambientes de internação em geral não são equiparáveis a recintos prisionais, sendo que os pacientes, da mesma maneira que os procuram, possuem a liberdade para deixá-los, exceto em situações muitos específicas previstas na legislação ordinária, *v.g.*, casos de internação psiquiátrica compulsória ou involuntária por drogadição ou transtorno mental justificador.

A Lei n. 10.216/2004 prevê as hipóteses de internação involuntária ou compulsória, sendo esta a determinada judicialmente, enquanto aquela é a requerida por um terceiro, sendo obrigatória a autorização de médico assistente, devendo ser comunicada ao Ministério Público em até 72 horas (arts. 6º a 9º da Lei).

À exceção de tais hipóteses, a internação hospitalar tem por objetivo, em regra, a recuperação da saúde do paciente, sendo que qualquer medida que contrarie sua vontade de permanecer em tal ambiente pode caracterizar o crime de cárcere privado, na medida em que restritos o direito de locomoção e a liberdade.

O médico, quando solicitado por seu paciente, não pode restringir a respectiva alta médica, mas facilitá-la, preservando os desígnios de seu assistido, adotando as condutas necessárias à preservação da sua saúde, ainda que fora do ambiente hospitalar.

O Código de Ética Médica, Resolução n. 2.217/2018, em seu art. 86, informa ser vedado ao médico:

> Deixar de fornecer laudo médico ao paciente ou a seu representante legal quando aquele for encaminhado ou transferido para continuação do tratamento ou em caso de solicitação de alta.

A melhor exegese do artigo em questão indica que a solicitação de alta é um direito subjetivo do paciente, que não pode ser dificultado pelo profissional, mas ele deve ser devidamente orientado quanto aos riscos de ausentar-se do ambiente de cuidados hospitalares, inclusive assinando o respectivo termo de saída, tendo direito a receber relatório e prescrição médica suficiente a isentar o profissional quanto à eventual responsabilidade decorrente do exercício da autonomia de seu assistido.

Não se trata, por óbvio, da chamada "alta médica", caracterizada como ato privativo do profissional da medicina, após o devido restabelecimento do paciente, reunindo condições para que possa, eventualmente, prosseguir com o tratamento em sua residência, evitando-se a permanência desnecessária no ambiente hospitalar.

Nessa hipótese, o médico assume a responsabilidade pelo ato médico diretamente praticado.

Evidentemente, há casos que demandam maior atenção, na medida em que situações de grave e iminente risco de morte não podem ser livremente enquadradas em hipóteses de alta sob solicitação, cabendo ao médico avaliar, concretamente, a capacidade compreensiva do paciente quanto ao seu real estado de saúde, buscando auxílio, se possível, de entes próximos, para conceder o amparo necessário dentro do processo decisório que pode envolver, inclusive, parecer do Comitê de Bioética, se houver; entretanto, manter alguém em ambiente hospitalar, de forma contrária à sua vontade, é sempre conduta não indicada.

Ademais, toda e qualquer providência envolvendo esse processo decisório deve ser devidamente anotada em prontuário, com as informações claras, objetivas, sendo elaborado o respectivo relatório médico, essencial para que seja atendido o desejo do paciente.

Não se pode olvidar, ainda, que, de forma conexa ao presente artigo, está o chamado "crime de constrangimento ilegal", tipificado no art. 146 do Código Penal, em que consta como conduta reprovável criminalmente:

> **Constrangimento ilegal**
>
> Art. 146. Constranger alguém, mediante violência ou grave ameaça, ou depois de lhe haver reduzido, por qualquer outro meio, a capacidade de resistência, a não fazer o que a lei permite, ou a fazer o que ela não manda:
>
> Pena – detenção, de três meses a um ano, ou multa.
>
> **Aumento de pena**
>
> § 1º As penas aplicam-se cumulativamente e em dobro, quando, para a execução do crime, se reúnem mais de três pessoas, ou há emprego de armas.
>
> § 2º Além das penas cominadas, aplicam-se as correspondentes à violência.
>
> § 3º Não se compreendem na disposição deste artigo:
>
> I – a intervenção médica ou cirúrgica, sem o consentimento do paciente ou de seu representante legal, se justificada por iminente perigo de vida;
>
> II – a coação exercida para impedir suicídio.

Pela tipificação do artigo, vê-se que ninguém pode ser constrangido a fazer algo contra a sua vontade, quando não previsto em lei, mediante violência ou grave ameaça, exceto, conforme o inciso I, quando necessário a salvar a vida do paciente de forma imediata.

O termo "iminente"[2] indica uma morte premente acaso não realizada intervenção médica ou cirúrgica, algo prestes a acontecer, que não comporta maiores explicações; uma vez não demonstrada, há o direito do paciente de decidir quanto ao procedimento a ser adotado a respeito de seu estado de saúde.

O tema envolvendo a autonomia da vontade será tratado oportunamente, cabendo apenas mencionar que há, em tramitação no Supremo Tribunal Federal, a ADPF n. 618, cujo pedido principal constante na peça inicial consiste em que "se declare a não recepção parcial, sem redução de texto, do art. 146, § 3º, I do Código Penal", permitindo-se a eficácia da declaração de vontade de pacientes contrários à transfusão sanguínea homóloga por razões de convicção religiosa.

Paciente maior, lúcido e capaz não pode ser, jamais, constrangido, impelido a realizar tratamentos contrários às suas convicções, seja de qualquer ordem, sob pena de se caracterizar o crime de constrangimento ilegal.

---

[2] Cabe um destaque quanto ao termo utilizado pelo Código Penal, também arremedado nos respectivos regramentos éticos predecessores, no sentido de estar-se diante de um "iminente perigo de vida". A atual terminologia jurídica compreende como sendo mais adequados "risco à vida", "risco de morte" ou "perigo de morte".

De forma paragonada aos dois crimes imediatamente trabalhados, há o devidamente tipificado no art. 136 do Código Penal, consistente em:

Maus-tratos

Art. 136. Expor a perigo a vida ou a saúde de pessoa sob sua autoridade, guarda ou vigilância, para fim de educação, ensino, tratamento ou custódia, quer privando-a de alimentação ou cuidados indispensáveis, quer sujeitando-a a trabalho excessivo ou inadequado, quer abusando de meios de correção ou disciplina:

Pena – detenção, de dois meses a um ano, ou multa.

A exposição indevida, prejudicial, comprometedora à vida ou à saúde de um paciente pode ser enquadrada no crime em questão, principalmente porquanto a tipificação é bastante abrangente ao incluir os termos "autoridade, guarda ou vigilância", para fins de "tratamento".

Portanto, um dos aspectos relevantes a respeito da incidência de tal crime na relação com a medicina envolve, não necessariamente, a atuação direta do profissional médico, mas dos responsáveis pelos locais, *v.g.*, de internação de longa permanência para pessoas idosas, que exigem a presença de um responsável técnico (RDC ANVISA n. 502/2021), com nível superior, que, invariavelmente, é um profissional da saúde.

Assim, o responsável técnico profissional da saúde deve manter vigilância constante sobre o tratamento dispensado à pessoa idosa, cuidando para que haja o devido zelo no trato diário, inclusive quanto aos cuidados de saúde, quando necessários.

Não raro há condenações criminais envolvendo profissionais de saúde pelo cometimento dos crimes de maus-tratos e cárcere privado, conforme já decidiu o Tribunal de Justiça de São Paulo, nos autos da Apelação n. 0004585-89.2015.8.26.0125, assim ementada:

> Sequestro e cárcere privado. Condenação dos responsáveis. Clínica médica. Prova oral firme. Ausência de documentação imprescindível. Desatendimento dos rigores da Lei 10.216/2004. Manutenção de pacientes internados contra as próprias vontades e sem ordens judiciais correspondentes. Existência de verdadeiro sistema repressivo. Penas devidamente justificadas. Apelos desprovidos.

A cautela, quando da assunção de cargos de responsabilidade técnica em instituições voltadas ao atendimento de pacientes, seja qual for a característica, indica que o profissional de saúde deve manter constante vigilância quanto aos pacientes que estão sob sua custódia, guarda ou autoridade, em especial quando há cuidados diretos relacionados à saúde desses pacientes.

Omissão de socorro

Art. 135. Deixar de prestar assistência, quando possível fazê-lo sem risco pessoal, à criança abandonada ou extraviada, ou à pessoa inválida ou ferida, ao desamparo ou em grave e iminente perigo; ou não pedir, nesses casos, o socorro da autoridade pública:

Pena – detenção, de um a seis meses, ou multa.

Parágrafo único – A pena é aumentada de metade, se da omissão resulta lesão corporal de natureza grave, e triplicada, se resulta a morte.

O crime tipificado como "omissão de socorro" não é aplicável exclusivamente aos profissionais de saúde, sendo uma obrigação de todo cidadão auxiliar e prestar assistência quando diante de quadro grave e perigo iminente, desde que possível, sem que haja risco ao próprio prestante do auxílio.

Todavia, quando inserido no campo do Direito Médico, há o dever de assistência implícito no conhecimento técnico-profissional, que obriga o *expert* a agir diante de uma situação que se encontra dentro do domínio de seus conhecimentos.

É importante dizer que o médico, no campo da omissão de socorro, não é, necessariamente, o responsável direto pelo risco causado ao socorrido, mas está diante de uma circunstância em que sua atuação direta pode retirá-lo de tal situação, ainda que apenas no campo da possibilidade.

O não agir fará que o socorrido tenha, potencialmente, sua situação agravada, *v.g.*, um viajante aéreo que sofre mal súbito em pleno voo; diante de um médico presente, o socorro imediato poderá, eventualmente, estabilizá-lo até que o comandante possa pousar em segurança para prosseguir o atendimento.

A propósito, cabe destacar que o atendimento médico, quando em voo, é obrigação ética, sendo tema de parecer específico do Conselho Federal de Medicina, n. 5.353/1996, conforme conclusão abaixo do respectivo Tribunal da Ética Médica, além de cartilha específica para orientação profissional quanto a tal atendimento:[3]

> Pelo exposto, o médico jamais poderá se omitir quando solicitado a atender alguém que precise de sua ajuda, ainda que sua única tarefa seja, tão somente, levar algumas palavras de conforto ao paciente. Não importa. O que mais interessa é a triagem de cada caso e o muito valioso afago, alívio ao sofrimento do doente e dos circunstantes – e ninguém melhor que o médico para ser o porta-voz da prudência, da serenidade e da compreensão ao se fazer ouvir.
>
> Por tudo isso, a identificação do médico em pleno voo, quando solicitada, tem um significado singular pois, para ele, embora represente a renúncia à condição de passageiro, a permuta ao lazer do conforto da viagem para executar uma tarefa, um labor, oferecendo parte dos seus conhecimentos àqueles que se sentem provisoriamente desamparados, traduz acima de tudo o compromisso social da profissão que abraçou.

Saliente-se que, nesses casos, é ideal que se utilize a terminologia "socorrido" e não "paciente", posto que, diante da gravidade do caso e da situação de vida que o coloca frente ao profissional, não há como se estabelecer a clássica relação hipocrática, inclusive pelos meios técnicos à disposição do profissional, que deve buscar fazer sempre o seu melhor, com o que possui à disposição – o que não afasta, por óbvio, os princípios éticos da profissão, como pontuado no parecer susomencionado.

---

[3]   CONSELHO FEDERAL DE MEDICINA. *Medicina aeroespacial*: orientações gerais para médicos a bordo. Brasília, DF: CFM, 2018. Disponível em: http://www.flip3d.com.br/web/pub/cfm/index9/?numero=21&edicao=4271#page/1. Acesso em: 25 jul. 2022.

Noutro giro, há situações em que o médico está impedido de realizar os atendimentos em razão de ter, sob sua responsabilidade, outro paciente demandando seus cuidados, hipótese em que não poderá ser considerada a omissão de socorro de tal profissional em específico.

Todavia, há responsabilidades que recaem sobre o diretor técnico das unidades de saúde, na medida em que a omissão de socorro dentro do ambiente hospitalar, por ausência de profissional apto a realizar o procedimento em caráter de urgência ou emergência, pode estar no campo de tipificação penal, de acordo com as características concretas, a incidir sobre tais profissionais em situação de direção.

Omissão de notificação de doença

Art. 269. Deixar o médico de denunciar à autoridade pública doença cuja notificação é compulsória:

Pena – detenção, de seis meses a dois anos, e multa.

Uma das maiores responsabilidades dos médicos em termos de saúde coletiva, sanitária e epidemiológica repousa, justamente, na obrigação de comunicar aos órgãos competentes doença cuja notificação seja obrigatória.

A sua não realização tipifica o crime contido no art. 269 do Estatuto Repressivo, denominado "norma penal em branco", na medida em que depende de uma complementação que integra o tipo penal para fins de criminalização da conduta, *in casu*, uma norma administrativa.

Segundo o *Guia de vigilância epidemiológica* do Ministério da Saúde,[4] em sua 7ª edição,

> Notificação é **a comunicação da ocorrência de determinada doença ou agravo à saúde, feita à autoridade sanitária por profissionais de saúde ou qualquer cidadão, para fins de adoção de medidas de intervenção pertinentes**. Historicamente, a notificação compulsória tem sido a principal fonte da vigilância epidemiológica, a partir da qual, na maioria das vezes, se desencadeia o processo informação-decisão-ação. (grifos do original).

A comunicação à autoridade competente quanto a patologias específicas, determinadas e priorizadas pelo Ministério da Saúde, tem diversas finalidades relevantes, desde informações epidemiológicas básicas por região do país, até a distribuição equitativa de verbas para locais determinados, a partir das necessidades específicas indicadas por meio das respectivas notificações médicas.

O médico, portanto, deve se manter atualizado acerca da lista emitida pelo Ministério da Saúde, de forma a realizar a respectiva comunicação de fundo epidemiológico, sob pena de incidir, sobre sua omissão, o crime tipificado no art. 269 do Código Penal.

Com a incidência do período pandêmico, ocasionado pelo vírus Sars-CoV-2, houve grande disseminação de informações a respeito da notificação compulsória, em razão da necessária cobertura epidemiológica nacional, inclusive com a publicação de um importante

---

4   BRASIL. Ministério da Saúde. *Guia de vigilância epidemiológica*. 7. ed. Brasília, DF: Ministério da Saúde, 2009. Disponível em: https://bvsms.saude.gov.br/bvs/publicacoes/guia_vigilancia_epidemiologica_7ed.pdf. Acesso em: 25 jul. 2022.

Guia de vigilância epidemiológica por parte do Ministério da Saúde,[5] atraindo, também, outro importante artigo inserido no Capítulo III do Código Penal – Dos Crimes contra a Saúde Pública –, consistente na infração de medida sanitária preventiva:

Infração de medida sanitária preventiva

Art. 268. Infringir determinação do poder público, destinada a impedir introdução ou propagação de doença contagiosa:

Pena – detenção, de um mês a um ano, e multa.

Parágrafo único – A pena é aumentada de um terço, se o agente é funcionário da saúde pública ou exerce a profissão de médico, farmacêutico, dentista ou enfermeiro.

O crime em questão também se enquadra no conceito de norma penal em branco, na medida em que não especifica, de forma integral, qual seria a determinação do poder público, com caráter restritivo, cujo objetivo seja obstar o avanço de alguma doença contagiosa.

Nessa hipótese, de forma semelhante ao que ocorre no crime tipificado no art. 269, há que se ter um ato normativo complementar, que passará, ainda que temporariamente, a integrar o tipo penal específico.

Veja-se que a pena cominada é aumentada de um terço quando o crime é praticado por funcionário da saúde, ou seja, da área da saúde, em especial, médico, farmacêutico, dentista ou enfermeiro.

Nos autos do Inquérito Policial n. 03026.0213.00471/2020-1.3, atendendo a pedido do Ministério Público, o Poder Judiciário do Estado de Pernambuco, Plantão Polo Petrolina, determinou a um médico medidas cautelares importantes, consubstanciadas em: (i) proibição de frequentar as dependências comuns do condomínio em que residia, de contato com outras pessoas sem o devido uso de equipamentos de proteção, restringindo o próprio exercício da medicina quanto a atendimentos presenciais; além do (ii) uso de tornozeleira eletrônica, medidas estas que permaneceriam em vigor até o restabelecimento de saúde em razão do acometimento pela covid-19.

Tais precauções somente se afiguram possíveis em razão da tipificação penal descrita no art. 268 do Estatuto Repressivo, complementado pelas normas restritivas de circulação, em especial a Lei n. 13.979/2020, que dispôs sobre "as medidas para enfrentamento da emergência de saúde pública de importância internacional decorrente do coronavírus responsável pelo surto de 2019".

Com relação a esse artigo em específico, cabe destacar a existência da Lei n. 6.437/1977, que "configura infrações à legislação sanitária federal, estabelece as sanções respectivas, e dá outras providências".

---

5   BRASIL. Ministério da Saúde. Secretaria de Vigilância em Saúde. Departamento de Análise em Saúde e Doenças não Transmissíveis. *Guia de vigilância epidemiológica emergência de saúde pública de importância nacional pela doença pelo coronavírus 2019 – covid-19*. Brasília, DF: Ministério da Saúde, 2021. Disponível em: https://conasems-ava-prod.s3.sa-east-1.amazonaws.com/institucional/wpcontent/2021/03/Guia-de-vigila%CC%82ncia-epidemiolo%CC%81gica-da-covid_19_15.03_2021.pdf. Disponível em: https://conasems-ava-prod.s3.sa-east-1.amazonaws.com/institucional/wpcontent/2021/03/Guia-de-vigila%CC%82ncia-epidemiolo%CC%81gica-da-covid_19_15.03_2021.pdf.

A norma em questão é específica, e, ao prever medidas punitivas, o faz por intermédio de seu art. 10, com destaque ao inciso VII:

> Art. 10. São infrações sanitárias:
>
> [...]
>
> VII – impedir ou dificultar a aplicação de medidas sanitárias relativas às doenças transmissíveis e ao sacrifício de animais domésticos considerados perigosos pelas autoridades sanitárias:
>
> Pena – advertência, e/ou multa [...]

O fato de existir uma legislação específica voltada à fiscalização de ordem sanitária, faz que haja a devida ponderação, diante da dimensão e concretude do ato praticado como elemento essencial à aplicação das penalidades cabíveis, que podem ser de ordem penal, pelo art. 268, ou administrativa, pela legislação própria.

Evidentemente, um ato deliberadamente recalcitrante ao cumprimento das medidas sanitárias restritivas, que visem a "impedir introdução ou propagação de doença contagiosa", constitui tipo infracional mais grave do que "impedir ou dificultar a aplicação das medidas sanitárias", cabendo a respectiva ponderação quando da utilização repressiva estatal.

Entretanto, é fato que a precaução quanto à propagação ou introdução de doenças contagiosas em território nacional sempre foi legítima preocupação do Estado Nacional como forma de controle epidemiológico e saúde coletiva, cabendo a determinação de medidas restritivas individuais, em situações peculiares, como forma de proteção do interesse público.

Falsificação, corrupção, adulteração ou alteração de produto destinado a fins terapêuticos ou medicinais

Art. 273. Falsificar, corromper, adulterar ou alterar produto destinado a fins terapêuticos ou medicinais:

Pena – reclusão, de 10 (dez) a 15 (quinze) anos, e multa.

§ 1º Nas mesmas penas incorre quem importa, vende, expõe à venda, tem em depósito para vender ou, de qualquer forma, distribui ou entrega a consumo o produto falsificado, corrompido, adulterado ou alterado.

§ 1º-A Incluem-se entre os produtos a que se refere este artigo os medicamentos, as matérias-primas, os insumos farmacêuticos, os cosméticos, os saneantes e os de uso em diagnóstico.

§ 1º-B Está sujeito às penas deste artigo quem pratica as ações previstas no § 1º em relação a produtos em qualquer das seguintes condições:

I – sem registro, quando exigível, no órgão de vigilância sanitária competente;

II – em desacordo com a fórmula constante do registro previsto no inciso anterior;

III – sem as características de identidade e qualidade admitidas para a sua comercialização;

IV – com redução de seu valor terapêutico ou de sua atividade;

V – de procedência ignorada;

VI – adquiridos de estabelecimento sem licença da autoridade sanitária competente.

Modalidade culposa

§ 2º – Se o crime é culposo:

Pena – detenção, de 1 (um) a 3 (três) anos, e multa.

O envolvimento de médicos em interação com o sistema farmacêutico, *per si*, já é suficiente a caracterizar uma infração ética (arts. 68 e 69 do Código de Ética Médica); entretanto, há situações que, aparentemente inocentes no ambiente clínico, podem levar ao cometimento de graves crimes tipificados no art. 273 do Código Penal, acima transcrito, em especial quanto aos acréscimos normativos realizados posteriormente, que incluíram no tipo penal "os medicamentos, as matérias-primas, os insumos farmacêuticos, os cosméticos, os saneantes e os de uso em diagnóstico".

Assim, não raro, médicos disponibilizam em suas clínicas, *v.g.*, no ramo da dermatologia, cosméticos para serem fornecidos a título de amostra grátis ou, até mesmo, para comercialização.

A par da infração ética como já comentado, a presença de produtos sem registro – quando exigível, no órgão de vigilância sanitária competente –, em desacordo com a fórmula constante do registro, de procedência ignorada, adquiridos de estabelecimento sem licença da autoridade sanitária competente, por exemplo, é suficiente para caracterizar um grave crime contra a saúde pública, com pena máxima elevadíssima.

Nessa senda, é essencial que, além da infração ético-profissional, o médico destine especial atenção a tal disponibilização de produtos em suas respectivas clínicas, como medida preventiva, avaliando sua origem, principalmente.

Em caso emblemático, julgado pelo Tribunal Regional Federal da 3ª Região, foi negada a ordem em *habeas corpus* requerida em favor de médica denunciada pelo Ministério Público Federal em decorrência de ingresso em solo nacional com 255 frascos de medicamento DHEA e Melatonina na bagagem, sem autorização para importação nem registro em órgão de vigilância sanitária competente, nos termos do art. 273, § 1º-B, I, do Código Penal (TRF3, HC n. 5031629-52.2018.4.03.0000, Rel. Des. Federal José Marcos Lunardelli).

É essencial destacar que, no caso em tela, houve *emendatio libelli* convertendo a acusação para a capitulação contida no art. 334-A, § 1º, II, do Estatuto Repressivo,[6] mas que não afasta o fato de que, pelo desconhecimento das normas, houve o cometimento de infração penal, que recaiu sobre um profissional médico, de forma grave.

Veja-se que o tipo penal também prevê a possibilidade, ainda que com a pena reduzida, da modalidade culposa, exigindo uma maior cautela dos profissionais de saúde que mantêm em suas clínicas e consultórios produtos destinados aos pacientes, atraindo a possibilidade de

---

[6] **"Contrabando**

Art. 334-A. Importar ou exportar mercadoria proibida:

Pena – reclusão, de 2 (dois) a 5 (cinco) anos.

§ 1º Incorre na mesma pena quem:

[...]

II – importa ou exporta clandestinamente mercadoria que dependa de registro, análise ou autorização de órgão público competente [...]."

sanção, mesmo que de forma não intencional, lastreada em eventual negligência na correta verificação quanto à origem dos itens, mesmo que não haja a comercialização.

Induzimento, instigação ou auxílio a suicídio ou a automutilação

Art. 122. Induzir ou instigar alguém a suicidar-se ou a praticar automutilação ou prestar--lhe auxílio material para que o faça:

Pena – reclusão, de 6 (seis) meses a 2 (dois) anos.

§ 1º Se da automutilação ou da tentativa de suicídio resulta lesão corporal de natureza grave ou gravíssima, nos termos dos §§ 1º e 2º do art. 129 deste Código:

Pena – reclusão, de 1 (um) a 3 (três) anos.

§ 2º Se o suicídio se consuma ou se da automutilação resulta morte:

Pena – reclusão, de 2 (dois) a 6 (seis) anos.

§ 3º A pena é duplicada:

I – se o crime é praticado por motivo egoístico, torpe ou fútil;

II – se a vítima é menor ou tem diminuída, por qualquer causa, a capacidade de resistência.

§ 4º A pena é aumentada até o dobro se a conduta é realizada por meio da rede de computadores, de rede social ou transmitida em tempo real.

§ 5º Aumenta-se a pena em metade se o agente é líder ou coordenador de grupo ou de rede virtual.

§ 6º Se o crime de que trata o § 1º deste artigo resulta em lesão corporal de natureza gravíssima e é cometido contra menor de 14 (quatorze) anos ou contra quem, por enfermidade ou deficiência mental, não tem o necessário discernimento para a prática do ato, ou que, por qualquer outra causa, não pode oferecer resistência, responde o agente pelo crime descrito no § 2º do art. 129 deste Código.

§ 7º Se o crime de que trata o § 2º deste artigo é cometido contra menor de 14 (quatorze) anos ou contra quem não tem o necessário discernimento para a prática do ato, ou que, por qualquer outra causa, não pode oferecer resistência, responde o agente pelo crime de homicídio, nos termos do art. 121 deste Código.

O crime de instigação ou auxílio ao suicídio, modificado substancialmente em 2019, com o advento da Lei n. 13.968, que incluiu importantes tipificações voltadas à automutilação, ampliando o espectro punitivo da norma inicialmente concebida, não possui qualquer exceção relacionada à atividade profissional médica, quando diante de situações relacionadas à terminalidade da vida, admitida em alguns países, como será demonstrado em tópico específico.

Auxiliar o suicídio diante de condições terapêuticas limitadas, quadros irreversíveis e prognósticos fechados, é possível em diversas nações que possuem normas excepcionais a permitir que um profissional da saúde seja autorizado por um paciente a assisti-lo no processo de abreviação da vida.

Falsidade de atestado médico

Art. 302. Dar o médico, no exercício da sua profissão, atestado falso:

Pena – detenção, de um mês a um ano.

Parágrafo único – Se o crime é cometido com o fim de lucro, aplica-se também multa.

O atestado médico é, segundo o Conselho Federal de Medicina, "parte integrante do ato médico, sendo seu fornecimento direito inalienável do paciente, não podendo importar em qualquer majoração de honorários" (art. 1º da Resolução n. 1.658/2002).

Na qualidade de documento jurídico, representa a declaração médica quanto a diversos aspectos relacionados à consulta prévia, capaz de produzir efeitos perante terceiros e gerar direitos ao paciente, induzindo à veracidade quanto ao seu conteúdo.

Por tal razão, detém especial atenção da normativa penal, que considera um crime específico o fornecimento, pelo médico, de tal documento com conteúdo falso.

O crime em comento é imputado, especificamente, ao médico que, no exercício da sua profissão, fornece o respectivo documento declarando conteúdo não correspondente à realidade, diante da condição clínica do paciente, independentemente de ser o mesmo utilizado, pois o crime não impõe qualquer resultado prático ao seu cometimento, sendo bastante à tipificação a concessão do documento.

Ao ser utilizado pelo paciente, atrai-se a aplicação do art. 304 do Estatuto Repressivo, consubstanciado no ato de "fazer uso de qualquer dos papéis falsificados ou alterados, a que se referem os arts. 297 a 302".

A emissão de atestado médico falso também independe da intenção, bastando que o médico faça incluir no documento informações que não decorrem do ato médico prévio praticado; o atestado médico deve possuir um lastro, a partir de uma relação médico-paciente previamente estabelecida.

O simples fato de não constar a indicação do código correspondente à patologia de base, que concede a respectiva autenticidade ao atestado médico, não é considerado como tipificador da falsidade.[7]

Noutra via, quando o próprio paciente falsifica um atestado médico, não há imputabilidade de conduta criminosa ao profissional, mas ao próprio beneficiário, incidindo em crimes mais graves, tais como falsificação de documento (arts. 297 e 298 do Código Penal), ou, também, utilização de documento falso (art. 304 do mesmo Códex).

A emissão de atestado médico falso possui uma visão multifacetária, a partir da intenção do profissional que o emite, inclusive incidindo em algumas hipóteses a excluir a sua responsabilidade penal.

Quando decorrente de um diagnóstico incorreto, mesmo que por culpa do próprio profissional ou de terceiro, o equívoco primário incide sobre a informação falsa, retirando o dolo no caso em que o resultado criminoso caracterizado pela falsa atestação médica não decorre de uma situação consciente; nessa hipótese, não parece ser viável a existência do crime, não impedindo que os atos anteriores, que levaram à falsa conclusão, sejam alvo de eventual investigação nas respectivas esferas, incluindo-se circunstancial crime.

A repulsiva prática consistente na comercialização de atestados médicos, por sua vez, é conduta que enseja a aplicação de multa, além da pena básica cominada, justamente para que haja uma punição voltada a incidir sobre o aspecto lucrativo e criminoso.

---

[7] "Atestado médico. Presunção de veracidade. A simples ausência do CID, que possibilitaria a identificação da doença, não acarreta isoladamente a presunção de falsidade do atestado médico" (TJRS, Recurso Cível n. 71001497171, Rel. Des. Eduardo Kraemer, j. 20.02.2008).

Uma situação fundamental a ser esclarecida, no que se refere ao crime relacionado de falsa atestação médica, é a emissão de tais documentos em que o profissional não tem a intenção de cometer um crime, mas, no afã de auxiliar seu paciente, por exemplo, a obter algum benefício, *v.g.*, de ordem previdenciária que, inclusive, considera justo diante do quadro de saúde, o faz de maneira incorreta, inserindo informações desconexas com o quadro clínico de seu assistido.

Essa forma de atestação vem sendo chamada de "atestado gracioso", em que, por ser uma espécie de gentileza ou cortesia com seu assistido, o médico emite o documento sem que, *v.g.*, tenha tido contato com ele, ou, ainda, em desacordo com as informações colhidas a partir do histórico clínico de saúde e respectiva anamnese.

Atestado médico é direito do paciente, mas o preenchimento quanto ao seu conteúdo é prerrogativa exclusiva do médico.

Condicionamento de atendimento médico-hospitalar emergencial

Art. 135-A. Exigir cheque-caução, nota promissória ou qualquer garantia, bem como o preenchimento prévio de formulários administrativos, como condição para o atendimento médico-hospitalar emergencial:

Pena – detenção, de 3 (três) meses a 1 (um) ano, e multa.

Parágrafo único. A pena é aumentada até o dobro se da negativa de atendimento resulta lesão corporal de natureza grave, e até o triplo se resulta a morte.

Conduta reprovável pelo Código Penal consiste na exigência de garantias financeiras prévias ao atendimento médico-hospitalar em caráter emergencial, impedindo o acesso ao necessário tratamento estabilizador para, se necessário, posterior transferência a outro nosocômio, acaso o paciente não reúna condições para arcar com as despesas de forma direta ou por intermédio de uma relação contratual com a operadora de plano de saúde.

A norma penal, de exegese restritiva, como devem ser as tipificações repressivas, contempla apenas as situações caracterizadas como emergenciais, definidas pela Portaria n. 354/2014 do Ministério da Saúde como sendo "constatação médica de condições de agravo a saúde que impliquem sofrimento intenso ou risco iminente de morte, exigindo portanto, tratamento médico imediato", replicando conceito já estabelecido pelo Conselho Federal de Medicina, por intermédio da Resolução n. 1.451/1995 (art. 1º, § 2º).

Assim, para que haja o cometimento do crime em comento, é necessário que exista situação clinicamente definida por um profissional médico, diante do paciente demandante do atendimento hospitalar, que possa ser caracterizada como de risco iminente de morte ou acentuado sofrimento.

A norma penal, portanto, exige um ato exclusivamente médico prévio à possível exigência da garantia financeira que se torna lícita, ao menos sob o aspecto penal, *v.g.*, quando o atendimento objetivado não estiver diretamente enquadrado nos conceitos de emergência, traçados pela legislação infralegal.

Em que pese poder ser cometido por qualquer preposto do hospital, o ato médico prévio será o norteador da conduta, e, uma vez comprovado estar equivocado, poderá invocar a responsabilidade do profissional *expert*, isentando os demais que agiram em sequência e incidiram no crime levados por um relatório ou apontamento incorreto elaborado pelo facultativo.

A definição do sujeito ativo em tal crime nem sempre deverá recair sobre o preposto administrativo que tem a obrigação funcional de exigir a respectiva garantia financeira, obedecendo a uma determinação hierárquica, conforme disciplina contida no art. 22 do Código Penal:

Coação irresistível e obediência hierárquica

Art. 22. Se o fato é cometido sob coação irresistível ou em estrita obediência a ordem, não manifestamente ilegal, de superior hierárquico, só é punível o autor da coação ou da ordem.

Nesses casos, a discussão acerca dos termos "coação irresistível" e "manifestamente ilegal" necessita ser avaliada sob dois aspectos fundamentais relacionados ao Direito Médico e, eventualmente, trabalhista.

O primeiro deles repousa no chamado "temor hierárquico", em que o descumprimento de uma ordem superior, mesmo conscientemente ilegal, pode impor, *v.g.*, a despedida injusta de um funcionário que necessita de seu labor para sobreviver e sustentar aqueles que dele dependem economicamente.

De acordo com a situação fática, há verdadeira coação irresistível quando o funcionário administrativo pratica o ato de exigir garantia prévia financeira para que o atendimento de urgência se concretize, sob ordens diretas e ameaça demissional injusta.

Noutra via, há a excludente de culpabilidade definida a partir da inexigibilidade de conduta diversa, em que o agente pratica o ato sem conhecimento de que tal ato era ilegal, ou seja, havia a aparência de legalidade, exatamente como descrito na situação exemplificativa em que a ação é tomada a partir de uma decisão médica que deixa de caracterizar a condição do paciente como emergencial.

A segunda parte do tipo penal indica a exigência de "preenchimento prévio de formulários administrativos", como condicionantes ao atendimento emergencial, sendo situação distinta da garantia financeira, não cumulativa.

O fato de não se exigir qualquer forma de salvaguarda de ordem pecuniária, mas, noutra via, vindicar o preenchimento de toda uma sorte de formulários e documentos como condicionantes à assistência parece ser suficiente para a caracterização do crime.

O objetivo da tipificação penal posta pelo legislador é justamente impedir qualquer forma de embaraço ao atendimento médico de urgência, em que a burocracia ou aspectos financeiros se imponham como barreira prejudicial à assistência em situações que possam implicar risco de morte ou agravamento crítico ao estado de saúde do paciente.

Sem embargo, o legislador não fez incluir no tipo penal as situações caracterizáveis como de urgência – a partir dos conceitos introduzidos pela já citada norma administrativa – nas quais há uma "ocorrência imprevista de agravo à saúde com ou sem risco potencial de vida, cujo portador necessita de assistência médica imediata" (item 2.2 Portaria MS n. 354/2014).

O Direito Penal, em regra, não admite a chamada analogia *in malam partem*, ou seja, de forma a criar situação prejudicial além do que a norma já definiu, sendo a interpretação restritiva dos delitos a regra a ser aplicada.

Assim, situações de urgência não estão caracterizadas no tipo penal descrito pelo art. 135-A do Código Penal.

Todavia, a urgência médica é absolutamente dinâmica, sendo que o quadro do paciente pode se convolar para emergencial, exigindo que haja um constante monitoramento de seu estado de saúde, uma vez dentro do ambiente hospitalar; significa dizer que a exigência de garantias financeiras ou preenchimento de formulários prévios ao atendimento hospitalar pode, de forma progressiva, deixar de ser exigível acaso o quadro clínico sofra alteração acelerada.

Finalmente, a própria Lei n. 12.653/2012, que fez inserir o art. 135-A no Estatuto Repressivo brasileiro, trouxe uma previsão não delitiva, mas impositiva administrativa aos hospitais:

> Art. 2º O estabelecimento de saúde que realize atendimento médico-hospitalar emergencial fica obrigado a afixar, em local visível, cartaz ou equivalente, com a seguinte informação: "Constitui crime a exigência de cheque-caução, de nota promissória ou de qualquer garantia, bem como do preenchimento prévio de formulários administrativos, como condição para o atendimento médico-hospitalar emergencial, nos termos do art. 135-A do Decreto-lei n. 2.848, de 7 de dezembro de 1940 – Código Penal".

Contudo, a própria Lei não apresentou qualquer pena ou sanção a ser imposta às unidades obrigadas ao seu cumprimento, entregando ao Poder Executivo a obrigação de regulamentá-la, o que não foi feito, em que pese já ultrapassado um decênio da sua publicação e entrada em vigor.

Medicamento em desacordo com receita médica

Art. 280. Fornecer substância medicinal em desacordo com receita médica:

Pena – detenção, de um a três anos, ou multa.

Modalidade culposa

Parágrafo único. Se o crime é culposo:

Pena – detenção, de dois meses a um ano.

A entrega de medicamento em dissenso com a prescrição médica, apesar dos possíveis danos que podem ser causados individualmente, é considerado um crime contra a saúde pública, e pode ocorrer tanto na modalidade intencional quanto por intermédio de conduta culposa, caracterizada pela negligência, imprudência ou imperícia.

Aliás, a modalidade culposa elimina a possibilidade de eventual exclusão de ilicitude diante do desconhecimento quanto ao que está sendo fornecido, *v.g.*, pelo atendente administrativo de um ambiente farmacêutico, cabendo-lhe, em caso de dúvida objetiva, buscar auxílio técnico do profissional responsável.

Tanto o fornecimento desatento, negligente, quanto o intencional, portanto, implicam a respectiva tipificação penal, que é independente do resultado eventualmente danoso que a substância possa causar ao paciente na sua ministração.

Entretanto, há os casos que podem levar a erros escusáveis decorrentes de interpretações equivocadas causadas pela grafia do médico, caracterizável como um dever ético, insculpido no art. 11 do Código Deontológico, cuja redação proibitiva encontra-se assim redigida:

É vedado ao médico:

[...]

Art. 11 Receitar, atestar ou emitir laudos de forma secreta ou ilegível, sem a devida identificação de seu número de registro no Conselho Regional de Medicina da sua jurisdição, bem como assinar em branco folhas de receituários, atestados, laudos ou quaisquer outros documentos médicos.

Diante de tais situações, a conduta ideal indica que o farmacêutico deve tentar checar a informação junto do profissional prescritor, a fim de confirmar a prescrição, para que seja liberada a substância ao paciente, e, na impossibilidade, orientá-lo a retornar ao profissional e confirmar.

Acaso forneça o medicamento em desacordo com a prescrição, convicto de que essa se encontra equivocada diante de seus conhecimentos técnicos, sem ter acesso ao histórico clínico do paciente e à respectiva patologia, poderá incorrer no crime em comento, tipificado pelo art. 280 do Código Penal, *v.g.*, hipóteses de medicamentos fornecidos sob a condição denominada de *off-label*, em que a sua indicação secundária pode ser realizada, mesmo sem o registro no órgão competente para tal finalidade, mas sob a responsabilidade médica.

A prudência indica que o contato entre farmacêutico e médico prescritor pode, de forma simultânea, evitar o cometimento de um crime e salvaguardar a saúde do paciente.

Exercício ilegal da medicina, arte dentária ou farmacêutica

Art. 282. Exercer, ainda que a título gratuito, a profissão de médico, dentista ou farmacêutico, sem autorização legal ou excedendo-lhe os limites:

Pena – detenção, de seis meses a dois anos.

Parágrafo único. Se o crime é praticado com o fim de lucro, aplica-se também multa.

O crime tipificado no art. 282 do Código Penal, comumente conhecido como "exercício ilegal da medicina" não abrange apenas essa profissão, mas também a odontologia e a farmacêutica sendo, também, um crime contra a saúde pública.

O exercício de uma dessas profissões por cidadãos não detentores de autorização legal, qual seja, o registro no respectivo conselho profissional, é suficiente para caracterizar o crime em questão, sendo que, quando se verifica o lucro, há aplicação de multa.

No âmbito da medicina, há uma especial precaução quanto ao auxílio ou participação ativa de profissionais médicos em atuação conjunta com quem, ilegalmente, exerce a profissão, possuindo correspondente proibitivo no art. 10 do Código Deontológico:

É vedado ao médico:

[...]

Art. 10 Acumpliciar-se com os que exercem ilegalmente a medicina ou com profissionais ou instituições médicas nas quais se pratiquem atos ilícitos.

Fato é que o crime tipificado no art. 282 é considerado de baixo potencial ofensivo, com pena máxima de dois anos, em que pese a gravidade da conduta praticada; o que se verifica, na prática, é o eventual cometimento de outros crimes penalmente considerados mais gravosos, *v.g.*, lesões corporais decorrentes do exercício ilegal da atividade médica, ou, ainda, falsificação de documentos para obtenção do registro nos Conselhos de Fiscalização.

No âmbito do Conselho Regional de Medicina do Estado de São Paulo, há a Resolução n. 139/2006, que "versa sobre a contratação de médicos pelas instituições públicas e privadas de atenção à saúde [...]" e prevê a obrigatoriedade de comunicação ao Conselho quando diante de uma suspeita ou efetiva constatação de exercício ilegal da medicina (art. 3º), bem como estabelece a responsabilidade ética solidária dos diretores médicos no cumprimento das regras contidas na respectiva norma (art. 4º).

Existe, de fato, grande preocupação no exercício fraudulento da medicina por parte dos Conselhos de Fiscalização, mas que não encontra reflexo no Estatuto Repressivo, cuja redação a respeito do crime em comento é, ainda, originária, reproduzindo uma época em que sequer existiam tais entes reguladores da profissão.

Entretanto, necessário se faz distinguir o exercício ilegal da medicina tipificado no art. 282 do Código e o estabelecido por intermédio do art. 205:

> **Exercício de atividade com infração de decisão administrativa**
> Art. 205. Exercer atividade, de que está impedido por decisão administrativa: Pena – detenção, de três meses a dois anos, ou multa.

Isso porque o médico que tem o seu registro profissional cassado, nos termos da Lei n. 3.268/1957, com todas as ressalvas indicadas no tópico específico a respeito de tal sanção, ao ser flagrado exercendo a medicina pode incorrer no art. 282, quando considerada uma perda definitiva da autorização legal primária, que lhe autoriza a práxis.

No âmbito da conduta proibitiva contida no art. 205, crime contra a organização do trabalho, há uma especificidade consubstanciada no termo "impedido" por uma decisão administrativa, exegese que indica uma restrição, mas que não se confunde com a retirada definitiva da autorização legal, exatamente como ocorre quando diante da pena de suspensão do exercício profissional médico por até 30 dias (art. 22, *d*, da Lei n. 3.268/1957), bem como diante de uma interdição cautelar do exercício profissional determinada pelo Conselho Regional de Medicina, nos termos do regramento específico contido no Código de Processo Ético-profissional (CPEP).

O Conselho de Odontologia também prevê tal possibilidade por intermédio da Resolução CFO n. 237/2021, que "autoriza e regulamenta a suspensão cautelar de cirurgião-dentista cuja ação, decorrente do exercício profissional, coloque em risco a saúde e/ou a integridade física dos pacientes, ou que esteja na iminência de fazê-lo".

A cassação do exercício profissional médico, disciplinada pela Lei n. 3.268/1957, não retira o diploma do médico, mas a sua autorização legal para exercer a medicina, sendo, por tal razão, aplicável o art. 282 do Código Penal, ao contrário da decisão que interdita temporariamente o direito de o médico exercer suas atividades, atraindo a tipificação contida no art. 205.

No que se refere à atuação no sistema público de saúde, há dois crimes em especial, inseridos no capítulo dos "Crimes Praticados por Funcionário Público contra a Administração em Geral", assim tipificados:

Concussão

Art. 316. Exigir, para si ou para outrem, direta ou indiretamente, ainda que fora da função ou antes de assumi-la, mas em razão dela, vantagem indevida:

Pena – reclusão, de 2 (dois) a 12 (doze) anos, e multa.

Corrupção passiva

Art. 317. Solicitar ou receber, para si ou para outrem, direta ou indiretamente, ainda que fora da função ou antes de assumi-la, mas em razão dela, vantagem indevida, ou aceitar promessa de tal vantagem:

Pena – reclusão, de 2 (dois) a 12 (doze) anos, e multa.

§ 1º A pena é aumentada de um terço, se, em consequência da vantagem ou promessa, o funcionário retarda ou deixa de praticar qualquer ato de ofício ou o pratica infringindo dever funcional.

§ 2º Se o funcionário pratica, deixa de praticar ou retarda ato de ofício, com infração de dever funcional, cedendo a pedido ou influência de outrem:

Pena – detenção, de três meses a um ano, ou multa.

Antes mesmo de abordarmos especificamente os crimes em questão, é imperioso aclarar a situação do médico ou outro profissional da saúde junto do sistema público que, para efeitos penais, independe da existência de vínculo administrativo ou funcional com a Administração Pública, diante do conceito abrangente tipificado no *caput* do art. 327 do Estatuto Repressivo:

Funcionário público

Art. 327. Considera-se funcionário público, para os efeitos penais, quem, embora transitoriamente ou sem remuneração, exerce cargo, emprego ou função pública.

§ 1º – Equipara-se a funcionário público quem exerce cargo, emprego ou função em entidade paraestatal, e quem trabalha para empresa prestadora de serviço contratada ou conveniada para a execução de atividade típica da Administração Pública.

§ 2º – A pena será aumentada da terça parte quando os autores dos crimes previstos neste Capítulo forem ocupantes de cargos em comissão ou de função de direção ou assessoramento de órgão da administração direta, sociedade de economia mista, empresa pública ou fundação instituída pelo poder público.

Portanto, estando o profissional de saúde atuando em nome do sistema público, enquadra-se no conceito acima indicado, posto que a mera "função", ou seja, atividade de ordem pública, é elemento suficiente a enquadrá-lo na definição penal, mesmo que vinculado por intermédio de uma pessoa jurídica.

Assim, a diferença principal entre os dois tipos penais – concussão e corrupção passiva –, encontra-se determinada pelos verbos, na medida em que o primeiro indica uma ação impositiva, caracterizada pela exigência de uma vantagem indevida para que o serviço público seja realizado ("exigir"), enquanto, na segunda, utilizam-se os verbos indicativos de um pedido ou de um receber algo em troca do serviço público a ser ofertado ("solicitar" ou "receber").

Portanto, na concussão, o serviço público é condicionado a uma exigência feita pelo agente, considerada indevida, enquanto na corrupção passiva há o formato de uma espécie de "agrado", uma retribuição por algo que o próprio Estado deve fornecer, independentemente da vontade de seu preposto.

Na medicina, tais condutas, invariavelmente, são detectadas na conduta do profissional que exige, *v.g.*, quantia para que possa realizar determinado procedimento já coberto pelo Sistema Único de Saúde, recebendo honorários em duplicidade, diretamente do Estado e por intermédio do particular, para a prática de um único ato.

Nessas situações há o crime de concussão.

O profissional da saúde não pode, jamais, cobrar qualquer vantagem indevida para realizar um ato voltado ao restabelecimento da saúde do paciente quando vinculado ao atendimento prestado pelo Estado, por intermédio do sistema público de saúde; tampouco pode ser solicitada qualquer quantia para que haja uma adulteração na sequência ordenada para tratamentos pela rede pública de saúde.

O correspondente ético encontra-se tipificado no art. 66 do Código de Ética Médica, cuja redação proibitiva indica que é vedado ao médico "praticar dupla cobrança por ato médico realizado".

Todavia, o parágrafo único do mesmo artigo prevê uma ressalva, indicando que "a complementação de honorários em serviço privado pode ser cobrada quando prevista em contrato"; tal emenda não parece ser suficiente a alterar a conclusão primária de que a dupla cobrança seria permitida em alguma ocasião, na medida em que, no serviço privado, é livre a negociação entre as partes, sendo que o Código Deontológico exige a existência de um termo escrito, formal, em que a complementação esteja devidamente definida e acordada entre médico e paciente.

O art. 65 do Código de Ética Médica, ainda no sentido proibitivo de cobrança de honorários, explicita a impossibilidade de cobrança de honorários no âmbito do serviço público, ou, quando contratado pela instituição, como uma forma de complementar sua remuneração já previamente fixada pela própria instituição de saúde:

> É vedado ao médico:
> [...]
> Art. 65. Cobrar honorários de paciente assistido em instituição que se destina à prestação de serviços públicos, ou receber remuneração de paciente como complemento de salário ou de honorários.

Pertinente ao tema, encontra-se a prática denominada "taxa de disponibilidade obstétrica", consistente na prévia contratação individualizada do médico, em caráter personalíssimo, para a realização de parto, mesmo quando vinculado a plano de saúde, cujo procedimento já se encontra coberto pelo contrato entre operadora e beneficiária.

Evidentemente, no âmbito do sistema público, tal contratação é inviável, inclusive pelo critério da impessoalidade que rege as ações de saúde sob tal regime; em que pese ser altamente recomendável que o médico responsável pelo acompanhamento pré-natal também realize o respectivo parto, não há como exigir tal posição quando diante de um atendimento em estrutura aberta.

Na estrutura privada, regida por um contrato, a situação comporta interpretação distinta, mas ainda sem solução definitiva.

No âmbito ético-comportamental, há um importante parecer do Conselho Regional de Medicina do Estado do Paraná, de n. 2.471/2014, em que constam algumas conclusões relevantes a respeito do tema:

> No âmbito da assistência obstétrica, não há obrigatoriedade da prestação de assistência obstétrica, pelo mesmo profissional que realiza o pré-natal. O estar disponível é estar durante todo o pré-natal até o puerpério à disposição da gestante. Esta forma personalizada/particularizada não tem respaldo dentro dos contratos entre médicos e operadoras de planos de saúde. A Operadora do Plano de Saúde garante esta condição de assistência durante todo o pré-natal sem a obrigatoriedade de ser o mesmo pré--natalista que lhe atendeu. O que se deve respeitar é aquilo previsto em contrato com a Operadora do Plano de Saúde. Caso haja definição em contrato que o profissional promoverá atendimento dos casos de urgência e emergência, mesmo não estando de plantão, não poderá haver cobrança por parte deste profissional.
>
> [...]
>
> Somente haverá possibilidade do uso da disponibilidade em casos de urgência, não estando este profissional labutando nesta data. Quando for chamado para este tipo de atendimento, definindo-se a disponibilidade obstétrica, haverá uma cobrança de valor estipulado em acordo prévio, entre médico e paciente, que lhe garantirá a participação, a qualquer momento, pelo seu pré-natalista. Caso este protocolo seja acordado, não haverá restituição financeira por parte da sua Operadora de Saúde, pois se trata de acordo pessoal entre o médico e a paciente, exceto se estiver previsto em seu contrato com a sua Operadora do Plano de Saúde. Portanto, esta é uma condição a ser deliberada entre a paciente e o médico.

O parecer em questão aponta para a possibilidade ética de cobrança pela disponibilidade do facultativo, contratualmente firmada, para a assistência obstétrica, não sendo uma obrigação manter-se à disposição da gestante para o momento do parto.

Tal condição parece ser razoável, pois respeita o direito da gestante de escolher o médico que irá lhe prestar a necessária assistência obstétrica, bem como do profissional, que pode organizar seus compromissos de forma a atender as pacientes que o contrataram para o ato em questão. Até porque não há como o respectivo profissional manter-se à disposição de todas as gestantes cujo pré-natal tenha acompanhado – sob pena de não conseguir atender às expectativas firmadas –, tampouco ter a obrigação de colocar-se em tal posição.

Ao plano de saúde cabe, dentro das cláusulas contratuais firmadas com a beneficiária, garantir-lhe a assistência ao parto, de forma impessoal, sendo possível a realização por intermédio do médico pré-natalista, desde que este esteja disponível, com caráter não obrigatório, recebendo diretamente da operadora o valor contratual correspondente.

Precedente a tal parecer, há o de n. 39/2012, do Conselho Federal de Medicina, relatoria do Conselheiro Federal Gerson Zafalon Martins, cuja ementa final restou assim redigida, de forma a garantir o acordo privado quanto à taxa de disponibilidade obstétrica:

É ético e não configura dupla cobrança o pagamento de honorário pela gestante referente ao acompanhamento presencial do trabalho de parto, desde que o obstetra não esteja de plantão e que este procedimento seja acordado com a gestante na primeira consulta. Tal circunstância não caracteriza lesão ao contrato estabelecido entre o profissional e a operadora de plano e seguro de saúde.

No âmbito do Poder Judiciário cabe destaque a duas decisões, proferidas em sede de Ação Civil Pública, que garantem o direito de a gestante e o médico, de forma livre e autônoma, firmarem contrato cujo objeto seja a taxa de disponibilidade para assistência obstétrica, no momento do parto, de forma personalíssima. São elas:

> Ação civil pública – Pretensão cominatória objetivando a condenação da cooperativa de trabalho médico à fiscalização e à proibição da cobrança pelos médicos cooperados, responsáveis pelo pré-natal, de taxa de disponibilidade, na hipótese de não atuação no regime de plantão no dia da realização do parto das pacientes assistidas – Improcedência decretada – Convenção de remuneração suplementar pela prestação dos serviços de natureza privada, de caráter patrimonial e cunho disponível – Interferência estatal mínima – Inteligência dos arts. 1º, IV, 4º, IV, 5º, XIII e 170 da Constituição da República – Não caracterização de ato ou fato ilícito, discriminação, e tampouco violação às normas de consumo imputável à operadora e passível de censura, ou da adoção de medidas afins – Possibilidade do consumidor, em tese, se identificada situação de urgência ou de emergência das intercorrências, da solicitação do reembolso dos gastos nos limites previstos no contrato, art. 12, VI, da Lei 9.656/1998, tratando-se de opção pela livre escolha do corpo clínico em regime particular – Incontrovérsia tanto da existência como da manutenção pelo plano de saúde, em período integral, de profissionais conveniados à disposição para o acompanhamento das gestantes perante os estabelecimentos referenciados na área de abrangência geográfica da rede – Irresponsabilidade do convênio por conduta individual, autônoma e independente de terceiros, no âmbito externo e estritamente particular, sem o seu consentimento – Prejudicada a matéria preliminar arguida nas contrarrazões – Sentença mantida – Recurso não provido (TJSP, Apelação Cível n. 1014345-06.2014.8.26.0602, Rel. Des. César Peixoto, j. 12.02.2021).

> AGRAVO DE INSTRUMENTO. AÇÃO CIVIL PÚBLICA. ANS. OPERADORAS DE PLANO DE SAÚDE. GESTANTES. PARTO. COBRANÇA DE TAXA DE DISPONIBILIDADE PARA MÉDICO OBSTETRA QUE REALIZOU O ACOMPANHAMENTO PRÉ-NATAL. TUTELA DE URGÊNCIA. INDEFERIMENTO.
>
> Considerando-se que não é obrigatória a realização do parto pelo médico conveniado a plano de saúde que tenha acompanhado a gestante durante o pré-natal, em conformidade com o Conselho Federal de Medicina, e que as pacientes gestantes conveniadas a planos de saúde não se encontram desamparadas, na medida em que serão atendidas pelo médico obstetra plantonista dos hospitais conveniados, não há falar em perigo na demora acaso examinada a tutela somente ao final.
>
> Ação Civil Pública em que se discute o pagamento de honorários médicos pela gestante conveniada a plano de saúde, relativos à taxa de disponibilidade para a realização do parto por obstetra específico, o qual realizou o acompanhamento pré-natal (TRF4,

Agravo de Instrumento n. 5016983-10.2018.4.04.0000/PR, Rel. Des. Federal Rogerio Favreto, j. 04.09.2018).

É de fácil constatação que há guarida suficiente para a contratação do médico – ainda que vinculado ao plano de saúde –, de maneira autônoma, para a efetiva disponibilidade à realização do parto quando a gravidez chega ao seu termo, sem, contudo, que se caracterize qualquer cobrança indevida, tampouco impondo à operadora a obrigação de reembolso em tais hipóteses, sendo uma escolha da gestante ao optar por contratar profissional específico para a realização do parto.

À operadora cabe disponibilizar profissional para a realização dos respectivos procedimentos, não podendo furtar-se a tal responsabilidade prevista em contrato, sem, contudo, atrair para si qualquer responsabilidade a respeito da chamada "taxa de disponibilidade", contratada diretamente entre gestante e profissional.

A própria Agência Nacional de Saúde Suplementar firmou entendimento em reunião realizada em 07 de outubro de 2014, cuja conclusão restou assim firmada, em caráter vinculativo:

> 5) Em deliberação quanto à Nota Técnica n. 06/2014/GAFIS/DIRAD/DIFIS, que trata da Taxa de Disponibilidade Obstétrica, a DICOL firmou os seguintes entendimentos vinculativos: i. quanto à primeira hipótese: "*quando a gestante é cientificada pelo médico-assistente de que ocorrerá a cobrança da taxa de disponibilidade obstétrica, não assente com tal conduta, informa à Operadora e esta lhe disponibiliza outro profissional*", foi aprovado por maioria, vencida a DIFIS, o entendimento pela inexistência de infração; ii. quanto à segunda hipótese: "*a beneficiária é cientificada da cobrança, discorda desta, informa isso à Operadora e esta não disponibiliza outro profissional*", foi aprovado à unanimidade o entendimento pela configuração, em tese, de negativa de cobertura; iii. quanto à terceira hipótese: "*quando a Operadora só é cientificada pelo beneficiário ou seu interlocutor em momento posterior àquele em que houve a cobrança por parte do médico-assistente e já teriam sido desembolsados os valores referentes aos honorários médicos*", foi aprovado à unanimidade o entendimento pela inexistência de infração; [...] (ANS, Ata da 407ª Reunião Ordinária de Diretoria Colegiada, realizada em 07.10.2014). (grifos do original).

III.C. O ABORTO LÍCITO

O aborto é considerado um crime doloso contra a vida, passível de submissão, inclusive, a julgamento pelo Tribunal do Júri (art. 74, § 1º, do Código de Processo Penal), considerando sua gravidade e previsão constitucional a respeito do tema (art. 5º, XXXVIII, *d*).

Assim, atentar contra a vida intrauterina é um crime que possui relevância jurídica, devidamente tipificado nos arts. 124 a 127 do Estatuto Repressivo:

Aborto provocado pela gestante ou com seu consentimento

Art. 124. Provocar aborto em si mesma ou consentir que outrem lho provoque:

Pena – detenção, de um a três anos.

Aborto provocado por terceiro

Art. 125. Provocar aborto, sem o consentimento da gestante:

Pena – reclusão, de três a dez anos.

Art. 126. Provocar aborto com o consentimento da gestante:

Pena – reclusão, de um a quatro anos.

Parágrafo único. Aplica-se a pena do artigo anterior, se a gestante não é maior de quatorze anos, ou é alienada ou débil mental, ou se o consentimento é obtido mediante fraude, grave ameaça ou violência.

Forma qualificada

Art. 127. As penas cominadas nos dois artigos anteriores são aumentadas de um terço, se, em consequência do aborto ou dos meios empregados para provocá-lo, a gestante sofre lesão corporal de natureza grave; e são duplicadas, se, por qualquer dessas causas, lhe sobrevém a morte.

Portanto, o crime de aborto pode ser praticado tanto pela própria gestante, quanto por terceiro, com o seu consentimento ou sem essa característica, sendo que ainda há a forma qualificada, caracterizada pelas consequências ocasionadas à gestante, quando há lesão corporal grave ou óbito.

De mais a mais, a lei penal ainda indica, no parágrafo único do art. 126 susomencionado, que desconsidera a vontade da gestante quando realizado o procedimento criminoso em menor de quatorze anos, ou ela é "alienada ou débil mental" – termos que, atualmente se encontram superados em razão de seu caráter discriminatório e preconceituoso, podendo ser substituídos pela expressão "que apresenta algum distúrbio de ordem mental ou cognitivo" –, e, finalmente, quando há vício no consentimento.

É interessante tal previsão na medida em que, por óbvio, consentir para a realização de um crime, *per si*, não serve como justificativa ou excludente de ilicitude a beneficiar o agente principal; contudo, no aborto, a utilização de meios violentos ou fraudulentos para o cometimento do crime atraem a tipificação do art. 125 do Código Penal, como se ausente qualquer aquiescência ou assentimento pela gestante.

Evidentemente, tal qualificadora somente se aplica nos casos de aborto causados por terceiro, na medida em que a autolesão não é punida criminalmente.

Ao longo dos anos, diversas foram as categorizações científicas a respeito do abortamento dentro da semiologia médica, sendo a firmada por MOORE, PERSAUD e TORCHIA[8] uma das que merecem destaque. São elas:

- Threatened abortion (bleeding with the possibility of abortion) is a complication in approximately 25% of clinically apparent pregnancies. Despite every effort to prevent an abortion, approximately half of these embryos ultimately abort.
- Spontaneous abortion (miscarriage) is pregnancy loss that occurs naturally before the 20th week of gestation. It is most common during the third week after fertilization. Approximately 15% of recognized pregnancies end in spontaneous abortion, usually during the first 12 weeks.

---

[8]   MOORE, K. L.; PERSAUD, T. V. N.; TORCHIA, Mark G. *The developing human*: clinically oriented embryology. 10. ed. [*S. l.*]: Elsevier, 2016. p. 44.

- Habitual abortion is the spontaneous expulsion of a dead or nonviable embryo or fetus in three or more consecutive pregnancies.

- Induced abortion is a birth that is medically induced before 20 weeks (i.e., before the fetus is viable).

- Complete abortion is one in which all products of conception (embryo and its membranes) are expelled from the uterus.

- Missed abortion is the retention of a conceptus in the uterus after death of the embryo or fetus.[9]

Segundo os consagrados autores, o "aborto", advindo do latim *aboriri*, compreende a interrupção prematura quanto ao desenvolvimento e a expulsão de um concepto do útero ou a expulsão de um embrião ou feto antes de ser viável, isto é, com capacidade de viver fora do útero.

Entre os tipos considerados de aborto, encontra-se a "ameaça de aborto", consistente em um sangramento com possibilidade de aborto, presente em aproximadamente 25% das gestações; apesar do esforço clínico realizado, cerca de metade dos conceptos acaba se encerrando no aborto.

Por incrível que possa parecer, o ser humano não é um mamífero com grande capacidade procriativa, motivo pelo qual o chamado "aborto espontâneo" ocorre de forma natural em algo aproximado a 15% das gestações, principalmente nas 12 primeiras semanas.

O denominado "aborto habitual" é também uma modalidade de "espontâneo", mas quando constatada a expulsão de um embrião ou feto já morto ou inviável por três ou mais gestações consecutivas.

O "aborto induzido", de acordo com os cultos autores, é o nascimento medicamente provocado antes de 20 semanas de gestação, *i.e.*, antes da viabilidade do feto, e, nesse ponto, há uma relevante discussão travada quanto ao aborto lícito, que será abordada adiante.

Também se considera o chamado "aborto completo", em que todos os produtos da concepção, assim considerados o embrião e suas membranas, são expelidos do útero.

Por fim, há o "aborto" retido, condição não muito comum, caracterizada pela retenção do concepto no útero após a morte do embrião ou do próprio feto.

---

9   "Ameaça de aborto (sangramento com possibilidade de aborto) é uma complicação em aproximadamente 25% das gestações clinicamente aparentes. Apesar de todos os esforços para evitar um aborto, aproximadamente metade desses embriões acaba abortada.
Aborto espontâneo é a perda da gravidez que ocorre naturalmente antes da 20ª semana de gestação. É mais comum durante a terceira semana após a fertilização. Aproximadamente 15% das gestações reconhecidas terminam em aborto espontâneo, geralmente durante as primeiras 12 semanas.
O aborto habitual é a expulsão espontânea de um embrião ou feto morto ou inviável em três ou mais gestações consecutivas.
O aborto induzido é um parto induzido clinicamente antes de 20 semanas (ou seja, antes que o feto seja viável). Aborto retido é a retenção de um concepto no útero após a morte do embrião ou feto." (tradução nossa).

A respeito do aborto induzido, há uma discussão dentro da normativa brasileira frente à norma técnica *Atenção humanizada ao abortamento*, elaborada pelo Ministério da Saúde[10] em 2005, que assim conceitua o "aborto" e o "abortamento":

> Abortamento é a interrupção da gravidez até a 20ª-22ª semana e com produto da concepção pesando menos que 500g. Aborto é o produto da concepção eliminado no abortamento.

A cartilha impõe uma distinção conceitual frente ao estudado, utilizando-se do "aborto induzido" como "abortamento" e do "aborto completo", como sendo o aborto propriamente dito, o que implica sérias restrições à previsão legal contida no art. 128 do Estatuto Repressivo:

> **Aborto necessário**
> Art. 128. Não se pune o aborto praticado por médico:
> I – se não há outro meio de salvar a vida da gestante;
> **Aborto no caso de gravidez resultante de estupro**
> II – se a gravidez resulta de estupro e o aborto é precedido de consentimento da gestante ou, quando incapaz, de seu representante legal.

Tais condições legais excluem a tipicidade da conduta descrita como criminosa, quando, uma vez realizado exclusivamente por médico, o aborto se destine a salvar a vida da gestante, ou, ainda, quando decorrente de estupro, sendo o primeiro considerado como "terapêutico" e o segundo "sentimental".

Acresce-se, ainda, a tais hipóteses, o aborto descriminalizado por intermédio da decisão proferida pelo Supremo Tribunal Federal nos autos da ADPF n. 54, a respeito da anencefalia, cujo *decisum* restou assim ementado:

> ESTADO – LAICIDADE. O Brasil é uma república laica, surgindo absolutamente neutro quanto às religiões. Considerações.
> FETO ANENCÉFALO – INTERRUPÇÃO DA GRAVIDEZ – MULHER – LIBERDADE SEXUAL E REPRODUTIVA – SAÚDE – DIGNIDADE – AUTODETERMINAÇÃO – DIREITOS FUNDAMENTAIS – CRIME – INEXISTÊNCIA. Mostra-se inconstitucional interpretação de a interrupção da gravidez de feto anencéfalo ser conduta tipificada nos arts. 124, 126 e 128, incisos I e II, do Código Penal.

Em sequência ao quanto decidido pelo Excelso Pretório, o Conselho Federal de Medicina editou a Resolução n. 1.989/2012, a fim de regulamentar a realização do aborto quando diante de diagnósticos de anencefalia – portanto, incompatíveis com a vida extrauterina.

O debate travado no âmbito da ADPF n. 54 trouxe ao mundo jurídico uma importante dicotomia a respeito do binômio "aborto-antecipação terapêutica do parto", sendo este úl-

---

[10] BRASIL. Ministério da Saúde. Secretaria de Atenção à Saúde. Departamento de Ações Programáticas Estratégicas. Área Técnica de Saúde da Mulher. *Atenção humanizada ao abortamento*: norma técnica. Brasília, DF: Ministério da Saúde, 2005. Disponível em: https://bvsms.saude.gov.br/bvs/publicacoes/atencao_humanizada_abortamento. pdf. Acesso em: 1 ago. 2022.

timo considerado uma medida médica, necessária, e que busca equilibrar uma situação de inviabilidade de vida extrauterina com o desnecessário sofrimento do parto a termo, sempre a critério da gestante.

Assim, o procedimento de antecipação terapêutica do parto, de forma a preservar e proteger a saúde da gestante *prima facie*, deve sempre ser precedido do respectivo consentimento expresso, conforme indicado no âmbito do Código de Deontologia Médica, em seu art. 22, cuja redação proibitiva indica ser vedado ao médico "deixar de obter consentimento do paciente ou de seu representante legal após esclarecê-lo sobre o procedimento a ser realizado, salvo em caso de risco iminente de morte".

Questão ligeiramente distinta envolve a conduta indicada no art. 128, em que o médico, diante de uma situação de risco iminente à saúde e à vida da gestante, deve realizar o aborto, mesmo que em sacrifício do concepto.

O Código Penal não deixa margem de interpretação à vontade da gestante, *v.g.*, determinando ao profissional que, se for a hipótese, a deixe sucumbir, renunciando à sua própria vida para que a do concepto seja salva.

Estando diante de tal decisão angustiante, ao médico a Lei Repressiva determina que haja o sacrifício do nascituro em vez da gestante, sob o risco, inclusive, de, não sendo respeitada tal imposição normativa penal, caracterizar-se o crime de homicídio.

Em se tratando, portanto, do aborto terapêutico, não há margem para o exercício da autonomia, e, nessa hipótese, incogitável a aplicação da mencionada norma técnica *Atenção humanizada ao abortamento* acerca de o aborto ser considerável até as 22 semanas; em se tratando de feto acometido com anencefalia, nos termos e conceitos estabelecidos pela Resolução CFM n. 1.989/2012, ou de procedimento cujo objetivo seja salvar a vida da gestante, o aborto não será punível penalmente, uma vez executado por profissional médico.

Noutra via, há que se considerar ainda se, além dos limites estabelecidos pelo Excelso Pretório quando do julgamento da ADPF n. 54, outras síndromes incompatíveis com a vida estariam abarcadas pela possibilidade de antecipação terapêutica do parto, quando ausentes órgãos vitais, ou, ainda, situações que possam comprometer diretamente a formação do sistema nervoso central, *v.g.*, a *holoprosencefalia* – caracterizada pela falta de divisão do lóbulo frontal do cérebro, impedindo que sejam formados os hemisférios cerebrais bilaterais, implicando comprometimentos graves no que se refere ao desenvolvimento da face e da própria estrutura funcional cerebral – e a *microcefalia*.

Não há critérios específicos previstos na normativa em vigor, principalmente de cunho ético-profissional, que sejam suficientes a permitir a antecipação terapêutica do parto em outras síndromes incompatíveis com a vida, à exceção da anencefalia, devidamente enfrentada no âmbito da ADPF n. 54.

Incluir outras exceções no conceito da ADPF n. 54 implica aceitação de um grave risco acerca do aborto eugênico, a partir de uma seleção sem critérios objetivos quanto aos "melhores conceitos", hipótese não abarcada pela excepcionalidade contida no Código Penal.

Assim, é absolutamente desaconselhável que haja a realização de abortamentos sob tal ótica sem que haja um amparo normativo-científico, ou, ainda, autorização judicial diante de casos específicos devidamente delineados a partir de contornos fáticos que justifiquem a execução do procedimento.

A segunda hipótese de abortamento lícito incide sobre o chamado "sentimental", decorre do estupro, resultante de conjunção carnal forçada, não consentida ou autorizada, conforme a tipificação contida no art. 213 do Estatuto Repressivo.[11]

O aborto decorrente de estupro deve ser realizado pelo profissional médico a partir da vontade manifestada da gestante, declaradamente vítima de violência sexual, sem que lhe sejam impostos maiores óbices não previstos na Lei Penal.

A questão que se coloca nesse aspecto envolve a comunicação obrigatória à autoridade policial, em razão da alteração levada a efeito no Código Penal pela Lei n. 13.718/2018, como já abordado alhures, no início deste capítulo.

Assim, em que pese os protocolos de atendimento a pacientes vítimas de tais graves delitos não obrigarem a lavratura de boletins de ocorrência, ou, ainda, condicionarem o abortamento à investigação criminal em curso, a Lei obriga os profissionais de saúde a realizarem a respectiva comunicação do fato à autoridade policial, além de serem compelidos à preservação de possíveis evidências materiais do crime de estupro.

Cabe um destaque normativo importante: a Portaria do Ministério da Saúde n. 2.561/2020, que regulamentava a questão, fora revogada pela Portaria n. 13/2023, que, não apenas lhe retirou os efeitos, como repristinou a previsão contida nos artigos 694 a 700 da Portaria de Consolidação n. 5/2017, sendo esta a atualmente em vigor regulamentadora da matéria.

Entretanto, a limitação imposta quanto à questão do número de semanas implica restrição que precisa ser mais bem abordada pela ciência médica, e, principalmente, pela legislação, na medida em que se trata de uma linha tênue entre a antijuridicidade do ato e a ausência de ilicitude.

No âmbito do Supremo Tribunal Federal, tramita a ADPF n. 989, ajuizada pela Sociedade Brasileira de Bioética, entre outras entidades civis relevantes, cujo objeto é justamente a concessão de tutela jurisdicional a fim de que "nenhum órgão público de saúde ou que faça as suas vezes impeça a realização de aborto nas hipóteses previstas em lei, tampouco restrinja a sua realização em qualquer critério de idade gestacional ou por mecanismos burocráticos ou empecilhos administrativos, tampouco condicione a exigências não previstas em lei, ou ainda deixe de prestar informações acerca do procedimento".

Há que se encontrar, no tocante à questão do aborto, um equilíbrio entre a semiologia médica e a legal, na medida em que não se permite interpretar a lei de forma restritiva, utilizando-se do básico e elementar princípio de hermenêutica jurídica, segundo o qual não pode o intérprete restringir onde a própria lei assim não o faz.

Este é um tema árduo, na medida em que se distingue, no campo da ciência médica, a realização do parto e a do aborto, estando, este último, ligado diretamente à inviabilidade do feto, até a 22ª semana de gestação, sendo que, após, seria uma antecipação do parto, pois ligado diretamente à viabilidade do feto, o que não se discute do ponto de vista legal.

---

[11] **"Estupro**
Art. 213. Constranger alguém, mediante violência ou grave ameaça, a ter conjunção carnal ou a praticar ou permitir que com ele se pratique outro ato libidinoso [...]."

Não se trata, por óbvio, de defesa ou não do aborto, mas de encontrar um ponto convergente entre a garantia legal e a ciência médica. A própria Resolução CFM n. 1.779/2005 obriga os profissionais médicos à emissão da respectiva Declaração de Óbito quando houver morte fetal ocorrida após as 20 semanas ou o feto tiver peso corporal igual ou superior a 500 gramas e/ou estatura igual ou superior a 25 cm.

Esse é um critério médico estabelecido sob a ótica da viabilidade fetal, relacionado ao procedimento médico que será adotado, que deve garantir, inclusive, condições de atendimento à gestante semelhantes às de uma estrutura de maternidade.

O fato é que esse hiato normativo não pode ser interpretado como um crime quando realizado após as 22 semanas – e este é justamente o ponto debatido –, na medida em que o Estatuto Repressivo estabelece duas condicionantes para a descriminalização da conduta: decorrer a gestação de uma violência sexual, e ser, o procedimento, praticado por médico.

O próprio Ministério da Saúde, por intermédio do excelente trabalho *Aspectos jurídicos do atendimento às vítimas de violência sexual*: perguntas e respostas para profissionais de saúde, apresenta um conceito definidor convergente com o ora preconizado:[12]

> Todavia, não há como confundir o conceito médico de abortamento com o seu conceito jurídico-penal. Para o conceito médico, abortamento é a interrupção do processo gestacional até a 20ª ou 22ª semana de gravidez, dês que o produto da concepção pese, pelo menos, 500 gramas. A partir dessa idade gestacional, fala-se em "antecipação do parto". Mas, para o conceito jurídico-penal, abortamento é a conduta de interrupção da gestação, a qualquer tempo, antes de seu termo final, dolosamente, causando a morte fetal.

Analisando-se sob o viés invertido, acaso o conceito de aborto restasse concluído pela sua realização até a 22ª semana, o aborto, criminalizado pelo Código Penal nos arts. 124 a 126, realizado após tal período, deixaria de ser considerado conduta antijurídica, na medida em que caracterizável como uma situação de antecipação do parto, com óbito fetal.

A lei penal não admite interpretações enviesadas para condenar. Assim, o conceito jurídico-repressivo exige definições claras para que se possa empenhar a força persecutória estatal na investigação e na coibição a condutas reprováveis; portanto, nesse aspecto, resta óbvio que o abortamento legal, enquanto procedimento penalmente excludente de ilicitude, desde que atingidos os requisitos impostos, é garantido a qualquer tempo, antes do seu termo final, não podendo ser embaraçado com a definição para fins médicos, que possui as respectivas consequências no campo da semiologia científica própria.

Cabe uma nova ressalva interpretativa neste ponto específico.

O Código Penal também prevê, tipificado, o chamado crime de "violação sexual mediante fraude", art. 215:

---

12 BRASIL. Ministério da Saúde. Secretaria de Atenção à Saúde. Departamento de Ações Pragmáticas Estratégicas. *Aspectos jurídicos do atendimento às vítimas de violência sexual*: perguntas e respostas para profissionais de saúde. 2. ed. Brasília, DF: Ministério da Saúde, 2011. p. 9. Disponível em: https://bvsms.saude.gov.br/bvs/publicacoes/aspectos_juridicos_atendimento_vitimas_violencia_2ed.pdf. Acesso em: 2 ago. 2022.

Art. 215. Ter conjunção carnal ou praticar outro ato libidinoso com alguém, mediante fraude ou outro meio que impeça ou dificulte a livre manifestação de vontade da vítima:

Pena – reclusão, de 2 (dois) a 6 (seis) anos.

Parágrafo único. Se o crime é cometido com o fim de obter vantagem econômica, aplica-se também multa.

A prática de conjunção carnal, mediante fraude ou outro meio que impeça ou dificulte a livre manifestação de vontade da vítima também é um crime grave, contra a liberdade sexual e que pode gerar gravidez não desejada, impondo uma ofensa aos direitos reprodutivos da mulher.

O ato de conjunção carnal tem início de forma consentida, mas em sequência pode ocorrer, *v.g.*, a retirada do preservativo masculino, sem autorização da mulher, caracterizando o chamado *stealthing*, em que o agente induz a vítima a acreditar que o ato sexual ocorre de forma segura, violando a vontade inicial da vítima.

Além da propagação de eventual patologia transmissível por intermédio do ato sexual, tal prática pode culminar em gravidez de forma inadvertida, cujo desejo da mulher não fora observado, e duas são as interpretações possíveis.

Uma corrente indicaria a conversão do crime de violência sexual mediante fraude, a partir do momento da violação do consentimento, no crime de estupro; enquanto outra se aproxima da interpretação de que o aborto legal abarcaria também esse tipo penal.

Dentro dos conceitos penais estabelecidos, não parece viável a ampliação da hipótese excludente prevista no art. 128, II, do Código Penal, na medida em que especifica, de forma direta, o antecedente crime de estupro como causa do estado gravídico, sendo que não houve intenção, ao menos direta, de o legislador reformar tal aspecto quando do advento da Lei 12.015/2009 que alterou substancialmente os crimes contra a liberdade sexual.

Também parece ser um pouco distante a conversão do crime em estupro, na medida em que o tipo penal descrito no art. 213 possui como exigência prévia à conjunção carnal ou ato libidinoso o ato de "constranger alguém, mediante violência ou grave ameaça", o que afastaria a prática do *stealthing*, considerado uma espécie de estelionato sexual.

Há uma lacuna que deverá ser preenchida pela Lei.

Merece destaque o fato de que, para a realização do aborto lícito, não há qualquer exigência quanto à apresentação de boletim de ocorrência, ou, ainda, alvará judicial permitindo a ocorrência do procedimento médico.

Historicamente, o documento de comunicação à autoridade policial era considerado essencial à segurança do médico na realização do procedimento, principalmente em virtude de declaração dada pelo então Presidente do Supremo Tribunal Federal, no sentido de que, uma vez inobservada tal exigência, os médicos não estariam livres de processo criminal; tal manifestação fez que, em 2005, o Conselho Federal de Medicina orientasse aos respectivos profissionais que permanecessem a exigir o boletim de ocorrência como "instrumento preliminar" para a realização do aborto legal em caso de gravidez resultante de estupro, contrariando orientação do Ministério da Saúde à época.[13]

Em 2017, por intermédio do Despacho COJUR n. 790/2017, aprovado em reunião de diretoria de 31.10.2018, o Conselho Federal de Medicina alterou substancialmente o entendimento ético a respeito do tema:

> ASSUNTO: ABORTO LEGAL (Sentimental Humanitário e Ético).
>
> Aborto Sentimental Humanitário e Ético. Estupro. Desnecessidade de Boletim de Ocorrência (BO)/Registro Policial (RO). Segundo o Supremo Tribunal Federal, a) não se tipifica o crime de aborto antes de concluído o primeiro trimestre de gestação, b) é dispensável a ocorrência de lesões corporais para a caracterização da violência real nos crimes de estupro e c) a exigência de autorização judicial em delegacia, para a prática de aborto em caso de estupro, não compõe o tipo penal permissivo contido no inciso II do art. 128 do Código Penal Brasileiro. Para o TRF2, a exigência de boletim de ocorrência policial para realização de aborto no âmbito do SUS é inconstitucional. Permissão legal e ética ao médico para a prática do ato de abortamento no caso de aborto com o consentimento da mulher vítima de estupro, sem a apresentação do boletim de ocorrência.

Tal modificação de entendimento, conhecida no mundo jurídico como *overruling*, em sua forma horizontal, significou grande avanço no campo ético-profissional, com impacto no Direito Penal, na medida em que indica ao médico, único legalmente habilitado a realizar o aborto sentimental, decorrente de estupro, a inexigência de qualquer documento policial para que a lei penal seja cumprida.

Aliás, o parecer em questão aponta, em seu item "a", um posicionamento do Supremo Tribunal Federal no sentido de que, até a conclusão do primeiro trimestre de gestação, não há o crime de aborto. Tal entendimento fora consolidado no âmbito do *Habeas Corpus* n. 124.306/RJ, Primeira Turma, cujo voto vencedor fora elaborado pelo Ministro Roberto Barroso, assim ementado:

> DIREITO PROCESSUAL PENAL. *HABEAS CORPUS*. PRISÃO PREVENTIVA. AUSÊNCIA DOS REQUISITOS PARA SUA DECRETAÇÃO. INCONSTITUCIONALIDADE DA INCIDÊNCIA DO TIPO PENAL DO ABORTO NO CASO DE INTERRUPÇÃO VOLUNTÁRIA DA GESTAÇÃO NO PRIMEIRO TRIMESTRE. ORDEM CONCEDIDA DE OFÍCIO.
>
> [...]
>
> 3. Em segundo lugar, é preciso conferir interpretação conforme a Constituição aos próprios arts. 124 a 126 do Código Penal – que tipificam o crime de aborto – para excluir do seu âmbito de incidência a interrupção voluntária da gestação efetivada no primeiro trimestre. A criminalização, nessa hipótese, viola diversos direitos fundamentais da mulher, bem como o princípio da proporcionalidade.
>
> 4. A criminalização é incompatível com os seguintes direitos fundamentais: os direitos sexuais e reprodutivos da mulher, que não pode ser obrigada pelo Estado a manter uma

---

13 CONSELHO FEDERAL DE MEDICINA – CFM. CFM exige boletim de ocorrência para fazer aborto. Disponível em: https://portal.cfm.org.br/noticias/cfm-exige-boletim-de-ocorrencia-para-fazer-aborto/. Acesso em: 5 ago. 2022.

gestação indesejada; a autonomia da mulher, que deve conservar o direito de fazer suas escolhas existenciais; a integridade física e psíquica da gestante, que é quem sofre, no seu corpo e no seu psiquismo, os efeitos da gravidez; e a igualdade da mulher, já que homens não engravidam e, portanto, a equiparação plena de gênero depende de se respeitar a vontade da mulher nessa matéria.

5. A tudo isto se acrescenta o impacto da criminalização sobre as mulheres pobres. É que o tratamento como crime, dado pela lei penal brasileira, impede que estas mulheres, que não têm acesso a médicos e clínicas privadas, recorram ao sistema público de saúde para se submeterem aos procedimentos cabíveis. Como consequência, multiplicam-se os casos de automutilação, lesões graves e óbitos.

6. A tipificação penal viola, também, o princípio da proporcionalidade por motivos que se cumulam: (i) ela constitui medida de duvidosa adequação para proteger o bem jurídico que pretende tutelar (vida do nascituro), por não produzir impacto relevante sobre o número de abortos praticados no país, apenas impedindo que sejam feitos de modo seguro; (ii) é possível que o Estado evite a ocorrência de abortos por meios mais eficazes e menos lesivos do que a criminalização, tais como educação sexual, distribuição de contraceptivos e amparo à mulher que deseja ter o filho, mas se encontra em condições adversas; (iii) a medida é desproporcional em sentido estrito, por gerar custos sociais (problemas de saúde pública e mortes) superiores aos seus benefícios.

7. Anote-se, por derradeiro, que praticamente nenhum país democrático e desenvolvido do mundo trata a interrupção da gestação durante o primeiro trimestre como crime, aí incluídos Estados Unidos, Alemanha, Reino Unido, Canadá, França, Itália, Espanha, Portugal, Holanda e Austrália.

[...]

O posicionamento do Excelso Pretório, por intermédio do v. acórdão da Primeira Turma abriu um precedente impactante no que se refere à descriminalização do aborto, quando realizado até o final do primeiro trimestre de gravidez, fato até então não considerado pela jurisprudência pátria. E a base para tal *argumentum* fora explicitada pelo Ministro em dois momentos específicos de seu extenso voto:

21. Torna-se importante aqui uma breve anotação sobre o *status* jurídico do embrião durante a fase inicial da gestação. Há duas posições antagônicas em relação ao ponto. De um lado, os que sustentam que existe vida desde a concepção, desde que o espermatozoide fecundou o óvulo, dando origem à multiplicação das células. De outro lado, estão os que sustentam que antes da formação do sistema nervoso central e da presença de rudimentos de consciência – o que geralmente se dá após o terceiro mês da gestação – não é possível ainda falar-se em vida em sentido pleno.

22. Não há solução jurídica para esta controvérsia. Ela dependerá sempre de uma escolha religiosa ou filosófica de cada um a respeito da vida. Porém, exista ou não vida a ser protegida, o que é fora de dúvida é que não há qualquer possibilidade de o embrião subsistir fora do útero materno nesta fase de sua formação. Ou seja: ele dependerá integralmente do corpo da mulher. Esta premissa, factualmente incontestável, está subjacente às ideias que se seguem.

Retorna-se à discussão quanto à viabilidade do feto, sua possibilidade de sobrevivência extrauterina. E, nesse momento, há outro fator a ser utilizado do ponto de vista da melhor exegese a respeito do tema: a definição de morte estabelecida pela Resolução n. 2.173/2017, segundo a qual "a perda completa e irreversível das funções encefálicas, definida pela cessação das atividades corticais e de tronco encefálico, caracteriza a morte encefálica e, portanto, a morte da pessoa".

A seguir tal interpretação eminentemente técnico-científica, tem-se que o primeiro sinal de atividade cerebral ocorre, segundo a ciência médica, a partir da 13ª semana de gestação, sendo que, a partir de uma interpretação sistemática invertida, a consideração da morte parte justamente de um critério que, ao menos para fins jurídicos, determina o início da vida.

Não se pode, sob pena de rompimento dos nobres e científicos critérios estabelecidos para a decretação da morte da pessoa, interpretá-los com uma visão unilateral e parcial, desconsiderando-os para que se possa estabelecer o início da vida, para fins penais.

Evidentemente, o voto susomencionado tem, como premissas, não apenas o abortamento do ponto de vista da viabilidade de vida extrauterina, ou, ainda, do início da vida, mas também os direitos reprodutivos da mulher e a almejada igualdade de gênero.

Nesse contexto, há que se mencionar o ajuizamento da ADPF 442, em trâmite no âmbito do Supremo Tribunal Federal, cujo pedido principal consiste, justamente que se:

> [...] **declare a não recepção parcial dos art. 124 e 126 do Código Penal,** para excluir do seu âmbito de incidência a interrupção da gestação induzida e voluntária realizada nas primeiras 12 semanas, por serem incompatíveis com a dignidade da pessoa humana e a cidadania das mulheres e a promoção da não discriminação como princípios fundamentais da República, e por violarem direitos fundamentais das mulheres à vida, à liberdade, à integridade física e psicológica, à igualdade de gênero, à proibição de tortura ou tratamento desumano ou degradante, à saúde e ao planejamento familiar, de modo a garantir às mulheres o direito constitucional de interromper a gestação, de acordo com a autonomia delas, sem necessidade de qualquer forma de permissão específica do Estado, bem como garantir aos profissionais de saúde o direito de realizar o procedimento.

A Relatora, Exma. Ministra Rosa Weber, pouco antes de seu afastamento compulsório da C. Corte em razão de sua idade, manifestou-se de maneira favorável à tese exposta na peça inicial, de cujo extenso voto extraímos:

> A dignidade da pessoa humana, a autodeterminação pessoal, a liberdade, a intimidade, os direitos reprodutivos e a igualdade como reconhecimento, transcorridas as sete décadas, impõem-se como parâmetros normativos de controle da validade constitucional da resposta estatal penal.
>
> Ante as razões expostas, julgo procedente, em parte, o pedido, para declarar a não recepção parcial dos art. 124 e 126 do Código Penal, em ordem a excluir do seu âmbito de incidência a interrupção da gestação realizada nas primeiras doze semanas.

Há que se mencionar, ainda, a existência da Lei n. 12.845/2013, que dispõe sobre o atendimento obrigatório e integral das pessoas em situação de violência sexual, e, em seu art. 1º, impõe importante obrigação ao sistema hospitalar no que se refere ao atendimento humanizado dentro dessa sensível e infeliz situação, evitando-se que haja a renovação da sensação de agressão quando da procura de uma rede de atendimento:

> Art. 1º Os hospitais devem oferecer às vítimas de violência sexual atendimento emergencial, integral e multidisciplinar, visando ao controle e ao tratamento dos agravos físicos e psíquicos decorrentes de violência sexual, e encaminhamento, se for o caso, aos serviços de assistência social.

Não há a menor dúvida de que a vida deve ser protegida em qualquer circunstância, sempre. Entretanto, não se pode, sob tal pretexto, desconsiderar as hipóteses legais em que o legislador ordinário realizou as escolhas, diante de situações excepcionais e extremas, *ultima ratio* entre as mínimas opções possíveis.

O Estado Democrático de Direito pressupõe escolhas feitas a partir de normas jurídicas, elencadas pelo sistema legislativo proposto pelo art. 59 da Carta Republicana de 1988, cada qual com sua competência, não se podendo olvidar que, segundo a Lei de Introdução às Normas do Direito Brasileiro, "na aplicação da lei, o juiz atenderá aos fins sociais a que ela se dirige e às exigências do bem comum" (art. 5º).

III.D. O CRIME DE ESTUPRO E OS PROFISSIONAIS DE SAÚDE

Dos crimes tipificados no Código Penal que representam grandes desafios dentro do Direito Médico, cabe destaque aos que se encontram no Título VI (Dos Crimes contra a Dignidade Sexual), tanto no Capítulo I (Dos Crimes contra a Liberdade Sexual) quanto no Capítulo II (Dos Crimes Sexuais contra Vulnerável).

O enfrentamento de tais crimes na seara profissional médica é de grande complexidade, na medida em que, historicamente, foram marcados por arquivamentos, diante de ausência de elementos probatórios a serem extraídos de uma condição envolvendo apenas vítima e profissional, sem testemunhas ou rastros incriminatórios.

Em 1993, a paciente *Vanuzia Leite Lopes* recorreu ao Conselho Regional de Medicina de São Paulo para denunciar o então médico Roger Abdelmassih,[14] renomado profissional no campo da reprodução humana medicamente assistida, de quem teria sido a primeira vítima de uma longa série de mulheres violentadas – crimes pelos quais ele fora condenado, em 2010, a mais de 270 anos de prisão.

A denúncia fora arquivada à época.

A violação da intimidade, na forma como ocorre no âmbito da saúde, implica uma quebra de confiança inigualável no mundo jurídico, na medida em que o paciente entrega ao profissional o direito de acessá-la plenamente para que ele possa lhe conceder o tratamento desejado e preconizado ao caso.

O crime tipificado como "estupro de vulnerável" fora inicialmente designado pelo legislador sob a forma de violação presumida, quando realizada conjunção carnal com menor de quatorze anos, independentemente de qualquer condição outra, *v.g.*, capacidade compreensiva.

---

[14] Médico teve denúncia arquivada em 93. *Folha de S. Paulo*, 28 ago. 2009. Disponível em: https://agora.folha.uol.com.br/policia/ult10104u616069.shtml. Acesso em: 10 ago. 2022.

Com a redação estabelecida pela Lei n. 12.015/2009, o art. 217-A instituiu a seguinte redação sancionatória:

> **Estupro de vulnerável**
>
> Art. 217-A. Ter conjunção carnal ou praticar outro ato libidinoso com menor de 14 (catorze) anos:
>
> Pena – reclusão, de 8 (oito) a 15 (quinze) anos.
>
> § 1º. Incorre na mesma pena quem pratica as ações descritas no caput com alguém que, por enfermidade ou deficiência mental, não tem o necessário discernimento para a prática do ato, ou que, por qualquer outra causa, não pode oferecer resistência.

Portanto, ao determinar como tipificação penal a conjunção carnal com quem, "por qualquer outra causa, não pode oferecer resistência", surge a aplicação da lei aos casos em que, *v.g.*, o paciente se encontra sob efeito de sedação, sendo submetido a tal prática.

A título ilustrativo, menciona-se o lamentável caso envolvendo o médico anestesiologista que, durante um procedimento de parto, teria se utilizado de excessiva sedação para, conforme apontado pela investigação policial, cometer os delitos repugnantes ora em análise.[15]

Veja-se que, nesses casos, há uma violência ficta, *in re ipsa*, e que, na hipótese do Direito Médico, decorre de uma relação da mais absoluta fidúcia, motivo pelo qual demanda punição exemplar no campo sancionatório penal e, mais ainda, no ético-profissional.

É importante destacar que o Código de Ética Médica não possui qualquer previsão específica quanto a esse aspecto, mas apenas genérica, em seu art. 38, que impõe ser vedado ao médico "desrespeitar o pudor de qualquer pessoa sob seus cuidados profissionais".

O cometimento de tais crimes por parte de profissionais de saúde demanda uma forte reprimenda estatal, na medida em que caracterizados por um abuso da confiança com impactos que ultrapassam a igualmente grave esfera individual, atingindo a credibilidade da profissão perante a sociedade, com potencial de danos irreparáveis.

Contrario sensu, os profissionais de saúde representam verdadeira barreira à ocorrência de violência sexual, principalmente no trato com crianças, como bem obtemperado pelo Conselho Regional de Medicina do Estado de São Paulo:[16]

> **Como o profissional de saúde deve se posicionar na suspeita de abuso sexual?**
>
> Inicialmente devemos acolher a criança ou adolescente e tentar realizar um bom *rapport*. Trata-se da relação médico-paciente da forma mais humanizada possível. Na suspeita de violência sexual e psicológica, fica fácil compreender a necessidade da formação de um vínculo mínimo de confiança, para que o paciente consiga verbalizar o que está ocorrendo dentro de casa e o que está sentindo.

---

[15] BANDEIRA, Karolini. Anestesista sedou paciente sete vezes durante estupro no Rio. *Metrópoles*, 19 jul. 2022. Disponível em: https://www.metropoles.com/brasil/anestesista-sedou-paciente-sete-vezes-durante-estupro--aponta-inquerito. Acesso em: 17 dez. 2022.

[16] TEIXEIRA, Gustavo. Abuso sexual. *Revista Ser Médico*, n. 60, jul./set. 2012. Disponível em: https://www.cremesp.org.br/?siteAcao=Revista&id=619. Acesso em: 10 ago. 2022.

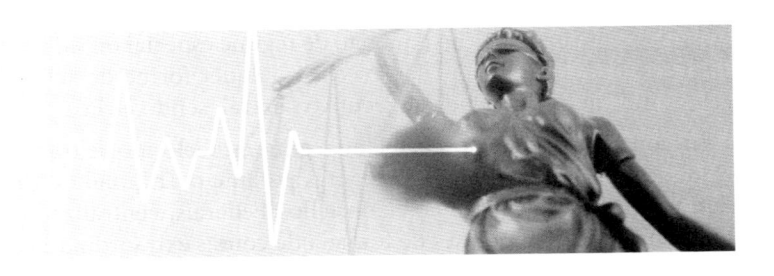

Capítulo IV

RESPONSABILIDADE ÉTICA MÉDICA

IV.A. OS CONSELHOS DE MEDICINA

Em meados do século XI, diante de uma necessidade comercial, em um período de reorganização do sistema negocial europeu, alguns ramos profissionais da época, como forma de proteger os seus negócios, organizaram-se sob a forma de associações, passando a regulamentar as suas atividades.

Assim, alguns artífices, das mais variadas atividades, reuniam-se como forma de estabelecer o monopólio de suas profissões, controlando quem as poderia exercer, e, até mesmo, os valores cobrados no mercado.

Esse brevíssimo resumo acerca da organização profissional realizada ainda na Idade Média reflete o que há, atualmente, em termos de profissões regulamentadas no Brasil.

O sistema de regulamentação profissional brasileiro segue um modelo muito semelhante ao adotado ainda na Idade Média para estabelecer premissas de atuação profissional e controle sobre determinadas profissões, a partir de entidades criadas pelo legislador, com natureza jurídica de Direito Público. São os chamados "Conselhos de Fiscalização Profissional".

Não se trata de uma crítica a tal modelo de fiscalização profissional, mas uma realidade legislativa a partir de uma origem milenar de associação como forma protetiva, tanto da sociedade quanto da própria profissão.

No âmbito da Medicina – uma das primeiras profissões a possuir regulamentação estatal no Brasil –, inicialmente foram criados os Conselhos a partir do Decreto-lei n. 7.955/1945, posteriormente revogado pela Lei Federal n. 3.268/1957, plenamente em vigor, com pouquíssimas alterações posteriores.

Fato é que a norma em vigor, que cria os Conselhos de Medicina no Brasil, concede a tais entidades a natureza jurídica de autarquias federais (art. 1º da Lei 3.268/1957), doutrinariamente inseridas no contexto de regime especial ou *sui generis*, na medida em que, ao contrário das tradicionais, não recebe qualquer forma de subvenção, tampouco possui dirigentes indicados pelo Poder Executivo central, sendo eleitos pela própria classe.

Em contrapartida, estão sujeitas ao regime estabelecido pelo art. 37 da Carta Republicana de 1988, devendo inclusive prestar contas perante o Tribunal de Contas da União, mesmo que em regime de delegação aos Conselhos Federais, centralizador do controle junto dos Regionais, exceto em hipóteses de tomada de contas extraordinárias.

Em julgamento no âmbito da ADI 1.717, a Corte Constitucional brasileira considerou inconstitucional o art. 58 da Lei Federal n. 9.649/1998, em seus §§ 1º, 2º, 4º, 5º, 6º, 7º e 8º (mantendo incólume o § 3º), justamente nos pontos que inseriam os Conselhos de Fiscalização em uma espécie de sistema híbrido, com características de órgão público, mas atuando como se entidade privada fosse, em especial no que tange à prestação de contas. Segundo a Corte, a redação contida nos arts. 5º, XIII, 22, XVI, 21, XXIV, 70, parágrafo único, 149 e 175 da Carta Republicana de 1988 conduziriam à conclusão pela "indelegabilidade, a uma entidade privada, de atividade típica de Estado, que abrange até poder de polícia, de tributar e de punir, no que concerne ao exercício de atividades profissionais regulamentadas, como ocorre com os dispositivos impugnados".

Veja-se que as anuidades devidas aos Conselhos de Fiscalização Profissional se constituem sob a forma de contribuição de interesse das categorias profissionais, de natureza tributária, sujeita a lançamento de ofício, com seus valores fixados pela Lei n. 12.514/2011, conforme entendimento sedimentado no âmbito do Superior Tribunal de Justiça.[1]

Assim, são órgãos públicos com poderes de fiscalização, regulamentação e polícia administrativa, quando no exercício de sua atividade principal, relacionada ao controle da ética médica. O art. 2º da Lei n. 3.268/1957 estabelece as diretrizes, premissas e competências atribuídas, pelo legislador, aos Conselhos de Medicina:

> Art. 2º O conselho Federal e os Conselhos Regionais de Medicina são os órgãos supervisores da ética profissional em toda a República e ao mesmo tempo, julgadores e disciplinadores da classe médica, cabendo-lhes zelar e trabalhar por todos os meios ao seu alcance, pelo perfeito desempenho ético da medicina e pelo prestígio e bom conceito da profissão e dos que a exerçam legalmente.

A *mens legis* em 1957 certamente era criar um órgão nacional, com representação em todos os Estados da federação, que pudesse exercer uma fiscalização firme no âmbito da saúde, principalmente no ambiente hospitalar – como forma de proteger a sociedade –, ainda muito voltado ao Direito Sanitário.

Entretanto, ainda que tal fosse a intenção do legislador, a fiscalização da profissão médica, inserida no contexto do ambiente hospitalar, assumiu contornos extremamente amplos, na medida em que a lei delegou aos Conselhos de Medicina o poder de: (i) supervisionar a ética profissional; (ii) julgar (a classe médica); (iii) disciplinar (a classe médica); (iv) zelar e

---

[1] SUPERIOR TRIBUNAL DE JUSTIÇA – STJ. *Jurisprudência em teses*, Brasília, DF, n. 135, 18 out. 2019. Disponível em: https://www.stj.jus.br/internet_docs/jurisprudencia/jurisprudenciaemteses/Jurisprud%C3%AAncia%20em%20Teses%20135%20-%20Conselhos%20Profissionais%20-%20I.pdf. Acesso em: 8 jul. 2022.

trabalhar pelo: a) perfeito desempenho ético da medicina; b) prestígio e bom conceito da profissão e dos que a exerçam legalmente.

Nesse contexto, os Conselhos de Medicina passaram a ter três grandes funções: (i) normatizadora da ética médica; (ii) cartorial, registrando os profissionais e as empresas, emitindo as respectivas autorizações e concessões; (iii) fiscalizadora da profissão médica, seja de maneira direta, com o respectivo poder de polícia, seja pela função judicante/punitiva, por meio dos respectivos processos ético-profissionais.

O ponto discutível diz respeito à função judicante, na medida em que há uma concentração – excessiva – de poderes a um órgão que, de forma concomitante, instaura procedimentos *ex officio,* acusa, instrui e julga.

A Lei n. 3.268/1957 é regulamentada por um Decreto Federal, de n. 44.045/1958, alterado substancialmente pelo posterior, de n. 10.911/2021, e, em tais normativos, consta a disciplina organizatória administrativa dos Conselhos de Medicina, bem como os requisitos para inscrição e registro médico, além das penas a serem aplicáveis aos médicos.

Consoante previsão contida no art. 22 da Lei n. 3.268/1957, cinco são as penas aplicáveis aos médicos condenados por infração de cunho ético-profissional. São elas:

> Art. 22. As penas disciplinares aplicáveis pelos Conselhos Regionais aos seus membros são as seguintes:
>
> a) advertência confidencial em aviso reservado;
>
> b) censura confidencial em aviso reservado;
>
> c) censura pública em publicação oficial;
>
> d) suspensão do exercício profissional até 30 (trinta) dias;
>
> e) cassação do exercício profissional, *ad referendum* do Conselho Federal.

Não, há, por via de consequência, possibilidade de os próprios Conselhos arbitrarem punições excedentes a essas contidas na própria Lei, na medida em que: "é livre o exercício de qualquer trabalho, ofício ou profissão, atendidas as qualificações profissionais que a lei estabelecer" (art. 5º, XIII, da Carta Republicana de 1988), além de ser uma competência exclusiva da União legislar sobre as condições para o exercício das profissões (art. 22, XVI, da Constituição Federal).

Não por acaso, no ano de 2021, o Conselho Regional de Medicina do Estado de São Paulo editou a Resolução n. 350, imediatamente revogada, a partir de encaminhamento pelo Conselho Federal de Medicina, posto que passou a estabelecer multas por infrações éticas que pudessem ser imputadas às empresas médicas.

Em que pese a louvável *mens normæ*, a regra administrativa violou preceitos constitucionais e limites estabelecidos pela própria Lei Federal n. 3.268/1957, que não concede aos Conselhos de Medicina a prerrogativa de estabelecer novas modalidades sancionatórias profissionais, além das indicadas no susomencionado art. 22, em especial quando se trata de regulamentação estadual.

Ponto de debate salutar envolve o fato de que a lei de regência dos Conselhos de Medicina, datada de 1957, atravessou duas Constituições Federais, a de 1967 e a Republicana de 1988, e, assim, teve que ser devidamente interpretada à luz de tais Cartas, em especial, a última, ainda em vigor.

Pelo instituto da recepção, as normas infraconstitucionais devem ser interpretadas a partir dos conceitos, princípios e diretivas estabelecidos pela Carta Magna, e, no que com ela conflitarem, devem ser consideradas não recepcionadas e, portanto, revogadas, ou, ainda, ser-lhes concedidas interpretações conforme a Constituição.

A partir de uma nova ordem constitucional, estabelecida em 05 de outubro de 1988, a Lei Federal n. 3.268/1957 passou a sofrer incidência direta dos princípios estabelecidos pela Norma Maior, destacando-se aqueles que regem a Administração Pública, bem como as garantias individuais fundamentais, com incidência direta nos processos ético-profissionais, enquanto administrativos, regidos por regras de Direito Público.

À luz, portanto, de uma nova concepção normativa constitucional, a receptividade da Lei n. 3.268/1957 enfrenta questionamentos relevantes a respeito das penalidades a serem impostas aos médicos.

A primeira delas refere-se às penas privadas, delineadas no art. 22, *a* e *b*, da Lei Federal em comento.

Consoante os princípios que regem a Administração Pública, insculpidos no art. 37 da Carta Magna, o da publicidade é o que viabiliza o efetivo controle social sobre atos públicos, não sendo permitido, como regra, o sigilo.

As penalidades confidenciais aplicadas aos profissionais médicos que, eventualmente, sejam condenados por violação às normas éticas em vigor, em uma exegese constitucional, não teriam sido recepcionadas pela Carta Magna de 1988, que não permite, para efeito de controle social dos atos praticados pela Administração Pública, a aplicação de penas que jamais poderão ser publicizadas, ainda que de forma mitigada.

A aplicação de tais sanções, sob a ótica interpretativa do instituto jurídico da recepção, demandaria que houvesse a publicação de tais penalidades, ainda que de forma restrita aos meios de publicação institucionais; contudo, jamais poderiam permanecer em caráter secreto, ultrapassando os limites do próprio sigilo que, como regra, admite exceções.

Noutra ponta, temos a cassação do exercício profissional *ad referendum* do Conselho Federal de Medicina, que impede qualquer possibilidade de reabilitação ao profissional condenado, implicando uma pena administrativa perpétua, em aparente violação à cláusula pétrea insculpida no art. 5º, XLVII, *c*, da Carta Republicana, que veda a existência de penas "de caráter perpétuo".

Há julgados que interpretam tal restrição constitucional como sendo de aplicabilidade exclusiva ao campo repressivo criminal – *v.g.*, Ext. 855, Pleno, Rel. Min. Celso de Mello, j. 26.08.2004, *DJ* de 01.07.2005; Ext 1.201, Pleno, Rel. Min. Celso de Mello, j. 17.02.2011, *DJe* de 15.03.2011 –, mas que não afastam expressamente a sua aplicabilidade a outros campos do Direito, em especial, ao Administrativo Punitivo.

Nesse ponto, merece o devido crédito decisão proferida pelo Pretório Excelso, ao julgar a ADI 2.975 que considerou a aplicação da regra proibitiva de caráter perpétuo ao art. 137, parágrafo único, da Lei n. 8.112/1990, conhecida como "Estatuto do Servidor Público Federal":

Art. 137, parágrafo único, da Lei 8.112/1990. Direito Administrativo Disciplinar. Sanção perpétua. Impossibilidade de retorno ao serviço público. Inconstitucionalidade material. Afronta ao art. 5º, XLVII, *b*, da Constituição da República. Norma impugnada que, ao impedir o retorno ao serviço público, impõe sanção de caráter perpétuo. Ação direta julgada procedente para declarar a inconstitucionalidade da norma questionada, sem pronúncia de nulidade. Comunicação ao Congresso Nacional, para que eventualmente delibere sobre o prazo de proibição de retorno ao serviço público a ser aplicável nas hipóteses do art. 132, I, IV, VIII, X e XI, da Lei 8.112/1990 (STF, ADI 2.975, Pleno, Rel. Min. Gilmar Mendes, j. 07.12.2020, *DJe* de 04.02.2021).

Veja-se que a impossibilidade de retorno, em caráter definitivo, ao serviço público, à exegese da norma constitucional, conduziu o julgamento pela inconstitucionalidade da norma questionada, com ênfase ao parecer elaborado pela Procuradoria-Geral da República nos autos em questão, cujo excerto merece destaque:

7. Em dissonância com o texto constitucional, a norma jurídica impugnada proíbe, de maneira peremptória, o retorno ao serviço público do servidor público federal ocupante de cargo efetivo ou em comissão que for demitido ou destituído por prática de crime contra a Administração Pública, improbidade administrativa, aplicação irregular de dinheiro público, lesão aos cofres públicos e dilapidação do patrimônio nacional e corrupção.

8. Neste contexto, pode-se inferir que os efeitos permanentes das penalidades impostas pela norma jurídica atacada ao servidor público faltoso vulneram o disposto na alínea *b* do inciso XLVII do art. 5º da Constituição Federal, posto que perpetuam indevidamente os efeitos da condenação imposta pela administração. Em consonância com o preceito constitucional supracitado, toda a penalidade há de ser temporária, limitada e definida, conforme dispuser a lei, não se admitindo, por imposição constitucional, pena de caráter perpétuo.

9. Como salientado na inicial, a proibição em apreço diz respeito ao caráter perpétuo de qualquer penalidade, e não apenas àquelas relativas à privação de liberdade. Dentre as modalidades de penas passíveis de serem impostas no ordenamento jurídico brasileiro, elencadas na alínea *e* do inciso XLVI do art. 5º da Constituição Federal inclui-se a pena de suspensão ou interdição de direitos. Resta inquestionável que a proibição de retorno ao serviço público, prevista no parágrafo único do art. 137 da Lei n. 8.112/1990, constitui-se em pena de interdição de direitos, devendo, portanto, obedecer ao comando de proibição de perpetuidade das penas.

[...]

Destarte, ao deixar de estipular prazo limite para a proibição de retorno ao serviço público dos servidores públicos federais demitidos do cargo em comissão por infringência do art. 132, I, IV, VIII, X e XI, o parágrafo único do art. 137 da Lei n. 8.112/1990 violou o texto constitucional criando sanção de caráter perpétuo, devendo, por via de consequência, tal dispositivo ser expungido do mundo jurídico.

O Conselho Federal de Medicina, por intermédio da Resolução n. 2.306/2022, norma infralegal e infraconstitucional, estabelece, por intermédio de seu art. 126, o rito procedimental à reabilitação profissional do médico condenado, após oito anos do cumprimento da sanção, como regra.

Entretanto, no § 1º do susomencionado artigo, o Conselho Federal de Medicina deliberadamente exclui a pena de cassação do exercício profissional daquelas sujeitas ao procedimento reabilitatório.

O argumento, em regra utilizado para dar guarida à interpretação que afasta a garantia constitucional, repousa na sua aplicabilidade restrita às sanções de caráter penal, não extensiva às demais sanções – mormente as administrativas –, categorizando os ilícitos em campos distintos.

Todavia, com o julgamento definitivo da ADI 2.975, não resta argumentação que conceda sustentáculo suficiente a considerar os ilícitos administrativos alijados da garantia constitucional insculpida de forma pétrea pela Carta Republicana de 1988, em seu art. 5º, XLVII, *c*, garantindo-se a reabilitação do médico condenado em algum momento de sua vida profissional.

A inconstitucionalidade da norma infralegal, posteriormente regulamentada por resolução administrativa, é passível, no mínimo, de debates, cabendo ao legislador ordinário estabelecer prazo razoável, bem como as condições para que o profissional cassado possa reabilitar-se e retornar ao exercício profissional, em obediência à Norma Maior.

Não se trata, *in casu*, de uma questão subjetiva a respeito dos médicos que poderiam, eventualmente, retornar ao exercício profissional, mas de regra constitucional positivada e objetiva, na medida em que não se trata de uma expulsão associativa, privada, mas do impedimento, em caráter definitivo e absoluto, do direito de exercer determinada profissão.

Diante da atual configuração normativa, tampouco a realização de uma nova graduação em medicina ser-lhe-ia suficiente à reabilitação, na medida em que o diploma, originalmente expedido, não perde a validade pela decisão administrativa do Conselho de Medicina, que, por suas competências legais, não poderia ir além do registro em seus assentamentos.

Esse monopólio legal concedido aos Conselhos de Medicina não pode ultrapassar os limites impostos pela Carta Republicana de 1988, sendo que sua lei de regência deve, invariavelmente, ser interpretada de forma restritiva e reduzida ao texto constitucional.

IV.B. O CÓDIGO DE ÉTICA MÉDICA

O art. 5º, *d*, da Lei n. 3.268/1957 delega, como umas das atribuições do Conselho Federal de Medicina, "votar e alterar o Código de Deontologia Médica, ouvidos os Conselhos Regionais".

Vê-se, portanto, que houve uma delegação expressa da Lei para que o Conselho estabeleça as normas ético-procedimentais, por intermédio de norma infralegal, portanto, administrativa, cogente e incidente sobre os profissionais médicos em toda a República.

Cabe salientar que a Constituição, em seu art. 59, VII, prevê, como parte integrante do processo legislativo, a elaboração de "resoluções", que têm como fundamento essencial dar efetividade às leis ordinárias e aos decretos emanados do Poder Executivo.

No caso dos Conselhos de Fiscalização, as resoluções normativas são *interna corporis*, ou seja, os efeitos das normas editadas pelo órgão fiscalizador jamais podem ultrapassar os limites impostos por sua norma de regência, qual seja, da própria classe médica, e voltada ao exercício da profissão.

No âmbito da atuação normativa e disciplinadora dos Conselhos, há um liame temático que impede a edição de normas que cruzem essa linha, impondo, por exemplo, obrigações a terceiros, tais como pacientes ou outros profissionais de saúde.

Acresce-se, a essa capacidade, a competência estabelecida no art. 7º da Lei 12.842/2013, nominada "Lei do Ato Médico":

> Art. 7º Compreende-se entre as competências do Conselho Federal de Medicina editar normas para definir o caráter experimental de procedimentos em Medicina, autorizando ou vedando a sua prática pelos médicos.
>
> Parágrafo único. A competência fiscalizadora dos Conselhos Regionais de Medicina abrange a fiscalização e o controle dos procedimentos especificados no *caput*, bem como a aplicação das sanções pertinentes em caso de inobservância das normas determinadas pelo Conselho Federal.

O Código de Ética Médica, portanto, é o regramento maior a ser observado pelos médicos, no exercício da profissão, de forma cogente, sujeito a aplicação das sanções determinadas pela Lei n. 3.268/1957 – conforme já exposto alhures, estabelecido por intermédio da Resolução n. 2.217/2018 –, sendo composto por 26 princípios fundamentais do exercício da medicina, 11 normas diceológicas, 117 normas deontológicas e quatro disposições gerais.

No capítulo inicial, vê-se que os princípios fundamentais ao exercício da profissão médica não se enquadram como normas típicas infracionais, mas se constituem em máximas a serem alcançadas dentro do que a lei de regência estabeleceu como "perfeito desempenho ético" da profissão (Capítulo I, inciso IV, e art. 2º da Lei n. 3.268/1957).

Nesse sentido, não há sanções decorrentes do descumprimento dos princípios fundamentais, mas apenas das normas deontológicas.

No campo dos direitos do profissional médico, o Código de Ética destaca 25 normas diceológicas, garantindo ao profissional o pleno exercício de sua profissão, mesmo diante de condições inadequadas, em que há uma conversão obrigacional, sendo que ele deve comunicar tais fatos ao Conselho de Medicina.

Adentrando as normas deontológicas, quais sejam, aquelas a que o médico está obrigado a observar no seu exercício profissional, o Código divide-as em 11 capítulos, a saber:

Capítulo III – Responsabilidade profissional

Capítulo IV – Direitos humanos

Capítulo V – Relação com pacientes e familiares

Capítulo VI – Doação e transplante de órgãos e tecidos

Capítulo VII – Relação entre médicos

Capítulo VIII – Remuneração profissional

Capítulo IX – Sigilo profissional

Capítulo X – Documentos médicos

Capítulo XI – Auditoria e perícia médica

Capítulo XII – Ensino e pesquisa médica

Capítulo XIII – Publicidade médica

O Código de Ética Médica possui uma dinâmica proibitiva quanto às condutas passíveis de punição, diferentemente do Código Penal. A norma administrativa tem sempre como premissa a vedação, iniciando os respectivos capítulos com a frase "É vedado ao médico", seguindo com a respectiva conduta coibida eticamente.

O destaque, neste momento, cabe à condição prevista no art. 18 do Código, no qual consta, como norma repressiva, vedação específica, no ato de "desobedecer aos acórdãos e às resoluções dos Conselhos Federal e Regionais de Medicina ou desrespeitá-los".

Essa é uma espécie de "norma ética em branco", na medida em que, isoladamente, não implica nenhuma forma de conduta proibitiva, sendo necessariamente complementada por outra, emanada do próprio Conselho Federal ou do Regional ao qual o médico está vinculado.

Cabe esclarecer que a competência normativa dos Regionais é absolutamente residual, na medida em que a Lei reservou ao Conselho Federal a competência primária para disciplinar a ética em todo o território nacional, ouvidos os Regionais (art. 5º, *d*, da Lei n. 3.268/1957).

Aos Conselhos Regionais compete regulamentar, no âmbito dos respectivos Estados, situações peculiares locais, não sendo permitida a inovação normativa naquilo que o próprio Conselho Federal não tenha já previamente estabelecido nacionalmente.

Os Códigos de Ética devem refletir a moral profissional respectiva a cada período, estabelecendo as regras de conduta a partir da visão daquilo que corresponde à expectativa social.

Pode-se afirmar que a ética é a moral codificada, na medida em que as condutas, para serem puníveis, devem estar organizadas sob a forma de normas previamente editadas para tal finalidade.

Uma regra de moral nem sempre será punível. O médico que se traja inadequadamente não é punível do ponto de vista ético, pois não há previsão específica normatizada quanto a esse aspecto, ao contrário do advogado, cujo normativo delega ao Conselho Seccional da Ordem estabelecer os trajes adequados no exercício da profissão (art. 58, XI, da Lei n. 8.906/1994).

Seguindo o devido paralelismo entre o Direito Penal e o Administrativo Punitivo, aplica-se à ética médica a garantia constitucional no sentido de que "não há crime sem lei anterior que o defina, nem pena sem prévia cominação legal" (art. 5º, XXXIX, da CR/1988).

As inovações no campo ético-profissional, que impliquem novas condutas proibitivas, somente podem ser aplicadas em uma perspectiva futura, jamais retroagindo, atraindo a aplicação, por analogia, do princípio da irretroatividade da lei penal, exceto quando benéfica ao réu, conforme previsto no art. 5º, XL, também da Carta Maior.

A história dos Códigos de Ética Médica no Brasil tem início no ano de 1929, com o "Código de Moral Médica" – tradução do Código de Moral Médica aprovado pelo VI Congresso Médico Latino-Americano feita pelo Dr. Cruz Campista –, publicado no Boletim do "Syndicato Medico Brasileiro", n. 8 (p. 114-123, agosto de 1929).[2]

---

[2] CONSELHO FEDERAL DE MEDICINA – CFM. Códigos de Ética Médica (versões anteriores). Disponível em: https://portal.cfm.org.br/etica-medica/codigo-versoes-anteriores/. Acesso em: 8 jun. 2022.

Como documento que refletia a moral social da época, possuía diversas previsões restritivas, como, por exemplo, aos direitos da mulher, ao determinar que "o médico não devera examinar a mulher casada sem a presença de seu marido ou de uma pessoa da família devidamente autorizada (art. 12)".

Noutra via, o art. 11[3] já estabelecia a sacralidade da relação entre médico e paciente a partir do segredo profissional, bases que servem de parâmetro até os dias atuais.

> Art. 78 Aos profissionais da medicina é proibido revelar o segredo profissional fora dos casos estabelecidos pela deontologia medica. A revelação é o acto que faz passar o fato revelado do estado de fato secreto para o de fato conhecido. Não é necessário publicar o fato para que haja revelação; basta a confidencia a uma pessoa isolada.
>
> Art. 79 O segredo profissional pertence ao cliente. Os profissionais não incorrem em responsabilidade se revelam o segredo de que são depositários, quando estão autorizados para isso, em completa liberdade e conhecimento de suas consequências, pela ou pelas pessoas que lhe confiaram o segredo e sempre que a dita revelação não cause prejuízo à terceiro.

Ao longo dos anos, foi editado, até o Código de Ética Médica de 2018, um total de nove códigos norteadores da profissão, sendo, o de 1988, um marco no que tange aos Direitos Humanos, bem como o de 2009 no que se refere à Bioética e suas respectivas bases principiológicas.

É de extrema relevância que haja uma constante renovação das normas éticas, não apenas daquelas inseridas no corpo do Código, mas igualmente em resoluções esparsas, para que possam refletir a realidade, atingindo as expectativas da sociedade – médica e leiga – em relação ao perfeito desempenho ético da profissão, para que se possa dar efetividade à delegação contida na Lei n. 3.268/1957.

IV.C. O PROCESSO ÉTICO-PROFISSIONAL MÉDICO

IV.c.1. A sindicância

O mecanismo utilizado para que os Conselhos de Medicina possam fiscalizar a atividade médica a partir de um ato praticado é o "processo ético-profissional", regido por regras administrativas próprias, estabelecidas pelo Conselho Federal, a partir da Resolução n. 2.306/2022, cujo fundamento legal encontra-se lastreado na Lei n. 9.784/1999, que disciplina os processos administrativos no âmbito da Administração Pública Federal.

O processo ético-profissional médico inicia-se por meio de um procedimento denominado "sindicância ético-profissional", cujo objetivo primário é a coleta de indícios quanto a eventual infração cometida, com instrução designada a um Conselheiro Sindicante.[4]

---

[3] "Art. 11. O gabinete privado do médico é um terreno neutro, onde poderão ser recebidos e tratados todos os doentes, quaisquer que sejam seus médicos habituais e as circunstancias que tenham precedido a consulta".

[4] Em alguns Conselhos Regionais, os atos de movimentação da sindicância são atribuídos a agentes denominados "Delegados", cargos honoríficos por indicação, entretanto, sem poderes decisórios.

A sindicância possui características inquisitoriais, sem que haja necessidade de ampla defesa e contraditório, na medida em que não há, ainda, acusação formal em face do médico sindicado, que, nessa fase e quando eventualmente chamado, apenas presta esclarecimentos iniciais.

Tanto a sindicância quanto o processo tramitam em sigilo processual, no que se pode denominar "publicidade restrita", com acesso apenas às partes, a seus procuradores, bem como aos partícipes necessários, como serventuários e julgadores.

Durante essa fase procedimental inicial, não há, ainda, qualquer formação acusatória, motivo pelo qual não se estabelecem as garantias fundamentais relacionadas à ampla defesa ou ao respectivo contraditório, que devem ser asseguradas ao médico denunciado quando da instauração do processo ético-profissional, a partir de uma acusação formal.

O Código de Processo Ético-profissional (CPEP), portanto, rege e disciplina o procedimental a ser observado pelos Conselhos Regionais, para que o médico seja submetido a um julgamento justo, observados os princípios norteadores relacionados aos processos administrativos, em especial de cunho punitivo.

A sindicância ética pode ter início de algumas maneiras específicas, destacando-se a denúncia formal, subscrita e devidamente identificada, formulada pelo próprio paciente em face de algum médico.

Nesses casos, é instaurado um procedimento investigatório inicial, obrigatório, a partir do chamado "poder-dever" da Administração Pública, na qual o administrador é obrigado a agir para que a *mens legis* seja atingida, no caso, pautada pelo dever de zelar e trabalhar para que se alcance o perfeito desempenho ético da medicina (art. 2º da Lei n. 3.268/1957). O Administrador pode realizar tal conduta, porque a Lei assim autoriza; mas, em contrapartida, deve fazê-lo por se caracterizar como uma obrigação irrenunciável do Administrador Público.

A sindicância também pode ser instaurada por representação formal a partir de outros entes do Poder Público, tais como o Poder Judiciário, o Ministério Público e as Secretarias de Saúde, até mesmo pelo dever implícito de cooperação entre os órgãos da Administração Pública.

Nessas hipóteses, o ente representante não participa ativamente da tramitação ética, mas apenas fornece os elementos necessários para que seja deflagrada a investigação, podendo ter acesso aos autos e ao respectivo resultado, para fins de controle.

Também há denúncias formuladas por terceiros, sendo que qualquer cidadão pode requerer a instauração de investigação a respeito de atos médicos praticados, bastando que haja a devida qualificação, acompanhada de um relato específico a respeito do que se pretende seja investigado.

Dentro das instituições de saúde com mais de 30 médicos, conforme a Resolução n. 2.152/2016, há obrigatoriedade de composição das chamadas "Comissões de Ética Médica", órgãos de apoio dos Conselhos de Medicina, com funções "investigatórias, educativas e fiscalizadoras do desempenho ético da medicina" (art. 2º).

Segundo a norma específica em questão, quando diante de elementos que apontem para eventuais indícios de infração ética, exercício ilegal da medicina ou irregularidades que cerceiem o pleno exercício da medicina, cabe ao seu Presidente comunicar o

Conselho Regional de Medicina da respectiva jurisdição, para que instaure os procedimentos necessários.

Quando diante de fatos notórios, deve o Conselho Regional de Medicina instaurar o respectivo procedimento investigativo *ex officio,* como parte de seu dever enquanto Administração Pública, na forma indicada acima, quando, de forma bastante peculiar, concentrará as funções acusatória, instrutória e julgadora.

Durante a fase de sindicância, o Conselho pode solicitar esclarecimentos aos médicos possivelmente envolvidos, colher manifestações preferencialmente escritas, mas sem a obrigatoriedade de que seja realizada qualquer forma de contraditório, na medida em que não há acusação formalizada.

Cabe destacar que as denúncias anônimas ou apócrifas não são permitidas para deflagrar uma sindicância ética, na medida em que o Código de Processo Ético-profissional exige a devida identificação do denunciante.

Um dos elementos que servem de supedâneo à instauração de sindicâncias envolve, justamente, a fiscalização ativa realizada pelos Conselhos, por intermédio de vistorias em ambientes de saúde, sendo esta uma das principais funções estabelecidas pela lei de regência, e que se encontra regulamentada pela Resolução n. 2.056/2013, do Conselho Federal de Medicina, substancialmente alterada por normas posteriores, em especial as de n. 2.153/2016 e n. 2.214/2018, com redação firmada no ano de 2020, em razão da pandemia causada pelo vírus SARS-CoV-2.

A denúncia inicial não vincula a atuação do Conselho, que se encontra obrigado a investigar a conduta ética – mesmo quando não formalmente denunciada inicialmente, mas identificada a partir dos elementos trazidos aos autos; não raro, ocorre de o médico ser denunciado por um possível erro profissional, que não se encontra presente, mas sofre a abertura de um processo ético em decorrência de ausência de prontuário.

O Código de Processo Ético-profissional permite, durante a fase de sindicância, apenas a formalização de procedimento conciliatório, bem como assinatura de Termo de Ajustamento de Conduta, a fim de que se evite a instauração do respectivo processo ético.

A conciliação tem características muito próprias, podendo ser firmada durante a sindicância entre denunciante e médico denunciado, exceto nos casos que "envolvam lesão corporal de natureza grave (art. 129, §§ 1º a 3º, do Código Penal), violação à dignidade sexual ou óbito de paciente [...]" (art. 22 do CPEP), e em que não haja qualquer forma de acerto pecuniário (art. 22, § 4º, do CPEP).

Há casos em que o denunciante realiza a devida conciliação na esfera ressarcitória, cível, comprometendo-se a realizar procedimento semelhante no âmbito ético, ou, simplesmente, desistindo da denúncia inicialmente formulada.

Tais transações não têm o condão de produzir efeitos no interior do processo ético, na medida em que estamos diante de procedimentos autônomos e independentes, destacando-se que a desistência da denúncia inicial não vincula a decisão do Conselho de Medicina, que deve submetê-la ao seu Colegiado, podendo, a depender da gravidade potencial do caso, apenas excluir o denunciante, prosseguindo na investigação *ex officio.*

Característica importante no âmbito dos Conselhos diz respeito à ausência de decisões monocráticas, sendo que todas devem ser submetidas a Colegiados específicos, para fins de consolidação decisória, sendo que, nessa fase processual, trata-se das Câmaras de Sindicância, revestidas da competência necessária para a adoção das medidas necessárias à conclusão do feito.

Assim, a conciliação, para que possa produzir os respectivos efeitos, deve ser submetida a uma Câmara de Sindicâncias, sendo aprovada pelo respectivo Colegiado.

De forma bastante semelhante ao procedimento conciliatório, há o Termo de Ajustamento de Conduta (TAC), oriundo dos preceitos contidos no âmbito da Lei n. 7.347/1985 e que possui como principal objetivo fazer cessar eventual conduta contrária à ética a partir de um compromisso firmado pelo profissional médico, adequado ao quanto preconizado pelo órgão de controle ético-profissional.

Tal como na conciliação, não há possibilidade de se firmar TAC quando diante de casos de gravidade manifesta, catalogados taxativamente como "lesão corporal de natureza grave (art. 129, §§ 1º a 3º, do Código Penal), violação à dignidade sexual ou óbito de paciente [...]" (art. 23, § 2º, do CPEP), bem como quando presente a figura do denunciante, sendo autorizativo apenas quando da tramitação *ex officio.*

O TAC possui algumas características próprias, comparativamente à conciliação, na medida em que somente pode ser firmado a cada cinco anos, bem como há cláusulas mínimas obrigatórias (art. 25 do CPEP), sendo que o seu descumprimento implica a imediata abertura do processo ético-profissional.

Com as devidas modificações, o instituto do TAC previsto no âmbito ético-profissional médico assemelha-se mais à suspensão condicional do processo, na medida em que a sua desobediência comprovada implica o prosseguimento do feito acusatório, não sendo possível, ao Conselho, nenhuma outra imposição punitiva, tal como ocorre nos termos firmados perante o Ministério Público, na forma da Lei n. 7.347/1985.

De toda sorte, trata-se de excelente mecanismo de controle do ato médico do ponto de vista ético-profissional, cujo objetivo é privilegiar o médico primário, ofertando-lhe documento que, sob o aspecto pedagógico, cumpre com a respectiva obrigação.

A questão controvertida a respeito da aplicação do TAC envolve o fato de ele ser catalogado no CPEP como uma prerrogativa do Conselheiro Sindicante, sem qualquer elemento objetivo quanto aos critérios de elegibilidade do médico como possível signatário, o que viola os princípios da impessoalidade e da isonomia, tão caros à Administração Pública.

A priori, o CPEP disciplina que o respectivo termo de ajustamento não pode ser firmado quando há "lesão corporal de natureza, violação à dignidade sexual ou óbito de paciente", o que implicaria, numa interpretação mais favorável ao acusado, um direito subjetivo ter acesso a uma proposta de TAC, quando não inserido nas causas complexas taxativamente nominadas.

O Superior Tribunal de Justiça entende que o compromisso de ajustamento de conduta depende, por óbvio, de uma vontade de ambos os envolvidos na investigação; todavia, não afasta o direito subjetivo de cidadãos, em situações idênticas, terem acesso a propostas semelhantes:

PROCESSUAL CIVIL. RECURSO ESPECIAL. AÇÃO CIVIL PÚBLICA. TERMO DE AJUSTAMENTO DE CONDUTA. NÃO OBRIGATORIEDADE DE O MINISTÉRIO PÚBLICO ACEITÁ-LO OU DE NEGOCIAR SUAS CLÁUSULAS. INEXISTÊNCIA DE DIREITO SUBJETIVO DO PARTICULAR.

1. Tanto o art. 5º, § 6º, da LACP quanto o art. 211 do ECA dispõem que os legitimados para a propositura da ação civil pública "poderão tomar dos interessados compromisso de ajustamento de sua conduta às exigências legais".

2. Do mesmo modo que o MP não pode obrigar qualquer pessoa física ou jurídica a assinar termo de cessação de conduta, o *Parquet* também não é obrigado a aceitar a proposta de ajustamento formulada pelo particular. Precedente.

3. O compromisso de ajustamento de conduta é um acordo semelhante ao instituto da conciliação e, como tal, depende da convergência de vontades entre as partes.

4. Recurso especial a que se nega provimento (STJ, REsp n. 596.764/MG, Quarta Turma, Rel. Min. Antonio Carlos Ferreira, j. 17.05.2012, *DJe* 23.05.2012).

Evidentemente, o Conselho de Medicina não está obrigado a firmar Termo de Ajustamento de Conduta sob as bases propostas pelo próprio médico; contudo, não parece razoável, ou, ainda, de acordo com os princípios da isonomia e da imparcialidade, que profissionais médicos em idênticas condições não possam ter acesso a uma proposta de TAC a fim de verem suspensas e, posteriormente, cessadas, as investigações de cunho ético-profissional.

A ausência de critérios objetivos à propositura do TAC atrai o direito subjetivo do médico – ao ser confrontada a hipótese concreta com as exceções proibitivas – de lhe ser possibilitada a avaliação de um ajustamento de conduta, sem que seja submetido ao processo ético.

Ao final da sindicância, o Conselheiro Sindicante deve elaborar o respectivo relatório conclusivo, a respeito do quanto apurado, para que se possa estabelecer a existência de indícios de materialidade e autoria de infração ao Código de Ética Médica.

O relatório em questão, submetido à respectiva Câmara de Sindicâncias, deve obedecer a critérios objetivos determinados pelo art. 16 do CPEP, em especial quanto aos indicados por intermédio do inciso III e do seu § 1º:

> Art. 16. Determinada a instauração de sindicância, a Presidência ou a Corregedoria do CRM nomeará conselheiro para apresentar relatório conclusivo que deverá conter:
>
> [...]
>
> III – indicação da correlação entre os fatos apurados e a eventual infração ao Código de Ética Médica;
>
> [...]
>
> § 1º Na parte conclusiva, o relatório deve apontar os indícios da materialidade e da autoria dos fatos apurados, de modo específico a cada artigo do CEM supostamente infringido.
>
> [...]

Essa é uma questão crucial no que se refere à instauração do processo ético-profissional, que terá sua base acusatória justamente no quanto indicado pelo relatório conclusivo da sindicância, garantindo-se ao médico a ampla defesa, consagrada como garantia fundamental constitucional (art. 5º, LV).

A imputação genérica, sem que haja a respectiva correspondência com o possível artigo infringido do Código de Ética Médica inviabiliza o sagrado direito constitucional, atraindo a inevitável nulidade da Portaria Inaugural, e de tudo quanto se desenvolveu a partir dela.

O processo sancionatório administrativo não admite ilações ou imputações indeterminadas, ainda que os preceitos primário e secundário não estejam inseridos no mesmo Códex normativo; tal característica, diante da tipicidade das condutas éticas devidamente estabelecidas, não permite a acusação genérica, inviável ao pleno exercício da ampla defesa.

Quando diante de uma total ausência de indícios de infração ética, o caminho natural da sindicância é o seu respectivo arquivamento, sujeito a recurso administrativo por parte do denunciante, no prazo de 15 dias corridos, contados a partir da juntada aos autos do respectivo comprovante de intimação.

A respeito da possibilidade de reabertura da sindicância, a melhor exegese indica a atratividade da Súmula n. 524 do Excelso Pretório, segundo a qual "arquivado o inquérito policial, por despacho do juiz, a requerimento do promotor de justiça, não pode a ação penal ser iniciada, sem novas provas".

Assim, uma vez arquivada a sindicância, ela somente poderá ser reaberta a partir de novas provas, além daquelas já analisadas previamente e consubstanciadas no respectivo relatório conclusivo, respeitando-se, em qualquer hipótese, o prazo da prescrição da pretensão punitiva de cinco anos contados da data do conhecimento do fato pelo Conselho de Medicina[5] (art. 116 do CPEP).

A fase de sindicância também pode ser encerrada com a homologação da conciliação ou do Termo de Ajustamento de Conduta, sempre pelo órgão colegiado, e também dá ensejo à instauração de procedimento administrativo para apuração de doença incapacitante ao exercício da medicina, bem como poderá aplicar, em conjunto com a abertura do respectivo processo ético, a interdição cautelar do exercício da medicina, que será tratada oportunamente.

O procedimento informal, característico à sindicância ética, implica a realização de atos processuais de baixa complexidade, tais como a obtenção de cópia dos documentos médicos a respeito do caso e a manifestação escrita das partes; o próprio CPEP, em seu art. 15, § 3º, veda a realização de atos complexos, tais como oitivas de testemunhas e pareceres das Câmaras Técnicas internas dos Conselhos de Medicina.[6]

Encerrando os principais pontos a respeito da sindicância ética médica, cabe destacar que o prazo para sua conclusão, estabelecido no art. 16, § 2º, do CPEP, como sendo de 90 dias, prorrogável por igual período, não implica nulidade, exceto se ultrapassado o prazo prescricional.

Isso porque os prazos impostos ao julgador são denominados "impróprios", cujo conceito fora estabelecido por Nery Junior[7] como um "parâmetro para a prática do ato, sendo que seu desatendimento não acarreta situação detrimentosa para aquele que o descumpriu, mas apenas sanções disciplinares. O ato praticado além do prazo impróprio é válido e eficaz".

---

[5]   A análise quanto às hipóteses de prescrição e suas respectivas causas interruptivas será apresentada adiante.

[6]   As características das Câmaras Técnicas serão mais bem exploradas na fase processual.

[7]   NERY, Rosa Maria Barreto B. Andrade; NERY JUNIOR, Nelson. *Código de Processo Civil comentado e legislação extravagante*. 9. ed. São Paulo: Revista dos Tribunais, 2006.

Assim, ato instrutório praticado em excesso de prazo não implica qualquer forma de nulidade ou invalidade, exceto se, de forma comprovada nos autos, acarretar prejuízo à parte; noutra via, o retardo injustificado na condução da sindicância pode acarretar a respectiva apuração de cunho disciplinar interno a fim de que se verifique quem deu causa a tal paralisação.

IV.c.2. O processo ético

Diante da existência de indícios de materialidade e autoria quanto a eventual infração ética médica, instaura-se o respectivo processo ético-profissional a fim de que, diante dos princípios e garantias decorrentes da ampla defesa e do contraditório, a acusação possa ser firmada ou infirmada quando da sessão de julgamento.

Para a condução do processo ético, diante da sua característica acusatória, é nomeado um Conselheiro Instrutor, devidamente eleito e no pleno exercício de suas atividades, na forma da Lei n. 3.268/1957, para que possa colher os elementos essenciais a subsidiar o respectivo julgamento.

O processo ético-profissional médico inicia-se com a lavratura de um termo de abertura, seguido de duas comunicações processuais: a intimação ao eventual denunciante, informando--lhe da abertura do processo, acompanhada da respectiva notificação, concedendo-lhe prazo para arrolar suas testemunhas; e a citação, momento em que o denunciado é cientificado de que houve a abertura de um processo em seu desfavor, e notificado quanto à concessão de prazo para apresentação de sua defesa prévia, bem como para arrolar as testemunhas.

Tanto para o denunciante quanto para o denunciado, o prazo é de 30 dias para as respectivas manifestações, sendo que, a ambos, é permitido arrolar até três testemunhas para comprovarem suas respectivas alegações, valendo relembrar que os prazos são contados em dias corridos, e a partir da juntada aos autos da comprovação de recebimento da comunicação processual, seja qual for a sua natureza: intimação, citação ou notificação.

Quanto às comunicações processuais, o CPEP indica a preferência pela utilização de aplicativos de mensagens ou correspondência eletrônica, "desde que sejam adotadas medidas para atestar a autenticidade do número telefônico ou do endereço eletrônico, bem como a identidade do destinatário do ato processual, com os dados da ficha cadastral do CRM/CFM ou da denúncia apresentada" (art. 41, § 1º, do CPEP).

Assim, é necessário, para utilização dos meios eletrônicos de comunicação processual no âmbito do processo ético-profissional médico, que haja a confirmação do destinatário da mensagem, de forma inequívoca, sendo essencial que haja o registro de tais dados no processo anteriormente ao envio, a fim de que não haja dúvidas acerca da autenticidade do contato.

Para fins de contagem de prazo, o *dies a quo* é definido a partir da certificação nos autos pelo cartório quanto à devolutiva do destinatário que deverá ocorrer em até três dias contados do envio; após tal prazo, considerar-se-á não recebida, e, portanto, o Conselho deverá recorrer aos tradicionais meios para efetivar a comunicação processual.

Há um ponto relevante a respeito, em especial quanto ao ato citatório, que repousa na obrigatoriedade do médico em manter seu cadastro, principalmente quanto ao local de trabalho, devidamente atualizado nos assentamentos do Conselho (art. 6º do Decreto Federal

n. 44.045/1958),[8] e, nesse aspecto, as comunicações físicas são encaminhadas ao endereço cadastral, possuindo presunção de validade quanto ao recebimento, inclusive por terceiros.

Essa regra encontra guarida no próprio CPEP, a partir da redação contida no art. 41, §§ 5º e 6º:

> Art. 41. [...]
>
> [...]
>
> § 5º Nas clínicas, nos consultórios e nos hospitais será válida a entrega do mandado de citação à secretária ou outro funcionário da recepção ou da portaria responsável pelo recebimento de correspondências.
>
> § 6º Nos condomínios edilícios ou nos loteamentos com controle de acesso, será válida a entrega do mandado de citação a funcionário da portaria responsável pelo recebimento de correspondências.

Em regra, a citação é ato personalíssimo, na medida em que impõe diversos ônus processuais ao citando, principalmente no que se refere ao conhecimento efetivo da acusação a ele formulada, e inicia-se o prazo para a apresentação da respectiva defesa prévia, culminando, quando da respectiva ausência, no reconhecimento do instituto da revelia.

Assim, o recebimento do instrumento citatório por terceiro no âmbito do processo judicial cível, quando a pessoa a ser citada é física, foi considerado nulo pelo Superior Tribunal de Justiça nos autos do Recurso Especial 1.840.466/SP, com fundamentação assim ementada:

> 1. A citação de pessoa física pelo correio se dá com a entrega da carta citatória diretamente ao citando, cuja assinatura deverá constar no respectivo aviso de recebimento, sob pena de nulidade do ato, nos termos do que dispõem os arts. 248, § 1º, e 280 do CPC/2015.
>
> 2. Na hipótese, a carta citatória não foi entregue ao citando, ora recorrente, mas sim à pessoa estranha ao feito, em clara violação aos referidos dispositivos legais.
>
> 3. Vale ressaltar que o fato de a citação postal ter sido enviada ao estabelecimento comercial onde o recorrente exerce suas atividades como sócio administrador não é suficiente para afastar norma processual expressa, sobretudo porque não há como se ter certeza de que o réu tenha efetivamente tomado ciência da ação monitória contra si ajuizada, não se podendo olvidar que o feito correu à sua revelia.
>
> 4. A possibilidade da carta de citação ser recebida por terceira pessoa somente ocorre quando o citando for pessoa jurídica, nos termos do disposto no § 2º do art. 248 do CPC/2015, ou nos casos em que, nos condomínios edilícios ou loteamentos com controle de acesso, a entrega do mandado for feita a funcionário da portaria responsável pelo recebimento da correspondência, conforme estabelece o § 4º do referido dispositivo legal, hipóteses, contudo, que não se subsumem ao presente caso.[9]

---

[8] "Art. 6º Fica o médico obrigado a comunicar ao Conselho Regional de Medicina em que estiver inscrito a instalação do seu consultório ou local de trabalho profissional, assim como qualquer transferência de sede, ainda quando na mesma jurisdição."

[9] STJ, REsp 1.840.466/SP, Terceira Turma, Rel. Min. Marco Aurélio Bellizze, j. 16.06.2020, *DJe* 22.06.2020.

Veja-se que, no campo ético-profissional médico, houve uma mitigação de tal exigência acerca da citação pessoal, presumindo-se sua validade quando recebida no endereço de cadastro, seja ele local de trabalho ou domiciliar, por qualquer pessoa.

Tal mitigação encontra guarida jurisprudencial (*v.g.*, AgInt nos EDcl no REsp n. 1.762.610/MA, Segunda Turma, Rel. Min. Francisco Falcão, sessão virtual de 02.03.2021 a 08.03.2021), na medida em que, quando o endereço é informado pelo próprio interessado nos autos, não lhe cabe alegar nulidade citatória se a correspondência fora a ele encaminhada em tal local, destacando-se a consagrada máxima jurídica *nemo auditur turpitudinem allegans*.[10]

Assim, na medida em que cabe ao médico manter o seu endereço devidamente atualizado nos assentamentos do Conselho de Medicina, há que se concluir que a solução posta pelo CPEP encontra-se válida processual e juridicamente.

Eventualmente, há situações em que o médico pode se apresentar temporariamente ausente, em período, por exemplo, de gozo de férias, recebendo o instrumento citatório quando já ultrapassado o prazo defensivo, gerando-lhe prejuízo.

Nessas hipóteses, parece que a solução, diante da comprovação efetiva quanto a tal impedimento de caráter temporário – e não definitivo, na medida em que, nessa hipótese, deveria ter atualizado seu cadastro –, deve ser a devolução integral do prazo para que a defesa prévia seja apresentada.

Não se pode olvidar que, no âmbito do processo ético-profissional, na qualidade de administrativo, há incidência subsidiária da Lei n. 9.784/1999, que prevê a aplicação do princípio do informalismo (art. 2º, parágrafo único, IX), a partir da adoção de formas simples, a fim de que o administrado possa exercer a chamada "autodefesa".

Aliás, cabe destacar que, no âmbito dos processos administrativos, vige a garantia da autodefesa, não sendo exigível a capacidade postulatória, típica da atividade advocatícia.

Todavia, o CPEP, em seu art. 6º, indica ser uma faculdade da parte "fazer-se representar por advogado", seguindo a mesma linha indicada no âmbito do Decreto Federal n. 44.045/1958 no bojo da redação contida em seu art. 12, § 2º, segundo a qual "a ambas as partes é facultada a representação por advogados militantes".

Tal ponderação faz-se necessária na medida em que, não raro, as partes pretendem nomear procuradores leigos, o que é impedido pela norma processual em vigor, sendo que, na hipótese de representação processual, quando a parte renuncia à prática da autodefesa, deve sê-lo por intermédio de advogado devidamente constituído.

Importante destacar que, diante das características do processo ético-profissional, em especial quanto ao sigilo que abarca tanto a fase de sindicância quanto a processual, e eventuais penas privadas, a procuração deve ser estabelecida com poderes específicos de atuação, e não genéricos, sob pena de o advogado não ter acesso aos autos respectivos.

No âmbito do Conselho Regional de Medicina do Estado de São Paulo, há portaria administrativa específica, interna, de n. 38/2016, que assim determina:

---

[10] "A ninguém é dado beneficiar-se da própria torpeza."

Art. 1º Às partes é permitida a representação processual por advogado, devidamente habilitado perante a Ordem dos Advogados do Brasil, nos autos da Sindicância ou do Processo Ético-Profissional.

§ 1º A representação processual será feita através de procuração com poderes para a atuação na esfera administrativa, com indicação do número da respectiva sindicância ou do processo ético-profissional.

§ 2º A Procuração apresentada em fase de Sindicância deverá ser renovada na fase de processo ético-profissional, caso este seja instaurado.

§ 3º A Procuração deverá ser original e conter, além da identificação da sindicância ou do processo ético-profissional, o número de telefone, endereço eletrônico e não eletrônico, para fins de intimações e notificações processuais.

§ 4º Não serão aceitas Procurações para o "foro em geral", tendo em vista o sigilo processual.

Em que pese tal norma produzir seus efeitos apenas no âmbito do Estado de São Paulo, considera-se prudente que o advogado, representando qualquer das partes envolvidas no processo, denunciante ou denunciado, apresente procuração com poderes específicos para acessar os respectivos autos éticos.

Acerca das informações de contato do patrono, o próprio CPEP de 2022 prevê tal regra como necessária, para que as intimações sejam realizadas de forma eletrônica, bem como nos respectivos endereços, se necessário for (art. 43, § 3º).

A forma de citação do médico denunciado encontra-se disciplinada no art. 41 do CPEP, no qual há uma ordem a ser obedecida, estando em primeiro lugar a utilização de aplicativo de mensagem ou meio eletrônico.

Não sendo possível tal confirmação, a citação deve ser feita por meio físico, inicialmente pelos Correios, passando pelo servidor do CRM, chegando ao Edital, se o médico não for, de fato, localizado.

A indicação de realização por "carta precatória", prevista no art. 41, IV, não parece ser uma técnica adequada citatória, mas uma ferramenta a ser utilizada para que a citação ocorra em outro Estado, no qual o Regional citante não possui jurisdição, e, uma vez em outro Conselho, a sequência deverá ser devidamente obedecida.

A citação por Edital é considerada "ficta", enquanto as demais são as "reais"; todavia, ambas consideram o médico devidamente citado, *dies a quo* para a apresentação de respectiva defesa técnica. Nesse ponto, há que se voltar a atenção ao instituto da revelia.

Enquanto processo administrativo sancionador, não há possibilidade de punição sem que haja a devida defesa técnica por parte do médico ou de algum advogado que o represente nos autos.

Quando, devidamente citado – de forma ficta ou real –, deixa de apresentar as respectivas razões defensivas técnicas, cabe ao Conselheiro Instrutor decretar a revelia, qual seja, quando a parte, devidamente chamada ao processo, não comparece.

Todavia, em razão das características processuais, não se pode lhe aplicar, de forma imediata, qualquer punição, sendo-lhe garantido um defensor dativo, nomeado pelo próprio

Conselho de Medicina, que deverá acompanhar o processo até a interposição do respectivo recurso ao Conselho Federal, se necessário for (arts. 48 a 51 do CPEP).

A atuação do dativo, entretanto, cessa com o comparecimento espontâneo do denunciado, destacando-se que não há impedimento algum para que o próprio médico realize a contratação direta como seu patrono nos autos.

Contudo, vale o destaque quanto à impossibilidade de sobreposição de defesas técnicas por parte do mesmo denunciado; significa dizer que, uma vez apresentada a defesa prévia pelo dativo, não há como substituí-la a partir do comparecimento do médico aos autos, ainda que representado por outro advogado, sendo que ele assume o processo no respectivo estado e fase em que se encontra.

Ato subsequente, são designados os depoimentos pessoais, iniciando-se pelo denunciado, seguindo-se pelas suas testemunhas, quando houver; ato contínuo, são inquiridas as testemunhas do denunciado, sendo este o último a ser ouvido sob a forma de interrogatório, sendo-lhe garantido, inclusive, o direito ao silêncio.

A audiência no processo ético-profissional médico não difere em demasia das realizadas no âmbito do Poder Judiciário, exceto pelo fato de ser presidida por um Conselheiro Médico, em regra não afeto às questões jurídicas que envolvem a tramitação processual.

Esse, inclusive, é um dos motivos pelos quais o Código de Processo Ético-profissional da medicina possui artigos, por vezes, excessivamente explicativos e minuciosos, inclusive na seção específica, a partir do art. 58, em que há uma extensa descrição dos atos instrutórios em audiência.

Fato é que um dos pontos relevantes reside na responsabilidade do Conselheiro Instrutor ao presidir o ato de instrução, com a obrigação de manter a ordem e o decoro, além de registrar em ata, com exatidão, todos os requerimentos apresentados (art. 62 do CPEP).

Os atos processuais no âmbito do processo ético médico estão autorizados a ser realizados por intermédio de tecnologia a distância, em ambiente virtual, desde que ocorram de maneira síncrona, e jamais por gravação e posterior disponibilização.

IV.c.2.1. As provas no processo ético-profissional médico

Há que se dedicar um subtópico específico à produção de provas no processo ético-profissional, na medida em que são diversas as questões sensíveis a respeito do tema.

Ao contrário do quanto previsto no âmbito da fase inicial investigatória, quando da abertura do processo ético-profissional, há incidência direta do preconizado no art. 5º, LV, da Constituição Federal, segundo o qual "aos litigantes, em processo judicial ou administrativo, e aos acusados em geral são assegurados o contraditório e ampla defesa, com os meios e recursos a ela inerentes".

Com a abertura do processo ético, superada a fase de sindicância e detectados indícios de infração, há litígio, e, portanto, o contraditório e a ampla defesa passam a ser protagonistas em termos processuais, na medida em que não se trata de um processo administrativo ordinário, mas com finalidade sancionatória.

Nesse caso, a dilação probatória instaurada para a produção de provas é o momento de maior relevância no âmbito do processo ético-profissional médico.

O CPEP indica que é direito das partes "empregar todos os meios legais para provar a verdade dos fatos e influir eficazmente na convicção dos conselheiros julgadores, devendo justificar a sua pertinência" (art. 52), desde que lícitos (art. 56).

Assim, duas são as questões importantes: a indicação da prova a ser produzida, acompanhada da devida pertinência.

As testemunhas, em número máximo de três, devem ser indicadas e arroladas na defesa prévia, ou, pelo denunciante, quando intimado acerca da abertura do processo ético, com a respectiva qualificação (art. 43 do CPEP).

Todavia, há que se considerar que, no âmbito do processo administrativo sancionatório, vige o princípio doutrinário da busca pela verdade real, o que implica dizer que ao julgador é atribuída a função de buscar os elementos necessários à plena convicção, além daqueles trazidos aos autos pelas partes.

No âmbito da verdade formal, as partes devem produzir as respectivas provas, destinando-as à formação da convicção do julgador a partir delas, enquanto, na verdade real, o julgador, não necessariamente, está limitado a tal produção probatória, cabendo-lhe participar de forma ativa na busca pelo que, de fato, ocorreu.

Faz-se necessária tal consideração a fim de indicarmos que nem sempre a prova a ser produzida, necessária à obtenção de tal verdade, está posta facilmente à disposição das partes, cabendo ao interessado na sua produção requerer ao Conselho de Medicina que a providencie, com a devida justificativa.

No campo testemunhal, principalmente em razão da autodefesa e da manifestação individual da parte denunciante, desassistida juridicamente, não há como obter informações detalhadas para a respectiva qualificação completa, inclusive com endereços eletrônico e residencial completos.

Aliás, tal previsão contida no *caput* do art. 43 do CPEP, a respeito das testemunhas, complementada pela redação do art. 60, *caput*, pode implicar eventual cerceamento de defesa, no que tange à busca plena pela verdade real:

> Art. 43. Na defesa prévia, o denunciado poderá arguir preliminares processuais e alegar tudo o que interesse à sua defesa, oferecer documentos e justificações, especificar as provas pretendidas e indicar até 3 (três) testemunhas, que deverão ser qualificadas com nome, profissão, telefone, endereços eletrônico e residencial completos.
>
> [...]
>
> Art. 60. As partes, após intimação pelo instrutor, são obrigadas a apresentar as testemunhas que indicarem, independentemente da intimação destas, para serem ouvidas nas datas designadas.

A indicação de necessária qualificação completa das testemunhas parece estar em aparente conflito com a obrigatoriedade de apresentação em audiência sob responsabilidade das próprias partes, mais ainda quando em confronto com a redação do art. 78 do mesmo Códex administrativo:

Art. 78. O médico regularmente intimado pelo instrutor, como testemunha ou informante que não comparecer para depor e nem apresentar motivo justo, ficará sujeito às disposições previstas no Código de Ética Médica.

A disposição em comento remete ao art. 17 do Código de Ética Médica, segundo o qual é vedado ao médico "deixar de cumprir, salvo por motivo justo, as normas emanadas dos Conselhos Federal e Regionais de Medicina e de atender às suas requisições administrativas, intimações ou notificações no prazo determinado".

Portanto, não haveria infração ética ante a ausência de comparecimento do médico arrolado pela parte, como testemunha, mas jamais intimado pelo próprio Conselho de Medicina ao respectivo comparecimento, esvaziando parcialmente a norma proibitiva de cunho ético-profissional.

Para solucionar tal questão, há que nos remetermos à aplicação subsidiária do Código de Processo Penal, em especial pela redação contida no art. 396-A, segundo o qual:

Art. 396-A. Na resposta, o acusado poderá arguir preliminares e alegar tudo o que interesse à sua defesa, oferecer documentos e justificações, especificar as provas pretendidas e arrolar testemunhas, qualificando-as e requerendo sua intimação, quando necessário.

O próprio CPEP estabelece tratamento diferenciado às testemunhas da instrução ao indicar que elas serão devidamente intimadas pelo Conselheiro Instrutor ao comparecimento, o que impõe um desequilíbrio processual, na medida em que apenas essas serão oficialmente comunicadas e vinculadas à ordem de comparecimento, com destaque às características *sui generis* dos Conselhos, já abordadas oportunamente e que podem, na hipótese de processo *ex officio*, estabelecer uma quebra da necessária paridade processual.

Nesse ponto é essencial que, quando da apresentação da defesa prévia, as partes indiquem suas testemunhas, as qualifiquem e requeiram ao Conselheiro Instrutor que as intime pessoalmente, nos respectivos endereços declinados, ou, quando médicos, no endereço de cadastro com as devidas cominações de cunho ético-profissional ante eventual não comparecimento, sendo essa a oportunidade para que se formule tal requerimento.

A partir de eventual negativa, desdobra-se uma possível nulidade consubstanciada em afronta ao princípio da ampla defesa, mormente pelo fato de que a parte não detém meios coercitivos para conduzir as testemunhas ao ato processual.

O processo ético-profissional também admite a utilização de provas emprestadas, que assumem o caráter documental nos autos, que é prática ordinária quando há medidas tramitando em outras esferas, em especial cível e criminal.

Contudo, jamais o processo ético poderá ser julgado unicamente com base em provas emprestadas, não produzidas nos respectivos autos, implicando afronta ao princípio do contraditório, na medida em que, conforme disciplina o próprio CPEP, trata-se de uma prova documental apenas (art. 80) e produzida em outro ambiente processual, com características próprias.

Dentro do ambiente conselhal médico, há, ainda, as chamadas "Câmaras Técnicas", órgãos internos consultivos e de eventual apoio em processos éticos, formadas por profissionais qualificados em determinadas áreas de especialização médica.

Assim, em casos de maior complexidade, é permitido ao Conselheiro Instrutor valer-se de tais órgãos internos, na forma exclusiva do art. 57 do CPEP:

> Art. 57. O Instrutor poderá requisitar parecer de Câmara técnica em matéria de complexidade científica, servindo como elemento de esclarecimento, sem caráter pericial ou decisório.
>
> Parágrafo único. Cabe ao Instrutor única e exclusivamente a elaboração dos quesitos às Câmaras técnicas.

Tal indicação é complementada pela redação do art. 15, § 3º, do CPEP, segundo o qual, durante a fase de sindicância, "não serão permitidos outros atos de instrução mais complexos, tais como solicitação de parecer de Câmara Técnica ou oitiva de testemunha".

Assim, duas orientações são importantes a respeito do tema: a primeira referente ao caráter meramente consultivo e não "pericial" no que se relaciona com a atuação das Câmaras Técnicas, enquanto o segundo se destina à sua atuação exclusiva durante a fase processual.

A utilização das Câmaras Técnica em fase de sindicância parece ser, portanto, uma das poucas possibilidades de nulidade naquela fase pré-processual, na medida em que há regra específica no próprio CPEP a respeito.

Noutra via, a sua utilização em fase processual, sem a participação direta das partes na sua produção, impõe uma indevida restrição ao direito sagrado de defesa e contraditório, na medida em que, ao ingressar nos autos sob a forma de parecer técnico, este certamente será considerado quando do efetivo julgamento ético.

Ao médico, mas também ao denunciante, deve ser garantido o direito de se contrapor à produção de tal prova, seja formulando questionamentos, seja por intermédio de manifestação *a posteriori,* de caráter impugnativo, se necessário.

O que não se pode admitir, no âmbito do pleno exercício constitucional da ampla defesa é, justamente, a produção de qualquer elemento de prova suficiente a ser considerado quando da prolação do v. acórdão regional, sem que seja oportunizado às partes o direito de manifestação e contraditório.

Novamente, aplicando-se subsidiariamente o Código de Processo Penal, o Superior Tribunal de Justiça já se manifestou quanto à impossibilidade de juntada de novas provas processuais sem o devido contraditório, a partir de interpretação do art. 616 do mencionado Códex:

> PROCESSO PENAL. ART. 616 DO CPP. INTERPRETAÇÃO. DETERMINAÇÃO DE DILIGÊNCIAS. FACULDADE DO ÓRGÃO JULGADOR. JUNTADA DE DOCUMENTO NOVO. AUSÊNCIA DE MANIFESTAÇÃO DA PARTE CONTRÁRIA. VIOLAÇÃO AOS PRINCÍPIOS DO CONTRADITÓRIO E DA IGUALDADE PROCESSUAL.
>
> 1. O art. 616 do CPP traduz uma faculdade do órgão julgador, diante da análise do conjunto probatório, determinar ou não que o feito seja baixado em diligência.
>
> 2. Em consonância com o princípio da igualdade das partes e do contraditório, sempre que for carreado aos autos documento novo, relevante para a decisão, deve ser concedida à parte contrária, contra ou em face da qual produzida a prova, oportunidade de manifestação a respeito.

3. Recurso especial conhecido (STJ, REsp 256.164/DF, Sexta Turma, Rel. Min. Fernando Gonçalves, j. 19.03.2002, *DJ* 15.04.2002, p. 268).

A redação contida no art. 53 do antigo CPEP (revogada pela Resolução CFM n. 2.145/2016) respaldava o contraditório, ainda que de forma mitigada, ao estabelecer que tal parecer tinha como fundamento apenas prestar esclarecimentos ao conselheiro instrutor, "dando ciência às partes para, se desejarem, apresentar manifestação, no prazo comum de 15 (quinze) dias".

A respeito de estarmos em ambientes altamente tecnológicos, o CPEP permite a utilização, especificamente, de "mídias de áudio" (art. 81), que devem ser apresentadas aos autos com a respectiva degravação; a consideração a esse aspecto diz respeito à ausência de possibilidade quanto à juntada de mídias também com conteúdo visual, em vídeos, sendo que não há possibilidade de tais elementos serem rejeitados nos autos, desde que acompanhados, igualmente, da respectiva degravação.

Além da disciplina probatória apresentada especificamente pelo CPEP, diante do permissivo amplo contido no art. 52, outras provas podem ser realizadas, em especial no campo pericial, desde que demonstrada a devida pertinência.

Dentro do devido processual legal e pertinência processual, é plenamente possível às partes requererem, *v.g.*, perícia grafotécnica quando diante de fundadas suspeitas a respeito de documentos médicos físicos adulterados, ou, ainda, computacional quando diante de documentos eletrônicos.

Contudo, como indicado pelo CPEP e de forma bastante razoável do ponto de vista processual, sua realização dar-se-á a partir do convencimento do Conselheiro Instrutor quanto ao binômio necessidade-adequação, de acordo com as características do processo em andamento.

Finda a coleta de provas, é juntada aos autos a ficha de antecedentes éticos do profissional, bem como concedido prazo sucessivo de 15 dias corridos para a apresentação das alegações finais (arts. 82 e 83 do CPEP), sempre se iniciando pelo denunciante.

Quanto às alegações finais, o CPEP autoriza a devida intimação pessoal em última audiência instrutória – desde que presentes as partes –, que poderão ser orais e reduzidas a termo, ou sob a forma de memoriais escritos (art. 83, § 2º).

IV.c.3. O julgamento ético médico

Encerrada a instrução processual, após a apresentação das alegações finais, o processo ético-profissional deve ser obrigatoriamente direcionado à assessoria jurídica interna do Conselho Regional, cuja função precípua é sanear o feito para que ele possa ser submetido a julgamento, realizando uma etapa considerada como "controle de legalidade" (art. 84 do CPEP); tal etapa processual é cogente, capaz de gerar nulidade acaso não realizada.

O processo ético-profissional médico, ao contrário da sindicância, não pode ser arquivado prematuramente, mesmo diante da desistência do denunciante, devendo seguir até a sessão de julgamento, tendo, como única hipótese excepcional, o óbito do denunciado, quando será imediatamente arquivado (art. 37); na hipótese de passamento do autor da denúncia, este poderá ser substituído por um sucessor, a partir do cônjuge ou companheiro, passando aos pais, filhos ou irmãos, nessa ordem.

A partir do Decreto Federal n. 10.911/2021, que revogou o art. 16 do Decreto Federal n. 44.045/1958, a figura do Conselheiro Revisor foi suprimida do julgamento ético-profissional médico, que conta apenas com o Relator, designado pela Corregedoria do Conselho Regional, responsável único por elaborar o respectivo voto que será levado à sessão de julgamento, esta com intimação antecedente mínima de cinco dias para que as partes possam se preparar (art. 88 do CPEP).

Obrigatoriamente, o Relatório a ser elaborado deverá conter o nome das partes, a síntese dos fatos, da conclusão da sindicância, da defesa prévia e/ou das alegações finais, bem como o registro das ocorrências de maior relevância a respeito do caso (art. 86, § 1º, do CPEP).

Em 2016, o Conselho Federal de Medicina emitiu a Circular n. 289/2016, cujo teor principal fora, justamente, estabelecer a necessidade de ampla fundamentação nos votos elaborados, tendo como parâmetro, inclusive, o art. 489 do Código de Processo Civil, indicativo dos elementos essenciais à sentença judicial.

Nesse aspecto, houve orientação geral aos Regionais para que dispensassem especial atenção quando do julgamento ético, a fim de se evitarem nulidades quanto à ausência de fundamentação específica acerca, principalmente, da materialidade e da autoria, subsumidas aos respectivos fatos. Desta forma indicou a mencionada circular:

> 4. Assim, na linha do que determina a norma constitucional e a norma legal, a decisão no âmbito dos CRMs deve ser fundamentada, de modo que as partes possam saber com clareza os reais motivos da sua conclusão e por que as teses (principais) de defesa ou de acusação não foram aceitas. Ou seja, a fundamentação deve dizer claramente por que está optando pela condenação em detrimento da absolvição pleiteada pela defesa e também por que está aplicando determinada sanção administrativa e não outra dentre as várias previstas em lei.
>
> 5. Enfim, a necessidade de motivar/fundamentar a decisão administrativa é imposta para cumprimento do devido processo legal no âmbito da Administração, que também tem *status* constitucional (art. 5º, LIV – ninguém será privado da liberdade ou de seus bens sem o devido processo legal).

A norma proibitiva de cunho ético-profissional possui uma carga de subjetividade excessiva quando posta frente às penalidades, na medida em que o preceito primário – qual seja, a conduta tipificada – e o preceito secundário – aquele que individualiza a pena – estão distantes do ponto de vista normativo.

Em regra, o julgamento ético médico, que poderá ser realizado de forma presencial ou em ambiente virtual, tem início a partir da leitura da parte expositiva do voto elaborado pelo Relator previamente designado, em que será exposto aos presentes o resumo do caso, na forma preconizada pelo já mencionado art. 86, § 1º, do CPEP, sem, contudo, manifestação alguma quanto ao aspecto da culpabilidade médica.

Entretanto, consoante disciplina estabelecida no art. 89, § 1º, o CPEP determina um julgamento prévio, a respeito de eventuais preliminares de caráter absoluto, quais sejam, aquelas que impedem, efetivamente, a apreciação do *merito causæ*, *v.g.*, ausência de intimação para interrogatório do denunciado, incompetência ou suspeição do julgador, prescrição, quórum para a realização da sessão, vício da Portaria Inaugural e defeito ou vício citatório.

Nesse momento, o Relator nomeado, com a devida apreciação da Assessoria Jurídica do Regional, deve apresentar à mesa a análise de tal preliminar, sendo concedida a palavra às partes para que realizem sustentação oral de, no máximo, cinco minutos, exclusivamente a respeito da matéria a ser posta em julgamento.

Acaso acolhida, encerra-se a sessão com as eventuais providências a serem adotadas ou o respectivo arquivamento do feito; não havendo o acolhimento pelos Conselheiros Julgadores, segue-se à respectiva sessão, com a leitura da parte expositiva, como mencionado alhures.

Encerrada a leitura da parte expositiva, concede-se a palavra às partes para a realização da sustentação oral inicial, no prazo de dez minutos, iniciando-se pelo denunciante, tempo esse que pode ser, inclusive, compartilhado entre a parte diretamente e seu respectivo patrono, seguindo-se dos debates entre os Conselheiros.

Após, é concedida novamente a palavra às partes e a seus patronos pelo período máximo de cinco minutos, quando então haverá o encaminhamento da sessão ao julgamento de mérito.

Antes da apresentação do voto por parte do Conselheiro Relator, é permitido aos Conselheiros presentes à sessão de julgamento o requerimento da conversão do ato em diligência, que deverá ser votado entre os presentes, devolvendo-se o feito à instrução para que a medida indicada seja realizada, com posterior manifestação das partes no prazo de dez dias e retorno para continuidade.

O pedido de vistas pode ser realizado por qualquer Conselheiro presente à sessão de julgamento, sem que haja necessidade de votação, após a apresentação do voto do Relator, cabendo ao vistor apresentar a respectiva manifestação em um prazo de até 30 dias, para que o feito seja repautado.

O voto primário, portanto, é apresentado pelo Conselheiro Relator, na forma do art. 91 do CPEP, assim disciplinado:

> Art. 91. Superada a fase de diligências, o Presidente dará a palavra ao relator para proferir o seu voto, que deverá ser de forma escrita e integral (preliminares, culpabilidade, sanção).
>
> § 1º O voto apresentado deverá conter:
>
> I – preliminares, se houver;
>
> II – mérito: não culpabilidade ou culpabilidade com artigos imputados, com fundamentação adequada;
>
> III – sanção a ser aplicada, se for o caso, com fundamentação adequada para dosimetria, de acordo com o art. 22 da Lei n. 3.268/1957.
>
> § 2º Havendo mais de um denunciado o voto apresentado seguirá a regra do parágrafo anterior, devendo a votação ser feita de forma individualizada por denunciado.
>
> § 3º O acórdão será assinado pelo Conselheiro que proferir o voto vencedor para cada denunciado.

A sistemática de votação adotada pelo CPEP consiste em uma apresentação em bloco, na qual devem constar de forma expressa e em único ato: preliminares relativas, mérito com os respectivos artigos quando for a hipótese de culpabilidade, e, nesse caso, a pena a ser aplicada acompanhada da respectiva fundamentação.

Nesse sentido, cabe esclarecer que as condutas éticas não possuem a imediata correlação com a respectiva pena, sendo aplicável apenas o quanto disposto no art. 22, § 1º, da Lei n. 3.268/1957, que assim disciplina:

> § 1º Salvo os casos de gravidade manifesta que exijam aplicação imediata da penalidade mais grave a imposição das penas obedecerá à gradação deste artigo.

A regra geral legal impõe, quando da realização da respectiva dosimetria, a aplicação gradativa da pena, partindo-se sempre da pena mais leve, em direção à maior restritiva de direitos profissionais.

Entretanto, a própria Lei estabelece a hipótese excepcionante, consubstanciada no termo subjetivo "gravidade manifesta". Essa condição deve estar devidamente demonstrada diante dos fatos apurados nos autos, e não pode ser dissonante às provas colhidas durante a respectiva dilação probatória.

O órgão administrativo, responsável pela aplicação de uma sanção profissional de ordem punitiva, encontra-se vinculado às regras gerais de Direito Público, entre as quais se destacam a motivação e a fundamentação, que, uma vez não observadas, implicam violação direta ao princípio da legalidade. Uma punição ética que não observa nem apresenta os fundamentos excepcionais, é nula, sob a ótica da sua própria lei de regência.

Nesse toar, cabe o destaque quanto ao fato de que não basta ao julgador indicar as razões que o levaram a aplicar a pena mais grave, mas, principalmente os motivos que o fizeram descartar as penas mais leves diante da conduta eticamente reprovável do profissional.

A dosimetria da pena é um dos momentos mais delicados e sensíveis do julgador, quando haverá a devida restrição imposta ao exercício profissional, bem como gerará os efeitos futuros a respeito da reincidência.

Portanto, nesse momento específico do julgamento, cabe ao Conselheiro avaliar o grau de dano eventualmente causado pelo profissional em sua conduta, o potencial lesivo da infração ética, sua primariedade, bem como a conjugação dos artigos que lhe são imputados.

A ausência de fundamentação nesse momento específico, inclusive, pode levar o processo à sua anulação no âmbito judicial, como será demonstrado em subcapítulo específico, adiante.

É permitida aos Conselheiros a apresentação de votos divergentes, que, em alguns momentos, são essenciais à abertura de novas instâncias recursais em razão da ausência de unanimidade.

Tais votos devem ser, à guisa do anteriormente apresentado pelo Conselheiro Relator, também proferidos de forma integral e colhidos nominalmente quando a sessão de julgamento estiver sendo realizada virtualmente ou de forma mista (art. 93, § 3º).

Na sequência, acaso sejam proferidos votos divergentes múltiplos, o CPEP estabelece uma sistemática que inclui nova etapa na sessão de julgamento, iniciando-se pela culpabilidade, sendo que uma vez vencedora a proposta de absolvição, encerra-se a votação; vencendo a culpabilidade, inicia-se a votação pela proposta de pena mais grave.

Questão interessante reside no voto a ser proferido pelo Presidente da sessão de julgamento, considerando que o CPEP adota a teoria do voto de qualidade, na medida em que, sendo-lhe obrigatório proferir voto e resultando em empate, ele é chamado a desempatar a votação final (art. 94).

Ao contrário do comum "voto de minerva", em que há a reserva do último julgador para que realize eventual desempate da sessão, o voto de qualidade permite sejam proferidos dois votos pelo mesmo Conselheiro, *in casu*, o que preside a sessão; tal sistemática fora introduzida no ordenamento jurídico brasileiro pelo Decreto Federal n. 70.235/1972, que dispõe sobre o processo administrativo fiscal, cujo art. 25, § 9º, incluído pela Medida Provisória n. 449/2008 e, posteriormente, alterado pela Lei n. 11.941/2009, assim disciplina:

> § 9º Os cargos de Presidente das Turmas da Câmara Superior de Recursos Fiscais, das câmaras, das suas turmas e das turmas especiais serão ocupados por conselheiros representantes da Fazenda Nacional, que, em caso de empate, terão o voto de qualidade, e os cargos de Vice-Presidente, por representantes dos contribuintes.

O encerramento da sessão de julgamento se dá por intermédio do Presidente, que comunica às partes presentes o voto vencedor; quando o processo ético tramita sem denunciante, sob o formato *ex officio*, sendo a decisão absolutória e estando presente a parte ou seu patrono, restará consignado o trânsito em julgado da decisão no âmbito administrativo, sem que haja necessidade da respectiva intimação para ciência do acórdão.

No âmbito do Conselho Federal de Medicina, quando da atuação na esfera recursal, a sistemática proposta pelo CPEP para a sessão de julgamento é semelhante à realizada pelo Regional (art. 103).

IV.c.4. A interdição cautelar ética

Talvez um dos temas mais instigantes no estudo da responsabilidade ético-profissional concentra-se no âmbito da interdição cautelar, medida extrema e excepcional, que impede o exercício da medicina, de forma total ou parcial, como medida protetiva da sociedade.

Foco de diversos pontos controvertidos, a medida cautelar aplicada pelos Conselhos Regionais vem sendo aprimorada desde a primeira aplicada em face de um médico, em 2002, pelo Conselho Regional de Medicina do Estado de São Paulo, cujo contexto histórico é de extrema relevância para estudo e compreensão da matéria.

A primeira aplicação de uma medida cautelar ética no País envolveu o médico pediatra Eugênio Chipkevitch, acusado de pedofilia contra uma série de meninos, em idade próxima à adolescência.

O caso, nacionalmente conhecido, ocorreu na cidade de São Paulo, e foi divulgado a partir de imagens em vídeo e fotografias que chegaram às autoridades policiais após ampla exibição em programa televisivo.

O Conselho Regional de Medicina do Estado de São Paulo, diante da verossimilhança das condutas nocivas à sociedade, bem como da convicção quanto à autoria a partir do acervo de imagens, reuniu-se, de forma extraordinária, com sua composição colegiada maior, para que alguma medida fosse tomada, sempre com o objetivo maior de proteger a sociedade.

Em 23 de março de 2002, o Conselho de São Paulo decidiu por aplicar uma medida de "suspensão cautelar", com efeitos imediatos, impedindo o renomado profissional, que já havia sido citado, inclusive, em parecer do Conselho Federal de Medicina,[11] de exercer a medicina, além de instaurar um processo administrativo para avaliar eventual doença incapacitante ao exercício da medicina, além do respectivo processo ético-profissional.

Em razão da dúvida existente a respeito da capacidade legal do Conselho para aplicar tal medida, houve o ajuizamento de ação declaratória, cuja petição inicial fora indeferida, na medida em que o Exmo. Magistrado concluiu: "a declaração que o Conselho Autor pretende, ou seja, de eficácia do ato que determinou a suspensão cautelar do exercício da profissão, se mostra totalmente desnecessária, porque tal eficácia é atributo já conferido por lei. Por esse motivo, o poder judiciário não precisa declarar algo que a lei já confere" (Processo JFSP n. 0006323-64.2002.4.03.6100).

A despeito de a Lei n. 3.268/1957 não indicar expressamente tal prerrogativa, o art. 2º possui uma série de poderes implícitos, na medida em que atribui, aos Conselhos de Medicina, o dever de "zelar e trabalhar por todos os meios ao seu alcance, pelo perfeito desempenho ético da medicina e pelo prestígio e bom conceito da profissão e dos que a exerçam legalmente".

Portanto, desde que devidamente alinhados com suas finalidades institucionais e amparados pelos princípios administrativos constitucionais, os atos praticados pelos Conselhos de Medicina não necessitam de descrição expressa na lei, cabendo a interpretação de forma aberta da redação contida no art. 2º, na devida proteção da sociedade.

Com a necessidade de estabelecer um procedimento uniforme para a adoção de tal medida excepcional, o Conselho Federal de Medicina editou a Resolução n. 1.789/2006, já revogada, cujo objetivo principal era permitir aos Regionais "interditar cautelarmente o exercício profissional de médico cuja ação ou omissão, decorrentes de sua profissão, esteja prejudicando gravemente a população, ou na iminência de fazê-lo", ou seja, estabelecer regras que pudessem dar segurança jurídica aos procedimentos de interdição cautelar, bem como garantir a ampla defesa e o contraditório.

A interdição cautelar encontra-se, atualmente, inserida no próprio CPEP, a partir do art. 29, cuja incidência encontra-se devidamente delineada por intermédio da redação contida no art. 30, a saber:

> Art. 30. A interdição cautelar ocorrerá desde que existam nos autos elementos de prova que evidenciem a probabilidade da autoria e da materialidade da prática de procedimento danoso pelo médico, a indicar a verossimilhança da acusação, e haja fundado receio de dano irreparável ou de difícil reparação ao paciente, à população e ao prestígio e bom conceito da profissão, caso ele continue a exercer a medicina.

Tal como ocorre no âmbito da sindicância, trata-se de um poder-dever dos Conselhos de Medicina diante de situações específicas que justifiquem a medida; significa dizer que, quando diante dos elementos indicados no art. 30, não se trata de uma discricionariedade administrativa, sendo imperativa a aplicação da interdição cautelar.

---

[11] CONSELHO FEDERAL DE MEDICINA – CFM. Processo-consulta CFM n. 2.172/1997 – PC/CFM/n. 42/1999. Disponível em: https://sistemas.cfm.org.br/normas/arquivos/pareceres/BR/1999/42_1999.pdf. Acesso em: 19 dez. 2022.

Há que se rememorar que houve uma condenação judicial paradigmática envolvendo o Conselho Regional de Medicina do Estado do Mato Grosso do Sul em que houve a condenação solidária entre o médico cassado e a própria autarquia, a partir de ação movida pelo Ministério Público Federal, considerando que houve uma omissão danosa na demora para que se procedesse à cassação do exercício profissional.

O Tribunal Regional Federal da 3ª Região, por intermédio de sua Quarta Turma, assim decidiu nos autos da Apelação Cível n. 0001674-02.2001.4.03.6000/MS:[12]

> PROCESSUAL CIVIL. AÇÃO CIVIL PÚBLICA. INDENIZAÇÃO. DANOS MATERIAIS, MORAIS E ESTÉTICOS. SENTENÇA CONDENATÓRIA CRIMINAL IRRECORRÍVEL. MPF. INTERESSE DE AGIR. CRM/MS. DEVER DE FISCALIZAR. RESPONSABILIDADE POR OMISSÃO.
>
> I. Ajuizada ação civil pública em desfavor de Alberto Jorge Rondon de Oliveira e do Conselho Regional de Medicina do Estado do Mato Grosso do Sul – CRM/MS, foi proferida sentença extinguindo o feito sem resolução do mérito no tocante ao pedido de condenação do ex-médico no dever de reparar os danos materiais, morais e estéticos causados às suas pacientes, em decorrência de deformidades que lhes foram ocasionadas, considerando o juízo "a quo" ser o MPF carecedor de ação por faltar-lhe interesse de agir, pois as referidas vítimas já estariam acobertadas pelo título executivo resultante da condenação criminal em definitivo do réu.
>
> II. Os feitos criminais que resultaram na condenação do réu Alberto Jorge Rondon de Oliveira a pena de seis anos e oito meses, por lesão corporal dolosa de natureza gravíssima, em continuidade delitiva, beneficiam com o título executivo apenas as suas ex-pacientes que constaram como vítimas nos referidos feitos criminais. Há nos autos, entretanto, informação de existirem centenas de outras ex-pacientes do réu figurando como vítimas em inquéritos policiais e ações penais em curso, as quais não estão acobertadas pelo título executivo, razão pela qual remanesce o interesse de agir do MPF na condenação do ex-médico.
>
> III. Comprovada nos autos a conduta ilícita perpetrada por Alberto Rondon e o nexo causal com os resultados desastrosos obtidos com as cirurgias realizadas em suas ex-pacientes, condeno Alberto Jorge Rondon de Oliveira a indenizar todas as suas ex-pacientes, pelos danos materiais, morais e estéticos causados, devendo as interessadas habilitarem-se em sede de liquidação de sentença por artigos, a fim de demonstrar os danos sofridos.
>
> IV. Nos termos do art. 15, alínea c, da Lei n. 3.268/1957, é dever do Conselho Regional de Medicina fiscalizar a atuação dos médicos com exercício na respectiva região.
>
> V. Consta dos autos ter o CRM/MS sido notificado, pela primeira vez, acerca das imperícias médicas de Alberto Rondon no ano de 1992. A despeito disso, o Conselho apenas decidiu pela cassação do diploma e registro profissional do então médico em 17 de fevereiro de 2001, decisão essa confirmada pelo Conselho Federal de Medicina em 11 de abril do ano seguinte. Da atuação tardia do CRM/MS – quase uma década após ter sido primeiramente notificado – decorreu diretamente a causação do dano em inúmeras vítimas, atendidas por Alberto Rondon, nesse ínterim. Concorrendo o

---

12   Referida decisão fora confirmada pelo Superior Tribunal de Justiça e pelo Supremo Tribunal Federal.

CRM/MS com a pessoa responsável para o resultado danoso (seja por negligência ou por omissão administrativa), haverá a solidariedade, pois agiu o Conselho com culpa *in omittendo* ou *in vigilando*. Mantida a condenação do CRM/MS a solidariamente indenizar os danos materiais, morais e estéticos causados às ex-pacientes de Alberto Rondon em montante a ser apurado em liquidação de sentença.

VI. Não são devidos honorários ao Ministério Público, quando vencedor na ação civil pública. Precedentes do STJ.

VII. Não conheço do agravo, convertido em retido, interposto por Alberto Jorge Rondon de Oliveira, contra a decisão do juízo "a quo" que ratificou todos os atos praticados perante a Justiça Estadual, por ausência de reiteração; nego provimento ao agravo retido interposto por Alberto Rondon contra a decisão que indeferiu a oitiva do perito em juízo; dou parcial provimento à apelação do MPF, para condenar o réu Alberto Rondon a indenizar as suas ex-pacientes pelos danos materiais, morais e estéticos causados, em montante a ser apurado em liquidação de sentença e nego provimento às apelações de Alberto Jorge Rondon de Oliveira e do Conselho Regional de Medicina – CRM/MS.

Levando-se em consideração a redação contida na Lei n. 3.268/1957, à luz das atribuições específicas dos Conselhos de Medicina, o Tribunal compreendeu que houve uma omissão danosa, na medida em que teria sido inicialmente notificado do primeiro caso a respeito do médico, em 1992, aplicando-lhe a pena de cassação do exercício profissional apenas em 17 de fevereiro de 2001.

A decisão em questão ilustra de forma bastante clara o poder-dever que recai sobre os Conselhos de Medicina ao, diante de uma situação justificadora à sua atuação de defesa da sociedade, por meio da fiscalização ético-profissional, agir de forma eficiente, no limite imposto pela lei.

A omissão danosa dos Conselhos é passível, portanto, de responsabilização de forma solidária, e tal conclusão, por óbvio, aplica-se ao procedimento de interdição cautelar.

Os primeiros requisitos, portanto, a serem observados para que se aplique a interdição cautelar do exercício profissional médico consistem na verificação quanto à materialidade da prática de possível atuação danosa, seja a um paciente específico, seja à coletividade, além da identificação quanto à autoria.

São critérios subjetivos, que precisam ser devidamente subsumidos à hipótese concreta para que se torne imprescindível a aplicação da medida cautelar.

Outro requisito essencial é a imediatidade. O art. 30, em seu § 2º, determina que, além da necessária fundamentação detalhada, há um prazo de até seis meses, contados do conhecimento dos fatos, para que ela seja aplicada; após esse prazo, somente se surgirem elementos novos que justifiquem a devida aplicação.

Tal garantia impõe ao Conselho Regional uma atuação eficaz e diligente, no sentido de proteger a sociedade no momento oportuno, na medida em que nada justifica um procedimento de interdição cuja natureza é precária, em caráter cautelar, mais de seis meses após os fatos.

Entre as características principais da interdição cautelar está o duplo grau obrigatório, sob a forma de reexame necessário.

O § 3º do já citado art. 30 do CPEP indica a existência do que a doutrina denomina "ato administrativo complexo" ao disciplinar que "a decisão de interdição cautelar pelo CRM somente poderá ser efetivada após ser referendada pelo Conselho Federal de Medicina".

Assim, a decisão proferida pelo Regional precisa ser avalizada pelo órgão hierarquicamente superior para, só então, produzir os seus respectivos efeitos no mundo jurídico e, principalmente, o impeditivo ao exercício profissional médico.

O ato de interdição cautelar não se confunde com uma penalidade antecipada, em razão de sua própria natureza jurídica antecipatória, cujo objetivo é proteger a sociedade. Preventivamente, pode ser aplicada de forma precedente à instauração do processo ético, ou, ainda, de maneira incidental, quando surgirem fatos graves no curso da tramitação processual.

As penalidades éticas encontram-se previstas no art. 22 da Lei n. 3.268/1957, como já indicado no momento oportuno, sendo que a cautelar, como também esclarecido, decorre de uma espécie de poder geral de cautela implícito na própria lei de regência.

Sua aplicação, portanto, é legítima à luz da soberania do interesse público sobre o particular.

Entretanto, há uma situação bastante contestável do ponto de vista da compatibilização entre a medida cautelar e as próprias penas previstas na Lei.

Uma vez decretada a interdição de natureza cautelar ética médica, há que se instaurar imediatamente o respectivo processo ético-profissional, vinculado a um prazo máximo de seis meses, prorrogável por igual período (art. 35, *caput* e § 1º, do CPEP).

No campo penal, aplicável subsidiariamente ao processo administrativo sancionatório, há o instituto da detração penal que, de forma bastante sintetizada, acarreta o respectivo desconto da pena privativa de liberdade quanto ao período que o condenado já cumpriu sob outras formas de prisão, dentre as quais, a preventiva e a cautelar.

Veja-se que, no campo ético, um médico interditado cautelarmente pelo prazo máximo previsto na norma terá, contra si, uma imposição proibitiva quanto ao exercício da medicina por 12 meses; confrontada a medida cautelar com as penas administrativas, apenas duas impõem um impedimento concreto à práxis médica: suspensão do exercício profissional por até 30 dias e cassação do exercício profissional *ad referendum* do Conselho Federal (art. 22, *d* e *e*, da Lei n. 3.268/1957).

Assim, quando não há aplicação da medida sancionatória máxima, a medida cautelar sempre irá ultrapassar as demais penalidades impostas pela Lei, o que leva a um paradoxo de difícil concepção.

Parece-nos que, nos casos de medidas cautelares, estas não deveriam ultrapassar os limites da pena máxima, antes da cassação, impondo um necessário afastamento pelo limite máximo de 30 dias, a ser, inclusive, computado na pena final.

Noutra ponta, não há paralelo no campo repressivo estatal à pena de cassação do exercício profissional, dada a sua característica perpetuante e inconstitucional, o que implicaria outro antagonismo de solução extraordinariamente complexa.

De fato, não se pode impor um contraditório diminuto, retirando eventuais direitos constitucionalmente assegurados ao acusado; noutra via, uma medida cautelar que ultrapasse a pena máxima suspensiva do exercício profissional não encontra tutela na legislação subsidiária.

A conciliação entre tais institutos, a despeito da necessária modificação legislativa ordinária quanto à lei de regência dos Conselhos de Medicina, deve passar por medidas acautelatórias menos gravosas ao médico, principalmente no que tange a interdições parciais, que abarquem apenas a situação de risco.

Interdições cautelares de caráter total não devem incidir sobre, *v.g.*, questões relacionadas a publicidade médica, devendo ser reservadas a situações absolutamente incompatíveis com o exercício profissional, com destaque para situações de violação de ordem sexual a partir da relação médico-paciente ou graves atos médicos praticados em série.

Situações procedimentais em que se questionam determinada técnica utilizada e os resultados com indícios de má prática não deveriam impedir o exercício total da medicina, mas apenas quanto àquilo que, de fato, vem potencialmente prejudicando pacientes, permitindo-se, exemplificativamente, atividades clínicas.

Fato é que o prazo de seis meses, prorrogável por igual período, impõe ao profissional ônus excessivo do ponto de vista da legalidade, na medida em que as próprias espécies de prisão cautelar possuem prazos específicos máximos, a serem computados, inclusive, quando da aplicação da pena final.

Em que pese a regulamentação da medida encontrar-se abarcada pela competência normativa do Conselho Federal de Medicina, como já indicado, a aplicação de interdição cautelar superior à pena máxima suspensiva de 30 dias parece ultrapassar os limites da legalidade, ainda que advinda de engelhada norma em vigor desde 1957.

Importante medida imposta pelo CPEP indica a necessária oitiva prévia do médico na iminência de ser interditado, no prazo de 72 horas, estabelecendo um contraditório mitigado, mas essencial para conceder validade à interdição cautelar, inclusive com direito à sustentação oral por dez minutos (art. 29, § 3º, do CPEP).

Por fim, sempre que aplicada a interdição cautelar, além do reexame necessário, *ex officio,* é garantido ao médico interditado interpor o respectivo recurso ao Conselho Federal de Medicina no prazo de cinco dias corridos, a contar da própria sessão, acaso esteja presente, ou da juntada do comprovante de intimação aos autos.

A interdição cautelar foi de extrema valia em diversos momentos da história recente dos Conselhos de Medicina, *v.g.*, casos *Roger Abdelmassih* e *Farah Jorge Farah*, de grande repercussão nacional, mas também frente a alguns desprovidos da mesma cobertura midiática; todavia, o instituto não pode ter a sua finalidade desvirtuada como forma de resposta punitiva rápida à sociedade, pois esta não é, definitivamente, a sua natureza jurídica.

IV.c.5. Doença incapacitante ao exercício da medicina

Entre as prerrogativas implícitas concedidas aos Conselhos de Medicina, a partir da Lei n. 3.268/1957, encontra-se a defesa da sociedade e do próprio médico diante de situações específicas, em que destacamos a avaliação quanto às condições de saúde do profissional à práxis médica.

Cabe ao Conselho zelar pelo perfeito desempenho ético da medicina, mas, por vezes, condições de saúde impedem o profissional de atuar de forma plena, sendo necessária a atuação fiscalizatória nesse sentido, que, contudo, não possui caráter punitivo.

Dentro de um paralelismo com o Direito Penal, como já apontado oportunamente, a aplicação de uma medida restritiva ao exercício profissional a partir de uma doença incapacitante assemelhar-se-ia à medida de segurança prevista no Estatuto Repressivo (título VI do Código Penal).

Na hipótese dos Conselhos, entretanto, a instauração de um procedimento administrativo para apurar eventual doença incapacitante ao exercício da medicina, denominado de PA, pode ocorrer independentemente da existência de uma possível infração ético-profissional, como forma preventiva e protetiva da sociedade.

V.g., um exímio cirurgião que começa a demonstrar sinais de estar acometido pelo mal de Parkinson, independentemente de ter praticado alguma infração ética, pode e deve ser acompanhado pelo Conselho de Medicina para que haja a respectiva adoção das medidas necessárias restritivas ao exercício profissional, se necessário for.

Noutra via, um médico com sinais de drogadição, representado em face de uma possível má prática profissional, pode ter, contra si, a instauração de um processo ético-profissional de forma concomitante a um PA, além da possibilidade de aplicação da interdição cautelar se acaso estiver colocando em risco a sociedade, com as observações e ressalvas já mencionadas anteriormente.

A avaliação do médico quanto à possível doença incapacitante ao exercício da medicina tem início com a Resolução do Conselho Federal de Medicina n. 727, de 1976, cujo objetivo precípuo era regulamentar o então art. 81 do Código de Ética Médica de 1965 que assim previa: "O médico que sofra de moléstia mental não pode exercer a profissão".

Portanto, o desígnio primário do Conselho Federal, a respeito das doenças incapacitantes, era restringir o exercício profissional, a partir do que se denominava, à época, de "moléstia mental", por intermédio de um procedimento sumário, que pudesse, minimamente, garantir o direito de defesa do então avaliado.

O artigo deontológico em questão foi suprimido nos códigos posteriores, sendo mais bem redigido em 1988, no seguinte sentido: "Art. 141. O médico portador de doença incapacitante para o exercício da Medicina, apurada pelo Conselho Regional de Medicina em procedimento administrativo com perícia médica, terá seu registro suspenso enquanto perdurar sua incapacidade".

A partir de então, houve plena modificação dos termos da Resolução CFM n. 727/1976, revogada pela de n. 1.291/1989, que passou a sofrer atualizações, estando o procedimento administrativo para avaliação de doença incapacitante ao exercício da medicina regulamentado por intermédio da Resolução n. 2.164/2017.

Quando ocorre a instauração de um PA, de forma concomitante a uma possível infração de cunho ético-profissional, o CPEP possui previsões específicas, dentre as quais cabem os seguintes destaques:

> Art. 20. O procedimento administrativo para apurar doença incapacitante tramitará em autos próprios, com a suspensão do PEP por até 90 (noventa) dias, prorrogável, por uma única vez, por igual período, apenas nos casos em que o Instrutor do PEP entenda que a condição de saúde do médico periciando impede o regular andamento dos atos processuais.
>
> [...]

> Art. 37. [...]
>
> [...]
>
> § 4º O procedimento administrativo, para apurar doença incapacitante, observará resolução específica. Quando também estiver sendo apurada infração ética, sua conclusão deverá ocorrer antes do julgamento do PEP, na forma do art. 20 deste CPEP.

Constata-se, portanto, que o procedimento que visa a apurar doença incapacitante ao exercício profissional adquire um caráter absolutamente incidental à investigação ético--comportamental e, portanto, sancionatória, na medida em que suspende o processo ético--profissional por até 180 dias, sendo obrigatória a sua conclusão antes do julgamento vinculado ao procedimento punitivo.

Nesse momento há similitude com a medida de segurança penal, posto que, uma vez decretada, no âmbito do procedimento administrativo, a incapacidade cognitiva, compreensiva do médico acerca do delito ético pelo qual está sendo investigado, não há como aplicar-lhe as penas previstas na Lei n. 3.268/1957, mas as providências estabelecidas na Resolução n. 2.164/2017.

Aliás, a própria resolução específica do procedimento administrativo dispõe, em seu art. 6º, parágrafo único, que: "Na hipótese de haver PEP instaurado em face do médico periciando e que esteja suspenso, na forma do § 6º do art. 17 e do § 4º do art. 33 do CPEP (Resolução CFM n. 2.145/2016), poderá ter o seu processamento retomado após parecer favorável da assessoria jurídica".

Em que pese a Resolução CFM n. 2.145/2016 encontrar-se revogada, é importante destacar que o prosseguimento do PEP somente poderá ser retomado após a realização de parecer favorável da assessoria jurídica do Regional, garantindo a legalidade do procedimento.

Uma vez instaurado o procedimento administrativo, PA, há que se garantir um contraditório mínimo, mesmo não sendo um processo sancionatório, punitivo, para que o profissional periciando – esta é a sua denominação como parte – possa manifestar-se previamente a qualquer forma de deliberação conselhal.

Assim, o periciando é citado e, no mesmo ato, intimado a se manifestar sobre o *meritum causæ* em um prazo de dez dias corridos, sendo-lhe permitido anexar qualquer documento referente ao que estiver sendo apurado.

A instauração do PA pode se dar por intermédio de denúncia formalizada por qualquer cidadão que tenha suspeita a respeito de eventual doença comprometedora ao exercício da medicina, autoridade ou *ex officio*.

Entretanto, mesmo que haja um denunciante formal nos autos, o PA sempre correrá sob sigilo e conduzido pelo próprio Conselho, sem a presença do queixoso, em razão da sua natureza jurídica não sancionatória.

Acaso o periciando não apresente a sua manifestação e ocorra o instituto da revelia, ser-lhe-á garantido um defensor, advogado, para que o faça, acompanhando o procedimento até a respectiva conclusão, principalmente para que haja um efetivo controle de legalidade.

Detalhe importante a respeito da normativa refere-se à suspeita de eventual patologia de natureza mental, o que implica o chamamento de algum representante legal para que exerça a função de curador no âmbito do procedimento administrativo (art. 2º, § 4º, da Resolução n. 2.164/2017).

O principal ato do PA é a perícia médica, a ser realizada por intermédio de junta designada pelo Presidente do Conselho Regional, garantindo-se ao médico periciando o direito de apresentar quesitos e indicar assistente técnico, no prazo de dez dias corridos; ao Conselheiro Instrutor, cabe formular os respectivos quesitos necessários à elucidação do caso.

A Resolução não aponta qual seria a composição mínima de membros para a formação da junta médico-pericial responsável pela avaliação do periciando, para fins de cumprimento dos desígnios da norma, atraindo o conceito definido pelo próprio Conselho Federal de Medicina por intermédio do Parecer n. 15/1995:[13]

> Por junta médica, *latu sensu*, entende-se 2 ou mais médicos encarregados de avaliar condições de saúde, diagnóstico, prognóstico, terapêutica, etc., que pode ser solicitada pelo paciente ou familiares, ou mesmo proposta pelo médico assistente. Quando com finalidade específica, administrativa, tem a missão de avaliar condições laborativas ou não e assim fundamentar decisões de admissão, retorno ao trabalho, afastamento para tratamento ou aposentadoria.

Nesse sentido, para fins de cumprimento da obrigação contida na resolução administrativa acerca da nomeação de junta médico-pericial, basta sejam indicados dois peritos para a realização do ato, a partir de ato do Presidente do Regional que, sem qualquer prejuízo, pode ser regimentalmente atribuído ao Conselheiro Corregedor a quem, invariavelmente, compete fiscalizar e acompanhar o andamento de tais feitos.

A perícia médica deve seguir alguns parâmetros mínimos firmados no Anexo I da mencionada Resolução, definido como o "roteiro básico do relatório pericial", extraído a partir do art. 58 da Resolução n. 2.056/2013 do Conselho Federal de Medicina; acaso não seja possível a realização de perícia direta no periciando, seja qual for o motivo, essa deverá ser realizada indiretamente, a partir dos elementos existentes nos autos.

Posteriormente à realização da perícia, em qualquer das suas modalidades, o Conselheiro Instrutor deverá designar audiência para depoimento pessoal do médico, sendo tal ato dispensável quando, de forma motivada, ele for inviável, *v.g.*, periciando em estado vegetativo persistente ou alguma patologia que lhe tenha afetado, profundamente, a capacidade cognitiva.

Encerrada a instrução, é concedido prazo de 30 dias corridos para alegações finais, sucedido pelo relatório conclusivo a ser elaborado pelo Conselheiro Instrutor e levado à sessão plenária para avaliação.

Importante destacar que, mesmo não sendo um procedimento administrativo punitivo, trata-se de ato administrativo eventualmente restritivo ao exercício profissional e, tal-qualmente, deve ser devidamente fundamentado e motivado, em especial diante das conclusões advindas do laudo pericial.

---

[13] CONSELHO FEDERAL DE MEDICINA – CFM. Processo-Consulta CFM n. 4.362/1994 – PC/CFM/n. 15/1995. Disponível em: https://sistemas.cfm.org.br/normas/visualizar/pareceres/BR/1995/15.

A Resolução tem o cuidado de não indicar a realização de um julgamento, mas de uma sessão deliberativa (art. 4º, parágrafo único, da Resolução n. 2.164/2017), destacando que não se trata de um julgamento, ante a ausência de caráter sancionatório, cujas possibilidades finais são (art. 5º da citada Resolução):

I – Suspensão do procedimento administrativo;

II – Arquivamento;

III – Suspensão parcial temporária do exercício da medicina;

IV – Suspensão parcial permanente do exercício da medicina;

V – Suspensão total temporária do exercício da medicina;

VI – Suspensão total permanente do exercício da medicina.

A primeira hipótese implica uma solução administrativa inconclusiva, quando não estão presentes elementos necessários à restrição para a práxis profissional, demandando, entretanto, um controle do Conselho a respeito da condição clínica do periciando; quando ocorre tal deliberação, é comum que haja imposição quanto à realização de exames periódicos para acompanhamento, *v.g.*, em casos de drogadição, sendo que a *suspensionis* não pode ultrapassar o prazo de dois anos ininterruptos, quando então o PA será submetido à apreciação final, sem que possa ser novamente suspenso.

O arquivamento decorre da inexistência de qualquer condição patológica que impeça minimamente o exercício da medicina, tampouco demande uma suspensão e avaliações periódicas; todavia, o PA, justamente ante a ausência de características punitivas, não está sujeito à prescrição, e, surgindo novos elementos, fatos ou circunstâncias a respeito da patologia inicialmente investigada, poderá ser reaberto.

Quanto às medidas restritivas, há duas espécies: a suspensão permanente e a temporária do exercício da medicina, sendo que, dentro de cada uma delas, há duas subespécies: total e parcial.

A suspensão permanente decorre de patologia irreversível, ao menos ao tempo da avaliação e perícia, que impõe ao médico uma restrição com caráter definitivo, mas que pode ser total ou parcial.

V.g., a hipótese já mencionada, de profissional cirurgião diagnosticado com mal de Parkinson. Em sua fase inicial da patologia, com controle medicamentoso, pode-se pensar em uma suspensão do PA, com avaliações periódicas e demonstrações de aptidão prática para que haja a manutenção do exercício integral da medicina.

Com o avanço do distúrbio de ordem neurológica, pode ser imposta uma suspensão permanente parcial ao exercício da medicina, mantendo-lhe ativa a prática clínica, mas restringindo-o quanto a procedimentos cirúrgicos.

Por fim, uma vez que a patologia se instala de maneira incontrolável, impedindo-o inclusive de praticar a clínica médica, eventualmente, é cabível a aplicação da suspensão permanente e total restritiva ao exercício da medicina.

Evidentemente, qualquer melhora em seu quadro clínico pode ser alvo de reabertura do procedimento administrativo, a qualquer tempo, para requerer seja revista a aplicação da medida restritiva, sob nova avaliação da junta médico-pericial, possibilitando-lhe reabilitar-se quanto ao seu exercício profissional.

Noutra senda, há situações pontuais, caracterizadas pela perda temporária do exercício profissional, que também pode ocorrer de forma total ou, ainda, parcial, *v.g.*, a hipótese de um médico que apresente alto nível de comprometimento de suas faculdades mentais, em razão do alto consumo de drogas, tanto lícitas quanto ilícitas, em que, a partir do laudo pericial elaborado nos autos, constata-se como necessário um total afastamento do exercício da medicina, até que haja mínima recuperação comprovada.

Nessa hipótese, o Conselho Regional imporá ao médico periciando a suspensão temporária do seu exercício da medicina, de forma total, até que determinadas condições compulsórias estabelecidas sejam cumpridas, quando poderá ser reavaliado, recuperando seu direito ao exercício da medicina, eventualmente, de forma temporária parcial até que os requisitos integrais sejam cumpridos para a recuperação total de sua prática médica.

O ponto de distinção entre as duas modalidades de suspensão, temporária ou permanente, bem como sua extensão, total ou parcial, será determinado justamente pelas características da patologia apontada, essencialmente, pelo laudo pericial, à luz de sua reversibilidade diante dos tratamentos disponíveis no momento da realização da avaliação.

Da decisão proferida pelo Regional é cabível recurso a uma das Câmaras do Conselho Federal de Medicina, no prazo de 15 dias corridos, sempre contados da data da juntada aos autos do comprovante de intimação e sem efeito suspensivo, exceto quando aplicada a medida restritiva de suspensão total permanente do exercício da medicina, quando será direcionado ao Pleno do Federal.

IV.c.6. Recursos administrativos e execução das penas

Além dos recursos administrativos já tratados, em caráter excepcional, tais como quando do arquivamento da sindicância, da efetivação da interdição cautelar, ou, ainda, da decretação de medida restritiva ao exercício profissional em razão de doença incapacitante ao exercício da medicina, os resultados dos julgamentos decorrentes dos processos ético-profissionais realizados pelos Conselhos Regionais, tanto pela culpabilização quanto pela absolvição, são passíveis de reanálise em âmbito recursal.

A possibilidade de revisão das decisões proferidas, ao menos em dois graus, decorre da garantia constitucional insculpida no art. 5º, LV, segundo o qual "aos litigantes, em processo judicial ou administrativo, e aos acusados em geral são assegurados o contraditório e ampla defesa, com os meios e recursos a ela inerentes".

No âmbito da Lei n. 3.268/1957 há duas hipóteses recursais, sendo a primeira voluntária, prevista no art. 22, § 4º, e a segunda, sob a forma de reexame necessário, nas hipóteses de cassação do exercício profissional, na medida em que o mesmo artigo, mas em sua alínea *e*, prevê tal penalidade como ato administrativo complexo, que demanda o referendo do órgão hierarquicamente superior, qual seja, o Conselho Federal de Medicina.

Quando da regulamentação da lei de regência, por intermédio do Decreto Federal n. 44.045/1958, o art. 19 viabilizou a interposição de recurso por qualquer das partes (alínea *a*), mas trouxe a possibilidade recursal de ofício por parte do próprio Conselho de Medicina (alínea *b*).

Sem embargo, há que se interpretar esse recurso na modalidade *ex officio* à luz da lei de regência, que prevê apenas o referendo do Conselho Federal de Medicina quando diante da sanção máxima; interpretação em outro sentido permitiria uma situação em que o próprio Regional, além de todas as suas características *sui generis*, enquanto acusador, instrutor e julgador, pudesse recorrer de suas próprias decisões.

Quanto ao prazo recursal, a própria Lei Federal estabelece como sendo de 30 dias (art. 22, §§ 4º e 5º), a contar da ciência da decisão a ser proferida a respeito de eventual infração de cunho ético-profissional, sendo esse o limite mínimo para eventual regulamentação posterior por intermédio de norma administrativa.

Assim, o que se verifica é que, a par das exceções recursais envolvendo o arquivamento da sindicância, bem como da interdição cautelar que sequer constam como possibilidades no texto da lei de regência, as demais hipóteses possuem prazo de 30 dias, contados não da ciência efetiva, mas da respectiva certificação nos autos, como regra geral de contagem convencionada pelo CPEP.

Quanto aos órgãos com competência para apreciação dos recursos cabíveis, o estudo do CPEP demanda específica atenção, na medida em que o art. 100 delimita as hipóteses recursais, a partir das penas e eventual condenação. São elas:

> Art. 100. Caberá recurso administrativo, no prazo de 30 (trinta) dias, contados a partir da juntada do comprovante de intimação da decisão nos autos:
>
> I – ao pleno do CRM, de ofício ou voluntário, da decisão proferida por sua Câmara que aplicar a sanção de alínea *e* do art. 22, da Lei n. 3.268/1957;
>
> II – à Câmara do CFM contra a decisão proferida no PEP pelo CRM que absolver ou que aplicar as sanções de alíneas *a*, *b*, *c* ou *d*, do art. 22, da Lei n. 3.268/1957;
>
> III – ao Pleno do CFM da decisão não unânime de uma de suas Câmaras;
>
> IV – ao Pleno do CFM, de ofício ou voluntário, da decisão proferida no pleno do CRM ou na Câmara do CFM, que aplicar a sanção de alínea *e* do art. 22, da Lei n. 3.268/1957.

O curso recursal, portanto, tem início com a primeira decisão proferida pela Câmara do Conselho Regional, e duas são as possibilidades: se for decidido pela absolvição ou condenação em qualquer pena, exceto a cassação, o recurso será à Câmara do Conselho Federal; se, por acaso, for deliberado pela pena de cassação do exercício profissional, caberá recurso ao Pleno do próprio Regional, voluntário ou *ex officio*.

Se, da decisão proferida pelo Pleno do Regional for mantida a cassação do exercício profissional, o recurso será interposto diretamente ao Pleno do Conselho Federal de Medicina; havendo a redução da sanção ou, até mesmo, a reversão do julgado pela absolvição, o órgão competente será a Câmara do Federal.

Uma vez interposto recurso administrativo à Câmara do CFM, nas hipóteses cabíveis, a regra será a mesma, com a inclusão de mais uma hipótese: caso haja decisão por maioria de votos quanto à culpabilidade, no mérito portanto, será admissível a reapreciação recursal também pelo Pleno, desde que, nesse embate não unânime tenha ocorrido o agravamento da sanção inicialmente aplicada.

São critérios muito específicos, próprios e típicos do sistema conselhal médico, o que demanda atenção e cuidado na respectiva interposição dos recursos administrativos, destacando-se que tais regras aplicam-se, tão somente, no âmbito do processo ético-profissional, não sendo cabíveis nas demais situações em que haja decisão proferida pelo Regional, *v.g.*, interdição cautelar e procedimento administrativo para apuração de doença incapacitante ao exercício da medicina, que possuem regramento peculiar.

Considerando a já indicada similitude entre o processo administrativo sancionatório e o Direito Penal, cabe destaque quanto à integral aplicação do princípio *non reformatio in pejus*, insculpido no art. 617 do Código de Processo Penal, segundo o qual, "o tribunal, câmara ou turma atenderá nas suas decisões ao disposto nos arts. 383, 386 e 387, no que for aplicável, não podendo, porém, ser agravada a pena, quando somente o réu houver apelado da sentença".

A parte contrária deverá, ainda, ser intimada para apresentar contrarrazões recursais, no mesmo prazo de 30 dias, sendo que o CPEP é omisso quanto à apresentação de tal peça quando da remessa oficial, nos casos de cassação do exercício profissional.

Nesse caso, não há, de fato, abertura a tal peça processual, na medida em que o órgão remetente não elabora suas razões, mas apenas encaminha os autos à instância superior para que reavalie integralmente o feito, por força tanto do reexame necessário quanto do efeito devolutivo pleno, que recai sobre os processos ético-profissionais médicos.

Uma vez confirmada a decisão, tanto pela instância recursal quanto pela ausência de irresignação das partes, é certificado o trânsito em julgado administrativo e abre-se a fase de execução da eventual sanção a ser aplicada ao profissional, com caráter restritivo profissional.

O art. 104 do CPEP dispõe que "a decisão será executada pelo CRM no prazo de até 90 (noventa) dias, a partir da certificação do trânsito em julgado pelo Regional".

Como já abordado no respectivo tópico IV.c.1 ("A sindicância"), o prazo imposto para execução da pena é considerado impróprio, não sendo possível a imposição de nulidade impeditiva à sua efetivação, sendo aplicável a prescrição da pretensão executória, como será abordado no tópico subsequente.

Segundo a descrição contida no art. 22 da Lei n. 3.268/1957, bem como no art. 17 do Decreto Federal n. 44.045/1958, na hipótese de aplicação das penas de "advertência confidencial" e "censura confidencial", estas deverão ser aplicadas em aviso reservado, o que o CPEP disciplina como sendo a comunicação direta ao profissional, de forma oficial, além do devido registro nos assentamentos do respectivo Conselho Regional.

Todavia, com as ressalvas já postas a respeito da não recepção de tais penas em razão do princípio constitucional da publicidade dos atos administrativos, fato é que elas não podem ser tornadas públicas, sob pena de impor os respectivos ônus a quem der causa à violação do sigilo legal.

Não se compare com o próprio sigilo processual, na medida em que este visa a proteger a própria intimidade da relação entre médico e paciente, tampouco com o sigilo excepcionalmente decretado em determinadas ações cíveis, na medida em que o processo punitivo estatal – tanto o administrativo quanto o judicial – exige a publicização das informações, como regra.

A própria Lei Geral de Proteção de Dados inclui o tratamento de dados para o exercício regular de direitos em processos judiciais e administrativos (arts. 7º, VI, e 11, II, *d*, da Lei n. 13.709/2018).

De toda sorte, o que se impõe, diante da atual normativa, é apenas o registro nos assentamentos do órgão quanto à pena aplicada, sem qualquer divulgação externa, inclusive quando há solicitação de certidão negativa ético-profissional na qual, invariavelmente, consta a informação acerca da inexistência de pena pública transitada em julgado.

Quanto à pena indicada na alínea *c* do art. 22 da Lei n. 3.268/1957, denominada "censura pública em publicação oficial", o CPEP a regulamenta, impondo a sua execução por intermédio de publicação no *Diário Oficial* e no sítio eletrônico do Conselho Regional e do Federal.

Por sua vez, a suspensão do exercício profissional por até 30 dias, além da publicação dos respectivos editais, demanda a comunicação endereçada aos estabelecimentos onde o médico exerce as suas atividades profissionais e à vigilância sanitária – mesmos procedimentos a serem adotados quando há aplicação da pena de cassação do exercício profissional.

A questão controvertida envolvendo a execução das penas no âmbito do CPEP repousa na apreensão da carteira de identidade profissional, bem como da cédula de identidade médica para ambas as penas que impõem restrição efetiva ao exercício profissional – a suspensão e a cassação.

A Lei n. 3.268/1957 é silente quanto a esse aspecto sob a ótica punitiva, contendo apenas uma observação, a respeito da emissão da carteira profissional, em seu art. 18, § 3º, no seguinte sentido: "Quando deixar, temporária ou definitivamente, de exercer atividade profissional, o profissional restituirá a carteira à secretaria do Conselho onde estiver inscrito".

A interpretação desse artigo indica que se trata de uma posição iniciada pelo profissional que decide por se distanciar da profissão espontaneamente, quando lhe caberá informar ao respectivo Conselho ao qual está vinculado, entregando sua carteira profissional médica.

No âmbito do Decreto Federal n. 44.045/1958, o art. 23 trata especificamente da execução das penas, assim delimitando em seu parágrafo único: "No caso de cassação do exercício profissional, além, dos editais e das comunicações endereçadas às autoridades interessadas no assunto, será apreendida a carteira profissional do médico infrator".

Trata-se de consequência natural a ser aplicada ao médico alijado, em caráter definitivo e permanente, do exercício profissional, com as ressalvas já postas no momento oportuno acerca da constitucionalidade de tal sanção, na medida em que, cassado o registro, a devolução do documento é medida acessória necessária, inclusive autorizando a adoção de medida judicial coercitiva para a entrega.

Na hipótese da interdição cautelar total para o exercício da medicina, o CPEP também indica como parte do cumprimento da medida a apreensão da carteira profissional e da cédula de identidade médica.

A decisão a respeito da legalidade da apreensão da carteira passa, portanto, por sua definição quanto à natureza jurídica do ato administrativo; se for sancionatório, apenas a lei pode impor.

Na hipótese da cassação do exercício profissional, a própria lei já assim definiu, ao contrário da suspensão e da interdição cautelar; todavia, a interdição cautelar tem o aspecto acautelatório, sendo pertinente a entrega da respectiva carteira, evitando-se o exercício profissional no seu período de vigência.

No que se refere à suspensão do exercício profissional por até 30 dias, a sua natureza é eminentemente sancionatória, impeditiva por intermédio de ato administrativo, na medida em que majora a pena legalmente prevista, impondo restrição excessiva sob a ótica da legalidade.

O exercício da medicina por intermédio de profissional cassado, suspenso ou interditado implica a respectiva tipificação penal contida no art. 205 do Estatuto Repressivo:

> **Exercício de atividade com infração de decisão administrativa**
>
> Art. 205. Exercer atividade, de que está impedido por decisão administrativa:
>
> Pena – detenção, de três meses a dois anos, ou multa.

Não se trata, portanto, de caracterização do exercício ilegal da medicina, tipificado no art. 282 do Código Penal, posto que o profissional impedido de exercer a profissão, em caráter temporário ou permanente, não deixa de ser médico graduado, apenas foi-lhe retirado o registro (e a autorização), por decisão administrativa.

A autorização legal foi-lhe concedida, mas retirada por ato administrativo próprio, decorrente de processo administrativo de cunho ético-profissional, atraindo a aplicabilidade do art. 205 por, justamente, estar exercendo a atividade em violação à decisão proferida pelo Conselho de Medicina.

Aliás, é um grande desacerto indicar que os Conselhos de Medicina têm os devidos poderes legais para cassar o diploma de um médico, na medida em que tal competência é apenas da Instituição de Ensino Superior emitente e do próprio Ministério da Educação; os órgãos de fiscalização profissional cassam o registro emitido, a autorização ao exercício da atividade.

IV.c.7. A prescrição no processo ético-profissional

A prescrição é a perda do direito de agir, sendo um dos pilares da segurança jurídica e estabilização das relações. No caso do Estado, é caracterizada pela inércia que impede a realização de uma pretensão punitiva ou executória. A lei, portanto, pune o Estado inerte, imobilizando-o frente a determinadas situações.

A Constituição Federal, em seu art. 5º, define como sendo crimes imprescritíveis a prática de racismo e a ação de grupos armados, civis ou militares, contra a ordem constitucional e o Estado Democrático (XLII e XLIV).

No âmbito do processo ético sancionatório, também há o prazo prescricional respectivo a partir do qual o Conselho não mais poderá julgar e condenar o médico ou, eventualmente, aplicar-lhe eventual sanção.

A prescrição da pretensão punitiva, que corresponde ao prazo que o Conselho de Medicina possui para julgar o médico, é de cinco anos, com as devidas causas interruptivas que serão oportunamente desenvolvidas.

Entretanto, o *dies a quo* da prescrição no âmbito do processo profissional ético médico é tema de diversas discussões, porquanto o CPEP indica, em seu art. 116, que "a punibilidade por falta ética sujeita a PEP prescreve em 5 (cinco) anos, contados a partir da data do efetivo conhecimento do fato pelo CRM".

Isso significa que, pela normativa própria processual, o termo inicial do prazo prescricional, qual seja, aquele que o Conselho tem para iniciar e concluir o processo, até seu julgamento final, é a data do conhecimento dos fatos pelo próprio órgão, e não da sua consumação, como é a regra geral repressiva (art. 111, I, do Código Penal).

Entretanto, a Lei Federal n. 6.838/1980, que "dispõe sobre o prazo prescricional para a punibilidade de profissional liberal, por falta sujeita a processo disciplinar, a ser aplicada por órgão competente", em seu art. 1º, decretou:

> Art. 1º A punibilidade de profissional liberal, por falta sujeita a processo disciplinar, através de órgão em que esteja inscrito, prescreve em 5 (cinco) anos, contados da data de verificação do fato respectivo.

O termo "verificar" foi alvo de diversas ações judiciais, na medida em que a melhor exegese, à luz inclusive do texto constitucional, atrairia o *dies a quo* para o momento da ocorrência do delito ético, e não do seu efetivo conhecimento pelo órgão fiscalizador, hipótese essa que encerraria por incluir uma nova categoria de delitos, ainda que administrativos, imprescritíveis.

O Superior Tribunal de Justiça julgou demanda oriunda do Conselho Regional de Medicina do Estado de Pernambuco, nos autos do Recurso Especial n. 1.263.157,[14] que, ao dar provimento em favor do órgão, reverteu acórdão anteriormente proferido pelo Tribunal Regional Federal da 5ª Região, que concedia a ordem no processo originário, arquivando-o pela prescrição, o que denota a intranquilidade do tema. Assim restou ementado o acórdão emanado da Corte Superior:

> ADMINISTRATIVO. TRANCAMENTO DE PROCESSO ÉTICO-DISCIPLINAR. ART. 1º DA LEI N. 6.838/1980. PRESCRIÇÃO DA PRETENSÃO PUNITIVA. NÃO OCORRÊNCIA.
>
> 1. Nos termos do que dispõe o art. 1º da Lei n. 6.838/1980, a competência para o exercício do direito de investigar e punir o profissional liberal é do Conselho Profissional no qual aquele se encontra inscrito, e o início do prazo prescricional se dá pela verificação do fato pelo órgão de classe.
>
> 2. No caso, não ocorreu a extinção da punibilidade prevista no art. 1º da Lei n. 6.838/1980, pois a verificação do fato pelo Conselho Regional de Medicina se deu em 2 de julho de 2001 e a instauração do processo ético-disciplinar ocorreu no referido mês.
>
> 3. Recurso especial provido.

Segundo o voto condutor:

> No que diz respeito ao termo inicial do prazo prescricional, evidencia-se que o comando inserto no art. 1º não estabelece ser a data do fato o parâmetro a ser considerado para a observância do início da prescrição, mas sim a data em que ocorreu a verificação do fato, supostamente, incompatível com a conduta ético-profissional.
>
> A exegese a ser dada sobre a quem considerar apto a verificar o fato deve levar em consideração a competência para o exercício do direito de investigar e punir a falta

---

14   STJ, REsp 1.263.157/PE, Primeira Turma, Rel. Min. Benedito Gonçalves, j. 05.03.2015.

ético-profissional, ou seja, a norma tem por destinatário o Conselho Profissional no qual se encontra inscrito o profissional, razão por que o início do prazo prescricional se dá pela verificação do fato pelo órgão de classe.

Fato é que, por via transversa, a Corte Superior de Justiça encetou no mundo jurídico nova hipótese de imprescritibilidade sancionatória, ainda que no campo administrativo, na medida em que entregou à parte interessada a autoridade para definir quando realizará seu desígnio de representação ética.

A partir desse momento é que se iniciará o prazo de cinco anos para o Conselho processar e julgar o médico; no caso representativo susomencionado, a paciente realizou a respectiva denúncia mais de 11 anos após a ocorrência do fato, como havia sido apontado no acórdão da instância *ad quo*.

Evidentemente, o tema não se encontra abarcado nas instâncias superiores sob a forma impositiva *erga omnes*, o que não afasta a possibilidade de rediscussão da matéria, essencialmente à luz do próprio texto constitucional que restringe as hipóteses sancionatórias imprescritíveis.

Sob a ótica dos Conselhos, a questão se põe pelo aspecto da impossibilidade de reconhecimento ativo de eventuais infrações éticas, decorrentes de relações privadas e sigilosas, não sendo possível a aplicação de uma sanção pela inércia, sem que o órgão possa ter conhecimento efetivo a partir de uma denúncia formal do interessado ou prejudicado pelo profissional médico.

Nesse sentido, a prescrição, enquanto punição legal ao Estado que permanece inerte frente a um delito eventualmente cometido, não pode ser aplicada àquele órgão que não possui elementos suficientes para desvelar situações que são, em sua essência e regra, sigilosas.

Não obstante ser uma tese que chegou a ser acolhida, inclusive, pelo Tribunal Regional Federal da 3ª Região,[15] a efetiva compatibilização com a imprescritibilidade vedada, como regra geral, tanto pela Carta Republicana quanto pelo Estatuto Repressivo, impõe grande dificuldade à sua efetividade.

Em meio a tal debate, não se pode olvidar a existência no mundo normativo da Lei n. 9.873/1999, que "estabelece prazo de prescrição para o exercício de ação punitiva pela Administração Pública Federal, direta e indireta, e dá outras providências", cujas previsões aplicam-se, de forma ampla e genérica, ao exercício da atividade conselhal, na qualidade de ente componente da Administração Pública Federal indireta, enquanto autarquia federal, ainda que com características *sui generis*; e, quanto ao prazo prescricional, o texto normativo assim dispõe em seu art. 1º:

> Art. 1º Prescreve em cinco anos a ação punitiva da Administração Pública Federal, direta e indireta, no exercício do poder de polícia, objetivando apurar infração à legislação em vigor, contados da data da prática do ato ou, no caso de infração permanente ou continuada, do dia em que tiver cessado.

---

15   Mandado de Segurança n. 2004.61.00.007417-8.

Portanto, a ação punitiva administrativa, à semelhança da repressiva penal estatal, possui prazo prescricional fixado em lei, como sendo de cinco anos, mas contados efetivamente a partir da data da prática do ato ou, quando permanente, do dia em que tiver cessado a prática.

Conjugando os textos normativos, em que pese a decisão proferida pelo Superior Tribunal de Justiça susomencionada, a contagem da prescrição a partir da prática do ato parece ser mais adequada à preservação da harmonia entre os princípios legais e constitucionais vigentes, não sendo possível a ampliação das hipóteses de imprescritibilidade infracional por ato administrativo do próprio Conselho Federal de Medicina.

Ponto relevante repousa, ainda, em outra forma de contagem prescricional, prevista na Lei em comento, que pode tanto ampliar quanto reduzir a previsão quinquenal, na medida em que, "quando o fato objeto da ação punitiva da Administração também constituir crime, a prescrição reger-se-á pelo prazo previsto na lei penal" (art. 1º, § 2º).

Tal previsão, que se encontrava inserida no CPEP em 2009 (Resolução CFM n. 1.897) foi excluída nas edições posteriores.

Nessa hipótese, a interpretação deve ser feita à luz do princípio insculpido na Lei de Introdução às Normas de Direito Brasileiro (LINDB), segundo a qual: "A lei nova, que estabeleça disposições gerais ou especiais a par das já existentes, não revoga nem modifica a lei anterior" (art. 2º, § 2º).

Dessarte, a Lei n. 6.838/1980, como regulamentadora da prescrição relacionada ao "profissional liberal, por falta sujeita a processo disciplinar, a ser aplicada por órgão competente", é norma especial quando confrontada com a Lei n. 9.873/1999, esta disciplinadora geral quanto à ação punitiva pela Administração Pública Federal.

Portanto, não vemos como aplicável o instituto da prescrição penal ao processo ético-profissional, na medida em que modula o prazo indicado na norma exclusiva aplicável aos órgãos fiscalizadores profissionais, alterando-a a partir de uma variável externa, qual seja, a correlação com o cometimento de eventual crime.

Ademais, a própria Lei n. 3.268/1957 indica a autonomia entre as esferas, atribuindo exclusivamente aos Conselhos de Medicina a competência para disciplinar e aplicar penalidades aos médicos:

> Art. 21. O poder de disciplinar e aplicar penalidades aos médicos compete exclusivamente ao Conselho Regional, em que estavam inscritos ao tempo do fato punível, ou em que ocorreu, nos termos do art. 18, § 1º.
> Parágrafo único. A jurisdição disciplinar estabelecida neste artigo não derroga a jurisdição comum quando o fato constitua crime punido em lei.

Da conjugação das normas em vigor, não há como se atrair a prescrição penal, com diversas características próprias e específicas, ao processo ético-profissional.

O prazo prescricional, entretanto, não é contado de forma contínua e ininterrupta. À semelhança da esfera processual penal, há as respectivas causas interruptivas que implicam o reinício da sua contagem a cada marco atingido.

O CPEP, por intermédio do art. 117, impõe três marcos interruptivos da prescrição:

> Art. 117. Após o conhecimento efetivo do fato pelo CRM o prazo prescricional será interrompido:
>
> I – pelo conhecimento expresso ou pela citação do denunciado, inclusive por meio de edital;
>
> II – pelo protocolo da defesa prévia;
>
> III – por decisão condenatória recorrível [...]

Novamente, há uma questão legal a ser ponderada quanto às causas interruptivas, à luz das normas em vigor, iniciando-se pela Lei n. 6.838/1980, cuja única causa interruptiva encontra-se assim definida:

> Art 2º O conhecimento expresso ou a notificação feita diretamente ao profissional faltoso interrompe o prazo prescricional de que trata o artigo anterior.
>
> Parágrafo único. O conhecimento expresso ou a notificação de que trata este artigo ensejará defesa escrita ou a termo, a partir de quando recomeçará a fluir novo prazo prescricional.

Apesar de a lei não conter uma redação cognoscível plena, é possível extrair duas causas interruptivas, reproduzidas na norma administrativa, sendo a primeira delas a citação e a segunda a apresentação da defesa prévia; significa dizer que, a cada um desses marcos processuais, inicia-se, novamente, a contagem prescricional quinquenal.

Entretanto, referida Lei não contempla a terceira hipótese interruptiva prevista na regulamentação processual administrativa – decisão condenatória recorrível –, que se localiza, por sua vez, na mencionada Lei n. 9.873/1999 (art. 2º, III).

Vê-se, portanto, que o próprio CPEP adota a interrupção prescricional indicada na Lei que "estabelece prazo de prescrição para o exercício de ação punitiva pela Administração Pública Federal, direta e indireta", adotando, todavia, outra interpretação no que se refere ao *dies a quo* da prescrição da pretensão punitiva.

A norma administrativa, regulamentadora processual, não pode eleger quais aspectos ser-lhe-ão aplicáveis dentro da Lei normatizadora geral, o que significa dizer que, ao absorver a interrupção da contagem prescricional a partir da Lei n. 9.873/1999, não lhe é permitido ignorar o termo inicial indicado pelo mesmo texto normativo, com competência própria para disciplinar a matéria, qual seja, uma lei ordinária.

A prescrição é matéria com reserva específica à lei ordinária, e à lei complementar em matéria tributária, não sendo possível a sua alteração, modificação ou revogação por intermédio de resolução administrativa.

Outro aspecto importante em matéria de prescrição incidente sobre o processo ético-profissional repousa na aplicação da chamada "intercorrente", que fulmina o feito a partir da sua paralisação por determinado período, em uma inércia ocorrida intra-autos posterior ao conhecimento do fato pelo Conselho e respectivo início investigativo. O CPEP disciplina a matéria da seguinte forma:

Art. 118. A sindicância ou PEP paralisado há mais de 3 (três) anos, pendente de despacho ou julgamento, será arquivado de ofício ou por requerimento da parte interessada, sem prejuízo de imputação de responsabilidade a quem deu causa ao excesso do prazo.

Tanto a Lei n. 6.838/1980 quanto a n. 9.873/1999 possuem previsões semelhantes, sendo que o CPEP adota a redação mais próxima da prevista na última, acerca da prescrição intercorrente:

Art. 1º [...].

§ 1º Incide a prescrição no procedimento administrativo paralisado por mais de três anos, pendente de julgamento ou despacho, cujos autos serão arquivados de ofício ou mediante requerimento da parte interessada, sem prejuízo da apuração da responsabilidade funcional decorrente da paralisação, se for o caso.

Por fim, há a chamada "prescrição da pretensão executória", consistente no prazo concedido ao órgão fiscalizador para a execução da pena, após o seu trânsito em julgado administrativo. Nesse aspecto, o CPEP assim disciplina:

Art. 120. A execução da sanção administrativa prescreverá em 5 (cinco) anos, tendo como termo inicial a data do trânsito em julgado da decisão condenatória.

A prescrição que recai sobre a execução das penas em matéria administrativa não encontra disciplina legal própria, exceto na já debatida Lei n. 9.873/1999, específica à matéria processual administrativa tributária, estabelecendo:

Art. 1º-A. Constituído definitivamente o crédito não tributário, após o término regular do processo administrativo, prescreve em 5 (cinco) anos a ação de execução da administração pública federal relativa a crédito decorrente da aplicação de multa por infração à legislação em vigor.

Mas, nesse caso, trata-se de prazo à interposição da respectiva ação executória, e não a autoexecutoriedade administrativa, consistente na aplicação da sanção determinada de forma independente à respectiva validação pelo Poder Judiciário.

No campo penal, a contagem do prazo para a concretização da prescrição da pretensão executória tem início no dia em que transita em julgado a sentença condenatória para a acusação (art. 112, I, do Código Penal), em que pesem discussões judiciais e doutrinárias a respeito da possível atecnia legislativa a respeito do tema; todavia, o prazo para que o Estado seja impedido de execução a sanção, em razão da prescrição, é contado a partir da pena imposta em caráter definitivo.

Ante a ausência de norma específica com competência para legislar a respeito da prescrição da pretensão executória administrativa, há que se concluir pela sua aplicação como inserida no campo da pretensão punitiva, sendo determinante a contagem quinquenal a partir da última causa interruptiva, qual seja, a decisão condenatória recorrível até a efetiva execução da sanção quando, após, não mais poderá sê-lo.

A prescrição em matéria administrativa é um estudo complexo, principalmente em decorrência de legislação ordinária compreensível e específica aos processos ético-profissionais, sob responsabilidade dos Conselhos de Fiscalização.

A exegese a partir de normas esparsas acarreta grande dificuldade compreensiva, levando a possíveis distorções práticas impositivas de excessivos ônus aos administrados, fiscalizados por tais autarquias federais.

Não se pode, entretanto, malograr a observância dos princípios constitucionais aplicáveis a tais entes, enquanto componentes da Administração Pública Federal indireta, em especial os da legalidade e da impessoalidade, quando de sua atividade disciplinadora e punitiva.

A norma regulamentadora processual administrativa própria é essencial ao estabelecimento de regras procedimentais para que haja segurança jurídica na tramitação dos feitos sob a responsabilidade dos Conselhos de Medicina, o que não afasta a necessária observância quanto aos princípios legais e constitucionais a respeito do tema, em especial da prescrição, enquanto regra de segurança jurídica e estabilização das relações, sendo a imprescritibilidade, bem como sua interpretação de forma extensiva, a exceção.

IV.c.8. As nulidades processuais e a judicialização do processo ético-profissional

A jurisprudência pacífica no âmbito dos Tribunais brasileiros indica que, ao Poder Judiciário é vedada a incursão no mérito administrativo, em decorrência da autonomia e independência entre as esferas.

Contudo, considera-se como impassível de revisão judicial, intocável pelo Poder Judiciário, o chamado "núcleo do ato administrativo", formado pelo motivo e pelo objeto do ato, a partir da pretérita discricionariedade.

MOREIRA NETO,[16] aponta que "mérito do ato administrativo, ou mérito administrativo é o conteúdo das considerações discricionárias da Administração quanto à oportunidade e conveniência de praticá-lo, ou seja, é o resultado do exercício da discricionariedade".

O Poder Judiciário não pode, jamais, fazer-se substituir ao Administrador Público, determinando, *v.g.*, qual seria a penalidade ética aplicada ao caso, mas pode invalidá-la diante de determinados elementos relacionados ao controle de legalidade e, eventualmente, de constitucionalidade do ato administrativo.

> O motivo do ato administrativo é pressuposto de fato e de direito, servindo-lhe de fundamento objetivo. Não se confunde, contudo, com a motivação, que é o dever de exposição de motivos, a demonstração de que os pressupostos de fato e de direito existiram no caso concreto (STJ, AREsp n. 1.108.757/PI, Decisão Monocrática, Rel. Min. Napoleão Nunes Maia Filho, *DJe* 03.12.2020).

Os atos administrativos que implicam sanções restritivas ao exercício profissional, inclusive as de ordem meramente formal, a exemplo das que apenas constam no respectivo assentamento dos Conselhos de Medicina com efeitos de dosimetria futura, demandam um

---

[16] MOREIRA NETO, Diogo de Figueiredo. *Curso de direito administrativo*. 14. ed. Rio de Janeiro: Forense, 2006. p. 206.

intenso controle quanto aos seus aspectos legais, que, uma vez não observados, ensejam a revisão por intermédio do controle judicial.

No âmbito do processo administrativo ético-profissional, o primeiro ponto a ser observado quanto ao respectivo controle refere-se às nulidades processuais, matérias que, por sua natureza, implicam impossibilidade de averiguação do mérito administrativo.

No tópico específico, quando do julgamento ético (IV.c.3), foram apresentadas algumas questões que, pela sua natureza, uma vez não observadas, implicam a invalidade do ato administrativo sancionatório, sendo divididas em nulidades absolutas e relativas.

As absolutas são assim consideradas as que decorrem de vícios processuais insanáveis, exceto pela nova realização do ato, e não estão sujeitas ao instituto da preclusão, podendo ser arguidas em qualquer instância e a qualquer momento.

Por sua vez, as relativas são as que impõem observância imediata, sob pena de precluírem no campo administrativo, e não serem mais passíveis de reversão pela própria autoridade.

O CPEP assim trata as nulidades:

> Art. 110. Nenhum ato será declarado nulo, se da nulidade não resultar prejuízo para as partes.
>
> Art. 111. Nenhuma das partes poderá arguir nulidade a que haja dado causa, ou para que tenha concorrido, ou referente à formalidade cuja observância só à parte contrária interesse.
>
> Art. 112. Não será declarada a nulidade de ato processual que não tenha influído na apuração da verdade substancial ou na decisão da causa.
>
> Art. 113. As nulidades serão consideradas sanadas:
>
> I – se não forem arguidas em tempo oportuno;
>
> II – se, praticado por outra forma, o ato atingir suas finalidades;
>
> III – se a parte, ainda que tacitamente, aceitar seus efeitos.
>
> Art. 114. Os atos cuja nulidade não tenha sido sanada na forma do artigo anterior serão renovados ou retificados.
>
> Parágrafo único. Declarada a nulidade de um ato, serão considerados nulos todos os atos dele derivados.
>
> Art. 115. A nulidade dos atos deve ser alegada na primeira oportunidade em que couber à parte se manifestar nos autos, sob pena de preclusão.
>
> Parágrafo único. A nulidade absoluta pode ser alegada a qualquer tempo ou fase do processo.

O primeiro princípio acerca das nulidades processuais, portanto, aplicado ao processo ético-profissional médico é o da ausência de prejuízo, decorrente da doutrina francesa – *pas de nullité sans grief* – segundo o qual, sem que haja uma concreta demonstração quanto ao malefício processual causado pelo ato impugnado, não haverá o seu reconhecimento.

Tal princípio é reconhecido no campo processual repressivo, inclusive, conforme redação contida no art. 563 do Código de Processo Penal, segundo o qual: "Nenhum ato será declarado nulo, se da nulidade não resultar prejuízo para a acusação ou para a defesa" – entendimento reconhecido pelo Excelso Pretório:

> Agravo regimental em *habeas corpus*. Inexistência de nulidade por ausência do defensor do réu no interrogatório realizado em momento anterior à Lei n. 10.792/2003, que alterou a redação do art. 187 do CPP. Necessidade da demonstração de prejuízo concreto para o reconhecimento da nulidade do ato. Princípio do *pas de nullité sans grief*. Art. 563 do Código de Processo Penal. Precedentes. Regimental não provido (STF, HC 194.861/RJ, Rel. Min. Dias Toffoli).

Destaque a respeito das nulidades processuais recai sobre a impossibilidade de invocar questão prejudicial a que a própria parte tenha dado causa – princípio *nemo auditur propriam turpitudinem allegans* – bem como o princípio da instrumentalidade das formas, segundo o qual o ato praticado, mesmo que de forma diversa ao quanto prescrito na norma, uma vez atingindo seu objetivo, será válido, *v.g.*, o ato citatório inválido, que implicaria uma nulidade de caráter absoluto, mas que pode ser suprido pelo comparecimento espontâneo do médico aos autos.

Diante do caráter da preclusão consumativa aplicada aos processos administrativos relacionados às nulidades relativas, em que há a perda efetiva do direito de manifestar-se acerca de um eventual prejuízo, alguns questionamentos de ordem protetiva individual devem ser suscitados.

A nulidade relativa decorre de uma visão individual, privada, em um ambiente de proteção de direitos públicos; assim, cabe à parte, além de argui-la no momento oportuno, demonstrar o efetivo prejuízo causado pela sua não observância.

Segundo os ensinamentos de AURY LOPES JUNIOR:[17]

> A distinção entre normas que tutelam interesse da parte e outras que dizem respeito a interesses públicos tropeça na desconsideração da especificidade do processo penal, em que não há espaço normativo privado. Erroneamente alguns pensam que as normas que tutelam o interesse do réu seriam uma dimensão "privada", para exigir demonstração de prejuízo. A proteção do réu é pública, porque públicos são os direitos e as garantias constitucionais que o tutelam.

Por conseguinte, relativizar nulidades em processos administrativos punitivos, sancionatórios, parece não ser o caminho mais adequado à plena garantia dos princípios da ampla defesa e do contraditório, principalmente quando se impõe uma restrição ao exercício profissional.

Evidentemente, a divisão entre nulidades relativas e absolutas é fundamental para que se possam evitar ações tumultuárias, prejudiciais ao andamento processual; todavia, o campo exemplificativo das nulidades relativas deve ser, obrigatória e excessivamente, restrito, a fim de se evitarem cerceios indevidos à ampla defesa.

---

[17]   LOPES JÚNIOR, Aury. *Direito processual penal*. 14. ed. São Paulo: Saraiva, 2017. p. 940.

Noutro giro, há que se ponderar, ainda, os efeitos da preclusão administrativa no âmbito do efetivo controle jurisdicional dos atos administrativos sob o aspecto da sua legalidade e constitucionalidade.

Evidentemente, uma vez externos ao núcleo meritório do ato impugnado, não produzem efeitos além do processo administrativo, diante do controle de legalidade realizado pelo Poder Judiciário.

Importante destacar que, uma vez sendo autarquias federais, os Conselhos de Medicina estão sujeitos ao regramento constitucional, acerca da competência, estabelecido no art. 109, I, da Constituição Federal, segundo o qual:

> Art. 109. Aos juízes federais compete processar e julgar:
> I – as causas em que a União, entidade autárquica ou empresa pública federal forem interessadas na condição de autoras, rés, assistentes ou oponentes, exceto as de falência, as de acidentes de trabalho e as sujeitas à Justiça Eleitoral e à Justiça do Trabalho [...]

Trata-se de competência absoluta, denominada pela doutrina de *ratione personæ*, ou seja, em razão da pessoa. Uma vez tendo natureza jurídica de Direito Público, sendo uma autarquia federal, assim caracterizada pela Lei n. 3.268/1957, a Constituição Federal indica a competência absoluta da Justiça Federal para julgar e processar as respectivas causas.

Exceção se faz aos funcionários dos Conselhos de Medicina, em que pese serem concursados, mas regidos pela Consolidação das Leis do Trabalho, possuem as respectivas demandas vinculadas à Justiça do Trabalho, conforme previsão contida no art. 114, I, da Constituição Federal:

> Art. 114. Compete à Justiça do Trabalho processar e julgar:
> I – as ações oriundas da relação de trabalho, abrangidos os entes de direito público externo e da administração pública direta e indireta da União, dos Estados, do Distrito Federal e dos Municípios [...]

O vínculo dos empregados públicos dos Conselhos de Medicina, como bem determinado pelo C. Supremo Tribunal Federal no julgamento conjunto realizado no âmbito das ADC 36, ADI 5.367 e ADPF 367, é o celetista, conforme determinado pelo art. 58, § 3º, da Lei 9.649/1998, que prevê que os empregados dos Conselhos de Fiscalização de profissões regulamentadas são regidos pela legislação trabalhista, vedando qualquer forma de transposição, transferência ou deslocamento para o quadro da Administração Pública direta ou indireta.

Sem embargo, no que se refere às ações anulatórias e a mandados de segurança envolvendo decisões proferidas pelos Conselhos de Medicina, a competência absoluta, portanto, improrrogável para a apreciação dos feitos, recai sobre a Justiça Federal, e não sobre a Estadual.

Evidentemente, entre as nulidades relevantes e suficientes à anulação judicial de um processo administrativo ético-profissional, as denominadas "absolutas" assumem especial relevância e destaque, posto que consideradas insanáveis ou insuperáveis, inatingíveis pela preclusão temporal; quanto a essas, não há qualquer discussão: uma vez presentes, contaminam o feito de forma irremediável.

Em razão das suas características, o próprio CPEP, em seu art. 115, parágrafo único, disciplina: "A nulidade absoluta pode ser alegada a qualquer tempo ou fase do processo".

Contudo, não há um rol específico, taxativo, acerca das possibilidades de nulidades absolutas que, invariavelmente, se desenvolvem em torno dos princípios constitucionais da legalidade, ampla defesa e contraditório.

Em que pese o art. 564 do Código Processual Penal estabelecer uma listagem extensa a respeito das nulidades processuais, em que algumas foram alçadas à categoria de "relativas" pelo art. 572 do mesmo Códex, fato é que não se trata de uma relação taxativa, mas exemplificativa, na medida em que, em se tratando de direitos indisponíveis, qualquer situação prejudicial à defesa, mesmo que não indicada expressamente no mencionado artigo, poderá ser invocada e deverá ser apreciada.

Assim também ocorre no âmbito do processo administrativo sancionatório ético--profissional, em que as nulidades devem ser apreciadas à luz dos direitos constitucionais da ampla defesa e do contraditório.

Mesmo que ausente no CPEP regra específica a respeito, por exemplo, da juntada de documentos e suas fases, qualquer documento relevante ao julgamento – e respectiva apreciação do feito – jamais pode ser anexado aos autos sem que a parte contrária possa ter o devido direito de manifestação.

O Código de Processo Civil, em que pese não ser a fonte subsidiária primária do processo ético-profissional, indica em seu art. 437, § 1º:

> § 1º Sempre que uma das partes requerer a juntada de documento aos autos, o juiz ouvirá, a seu respeito, a outra parte, que disporá do prazo de 15 (quinze) dias para adotar qualquer das posturas indicadas no art. 436.

No processo penal, a juntada de documentos é ainda mais ampla e quase irrestrita, segundo a redação contida no art. 231, segundo o qual: "Salvo os casos expressos em lei, as partes poderão apresentar documentos em qualquer fase do processo".

Todavia, é inadmissível a juntada de documentos que sejam relevantes ao julgamento de mérito sem que a parte contrária tenha tido oportunidade de manifestação, conforme já decidido pelo Superior Tribunal de Justiça:

> PROCESSO PENAL. ART. 616 DO CPP. INTERPRETAÇÃO. DETERMINAÇÃO DE DILIGÊNCIAS. FACULDADE DO ÓRGÃO JULGADOR. JUNTADA DE DOCUMENTO NOVO.
>
> AUSÊNCIA DE MANIFESTAÇÃO DA PARTE CONTRÁRIA. VIOLAÇÃO AOS PRINCÍPIOS DO CONTRADITÓRIO E DA IGUALDADE PROCESSUAL.
>
> 1. O art. 616 do CPP traduz uma faculdade do órgão julgador, diante da análise do conjunto probatório, determinar ou não que o feito seja baixado em diligência.
>
> 2. Em consonância com o princípio da igualdade das partes e do contraditório, sempre que for carreado aos autos documento novo, relevante para a decisão, deve ser concedida à parte contrária, contra ou em face da qual produzida a prova, oportunidade de manifestação a respeito.

3. Recurso especial conhecido (STJ, REsp 256.164/DF, Sexta Turma, Rel. Min. Fernando Gonçalves, j. 19.03.2002, *DJ* 15.04.2002, p. 268).

Uma vez sendo realizada a juntada de documento no processo, capaz de influir na decisão proferida, é inadmissível a sua permanência sem que tenha sido submetida ao crivo do contraditório, caracterizando-se como nulidade absoluta.

Outra questão relevante a respeito das nulidades absolutas repousa nos vícios citatórios, que impactam diretamente o direito à defesa técnica, capazes de contaminar todo o regular desenvolvimento do processo após a evidenciação de tal ato incapaz de produzir efeitos válidos no mundo jurídico.

O liame que separa as nulidades absolutas e as relativas é bastante tênue. Um caso de vício citatório, capaz de fulminar por completo determinado procedimento, pode ser sanável pelo comparecimento espontâneo do denunciado aos autos.

Contudo, o seu não comparecimento em razão de uma citação equivocada, considerada como legítima durante a marcha processual, não é capaz de produzir qualquer efeito válido, inclusive interruptivo do prazo prescricional.

Nessa mesma senda encontra-se a nulidade da Portaria Inaugural acusatória – no caso do processo ético, o relatório conclusivo da sindicância –, que, ao não indicar de forma expressa a acusação formal, impede o direito constitucional à ampla defesa e, portanto, é nula.

Tal nulidade é insuperável, exceto pela elaboração de novo libelo, com a devolução integral de todos os prazos e a repetição de atos processuais porventura já realizados no processo administrativo sancionatório.

O CPEP, em seus arts. 106 a 109, trata especificamente das hipóteses de impedimento e suspeição, incluindo a forma com que tais situações devem ser arguidas processualmente, sob a forma de "incidente processual".

A questão é que o Código trata o impedimento do Conselheiro como uma espécie de nulidade absoluta, ao permitir a sua alegação a qualquer tempo antes do trânsito em julgado (art. 108), e a suspeição como relativa, ao possibilitar sua invocação em até 15 dias após o conhecimento dos fatos (art. 109), operando-se a preclusão consumativa após esse prazo.

Contudo, a redação do Código de Processo Penal indica que a suspeição se encontra no rol de nulidades absolutas, conforme previsão contida no art. 564, I, interpretado em conjunto com o *caput* do art. 572 do mesmo Códex processual:

> Art. 564. A nulidade ocorrerá nos seguintes casos:
>
> I – por incompetência, suspeição ou suborno do juiz;
>
> [...].
>
> Art. 572. As nulidades previstas no art. 564, III, *d* e *e*, segunda parte, *g* e *h*, e IV, considerar-se-ão sanadas:
>
> [...].

É forçoso concluir, portanto, que a suspeição, segundo a ótica processualista penal, aplicável subsidiariamente aos processos administrativos punitivos, dentre os quais se insere o processo ético-profissional, deveria ser matéria de ordem pública, nulidade absoluta, não sujeita a preclusão consumativa, podendo ser arguida a qualquer tempo.

Contudo, há decisão proferida pela Corte Constitucional brasileira, no sentido de que tal matéria, qual seja, a suspeição do magistrado, deve ser arguida na primeira oportunidade, concedendo guarida jurídica à sistemática adotada pelo CPEP:

> *HABEAS CORPUS.* PENAL E PROCESSUAL PENAL. CONDENAÇÃO. PRESCRIÇÃO DA PRETENSÃO PUNITIVA. MARCOS INTERRUPTIVOS. ART. 117 DO CÓDIGO PENAL. SUSPEIÇÃO. PRESUNÇÃO RELATIVA DE PARCIALIDADE. EXCEÇÃO NÃO APRESENTADA. PRECLUSÃO. ALEGAÇÕES FINAIS. INÉRCIA DO ADVO-GADO CONSTITUÍDO DEVIDAMENTE INTIMADO. NOMEAÇÃO DE DEFENSOR DATIVO. NULIDADE INEXISTENTE. ORDEM DENEGADA.
>
> 1. O reconhecimento da prescrição da pretensão punitiva exige que o transcurso do prazo fixado no art. 109 do Código Penal tenha ocorrido entre os marcos interruptivos listados no art. 117 do Código Penal.
>
> 2. A presunção de parcialidade nas hipóteses de suspeição é relativa, pelo que cumpre ao interessado argui-la na primeira oportunidade, sob pena de preclusão. Precedente.
>
> 3. A providência de nomear defensor dativo ao réu, cujo advogado não apresentou alegações finais, a despeito da sua regular intimação, afasta a alegação de nulidade do processo penal. Precedente.
>
> 4. A intimação do réu para constituir novo procurador, em razão da omissão de seu advogado, somente é exigida quando ocorre a renúncia do defensor constituído. Precedente.
>
> 5. Ordem denegada (STF, HC 107.780/BA, Primeira Turma, Rel. Min. Cármen Lúcia).

Vê-se, portanto, que, a despeito de a norma processual indicar a nulidade absoluta nos casos em que há suspeição do julgador, a dinâmica estabelecida pelo CPEP, indicando a preclusão consumativa, encontra respaldo na jurisprudência, sendo prudente a sua ob-servância quando da atuação no âmbito do processo ético-profissional.

Judicializar o processo ético-profissional não deve ser a medida primária, sendo de extrema relevância a atuação de forma a demonstrar a convicção meritória, a que o advogado representa, de acordo com a parte pela qual responde como mandatário.

Contudo, saber observar as possíveis nulidades e saber como conduzi-las ao efetivo controle jurisdicional é igualmente importante, na medida em que a ampla defesa e o con-traditório representam o sustentáculo do Estado Democrático de Direito, na busca pelo julgamento justo.

O julgamento justo não está atrelado exclusivamente à pena aplicada, mas decorre da respectiva observância dos princípios da legalidade, da ampla defesa, do contraditório, da motivação e do respeito às regras processuais existentes.

IV.D. A PRÁTICA NO PROCESSO ÉTICO-PROFISSIONAL MÉDICO

O processo ético-profissional pode ser considerado uma espécie de "ultraespecialização" dentro da própria advocacia em Direito Médico, à qual o advogado somente tem acesso quando, de fato, atua, em razão do sigilo que o reveste.

Na esteira, portanto, do necessário aprendizado prático, ao final deste livro há um Anexo com uma espécie de "processo ético-profissional simulado", para que o leitor possa compreender as fases e a respectiva estrutura. Aqui, neste momento, são apresentados alguns organogramas a respeito do processo ético, para que haja a devida exemplificação de forma mais clara:

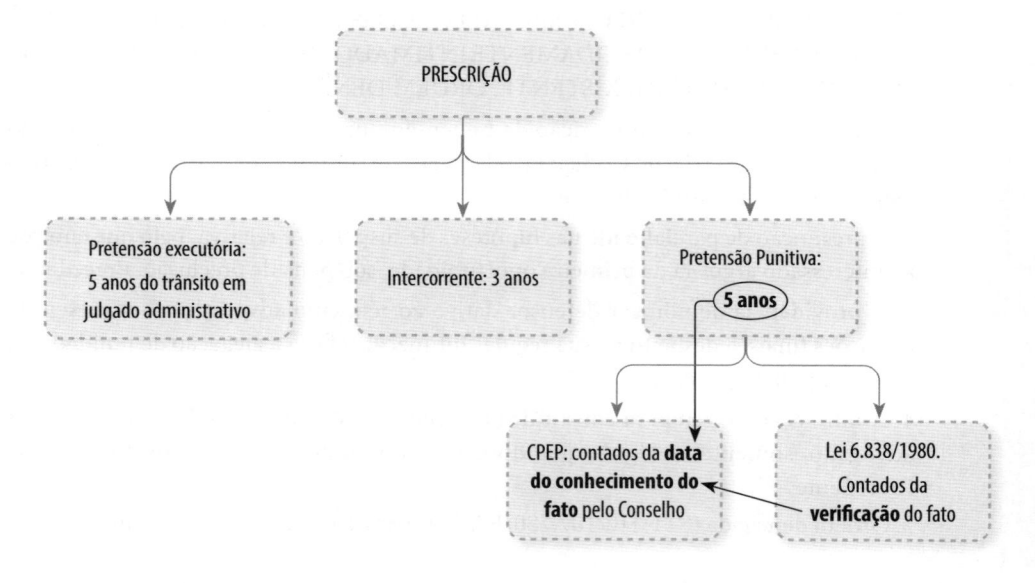

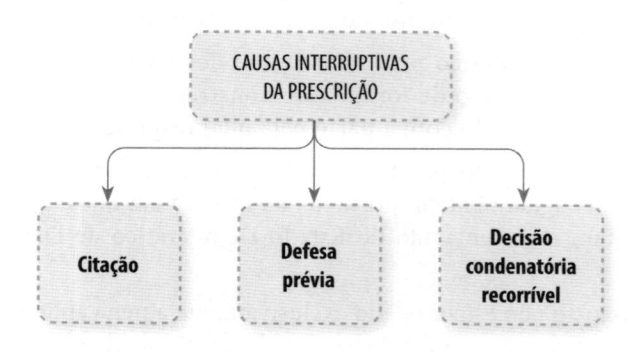

Acerca da prescrição, o quadro acima demonstra quais são os caminhos para se conseguir alcançar a exata compreensão acerca das hipóteses de prescrição no âmbito do processo ético-profissional médico, com as ressalvas já realizadas no capítulo oportuno.

Destaque-se o fato de que, a partir dos marcos interruptivos, o prazo prescricional inicia-se integralmente, ao contrário da suspensão, em que há a contagem apenas do período faltante.

Abaixo, alguns quadros retratam o caminho percorrido até o julgamento do processo ético-profissional médico, permitindo uma visão integral do procedimento, de forma bastante prática e elucidativa:

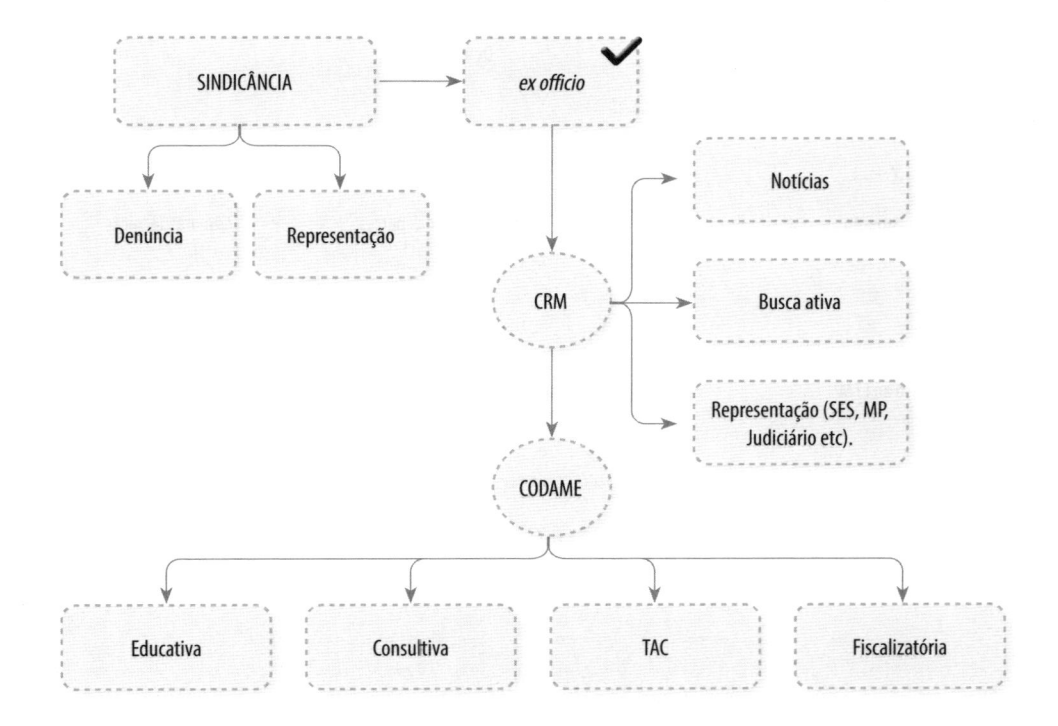

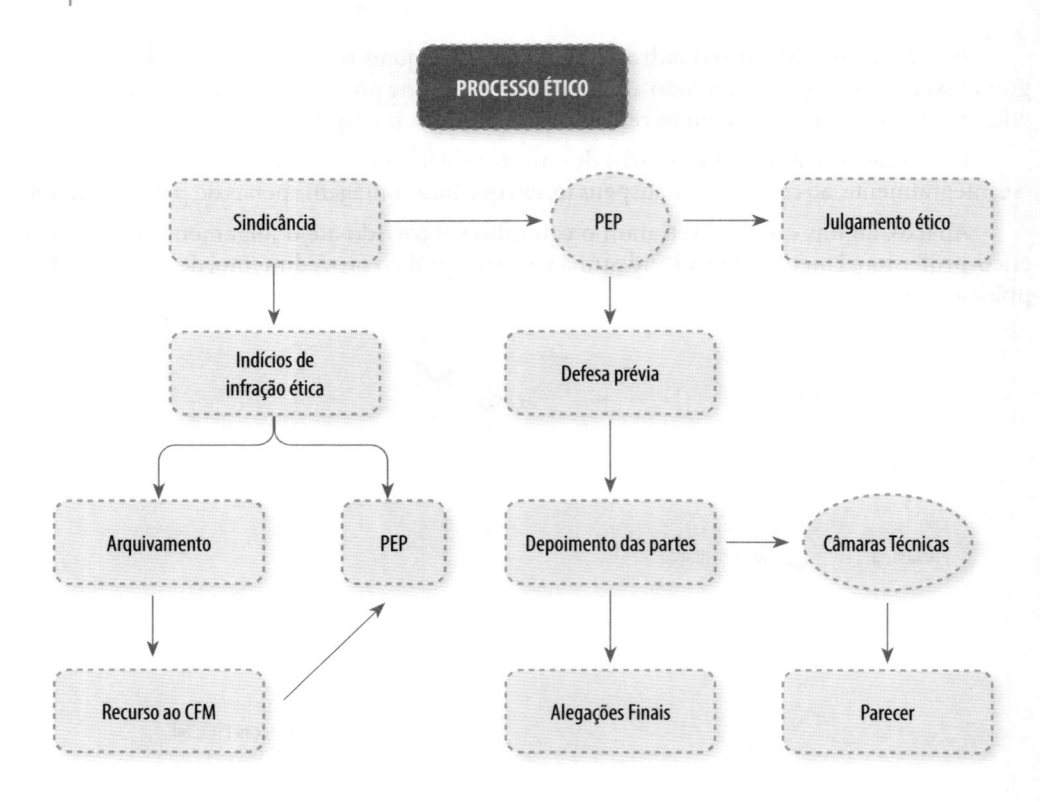

JULGAMENTO

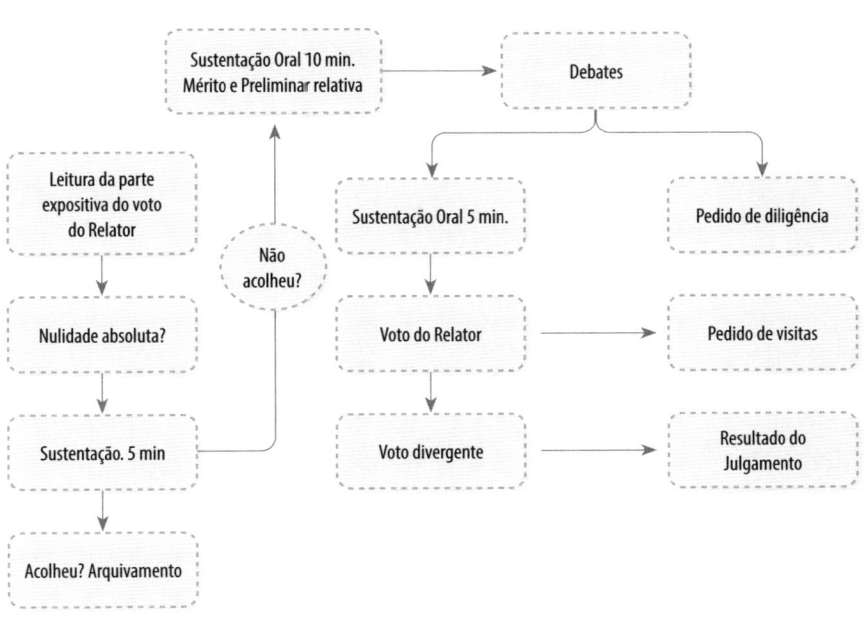

RECURSOS NO PEP

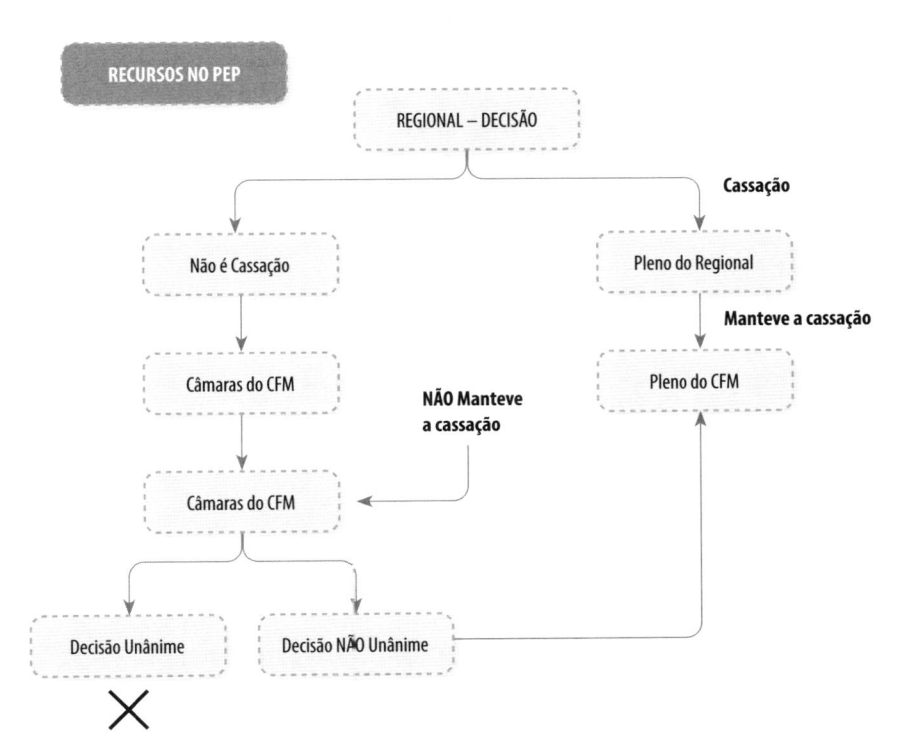

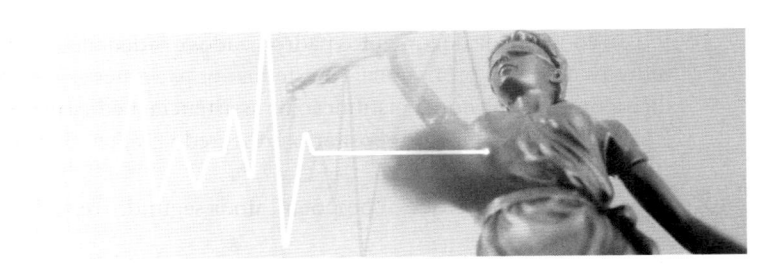

Capítulo V

A ÉTICA MÉDICA

V.A. OS DOCUMENTOS MÉDICOS

A ética é comportamental. Difere da moral, por estar codificada, organizada, e, portanto, exigível dos profissionais em âmbito sancionatório quando inobservada na práxis diária.

A relação entre médico e paciente é jurídica, pautada por regras de Direito Civil e, hodiernamente, pelo Código de Defesa do Consumidor. Entretanto, antes de qualquer codificação civilista ou consumerista, ela é ética, e como tal deve ser pautada e interpretada, à luz da medicina preconizada por Hipócrates.

Direito à informação, transparência e confiança são preceitos básicos e recíprocos dentro dessa sagrada relação que, com o passar dos anos e a evolução da sociedade, começou a demandar um olhar mais técnico e burocrático, a fim de se adequar e atender às contendas eminentemente jurídicas que, em sua essência, estão ligadas à ética.

Uma das categorias erigidas a *status* jurídico dentro da relação entre o médico e seu paciente é justamente a dos chamados "documentos médicos", que envolve uma gama de registros escritos a partir do prontuário médico, principal o registro da relação entre médico e paciente.

Os documentos médicos possuem algumas definições e distinções importantes, que devem ser levadas em consideração quando da prática médica, principalmente no que se refere à finalidade de cada qual.

O prontuário médico, documento essencial na relação entre médico e paciente, segundo conceito trazido pelo Conselho Regional de Medicina do Estado de Santa Catarina:[1]

---

[1] CONSELHO REGIONAL DE MEDICINA DO ESTADO DE SANTA CATARINA – CRMSC. Comissão de Divulgação de Assuntos Médicos. *Manual de orientação ética e disciplinar*. 2. ed. rev. e atual. Florianópolis: CRMSC, 2000. v. 1. Disponível em: http://www.portalmedico.org.br/regional/crmsc/manual/parte3b.htm. Acesso em: 30 abr. 2018.

[...] é o conjunto de documentos padronizados e ordenados, onde devem ser registrados todos os cuidados profissionais prestados aos pacientes e que atesta o atendimento médico a uma pessoa numa instituição de assistência médica ou num consultório médico. É também o documento repositário do segredo médico do paciente.

Os documentos principais que o compõem, ainda segundo o estudo acima mencionado, são:

Ficha clínica com as seções: identificação, anamnese (queixas, antecedentes, história mórbida pregressa e história da doença atual), exame físico, hipótese(s) diagnóstica(s) e plano terapêutico;

Exames complementares: laboratoriais, exames anatomopatológicos, exames radiológicos, ultrassonográficos etc.;

Folha de evolução clínica;

Folha de pedido de parecer (que também podem ser feitos na folha de prescrição e respondidos na de evolução clínica);

Folha de prescrição médica, que no prontuário em uso está logo após o quadro TPR (temperatura, pulso, respiração), podendo conter relatório de enfermagem ou este ser feito em folha separada,

Quadro TPR (temperatura – pulso – respiração) é a primeira folha do prontuário quando em uso, e,

Resumo de alta/óbito.

Em regra, a emissão de qualquer documento médico decorre única e exclusivamente dos atos previamente realizados, sendo uma consequência, jamais a origem da relação a ser estabelecida com o paciente.

O Conselho Federal de Medicina, por intermédio da Resolução n. 2.299/2021, regulamentou a emissão de documentos médicos de forma eletrônica, tendo como um dos motivos "a constante inovação e o desenvolvimento de novas tecnologias de informação e comunicação que facilitam o intercâmbio de informação entre médicos e entre estes e os pacientes". Assim disciplina seu art. 1º:

Art. 1º Autorizar a utilização de Tecnologias Digitais da Informação e Comunicação (TDICs) para a emissão dos seguintes documentos médicos:

a) Prescrição;

b) Atestado;

c) Relatório;

d) Solicitação de exames;

e) Laudo;

f) Parecer técnico.

Parágrafo único. Esses documentos podem ser emitidos tanto em atendimentos presenciais como à distância.

Os principais requisitos para emissão dos documentos eletrônicos estão estabelecidos por intermédio do art. 4º da mencionada norma administrativa:

> Art. 4º A emissão de documentos médicos por meio de TDICs deverá ser feita mediante o uso de assinatura digital, gerada por meio de certificados e chaves emitidos pela Infraestrutura de Chaves Públicas Brasileiras (ICP-Brasil), com Nível de Garantia de Segurança 2 (NGS2), garantindo sua validade legal, autenticidade, confiabilidade, autoria e não repúdio.
>
> Parágrafo único. Os documentos médicos devem possibilitar reconhecimento da assinatura digital por serviços de validação do Instituto Nacional de Tecnologia da Informação (ITI) ou por validador disponibilizado pelo CFM.

V.a.1. O prontuário médico

O prontuário médico é mencionado pela primeira vez no campo ético-normativo brasileiro por meio da estrutura redacional estabelecida pelo art. 48 do Código de Deontologia Médica em 1984, Resolução n. 1.154 do Conselho Federal de Medicina, considerando ser vedado ao médico: "Deixar ao alcance de estranhos o prontuário ou fichas de pacientes sob tratamento em hospitais, clínicas e estabelecimentos congêneres".

Em 1988, com o advento do Código de Ética Médica, por intermédio da Resolução n. 1.246, foram introduzidos três novos artigos proibitivos a respeito do prontuário médico, assim disciplinados, com caráter sancionatório:

> É vedado ao médico:
>
> Art. 69. Deixar de elaborar prontuário médico para cada paciente.
>
> Art. 70. Negar ao paciente acesso a seu prontuário médico, ficha clínica ou similar, bem como deixar de dar explicações necessárias à sua compreensão, salvo quando ocasionar riscos para o paciente ou para terceiros.
>
> Art. 108. Facilitar manuseio e conhecimento dos prontuários, papeletas e demais folhas de observações médicas sujeitas ao segredo profissional, por pessoas não obrigadas ao mesmo compromisso.

Com a introdução desses novos conceitos, que, apesar de fazerem parte da práxis médica, não encontravam correspondente normativo ético-profissional, o Conselho Federal de Medicina editou a Resolução n. 1.331/1989, cujo conteúdo assim preconizava:

> CONSIDERANDO ser o prontuário médico o conjunto de documentos padronizados e ordenados, destinados ao registro dos cuidados profissionais prestados ao paciente pelos Serviços de Saúde Pública ou Privado;
>
> CONSIDERANDO ser o prontuário elemento valioso para o paciente e a instituição que o atende, para o médico, bem como para o ensino, a pesquisa e os serviços de saúde pública, servindo também como instrumento de defesa legal;
>
> CONSIDERANDO o que dispõe o art. 69 do Código de Ética Médica;

CONSIDERANDO ser o prontuário um meio indispensável para aferir a assistência médica prestada;

CONSIDERANDO o volume de documentos armazenados em decorrência da manutenção dos prontuários;

CONSIDERANDO os modernos métodos de arquivamento;

CONSIDERANDO a falta de regulamentação específica sobre o prazo de manutenção do prontuário médico;

CONSIDERANDO o Parecer CFM 493/1989 (23/1989), aprovado em sessão Plenária em 04.08.1989;

RESOLVE:

Art. 1º O prontuário médico é documento de manutenção permanente pelos estabelecimentos de saúde.

Art. 2º Após decorrido prazo não inferior a 10 (dez) anos, a fluir da data do último registro de atendimento do paciente, o prontuário pode ser substituído por métodos de registro, capazes de assegurar a restauração plena das informações nele contidas.

A partir de então, o prontuário médico vem sendo objeto de estudo e regulamentação específica, principalmente por conter as informações necessárias ao completo desenvolvimento do estado de saúde do paciente, sendo o principal documento dessa relação, e, como tal, protegido pelo sigilo profissional.

Com o advento da Resolução n. 1.638/2002, alguns conceitos foram devidamente definidos e delineados a respeito do prontuário médico, como os elementos necessários ao devido preenchimento e a responsabilidade pela guarda. Segundo a normativa em questão, o prontuário médico é:

> [...] documento único constituído de um conjunto de informações, sinais e imagens registradas, geradas a partir de fatos, acontecimentos e situações sobre a saúde do paciente e a assistência a ele prestada, de caráter legal, sigiloso e científico, que possibilita a comunicação entre membros da equipe multiprofissional e a continuidade da assistência prestada ao indivíduo (art. 1º).

Portanto, o prontuário é o documento que contém registrado todo o histórico de saúde de paciente, decorrente do atendimento que lhe foi prestado, contendo todas as informações relevantes a permitir o devido acompanhamento em momento posterior, bem como a efetiva comunicação entre todos os profissionais de saúde, mantendo-se de forma plena a continuidade assistencial.

A resolução administrativa ético-profissional em voga dispõe, ainda, sobre a obrigatoriedade de estabelecer-se, no âmbito das instituições de saúde, uma comissão com finalidades voltadas especificamente à revisão dos prontuários médicos, em especial, acerca do seu correto preenchimento, que deve conter, obrigatoriamente (art. 5º, I):

> a) Identificação do paciente – nome completo, data de nascimento (dia, mês e ano com quatro dígitos), sexo, nome da mãe, naturalidade (indicando o município e o estado de

nascimento), endereço completo (nome da via pública, número, complemento, bairro/distrito, município, estado e CEP);

b) Anamnese, exame físico, exames complementares solicitados e seus respectivos resultados, hipóteses diagnósticas, diagnóstico definitivo e tratamento efetuado;

c) Evolução diária do paciente, com data e hora, discriminação de todos os procedimentos aos quais o mesmo foi submetido e identificação dos profissionais que os realizaram, assinados eletronicamente quando elaborados e/ou armazenados em meio eletrônico;

d) Nos prontuários em suporte de papel é obrigatória a legibilidade da letra do profissional que atendeu o paciente, bem como a identificação dos profissionais prestadores do atendimento. São também obrigatórias a assinatura e o respectivo número do CRM;

e) Nos casos emergenciais, nos quais seja impossível a colheita de história clínica do paciente, deverá constar relato médico completo de todos os procedimentos realizados e que tenham possibilitado o diagnóstico e/ou a remoção para outra unidade.

O prontuário médico, em que pese a denominação que lhe foi concedida, pertence exclusivamente ao paciente, enquanto detentor das informações contidas em tal conjunto de anotações e registros, sendo o nosocômio ou o próprio profissional apenas os seus guardiões, a quem incumbe zelar pela respectiva proteção e pelo sigilo. O Conselho Regional de Medicina do Estado do Paraná, por intermédio do Parecer n. 2.790/2019, assim consignou quanto a esse aspecto:

> PARECER N. 2.790/2019 CRM-PR
>
> 4. Em que hipóteses a instituição de saúde ou o médico podem se negar a fornecer cópia de prontuário médico após solicitação pelo próprio paciente ou, em sua impossibilidade, após solicitação por seu familiar/representante legal?
>
> Resposta: *Somente no caso de o paciente consignar em documento objeção expressa à divulgação das informações contidas em prontuário aos familiares/representante legal, ou quando determinar quais são os familiares legitimados a pleitear a entrega do prontuário perante o médico ou a instituição de saúde. Para o próprio paciente, nunca, uma vez que o prontuário pertence ao paciente. O médico e a instituição de saúde são apenas depositários.*

O acesso ao prontuário médico deve ser possibilitado ao paciente pelo hospital ou por quem detenha a sua respectiva guarda, sem que haja qualquer embaraço, exceto temporal, até que ele seja eventualmente digitalizado ou sejam extraídas as respectivas cópias reprográficas, sendo que a sua recusa caracteriza infração às normas deontológicas que regem a medicina.

O Código de Ética Médica em vigor, Resolução CFM n. 2.217/2018, dispõe que é vedado ao médico:

> Negar ao paciente ou, na sua impossibilidade, a seu representante legal, acesso a seu prontuário, deixar de lhe fornecer cópia quando solicitada, bem como deixar de lhe dar explicações necessárias à sua compreensão, salvo quando ocasionarem riscos ao próprio paciente ou a terceiros (art. 88).

Assim, a referida norma reforça a compreensão de que a propriedade de tal conjunto de informações, de fato, é do paciente.

O art. 87 disciplina como infração ética a conduta omissiva consistente na não elaboração de prontuário individualizado para cada paciente, incluindo ainda a adjetivação "legível", o que implica registrar que não se trata de uma conduta sancionatória consistente apenas na ausência do documento, mas, também, quando ele é elaborado de maneira deficitária, incompreensível em razão da grafia utilizada.

O prontuário médico, como conjunto de informações essenciais ao desenvolvimento da assistência médica direcionada ao paciente, deve ser elaborado com a descrição dos dados clínicos essenciais à boa condução do caso, de forma cronológica, em que constem a respectiva data, a hora e a correta identificação do médico assistente responsável pelo atendimento prestado, mediante assinatura e número de registro no Conselho Regional de Medicina (art. 87, § 1º, do Código de Ética Médica).

O carimbo é absolutamente dispensável nas anotações médicas, desde que o profissional faça constar o seu número de inscrição nos quadros do Conselho de Medicina suficiente à sua consequente identificação pessoal, atualmente substituída, nos sistemas tecnológicos em saúde, pelos cadastros a partir de *login* e senha individuais, não eliminando a necessidade de constar, na evolução, os elementos individualizadores relacionados no Código de Ética.

O acesso ao prontuário médico comporta diversas interpretações e definições, principalmente levando-se em consideração o fato de que não há lei, em sentido estrito, que regulamente tal condição, ficando sob a responsabilidade das normas éticas a sua regulamentação, o que nem sempre é suficiente a englobar todas as situações fáticas e jurídicas existentes.

Quando se trata de paciente falecido, o Conselho Federal de Medicina havia publicado o Parecer n. 06/2010, cuja ementa assim retratava, a respeito da liberação do prontuário médico quando diante de paciente falecido:

> O prontuário médico de paciente falecido não deve ser liberado diretamente aos parentes do *de cujus*, sucessores ou não. O direito ao sigilo, garantido por lei ao paciente vivo, tem efeitos projetados para além da morte. A liberação do prontuário só deve ocorrer ante decisão judicial ou requisição do CFM ou de CRM.

Como justificativa a tal restrição, o corpo do mencionado parecer assim tratou de conceituar e fundamentar a orientação em comento:

> Trata-se, aqui, dos direitos relacionados à personalidade humana, hoje reconhecidos pelos diversos ordenamentos jurídicos, constituindo, na verdade, direitos inatos, por existirem antes e independentemente do direito positivo, como inerentes ao próprio homem, considerado em si e em suas manifestações.
>
> A personalidade cessa com a morte, mas os direitos personalíssimos persistem após o óbito. São protegidos os interesses de pessoas vivas em função da dignidade moral inserida no contexto de preservação das características da personalidade do ente falecido. Nesse sentido, dispõe o parágrafo único do art. 12 do Código Civil brasileiro: "Em se tratando de morto, terá legitimação para requerer a medida prevista neste artigo o cônjuge sobrevivente, ou qualquer parente em linha reta, ou colateral até o quarto grau".
>
> A legitimidade que a lei substantiva reconhece a certas pessoas não diz respeito à tutela de bens enquanto objeto dos direitos de personalidade do titular já falecido, mas sim à tutela desses bens enquanto interessam a tais pessoas que assim agem não como

sucessores daquele titular, nem por substituição processual, mas em nome próprio e por direito próprio.

Em que pese a interpretação restritiva observar os direitos personalíssimos, subsequentes e inerentes ao próprio falecimento do paciente, atribuiu-se aos Conselhos de Medicina e até mesmo ao próprio Judiciário, em substituição ao guardião principal, qual seja, o hospital ou o profissional de saúde, função não condizente com a natureza de tais órgãos.

Todavia, o Ministério Público Federal obteve tutela jurisdicional, inicialmente por intermédio de Agravo de Instrumento junto do Tribunal Regional Federal da 1ª Região (n. 0015632-13.2014.4.01.0000, Ação Civil Pública n. 26798-86.2012.4.01.3500), para reformar a orientação restritiva, culminando na elaboração e divulgação da Recomendação n. 03/2014, ampliativa quanto à entrega do prontuário médico:

> Art. 1º Que os médicos e instituições de tratamento médico, clínico, ambulatorial ou hospitalar:
> a) forneçam, quando solicitados pelo cônjuge/companheiro sobrevivente do paciente morto, e sucessivamente pelos sucessores legítimos do paciente em linha reta, ou colaterais até o quarto grau, os prontuários médicos do paciente falecido: desde que documentalmente comprovado o vínculo familiar e observada a ordem de vocação hereditária, e
> b) informem os pacientes acerca da necessidade de manifestação expressa da objeção à divulgação do seu prontuário médico após a sua morte.

Portanto, o acesso ao prontuário médico de paciente falecido deve ser viabilizado aos seus sucessores, a partir da linha estabelecida acima, iniciando-se pelo cônjuge, sem que haja qualquer embaraço nesse sentido, sob pena de caracterização da respectiva infração ética, como indicado alhures.

A partir da evolução tecnológica, o Conselho Federal de Medicina editou a Resolução n. 1.821/2007, cuja finalidade fora aprovar "as normas técnicas concernentes à digitalização e uso dos sistemas informatizados para a guarda e manuseio dos documentos dos prontuários dos pacientes, autorizando a eliminação do papel e a troca de informação identificada em saúde".

O art. 8º da Resolução em questão elasteceu o prazo de guarda do prontuário, estabelecido inicialmente pela Resolução de 1989, passando de dez para vinte anos o tempo de preservação em suporte de papel, quando não arquivados eletronicamente, microfilmados ou digitalizados.

Com o advento da Lei n. 13.787/2018, que "dispõe sobre a digitalização e a utilização de sistemas informatizados para a guarda, o armazenamento e o manuseio de prontuário de paciente", algumas questões importantes a respeito dos sistemas responsáveis pela modernização tecnológica da documentação médica foram estabelecidas, em especial por atrair, em seu art. 1º, a aplicação da Lei n. 13.709/2018, conhecida como "Lei Geral de Proteção de Dados (LGPD)".

De forma a melhor aclarar a questão acerca da guarda dos prontuários, denominado "do paciente" pela Lei, o art. 6º definiu que, "decorrido o prazo mínimo de 20 (vinte) anos a partir do último registro, os prontuários em suporte de papel e os digitalizados poderão ser eliminados", incluindo-se a ressalva de que, de maneira alternativa à sua eliminação, poderá haver a respectiva devolução ao próprio detentor dos direitos sobre tais documentos, qual seja, o paciente (§ 2º).

A Lei abarca tanto o que seria o ato de digitalizar as informações do paciente, formando um prontuário eletrônico a partir de documentos físicos, quanto a utilização de sistemas informatizados destinados à guarda, ao armazenamento e ao manuseio dos registros a respeito do histórico de saúde do paciente, obrigando à utilização de certificado digital emitido no âmbito da Infraestrutura de Chaves Públicas Brasileira (ICP-Brasil) ou outra que seja legalmente aceita.

Ao denominar a documentação referente ao histórico de saúde como sendo o "prontuário do paciente", a Lei amplia o espectro de utilização do documento a todas as anotações referentes ao acompanhamento clínico, inclusive pela equipe multiprofissional, ressaltando que todas essas informações pertencem ao próprio destinatário, e não aos respectivos depositários.

O prontuário médico também representa um elemento documental importantíssimo, quiçá essencial, quando se trata de eventual litígio envolvendo a relação entre o paciente, o médico, o sistema hospitalar, os planos de saúde e o próprio Estado.

Isso porque, segundo o entendimento ético-profissional estabelecido no âmbito dos Conselhos de Medicina, as informações contidas no prontuário gozam de presunção de veracidade, compreensão que vem sendo abarcada, ainda que de maneira tímida, também pela jurisprudência dos nossos Tribunais:

> DIREITO CIVIL – DIREITO DO CONSUMIDOR – DIREITO PROCESSUAL CIVIL – IMPROCEDÊNCIA EM 1º GRAU – RECURSO DA AUTORA – AÇÃO INDENIZATÓRIA – PRELIMINAR DE CERCEAMENTO DE DEFESA – PROVA TESTEMUNHAL DESNECESSÁRIA – PARTO – FALHA NA PRESTAÇÃO DO SERVIÇO – VIOLÊNCIA OBSTÉTRICA. DESISTÊNCIA DE PROVA PERICIAL – PRESUNÇÃO DE VERACIDADE DO PRONTUÁRIO MÉDICO – DANO MORAL NÃO CONFIGURADO – DEVER DE INDENIZAR INEXISTENTE – SENTENÇA MANTIDA – PROVIMENTO NEGADO.
>
> 1. Inocorre cerceamento de defesa quando o juiz, fundamentado no livre convencimento motivado, dispensa prova inútil, protelatória ou desnecessária ao deslinde da *quaestio*.
>
> 2. O prontuário médico, por se tratar de documento público, possui presunção *juris tantum* de veracidade.
>
> 3. Incomprovados que os procedimentos adotados pela equipe médica contrariaram recomendações científicas, inexiste dano a ser indenizado (TJSC, Apelação n. 0300936-48.2016.8.24.0033, Segunda Câmara de Direito Civil, Rel. Monteiro Rocha, j. 22.04.2021).
>
> ACÓRDÃO. APELAÇÃO CÍVEL. AÇÃO DE INDENIZAÇÃO POR DANOS MORAIS. Sentença de improcedência. Apelação exclusiva da parte autora. Agravo retido rejeitado. Nulidade de citação. Não foram preenchidos os requisitos previstos no art. 223 do CPC/1973. Nulidade corretamente declarada. Agravo retido rejeitado. A parte autora não faz nenhuma prova de que as informações constantes no prontuário médico são errôneas. Prontuário médico goza de presunção de veracidade. Somente consta relatado no referido prontuário médico, que a parte autora detinha hálito etílico no momento do atendimento, não sendo, portanto, afirmado que o autor havia feito uso de bebida alcoólica ou se encontrava bêbado, o que dependeria da realização de exames.

Inexistência de prova do serviço prestado. Sentença mantida. DESPROVIMENTO DO RECURSO (TJRJ, Apelação Cível, Processo n. 0015467-57.2013.8.19.0002, Rel. Des. Sonia de Fátima Dias, j. 07.03.2018).

Evidentemente se trata de presunção *juris tantum*, relativa, considerada verdadeira até que haja prova em contrário, o que implica dizer que, até que se demonstre a incorreção, as anotações e os registros realizados pelo médico presumem-se verdadeiros, representando um ponto relevante no que se refere à defesa profissional em eventual litígio.

Todavia, cabe destacar que essa não é a principal função do prontuário médico, que consiste, como já demonstrado, no principal conjunto de informações a respeito do histórico de saúde do paciente.

Nesse caminho, cabe destacar que o extravio do prontuário representa uma grave negligência na guarda de tais informações, sendo alvo de alguns posicionamentos específicos dos Conselhos de Medicina, merecendo destaque, inclusive, a jurisprudência ética no âmbito do Conselho Federal:

PROCESSO ÉTICO-PROFISSIONAL. RECURSO DE APELAÇÃO. PRELIMINARES ARGUIDAS: NÃO OBEDIÊNCIA DO PRAZO PARA CONCLUSÃO DA SINDI-CÂNCIA – PRAZO IMPRÓPRIO; NOMEAÇÃO DE DOIS CONSELHEIROS SINDICANTES – SUBSTITUIÇÃO – INEXISTÊNCIA DE PREJUÍZO. INFRAÇÃO AO ART. 90 DO CEM (RESOLUÇÃO CFM N. 1.931/2009): É VEDADO AO MÉDICO: DEIXAR DE FORNECER CÓPIA DO PRONTUÁRIO MÉDICO DE SEU PACIENTE QUANDO DE SUA REQUISIÇÃO PELOS CONSELHOS REGIONAIS DE MEDICINA. REFORMA DA PENA DE "CENSURA CONFIDENCIAL EM AVISO RESERVADO" PARA "ADVERTÊNCIA CONFIDENCIAL EM AVISO RESERVADO". I – Os prazos estabelecidos no CPEP para os membros do CRM são prazos ditos impróprios. Vale dizer, a sua eventual não obediência não é causa de nulidade ou outra consequência endoprocessual. II – Não se trata de nomeação de dois conselheiros para a mesma sindicância. O corregedor nomeou uma conselheira em substituição à anterior para conduzir a sindicância. III – Comete infração ética o médico que não fornece cópia de prontuário de seu paciente quando requisitada pelo Conselho Regional de Medicina. IV – Merece atenuação da pena aplicada na origem o médico que prestou assistência zelosa a seu paciente, elaborou prontuário médico e não foi responsável intencionalmente por seu extravio. V – Preliminares rejeitadas. VI – Recurso de apelação conhecido e dado provimento parcial.

ACÓRDÃO: Vistos, relatados e discutidos os presentes autos, em que são partes as acima indicadas, ACORDAM os Conselheiros membros da 5ª Câmara do Tribunal Superior de Ética Médica do Conselho Federal de Medicina, por unanimidade de votos, em conhecer e dar provimento parcial ao recurso interposto pelo apelante, reformando a decisão do Conselho de origem, que lhe aplicou a pena de "Censura Confidencial em Aviso Reservado", prevista na letra *b* do art. 22 da Lei n. 3.268/1957, abrandando para "ADVERTÊNCIA CONFIDENCIAL EM AVISO RESERVADO", prevista na letra *a* do art. 22 do mesmo dispositivo legal, por infração ao art. 90 do Código de Ética Médica (Resolução CFM n. 1.931/2009, *DOU* 13.10.2009), nos termos do voto do conselheiro relator (CRMPR, Processo CFM n. 005821/2016, Câmara CFM, Rel. Lúcio Flávio Gonzaga Silva).

No âmbito desse julgado em específico, houve a condenação ética do médico que deixou de encaminhar cópia do prontuário médico ao próprio Conselho de Medicina, enquanto órgão fiscalizador da atividade médica, atenuada pelo fato de que ele prestou assistência zelosa ao paciente, bem como não fora o responsável intencionalmente pelo extravio da documentação, que deve, em situações de atendimento hospitalar, permanecer sob a responsabilidade deste, como já decidido pelo Conselho Federal de Medicina:

> PROCESSO ÉTICO-PROFISSIONAL. RECURSO DE APELAÇÃO. DESCARACTE-RIZADA INFRAÇÃO AO ART. 87 DO CEM (RESOLUÇÃO CFM N. 1.931/2009). REFORMA DA SANÇÃO DE "ADVERTÊNCIA CONFIDENCIAL EM AVISO RESERVADO" PARA ABSOLVIÇÃO. I – Não comete delito ético o médico que age dentro dos preceitos éticos, não podendo responder pelo extravio do prontuário cuja guarda é do hospital. II – Recurso de apelação conhecido e dado provimento. ACÓRDÃO: Vistos, relatados e discutidos os presentes autos, em que são partes as acima indicadas, ACORDAM os Conselheiros membros da 7ª Câmara do Tribunal Superior de Ética Médica do Conselho Federal de Medicina, por unanimidade de votos, em conhecer e dar provimento ao recurso interposto pelo apelante/denun-ciado, reformando a decisão do Conselho de origem, que lhe aplicou a sanção de "Advertência Confidencial em Aviso Reservado", prevista na letra *a* do art. 22 da Lei n. 3.268/1957, para ABSOLVIÇÃO, descaracterizando infração ao art. 87 do Código de Ética Médica (Resolução CFM n. 1.931/2009), nos termos do voto do conselheiro relator (CRMPE, Processo CFM n. 004975/2019, Câmara CFM, Rel. Abdon José Murad Neto, j. 15.10.2020).

A guarda dos prontuários deve ser sempre precedida de cuidados para que não haja qualquer forma de perda ou extravio do documento, e, atualmente, das informações nele contidas em razão do uso de tecnologia na sua respectiva custódia, o que atrairia, inclusive, as medidas determinadas pela Lei Geral de Proteção de Dados.

Ocorrendo, entretanto, qualquer forma de extravio, não há normativa específica que regulamente a situação, fazendo que o assunto seja tratado por intermédio de pareceres es-pecíficos, tal como indicado pelo Conselho Regional de Medicina do Distrito Federal:

> PROCESSO-CONSULTA CRM n. 26/2016
> PARECER CRM n. 39/2016
> Assunto: Extravio de prontuário médico
> Ementa: Se houver meios de restaurar o prontuário, confeccionando-se uma 2ª via, o hospital poderá fazê-lo desde que as informações sejam fiéis ao documento original, devendo haver comunicação expressa ao paciente. Do contrário, comunicar o fato à autoridade policial, lavrando-se Boletim de Ocorrência, tendo em vista implicações penais, civis e administrativas advindas do desaparecimento de prontuários. O CRMDF também deverá tomar ciência deste fato para registro.

A despeito da importante medida considerada pela tentativa de restauração do prontu-ário médico, a comunicação à autoridade policial somente deve ser realizada quando houver fundada suspeita de que tenha ocorrido, não a perda da documentação, por meio de, *v.g.*, enchente ou incêndio de causas naturais, mas o seu extravio criminoso, seja de maneira direta pela pilhagem física dos documentos, seja em razão de eventual invasão do sistema eletrônico.

Quando a perda ocorrer por causas naturais ou não identificadas, é importante que seja comunicado o Conselho Regional de Medicina para fins de registro nos assentamentos, bem como que sejam informados os pacientes atingidos, quando possível a identificação, para que possam auxiliar no processo de restauração da documentação médica.

Em ocorrendo o fechamento de instituições de saúde, ocasionando o encerramento das atividades médicas desenvolvidas, igualmente às situações de extravio, há uma lacuna na legislação a respeito do destino a ser dado à documentação médica sob custódia do médico responsável, diretor técnico, vinculado ao respectivo Conselho de Medicina da jurisdição.

No âmbito do Conselho Regional de Medicina do Estado de São Paulo, há o Parecer-consulta n. 118.721/2018, que aponta para algumas possibilidades a serem avaliadas, diante da situação concreta, específica, a respeito do encerramento das atividades:

> Fechamento de Clínicas. Encerramento de Atividades. Prontuários Médicos. Incineração de Documentos Médicos. Possibilidade com ressalvas.

As situações tratadas no parecer em questão são divididas em duas hipóteses, sendo uma delas caracterizada pelo óbito do médico responsável, sem que haja qualquer forma de sucessão viável, circunstância em que o próprio Conselho Federal de Medicina, por intermédio do Processo Consulta n. 3.120/1994 (31/1995), indica a viabilidade de incineração da documentação:

> Com a morte se esvai toda a responsabilidade do médico pelo segredo. O que deveria ter sido informado aos pacientes ou responsáveis, ou notificado compulsoriamente, com certeza já fora feito em vida ou, pelo seu entendimento em contrário quanto a casos específicos, deve acompanhá-lo ao sepulcro. É óbvio que não podem ser os familiares responsáveis naturais ou *ad-hoc* pela guarda dos arquivos, por determinação de normas ou leis sanitárias, ético-profissionais ou da Justiça comum. Na verdade, assim deve ser, não somente pela responsabilidade jurídica, mas também porque somente caberia ao médico já falecido definir o que poderia ser ou deixar de ser a violação do lacre do bom senso para o acesso à informação.
>
> Tendo em vista o exposto, o arquivo particular de médico falecido sem herdeiro profissional deve então ser incinerado por pessoa de convivência diária direta, familiares ou secretária particular.

Quando há o encerramento das atividades, em que o profissional conclui seu ciclo profissional, o parecer do Regional Paulista aponta a seguinte possibilidade:

> Nestes casos, entendo deva ser adotada a mesma sistemática indicada quando do óbito. O encerramento particular das atividades finaliza sua vida profissional, fazendo com que o médico se desligue de seus pacientes.
>
> Contudo, nestas hipóteses, antes de mandar incinerar, entendo que o profissional deve fazer publicar um pequeno Edital, em jornal de circulação em sua área de atuação,

informando o encerramento das atividades e que, a partir de uma data pré-definida, irá incinerar a documentação médica sob sua responsabilidade.

Fato é que não há situação jurídica idealmente perfeita, na medida em que as informações devem ser mantidas por 20 anos, a partir do último atendimento realizado, ônus que recai sobre o exercício da profissão médica, mas não pode inviabilizar a aposentadoria do profissional, ou, ainda, vir a ser tal ônus atribuído à sua família na hipótese de óbito, não sendo possível que essa responsabilidade característica da atividade médica do *de cujus* seja transferida aos seus sucessores.

O sigilo que recai sobre as informações constantes do prontuário médico será abordado no título específico, considerando que toda a relação médico-paciente se encontra protegida por tal manto profissional.

V.a.2. O relatório médico

A atividade médica diária tem se afigurado cada vez mais complexa e burocrática. A rubrica do médico, acompanhada de seu respectivo número de inscrição nos assentamentos do Conselho Regional de Medicina, possui consequências jurídicas que ultrapassam e transbordam os limites do consultório profissional.

Nessa senda, o médico deve destinar especial atenção aos documentos solicitados por seu paciente, quais os respectivos objetivos, atentando para o fato de que o uso inadequado de suas anotações pode ter consequências graves no mundo jurídico, principalmente perante os Tribunais de Ética Médica.

Tais questões devem ser tratadas de maneira bastante franca e honesta com o paciente, atendendo aos princípios que devem nortear tal relação, garantindo-se assim a preservação da boa prática médica.

A emissão de um relatório ou um atestado decorre única e exclusivamente dos atos médicos previamente realizados, sendo uma consequência e não a origem da relação com o paciente; não há documento médico que possa ser elaborado sem uma relação profissional anteriormente estabelecida.

A medicina romântica, praticada sob a égide do Juramento Hipocrático, vem sendo substituída pela velocidade das mídias sociais, pelos direitos dos pacientes perante um Estado cada vez mais dependente de atos médicos para a garantia e a preservação de direitos, e pela carência de um sistema eficiente de saúde, tanto estatal quanto privado, tendo a judicialização da saúde como a tônica central das discussões acerca da medicina atual.

O médico, portanto, passa a ser visto como uma espécie de engrenagem em um mecanismo, por vezes, perverso, que trata a saúde como um grande comércio, envolto pela falência de um sistema assistencial que não consegue fornecer mínima atenção às necessidades básicas da população.

A expectativa do paciente quando consegue chegar ao atendimento médico não pode mais ser medida por seu grau de sofrimento, mas sim pelo tempo de peregrinação até obter o sagrado direito de acesso ao profissional médico, quando o problema originário, que inicialmente o conduziu até o sistema de saúde, tornou-se já secundário ou terciário, frente aos inúmeros complicadores desse sistema impiedoso que vige em *terra brasilis*.

Segundo as palavras de ANDRADE:[2]

> Ser médico é algo extremamente complexo, porém necessário. É algo arriscado, porém preciso. É algo difícil, porém possível. É algo sofrido, porém fonte de felicidade para quem gosta de gente e de observar no outro o sonho de ver em cada um a extensão de sua própria humanidade.

A gama de documentos médicos vem aumentando substancialmente nos últimos tempos, desde os denominados "termos de consentimento livre e esclarecido", passando pelo modelo de decisão antecipada a respeito dos tratamentos de saúde, chegando a toda sorte de formulários a serem preenchidos diuturnamente pelos profissionais, a pedido de seus assistidos, para a obtenção de direitos junto das operadoras de planos de saúde, do INSS, das Fazendas Estaduais e Federais, ocupando um espaço já tão escasso destinado ao atendimento dos pacientes.

Foi-se o tempo em que bastava ao médico preencher o prontuário.

Nesse caminho, um documento que tem se afigurado essencial ao desenvolvimento da relação entre médico e paciente, em um cenário de acesso ao sistema de saúde por intermédio de decisões judiciais, é, justamente, o relatório médico.

O relatório médico, quanto ao seu aspecto jurídico, possui o que se pode chamar de "natureza declaratória", tendo por objetivo apenas desvelar situações fáticas, sem a introdução de opiniões ou fato novo, caracterizando-se por ser um mero descritivo da condição de saúde do paciente e dos tratamentos realizados.

O art. 86 do atual Código de Ética Médica descreve o que seria um "relatório médico", mas, em razão de um equívoco técnico quanto à nomenclatura, o denomina "laudo", mantendo a essência do ato médico designado:

> É vedado ao médico.
> Art. 86. Deixar de fornecer laudo [leia-se: relatório] médico ao paciente ou a seu representante legal quando aquele for encaminhado ou transferido para continuação do tratamento ou em caso de solicitação de alta.

Quando o facultativo, portanto, transfere os cuidados de seu paciente a outro profissional, ou, ainda, encontra-se diante de uma solicitação de alta, deve relatar o respectivo estado de saúde em documento escrito, firmado e com seu número de registro, contendo a descrição resumida quanto ao atendimento prestado, do início ao término da relação.

O relatório médico, portanto, consubstanciado em um breve resumo do atendimento assistencial, deve ser obrigatoriamente fornecido ao paciente quando solicitado, destacando-se que, em alguns casos, por ele se pode (e se deve) cobrar, por não integrar o ato médico primário, como indicado, por exemplo, na Resolução n. 2.003/2012 do Conselho Federal de Medicina, que, em seu art. 1º, assim dispõe:

> Art. 1º É vedado ao médico assistente o preenchimento de formulários elaborados por empresas seguradoras com informações acerca da assistência prestada a pacientes sob seus cuidados.

---

2   ANDRADE, Edson de Oliveira. Como vejo a medicina e os médicos. Disponível em: http://www.scielo.br/pdf/abo/v67n3/20504.pdf. Acesso em: 12 abr. 2018.

Em verdade, a exegese do texto normativo deve ser realizada no sentido de que o médico, por óbvio, não está obrigado a preencher tais relatórios, sendo-lhe permitido fazê-lo se assim o desejar, mediante a cobrança específica de honorários para tais atos; impedi-lo simplesmente de preencher tal documentação em prejuízo ao seu paciente pode lhe trazer implicações de outras esferas, inclusive indenizatórias.

Determinados Conselhos Regionais de Medicina possuem pareceres específicos a respeito do tema, de forma a aclarar ainda mais essa questão:

> Parecer CRM/PR n. 2.444/2014
>
> O relatório médico de uma internação ou resumo de alta, traduz em palavras a ocorrência e a evolução dos fatos relacionados ao tratamento de um paciente. Este é um documento de obrigação ética, semelhante ao atestado médico, e não está vinculado ao pagamento de honorários médicos.
>
> Parecer CREMESP n. 38.981/2007
>
> Não existe limite para emissão de Relatórios Médicos, entretanto, deve ser observado o bom senso, evitando-se a emissão de relatórios sem fatos novos que o justifiquem desde a última consulta ou relatório.
>
> Parecer CREMESP n. 48.735/2000
>
> A elaboração do relatório médico é antes de tudo uma obrigação ética, e não cabe obviamente nenhum tipo de cobrança.
>
> Parecer CREMESP n. 184.370/2013
>
> O médico em função assistencial, em ambiente privado ou em seu consultório, deve ser consultado pelos pacientes sempre com o objetivo de elucidação diagnóstica e tratamento, tendo o paciente direito de receber as prescrições dos tratamentos e atestados que possam ser utilizados, de acordo com a sua necessidade em benefício de seu tratamento, bem como o relatório elaborado pelo médico assistente descrevendo sua doença e quadro clínico, incluindo limitações físicas ou mentais que podem ser utilizadas pelo paciente em situações que o mesmo entender pertinentes, porém nesta função assistencial o médico pode, mas não está obrigado, preencher quaisquer laudos periciais.

Médico assistente não emite laudo, mas relatório, sendo uma função inerente à sua atividade, bem como decorrente da relação estabelecida com seu paciente, previamente, da qual decorrem obrigações de ordem jurídico-burocráticas.

Como bem apontado em alguns dos pareceres ético-profissionais, o relatório se constitui em obrigação ética do médico, não sendo permitida a cobrança, exceto na hipótese mencionada, quando ele é destinado ao preenchimento de formulários específicos de seguradoras, desvinculados diretamente da relação com o paciente.

No âmbito da judicialização da saúde – tanto da privada em caráter suplementar quanto da direcionada ao sistema público de saúde –, o relatório médico vem se mostrando essencial à garantia de assistência a pacientes alijados de tais sistemas por questões – às vezes contratuais e burocráticas – em que o compêndio apresentado pelo profissional assume relevância ímpar perante o Poder Judiciário, com a consequente obtenção da atenção médico-assistencial, hospitalar ou farmacêutica.

O Superior Tribunal de Justiça, ao julgar o Tema Repetitivo n. 106, cuja questão submetida a julgamento fora a "obrigatoriedade do poder público de fornecer medicamentos não incorporados em atos normativos do SUS", concluiu:

A concessão dos medicamentos não incorporados em atos normativos do SUS exige a presença cumulativa dos seguintes requisitos:

i) Comprovação, por meio de laudo médico fundamentado e circunstanciado expedido por médico que assiste o paciente, da imprescindibilidade ou necessidade do medicamento, assim como da ineficácia, para o tratamento da moléstia, dos fármacos fornecidos pelo SUS;

ii) incapacidade financeira de arcar com o custo do medicamento prescrito;

iii) existência de registro do medicamento na ANVISA, observados os usos autorizados pela agência (tese definida no acórdão dos embargos de declaração publicado no *DJe* de 21.09.2018).

O item "i" do julgado conclui que, como essencial à obtenção de medicamentos ainda não incorporados em atos normativos do SUS, encontra-se a emissão de "laudo médico" [leia-se: relatório, se emitido pelo assistente] indicando a imprescindibilidade ou a necessidade do medicamento diante da ineficácia dos fármacos já fornecidos pelo sistema público de saúde, o que indica que tal documento médico deve ser precedido de uma relação anterior, em que o profissional deve demonstrar a refratariedade do tratamento convencionalmente estabelecido para o caso concreto.

Pode-se constatar que o relatório médico vem se firmando como documento essencial no que se relaciona com a judicialização da saúde, impingindo aos médicos o aprimoramento contínuo de sua escrita no que se refere aos tratamentos de saúde destinados ao paciente, atraindo maior responsabilidade quando da elaboração do respectivo prontuário, pois, invariavelmente, será o provedor das informações necessárias ao correto preenchimento dos documentos subsequentes.

Relatório médico é, portanto, o resumo das condições de saúde do paciente, e serve para declarar uma situação, seja para transferir os cuidados para outro profissional, seja para ser utilizado perante algum órgão oficial, *v.g.*, a obtenção de alguma isenção de imposto, ou, ainda, para fins previdenciários e judiciais. Não há qualquer emissão de juízo de valor pelo médico assistente, mas apenas um extrato da situação de saúde e dos tratamentos de saúde a serem realizados subsequentemente.

O seu objetivo precípuo consiste em apenas declarar uma determinada circunstância, sem introduzir nenhuma opinião ou novo elemento, consubstanciando uma breve síntese da situação de saúde do paciente. Não constitui direito, envolve "revisão e pesquisa" e não gera direitos por si só.

Quantos aos seus principais aspectos jurídicos, cabe destacar ser um dever do médico assistente, sendo que inexiste qualquer obrigação ética quanto ao preenchimento de documentos, formulários ou requisições próprias de terceiros, *v.g.*, companhias de seguro, não sendo permitida qualquer cobrança pela elaboração de relatório médico quando solicitado pelo paciente.

V.a.3. O laudo médico

Na medida em que médico assistente não emite laudo, o médico responsável pela sua emissão deve fazê-lo em razão de circunstância jurídica ou dever de ofício, a partir de sua respectiva função.

O laudo médico, ao contrário do relatório, possui natureza jurídica constitutiva, posto que, uma vez eivado com carga opinativa, influenciará na esfera jurídica do paciente ou no seu respectivo diagnóstico, com a consequente terapêutica.

A princípio, constitui-se em um ato tipicamente pericial, de auditoria, de verificação, consoante se extrai da interpretação do art. 92 da norma deontológica em vigor:

> É vedado ao médico:
>
> Art. 92 Assinar laudos periciais, auditoriais ou de verificação médico-legal caso não tenha realizado pessoalmente o exame.

O Código de Ética Médica ainda institui conduta proibitiva no sentido de ser vedado ao médico ser perito ou auditor de seu próprio paciente, bem como de intervir nos atos profissionais de outro médico (arts. 93 e 94), o que evidencia a necessária equidistância do respectivo facultativo quando em função ou ofício em que terá de emitir um laudo, em situação oposta à do relatório médico, quando, necessariamente, há uma proximidade assistencial.

O laudo médico, portanto, é decorrente do brocardo *visum et repertum* que, numa tradução livre, seria algo como "ver e repetir" ou "ver e reportar", no sentido de analisar aquilo que lhe é apresentado naquele momento, como uma fotografia, consubstanciada numa posição final, em que se reportará um ato constitutivo do direito de alguém, ainda que negativo, ou, na hipótese da medicina diagnóstica complementar, em que o profissional, diante de um conjunto de elementos, emite o documento indicativo de sua opinião técnica.

A Resolução do Conselho Federal de Medicina n. 2.235/2019 determina que os exames realizados em serviços médicos devem ser devidamente acompanhados dos respectivos laudos, sob responsabilidade de um médico, que não precisa ser, necessariamente, o que realizou a averiguação inicial, exceto nos casos de exames realizados por intermédio de ultrassom ou, ainda, endoscópicos, bem como nos procedimentos intervencionistas (art. 3º, parágrafo único).

O art. 2º da mencionada norma administrativa dispõe:

> Art. 2º Os resultados destes exames devem ser fornecidos sob a forma de pareceres ou laudos emitidos por médicos, com registro no CRM da sua jurisdição e cadastrados nos respectivos serviços.

A normativa reforça o caráter opinativo do laudo, ao contrário do relatório, inclusive pela similaridade com o parecer, como indicado.

No campo da perícia, há um capítulo específico do Código de Ética Médica que trata de tal atuação profissional, ao lado da auditoria, além de ser considerada uma especialidade médica pela Resolução do Conselho Federal de Medicina n. 2.230/2023, mediante uma formação com três anos de Residência Médica em Medicina Legal e Perícia Médica (CNRM) ou aprovação na respectiva prova aplicada pelo Convênio entre a Associação Médica Brasileira (AMB) e a Associação Brasileira de Medicina Legal e Perícias Médicas.

Ao contrário do relatório, que decorre de uma relação prévia entre médico e paciente e não exige maior técnica na sua preparação, o laudo médico elaborado a partir de uma perícia possui características próprias, e, por óbvio, não pode estar conectado a uma proximidade entre perito e periciado.

O art. 473 do Código de Processo Civil estabelece os requisitos mínimos que deve conter um laudo pericial, não exclusivamente médico, mas destinado à produção de provas no âmbito processual civil:

> Art. 473. O laudo pericial deverá conter:
>
> I – a exposição do objeto da perícia;
>
> II – a análise técnica ou científica realizada pelo perito;
>
> III – a indicação do método utilizado, esclarecendo-o e demonstrando ser predominantemente aceito pelos especialistas da área do conhecimento da qual se originou;
>
> IV – resposta conclusiva a todos os quesitos apresentados pelo juiz, pelas partes e pelo órgão do Ministério Público.

O § 1º do mencionado artigo ainda estabelece que o perito deve se utilizar de linguagem simples e coerência lógica ao apresentar sua fundamentação, sendo-lhe vedado, pelo parágrafo subsequente, emitir qualquer forma de opinião pessoal sobre o caso.

Tal equidistância das partes, no caso da perícia médica, encontra respaldo também no Código Deontológico Profissional, conforme a redação contida nos arts. 94 e 97:

> É vedado ao médico:
>
> [...]
>
> Art. 94 Intervir, quando em função de auditor, assistente técnico ou perito, nos atos profissionais de outro médico, ou fazer qualquer apreciação em presença do examinado, reservando suas observações para o relatório.
>
> [...]
>
> Art. 97 Autorizar, vetar, bem como modificar, quando na função de auditor ou de perito, procedimentos propedêuticos ou terapêuticos instituídos, salvo, no último caso, em situações de urgência, emergência ou iminente perigo de morte do paciente, comunicando, por escrito, o fato ao médico assistente.

O perito médico, como profissional vinculado aos princípios éticos da profissão, não pode furtar-se ao seu dever de zelar pela saúde de qualquer ser humano que, porventura, esteja sob sua responsabilidade, ainda que em momento técnico-pericial.

Nesse sentido, deve o perito, em situações de nítido prejuízo ao examinado, atuar como médico, empreendendo as medidas necessárias à salvaguarda de sua saúde quando, então, deixará de estar apto a prosseguir com a perícia médica, informando ao respectivo Juízo ou a quem lhe tenha assim nomeado para que o ato pericial possa prosseguir com a designação de outro *expert*.

O perito, em razão de sua atuação profissional, pode ser responsabilizado por seus atos em todas as esferas respectivas, com destaque à previsão contida no art. 158 do Código de Processo Civil segundo o qual:

> Art. 158. O perito que, por dolo ou culpa, prestar informações inverídicas responderá pelos prejuízos que causar à parte e ficará inabilitado para atuar em outras perícias no

prazo de 2 (dois) a 5 (cinco) anos, independentemente das demais sanções previstas em lei, devendo o juiz comunicar o fato ao respectivo órgão de classe para adoção das medidas que entender cabíveis.

O laudo pericial, na qualidade de documento médico, decorre de uma atuação própria, decorrente de uma necessidade legal, cujo objetivo é esclarecer as partes e os próprios destinatários do documento, de acordo com a respectiva esfera, destacando-se que o perito não é responsável direto por conceder, negar, alterar ou modificar um direito, mas apenas *visum et repertum* o que ele efetivamente constata diante de uma situação específica e concreta.

> O laudo médico é o ato que designa uma auditoria, uma perícia, em que o médico analisa, por exemplo, o relatório emitido anteriormente pelo médico assistente, emitindo um juízo de valor final, constituindo um direito ou a sua retirada/negativa.[3]

V.a.4. O atestado médico

Certamente, um dos documentos mais comuns expedidos a partir da relação entre médico e paciente é o ato profissional consistente na atestação de determinadas situações, sob solicitação do próprio enfermo.

A Resolução do Conselho Federal de Medicina n. 1.658/2002 conceitua o atestado médico como sendo "parte integrante do ato médico, sendo seu fornecimento direito inalienável do paciente, não podendo importar em qualquer majoração de honorários".

O atestado é um direito do paciente quanto à sua emissão por parte do profissional; contudo, o seu conteúdo é de preenchimento exclusivo médico, que deve retratar a verdade, inclusive por gozar de presunção de veracidade, na medida em que pressupõe o relato do estado de saúde do paciente a partir de um ato médico pretérito, implicando possível crime tipificado no art. 302 do Código Penal, como abordado anteriormente, quando não fidedigno à realidade assistencial justificadora de sua expedição.

Com a alteração promovida pela Resolução CFM n. 1.851/2008, a norma administrativa acima indicada, responsável por regulamentar a emissão dos atestados médicos, passou a conter a seguinte redação em seu art. 3º:

> Art. 3º Na elaboração do atestado médico, o médico assistente observará os seguintes procedimentos:
>
> I – especificar o tempo concedido de dispensa à atividade, necessário para a recuperação do paciente;
>
> II – estabelecer o diagnóstico, quando expressamente autorizado pelo paciente;
>
> III – registrar os dados de maneira legível;
>
> IV – identificar-se como emissor, mediante assinatura e carimbo ou número de registro no Conselho Regional de Medicina.
>
> Parágrafo único. Quando o atestado for solicitado pelo paciente ou seu representante legal para fins de perícia médica deverá observar:

---

3   SIMONELLI, Osvaldo Pires Garcia. Aspectos jurídicos dos relatórios médicos. *Revista Paulista de Reumatologia*, v. 17, n. 1, p. 7-10, jan./mar. 2018.

I – o diagnóstico;

II – os resultados dos exames complementares;

III – a conduta terapêutica;

IV – o prognóstico;

V – as consequências à saúde do paciente;

VI – o provável tempo de repouso estimado necessário para a sua recuperação, que complementará o parecer fundamentado do médico perito, a quem cabe legalmente a decisão do benefício previdenciário, tais como: aposentadoria, invalidez definitiva, readaptação;

VII – registrar os dados de maneira legível;

VIII – identificar-se como emissor, mediante assinatura e carimbo ou número de registro no Conselho Regional de Medicina.

Merece destaque o fato de que a Resolução autoriza o médico assistente a indicar o "provável tempo de repouso estimado necessário para a sua recuperação", que não se confunde com a indicação de "afastamento do trabalho", função esta que compete apenas ao perito ou ao médico laboral.

O médico assistente não tem condições de estabelecer nexo causal entre a patologia e as funções exercidas diariamente por seu paciente, apenas pela realização de atividade ambulatorial ou consulta realizada no seu próprio ambiente clínico.

O afastamento do trabalho demanda conhecimentos específicos a respeito da atividade laboral desenvolvida pelo paciente, em seu respectivo posto de trabalho, sendo que o médico assistente possui apenas as informações decorrentes do relato individual, complementado pelos sintomas e eventuais exames complementares, possuindo um espectro bastante reduzido a respeito do necessário afastamento.

A indicação de tempo de repouso ou limitação de determinadas atividades já deverá ser o suficiente ao paciente para que, diante das regras trabalhistas, apresente o atestado médico demonstrando ao seu empregador as necessidades essenciais ao seu pleno restabelecimento.

O atestado médico, portanto, é o documento destinado apenas a asseverar uma situação específica para gerar efeitos perante terceiros, e que, quando demandar a indicação de diagnóstico, deve ter a autorização do paciente, sendo que tal questão será devidamente abordada quando do capítulo referente ao sigilo profissional.

O médico, portanto, tem a obrigação ética, decorrente da relação com o seu paciente, de emitir o atestado médico quando devidamente solicitado; contudo, não lhe deve ser imposto qualquer encargo no que se refere ao conteúdo, cujo preenchimento é função exclusiva do profissional, decorrente do ato assistencial pretérito.

A partir das especificidades do documento em questão, o próprio Conselho Federal de Medicina lhe atribuiu, como elemento caracterizador, a presunção de veracidade (Res. CFM n. 1.658/2002, art. 6º, § 3º), devendo ser acatado por seu destinatário; como todo ato erigido a tal *status*, a presunção é relativa, admitindo prova divergente.

Quanto à aposição de qualquer informação relativa à identificação da patologia de base, justificadora à emissão do atestado médico, ainda que de forma codificada pela Classificação

Internacional de Doenças (CID-11) elaborada pela Organização Mundial de Saúde, ela somente se afigura possível com a respectiva autorização do paciente, que pode ser feita no próprio documento em questão, com anotação no prontuário.

Além de a regra ética proibir expressamente tal indicação sem que seja devidamente autorizada pelo paciente, conforme Resolução CFM n. 1.658/2002,[4] o Tribunal Superior do Trabalho também firmou precedente proibitivo,[5] ao expurgar de uma convenção coletiva tal obrigação funcional.

Ao lado do atestado, pode-se incluir a "receita médica" como documento essencial à conclusão do ato médico de diagnóstico, caracterizada como espécie de prescrição de medicamento, escrita em língua portuguesa, contendo orientação de uso para o paciente, efetuada pelo profissional habilitado, tanto de formulação magistral quanto de produto industrializado, conforme definido pela Portaria n. 344/1998, da Secretaria de Vigilância Sanitária do Ministério da Saúde.

O Conselho Federal de Medicina possui extenso trabalho a respeito do tema, denominado *Manual de orientações básicas para prescrição médica*[6] em que há grande destaque aos tipos de receita médica, de acordo com a respectiva destinação.

Hodiernamente, podemos indicar a existência de cinco espécies de receita médica,[7] sendo a branca comumente utilizada para a devida obtenção de medicamentos simples, não submetidos a qualquer forma de controle especial e emitida em apenas uma via.

Há, também o chamado "receituário médico branco especial", destinado à prescrição de alguns medicamentos designados como sendo de uso controlado, *v.g.*, antibióticos e anabolizantes, a ser confeccionado em duas vias, sendo uma retida na farmácia no momento da aquisição, com limitação da quantidade específica ao tratamento.

O chamado "receituário médico azul" é utilizado especificamente para medicamentos psicotrópicos e anorexígenos, também em duas vias, com as quantidades específicas ao tratamento, além do receituário amarelo, cuja destinação é direcionada a uma classe de medicamentos específica, dentro dos próprios psicotrópicos, com maior rigor controlado por parte da Vigilância Sanitária.

Em 2018 foi publicada a Lei n. 13.732/2018, que concedeu validade nacional às receitas médicas, alterando entendimento anterior, que restringia a venda de medicamento ao Estado de registro do profissional emissor:

---

[4] "Art. 5º Os médicos somente podem fornecer atestados com o diagnóstico codificado ou não quando por justa causa, exercício de dever legal, solicitação do próprio paciente ou de seu representante legal.
  Parágrafo único. No caso da solicitação de colocação de diagnóstico, codificado ou não, ser feita pelo próprio paciente ou seu representante legal, esta concordância deverá estar expressa no atestado."

[5] BRASIL. TST.-RO-213-66.2017.5.08.0000.
  Disponível em: http://aplicacao4.tst.jus.br/consultaProcessual/consultaTstNumUnica.do?consulta=Consultar&consscjt=&numeroTst=213&digitoTst=66&anoTst=2017&orgaoTst=5&tribunalTst=08&varaTst=0000&submit=Consultar. Acesso em: 6 mar. 2021.

[6] MADRUGA, Célia Maria Dias; SOUZA, Eurípedes Sebastião Mendonça de. *Manual de orientações básicas para prescrição médica*. 2. ed. rev. e ampl. Brasília, DF: Conselho Federal de Medicina, 2011. Disponível em: https://portal.cfm.org.br/images/stories/biblioteca/cartilhaprescrimed2012.pdf. Acesso em: 15 ago. 2022.

[7] Disponível em: http://www.cvs.saude.sp.gov.br/procura_det.asp?procura_id=5. Acesso em: 15 ago. 2022.

Art. 1º O parágrafo único do art. 35 da Lei n. 5.991, de 17 de dezembro de 1973, passa a vigorar com a seguinte redação:

"Art. 35.

[...]

Parágrafo único. O receituário de medicamentos terá validade em todo o território nacional, independentemente da unidade da Federação em que tenha sido emitido, inclusive o de medicamentos sujeitos ao controle sanitário especial, nos termos disciplinados em regulamento".

A receita ou prescrição médica deve conter, ainda, todas as informações necessárias ao uso pelo paciente, principalmente quanto à respectiva posologia, sendo uma responsabilidade decorrente do ato médico a orientação, inclusive, quanto a eventuais e possíveis efeitos colaterais e interações medicamentosas.

V.a.5. O termo de consentimento livre e esclarecido

Derivado do latim *consentire,* cujo significado tem na origem o termo *sentire,* que decorre de "sentir", o consentimento vai além da mera autorização em sentido lato, englobando uma aquiescência que decorre de um sentimento a respeito de determinada situação.

No campo ético-profissional, o consentimento para que o médico possa realizar sua atividade tem lastros profundos a partir dos Códigos de Deontologia Médica brasileiros, desde a sua primeira redação em 1929:

> Código de Moral Médica (1929) [*sic*]:
>
> Art. 4º O médico, em suas relações com o enfermo, procurara tolerar seus caprichos e fraquezas enquanto não se oponham as exigências do tratamento, me, exerçam uma influencia nociva ao curso da afecção.
>
> Art. 7º O médico devera respeitar as crenças religiosas de seus clientes, não se opondo em caso algum nem por qualquer motivo ao cumprimento dos preceitos religiosos.
>
> Art. 12º O médico não devera examinar a mulher casada sem a presença de seu marido ou de uma pessoa da família devidamente autorizada.
>
> Art. 14º O cirurgião não fará operação alguma multilante (amputação, castração, etc.), sem a prévia autorização do enfermo perante testemunhas idôneas.
>
> Art. 15º Nenhuma operação praticara o cirurgião em menores, sem a prévia autorização dos pais ou tutores da criança enferma.
>
> Art. 71º Somente se procedera à interrupção da gestação depois de se ter cumprido os seguintes preceitos: ter coincido com a opinião favorável de outros médicos e especialistas em obstetrícia; e ter-se obtido o consentimento dos pais da criança.
>
> Art. 74º O parteiro não praticara nem o parto prematuro terapêutico, nem fará a embryotomia do feto vivo, sem a autorização da mãe. Se esta não gozar doso perfeito de suas faculdades mentais, o parteiro pedira a autorização necessária ao marido ou aos parentes mais próximos da mãe: pais, filhos, irmãos, etc.

Evidentemente, ele reflete valores do seu tempo, inclusive com situações, felizmente, inimagináveis ao estágio de evolução social, *v.g.*, a necessária autorização do marido para que haja o ato médico frente a uma mulher casada, a permissão para que o médico possa invadir, de fato, a esfera privada e íntima de seu paciente.

Entretanto, a base comunicativa estabelecida para que tal condescendência fosse levada a efeito pelo profissional médico era a oralidade, sem que houvesse qualquer imposição quanto ao registro escrito.

No campo deontológico estabelecido pelo atual Código de Ética Médica, Resolução n. 2.217/2018, há um encadeamento de previsões a respeito do necessário consentimento e respeito à vontade do paciente:

> **Código de Ética Médica atual**
>
> Princípios fundamentais
>
> XXI. No processo de tomada de decisões profissionais, de acordo com seus ditames de consciência e as previsões legais, o médico aceitará as escolhas de seus pacientes, relativas aos procedimentos diagnósticos e terapêuticos por eles expressos, desde que adequadas ao caso e cientificamente reconhecidas.
>
> É vedado ao médico.
>
> Art. 22. Deixar de obter consentimento do paciente ou de seu representante legal após esclarecê-lo sobre o procedimento a ser realizado, salvo em caso de risco iminente de morte.
>
> Art. 34. Deixar de informar ao paciente o diagnóstico, o prognóstico, os riscos e os objetivos do tratamento, salvo quando a comunicação direta possa lhe provocar dano, devendo, nesse caso, fazer a comunicação a seu representante legal.
>
> Art. 101. Deixar de obter do paciente ou de seu representante legal o termo de consentimento livre e esclarecido para a realização de pesquisa envolvendo seres humanos, após as devidas explicações sobre a natureza e as consequências da pesquisa.
>
> Art. 103. Realizar pesquisa em uma comunidade sem antes informá-la e esclarecê-la sobre a natureza da investigação e deixar de atender ao objetivo de proteção à saúde pública, respeitadas as características locais e a legislação pertinente.
>
> Art. 110. Praticar a Medicina, no exercício da docência, sem o consentimento do paciente ou de seu representante legal, sem zelar por sua dignidade e privacidade ou discriminando aqueles que negarem o consentimento solicitado.

O termo de consentimento, enquanto documento médico, surge a partir de uma evolução bioética decorrente de inúmeros experimentos com seres humanos que se iniciam, na história recente, com o regime nazista alemão, passando pelo episódio conhecido como a "sífilis não tratada", ocorrido no Estado do Alabama, nos Estados Unidos da América entre os anos de 1932 e 1972, e que serão abordados em capítulo específico.

Todavia, obter o consentimento de um paciente em procedimentos potencialmente prejudiciais à sua saúde passou a ser uma exigência do bom relacionamento médico, assim como nas pesquisas envolvendo seres humanos.

Entre as nomenclaturas comumente utilizadas, a denominação "termo de consentimento livre e esclarecido" parece ser a mais adequada, na medida em que retrata os elementos necessários à validade jurídica de tal documento, consubstanciados em dois pilares essenciais: a autonomia e a liberdade de escolha. O Conselho Federal de Medicina, por intermédio da Recomendação n. 01/2016, assim o define:

O consentimento livre e esclarecido consiste no ato de decisão, concordância e aprovação do paciente ou de seu representante legal, após a necessária informação e explicações, sob a responsabilidade do médico, a respeito dos procedimentos diagnósticos ou terapêuticos que lhe são indicados.

A base do termo de consentimento repousa no exercício da autonomia do paciente, com liberdade para, diante das opções, condições e possíveis efeitos do procedimento no corpo humano, escolher o que lhe parece ser a melhor opção.

Portanto, autonomia para decidir pressupõe o respectivo conhecimento a partir das informações técnicas que são transmitidas e, posteriormente, lavradas a termo pelo profissional de saúde.

A propósito, a evolução quanto à obtenção do termo de consentimento fora retratada no acórdão proferido nos autos do Recurso Especial n. 1.848.862/RN, com destaque para o voto proferido pelo Ministro Relator Marco Aurélio Bellizze:

> Não se pode olvidar que a medicina vem passando por significativa evolução ao longo dos últimos 30 anos, não só na parte dos procedimentos e medicamentos disponíveis, fruto do avanço da tecnologia, mas também na relação médico-paciente, transformando-se um modelo essencialmente "paternalista" ou "sacerdotal" (assim chamado pela literatura médica), em que não havia participação do doente em relação ao tratamento indicado, para um modelo de "participação mútua" ou "contratualista", em que o paciente participa ativamente na tomada de decisões sobre o procedimento médico sugerido, em respeito ao seu direito fundamental à autodeterminação, modelo que deu origem ao chamado "consentimento informado".
>
> Assim, embora, atualmente, seja comum a prática de se obter o consentimento livre e informado do paciente, principalmente mediante documento por escrito, cujas informações sobre a terapêutica envolvida são prestadas de forma bastante pormenorizada, sobretudo em casos cirúrgicos, não há como ignorar que a cirurgia em discussão foi realizada em março de 2002, isto é, há mais de 20 anos, época em que não havia, ainda, a prática usual em relação à prestação de informação clara e precisa ao paciente.

A Recomendação susomencionada dispõe, justamente, sobre o "processo de obtenção de consentimento livre e esclarecido na assistência médica", o que pressupõe a existência de uma sequência de ações que culminam na respectiva concessão autorizada à realização do procedimento objetivado.

É importante destacar que o processo de obtenção do consentimento possui situações e especificidades a serem observadas diante das características próprias do atendimento assistencial objetivado, principalmente quando se trata de situações de urgência ou emergência frente a procedimentos tipicamente eletivos.

O ingresso no paciente em ambiente hospitalar, apresentando quadro clínico indicativo de emergência pressupõe a concessão tácita ao facultativo para que, dentro da sua *expertise* e dever ético, utilize de todos os meios ao seu alcance em benefício do enfermo, não sendo necessário o preenchimento de qualquer documento prévio, correndo-se o risco, inclusive, de incidir no crime tipificado no art. 135-A do Código Penal, já abordado.

Quando inexistente a possibilidade de obtenção da vontade do paciente a respeito dos seus desígnios em saúde, o médico deve utilizar todos os meios necessários a preservar-lhe a saúde e a própria vida, não sendo necessária, por consequência axiomática, qualquer obtenção de documento escrito – o que não elimina o possível diálogo entre o médico socorrista, o cirurgião e a equipe necessária à realização do ato, quanto ao que está ocorrendo e o que será feito para tentar restabelecer a saúde do paciente, preservando, ao menos, a base informativa com fulcro na oralidade. A esse respeito, a própria Recomendação já mencionada dispõe:

> Em situações de emergência, nas quais não seja possível obter o consentimento do paciente ou de seu representante, o médico atuará em favor da vida do paciente, amparado no princípio da beneficência, entre outros. Nesse momento, ao avaliar o que é melhor para o paciente (privilégio terapêutico), o médico adotará o procedimento mais adequado e cientificamente reconhecido para alcançar a beneficência. No entanto, o médico sempre deverá considerar as diretivas antecipadas de vontade do paciente, se existentes e disponíveis, conforme determina a Resolução CFM n. 1.995/2012.

Em atendimentos eletivos, em que há oportunidade para a realização de uma ampla e integral consulta prévia – obrigatória para determinados procedimentos invasivos e atos anestésicos –, o termo de consentimento livre e esclarecido passa a integrar a relação entre paciente e médico de forma intrínseca e inseparável, especialmente porquanto os Tribunais pátrios têm considerado sua inexistência uma espécie de negligência informacional indenizável, mesmo quando o ato médico realizado encontra-se dentro dos respectivos protocolos e parâmetros, contudo com resultado indesejado, não precedido de uma má conduta:

> RESPONSABILIDADE CIVIL. ERRO MÉDICO. INEXISTÊNCIA. AUSÊNCIA DO CONSENTIMENTO INFORMADO. DEVER DE INFORMAÇÃO DOS RISCOS AO PACIENTE. DANO MITIGADO.
>
> 1. – Ocorrendo simultaneamente diversas patologias é inevitável a necessidade de associação de medicamentos.
>
> 2. – Paciente portador de GOTA e ocorrendo a necessidade de colocação de válvula mitral é inevitável a necessidade de utilização de diversos medicamentos.
>
> 3. – A prova coletada não indica equívocos na associação de medicamentos utilizada. Igualmente pelos elementos contidos nos autos buscaram os profissionais minimizar os efeitos.
>
> 4. – A ciência médica ainda não atingiu o estágio de afastar danos colaterais quando do tratamento.
>
> 5. – Os réus não providenciaram o termo do consentimento informado em relação ao autor. Ausência de comprovação que o paciente tenha sido convenientemente informado dos riscos do procedimento.
>
> 6. Dano moral devido, mas mitigado em decorrência do acerto do procedimento realizado.
>
> 7. – A indenização é fixada em parâmetros menores que aqueles que seriam utilizados caso houvesse efetivamente dano moral decorrente de erro.
>
> 8. – Nestas circunstâncias o dano moral é fixado em R$ 25.000,00. Apelo parcialmente provido (TJRS, Apelação Cível n. 70074611658, Nona Câmara Cível, Rel. Eduardo Kraemer, j. 25.04.2018).

Portanto, a obtenção do consentimento do paciente pode ser considerada uma fase do procedimento médico a ser realizado, na medida em que se apresenta como essencial, não apenas do ponto de vista jurídico, mas da boa relação entre o profissional e o seu assistido.

A terminologia adequada, portanto, engloba o consentimento, mas de forma livre e esclarecida, o que pressupõe a ausência de pressão no processo decisório, bem como que sejam fornecidos ao paciente elementos suficientes a respeito do procedimento que viabilizem o seu conseguinte julgamento.

V.g., podemos citar uma cirurgia oftalmológica em que o paciente teve uma perda considerável da visão, sem qualquer má prática evidenciada, mas lastreada em consequência possível do procedimento, sem que lhe fosse concedida oportunidade prévia para decidir quanto à realização da intervenção que, de fato, lhe causou um dano. Situação semelhante já foi objeto de decisão em antigo precedente oriundo do Tribunal de Justiça de São Paulo:

> Indenização – Erro médico – Inadmissibilidade de causa de pedir baseada em obrigação de resultado para correção de miopia – Ausência de ato culposo do médico para o procedimento adotado – Viabilidade da causa de pedir lastreada em falta de esclarecimento sobre o risco da cirurgia – Dever do médico em esclarecer sobre os possíveis riscos antes de obter o consentimento para procedimento médico invasivo não urgente – Inteligência do art. 46 do Código de Ética Médica, Resolução 1.246/1988 do Conselho Federal de Medicina, com força vinculadora conforme Lei 3.268/1957, art. 5º, "d" – Precedentes do Conselho Federal de Medicina sobre a necessidade de esclarecimento anterior dos riscos do procedimento como dever do médico – Ocorrência de nexo causal entre o resultado da piora da visão não esclarecido e as cirurgias efetivadas – Deferimento de dano material no valor estimado do transplante de córneas e dano moral não por erro médico culposo ou obrigação de resultado, mas por decorrência possível de procedimento médico sem esclarecimento ao paciente para sopesar o risco e capacidade de consentir de forma plena, omissão de dever médico – Recurso provido, em parte, para julgar procedente, em parte, a ação (TJSP, Apelação Cível com Revisão n. 497.193-4/5-00. Décima Câmara D de Direito Privado, Rel. Des. César Augusto Fernandes, j. 16.04.2008).

Destaque-se que o voto condutor acima ainda salienta, de forma bastante incisiva, o dever ético do médico em obter o consentimento de seu paciente, com indicação de julgados proferidos por Conselhos de Medicina, lastreando uma decisão voltada ao ressarcimento de ordem moral, extrapatrimonial, denotando-se o fato de que, a par da independência entre as esferas, o conhecimento dos fundamentos do Direito Médico afigura-se como essencial a tais litígios.

O Termo de Consentimento Livre e Esclarecido (TCLE), portanto, é um documento que, além do seu aspecto ético, cuja oralidade fora a forma inicialmente adotada, possui relevância jurídica e esclarecedora ao paciente, na formação de sua convicção quanto aos riscos e benefícios do procedimento, e, sob tal aspecto, ele deve ser elaborado.

Além dos tradicionais campos referentes aos dados cadastrais e às características quanto ao estado de saúde obtidos a partir da respectiva anamnese, o TCLE deve conter espaços suficientemente variáveis, a serem personalizados ao quadro clínico, tais como fatores de risco específicos, histórico familiar e genético, bem como informações próprias do paciente que possam influenciar no sucesso do procedimento, *v.g.*, tabagismo.

Devem também ser informados os respectivos efeitos pós-operatórios, os deveres do paciente, a obrigação que lhe incumbe quanto a repouso, tempo de recuperação e obrigação quanto ao comparecimento nas consultas de avaliação.

O TCLE representa um documento unilateral, em que ambos, médico e paciente, assumem compromissos informacionais, principalmente no que se refere à ausência de qualquer omissão quanto a situações de saúde não informadas ao profissional e que podem, eventualmente, influenciar negativamente no resultado do procedimento.

Cabe destacar o já mencionado REsp n. 1.180.815/MG, em que a Ministra Nancy Andrighi aponta:

> 4. Age com cautela e conforme os ditames da boa-fé objetiva o médico que colhe a assinatura do paciente em termo de consentimento informado, de maneira a alertá-lo acerca de eventuais problemas que possam surgir durante o pós-operatório.

A obtenção do termo de consentimento, nos parâmetros estabelecidos acima, também possui como objetivo primordial atender ao quanto disposto no Código de Defesa do Consumidor, por intermédio de seu art. 6º, III:

> Art. 6º São direitos básicos do consumidor:
> [...]
> III – a informação adequada e clara sobre os diferentes produtos e serviços, com especificação correta de quantidade, características, composição, qualidade, tributos incidentes e preço, bem como sobre os riscos que apresentem;
> [...].

A Recomendação n. 01/2016 do Conselho Federal de Medicina também conceitua o chamado "assentimento livre e esclarecido", manifestação de vontade espontânea tácita, caracterizada pela aceitação e adesão a determinados tratamentos, em especial quanto a pacientes legalmente incapazes:

> O assentimento livre e esclarecido consiste no exercício do direito de informação do paciente legalmente incapaz, para que, em conjunto com seu representante legal, possa, de forma autônoma e livre, no limite de sua capacidade, anuir aos procedimentos médicos que lhe são indicados ou deles discordar.

A respeito do paciente legalmente incapaz, destaque para a Resolução n. 2.057/2013 do Conselho Federal de Medicina, que consolida "as diversas resoluções da área da Psiquiatria e reitera os princípios universais de proteção ao ser humano, à defesa do ato médico privativo de psiquiatras e aos critérios mínimos de segurança para os estabelecimentos hospitalares ou de assistência psiquiátrica de quaisquer naturezas, definindo também o modelo de anamnese e roteiro pericial em psiquiatria", assim determinando em seu art. 14:

> Art. 14. Nenhum tratamento será administrado à pessoa com doença mental sem consentimento esclarecido, salvo quando as condições clínicas não permitirem sua obtenção ou em situações de emergência, caracterizadas e justificadas em prontuário, para evitar danos imediatos ou iminentes ao paciente ou a terceiro.

Parágrafo único. Na impossibilidade de se obter o consentimento esclarecido do paciente, ressalvada a condição prevista na parte final do *caput* deste artigo, deve-se buscar o consentimento do responsável legal.

A informação dentro da relação entre médico e paciente decorre de uma obrigação intrínseca, a partir do ouvir, olhar e dialogar, de forma bilateral, premissas básicas ao desenvolvimento estrutural básico do ato médico, a ser reduzido a um documento: o Termo de Consentimento Livre e Esclarecido (TCLE).

V.a.5.1. O termo de consentimento na prática

Elaborar um termo de consentimento livre e esclarecido, a partir das premissas trazidas, não é algo excessivamente complexo, exigindo, em especial, um estudo acerca do procedimento que será realizado, além da devida orientação ao profissional quanto à aplicação, sempre acompanhada das informações verbalizadas. Contudo, há algumas técnicas que podem facilitar o processo de produção de tais termos.

Além de técnicas visuais, que tornam a compreensão mais simples, elaboramos um *checklist*, útil à efetiva prática de confecção do documento:

TERMO DE CONSENTIMENTO LIVRE E ESCLARECIDO

OSVALDO SIMONELLI
DIREITO MÉDICO

Check List – TCLE.

- ❑ Explicação verbalizada acerca do procedimento.
- ❑ Qualificação do paciente ou seu representante legal.
- ❑ Informações mínimas sobre as características do paciente obtida a partir da anamnese.
- ❑ Riscos do procedimento de forma clara e sem linguajar excessivamente técnico.
- ❑ Possíveis efeitos colaterais (tipo "bu a de remédio").
- ❑ Indicação clara quanto as obrigações do paciente (pré/pós operatório).
- ❑ Campo em branco para o paciente preencher com dúvidas (anular se ficar em branco)
- ❑ Campo para assinatura do paciente ou seu representante legal.
- ❑ Indicação clara quanto as obrigações assumidas pelo paciente e pelo médico.
- ❑ Indicação de que o termo de consentimento não é suficiente a esclarecer todas as possibilidades acerca do tratamento porposto e que poderão ser feitas complementações posteriores.
- ❑ Indicações quanto a postura do médico no pós (procurar serviço de urgência ou há um canal de contato etc.)

Para facilitar, ainda mais, o trabalho de elaboração do Termo de Consentimento Livre e Esclarecido, segue abaixo também organograma dos principais itens e um formato que pode ser utilizado como um parâmetro inicial:

TERMO DE CONSENTIMENTO LIVRE E ESCLARECIDO

OSVALDO SIMONELLI
DIREITO MÉDICO

Qualificação básica do paciente

Nome e descrição do procedimento

Sobre o procedimento:

Duração aproximada:

Riscos mais frequentes:

Efeitos colaterais mais frequentes:

Duração dos efeitos colaterais:

Obs.: Em casos de cirurgias ou procedimentos reparadores e/ou terapêuticos, incluir esta previsão específica no TCLE.

Procedimentos em caso de efeitos colaterais persistentes: (retornar ao consultório ou comparecer a um serviço de urgência/emergência)

Característistcas do paciente: (que possam influenciar no resultado do procedimento ou inviabilizar)

ex.: tabagismo; doenças crônicas; gravidez; amamentação;

CAMPO EM BRANCO PARA PACIENTE PREENCHER SE ENTENDER NECESSÁRIO

Pré-procedimento (informações básicas)

Pós-procedimento (quando necessário diante das caracterísitcas do paciente.

Caso contrário pode ser por documento padrão para cada procedimento

Declaro que fui devidamente esclarecida (o) a respeito dos riscos inerentes ao procedimento e, de forma livre e esclarecido, autorizo a sua realização.

Identificação e assinatura do profissional que irá realizar o procedimento.

Assinatura do paciente ou responsável legal (DE VERDADE).

V.a.6. Diretivas antecipadas de vontade

Art. 1º Definir diretivas antecipadas de vontade como o conjunto de desejos, prévia e expressamente manifestados pelo paciente, sobre cuidados e tratamentos que quer, ou não, receber no momento em que estiver incapacitado de expressar, livre e autonomamente, sua vontade (Resolução n. 1.995/2012 do Conselho Federal de Medicina).

A norma ética federal é inspirada na Lei Portuguesa n. 25/2012, que "regula as diretivas antecipadas de vontade, designadamente sob a forma de testamento vital, e a nomeação de procurador de cuidados de saúde e cria o Registo Nacional do Testamento Vital (RENTEV)".

Dentre as características essenciais da norma lusitana, pode-se destacar a instituição do chamado "procurador de cuidados de saúde" (art. 11), que recebe os respectivos poderes representativos para decidir quanto aos cuidados de saúde a incidirem sobre o outorgante, paciente, quando este estiver incapacitado ao pleno exercício de sua vontade de maneira autônoma.

Tal possibilidade, ainda não contemplada na legislação brasileira, ao menos expressamente, viabiliza a adoção de medidas relativas aos respectivos tratamentos de saúde, em obediência à vontade do paciente, de forma segura ao profissional de saúde, evitando-se conflitos, *v.g.*, de ordem familiar.

A Resolução brasileira a respeito do tema, enquanto única norma vigente sobre o assunto, possui diversos óbices à implementação efetiva dos direitos do paciente, na medida em que se restringe ao caráter ético da relação, e, de forma mais específica ainda, direciona-se aos profissionais médicos, nos limites da Lei n. 3.268/1957.

As demais previsões normativas a respeito encontram-se assim estabelecidas por intermédio da Resolução n. 1.995/2012 do Conselho Federal de Medicina:

> Art. 2º Nas decisões sobre cuidados e tratamentos de pacientes que se encontram incapazes de comunicar-se, ou de expressar de maneira livre e independente suas vontades, o médico levará em consideração suas diretivas antecipadas de vontade.
>
> § 1º Caso o paciente tenha designado um representante para tal fim, suas informações serão levadas em consideração pelo médico.
>
> § 2º O médico deixará de levar em consideração as diretivas antecipadas de vontade do paciente ou representante que, em sua análise, estiverem em desacordo com os preceitos ditados pelo Código de Ética Médica.
>
> § 3º As diretivas antecipadas do paciente prevalecerão sobre qualquer outro parecer não médico, inclusive sobre os desejos dos familiares.
>
> § 4º O médico registrará, no prontuário, as diretivas antecipadas de vontade que lhes foram diretamente comunicadas pelo paciente.
>
> § 5º Não sendo conhecidas as diretivas antecipadas de vontade do paciente, nem havendo representante designado, familiares disponíveis ou falta de consenso entre estes, o médico recorrerá ao Comitê de Bioética da instituição, caso exista, ou, na falta deste, à Comissão de Ética Médica do hospital ou ao Conselho Regional e Federal de Medicina para fundamentar sua decisão sobre conflitos éticos, quando entender esta medida necessária e conveniente.

De forma bastante tímida ainda, algumas decisões judiciais têm considerado as diretivas antecipadas como elemento norteador da relação entre médico e paciente, em especial quando essenciais ao cumprimento dos últimos desígnios, em situações de terminalidade:

> APELAÇÃO CÍVEL. ASSISTÊNCIA À SAÚDE. BIODIREITO. ORTOTANÁSIA. TESTAMENTO VITAL.
>
> 1. Se o paciente, com o pé esquerdo necrosado, se nega à amputação, preferindo, conforme laudo psicológico, morrer para "aliviar o sofrimento"; e, conforme laudo psiquiátrico, se encontra em pleno gozo das faculdades mentais, o Estado não pode invadir seu corpo e realizar a cirurgia mutilatória contra a sua vontade, mesmo que seja pelo motivo nobre de salvar sua vida.
>
> 2. O caso se insere no denominado biodireito, na dimensão da ortotanásia, que vem a ser a morte no seu devido tempo, sem prolongar a vida por meios artificiais, ou além do que seria o processo natural.

3. O direito à vida garantido no art. 5º, *caput*, deve ser combinado com o princípio da dignidade da pessoa, previsto no art. 2º, III, ambos da CF, isto é, vida com dignidade ou razoável qualidade. A Constituição institui o direito à vida, não o dever à vida, razão pela qual não se admite que o paciente seja obrigado a se submeter a tratamento ou cirurgia, máxime quando mutilatória. Ademais, na esfera infraconstitucional, o fato de o art. 15 do CC proibir tratamento médico ou intervenção cirúrgica quando há risco de vida, não quer dizer que, não havendo risco, ou mesmo quando para salvar a vida, a pessoa pode ser constrangida a tal.

4. Nas circunstâncias, a fim de preservar o médico de eventual acusação de terceiros, tem-se que o paciente, pelo quanto consta nos autos, fez o denominado testamento vital, que figura na Resolução n. 1.995/2012, do Conselho Federal de Medicina.

5. Apelação desprovida (TJRS, Apelação n. 70054988266, CNJ n. 0223453-79.2013.8.21.7000, Primeira Câmara Cível, Rel. Des. Irineu Mariani, j. 20.11.2013).

A norma portuguesa conceitua de forma plena as diretivas antecipadas de vontade, ao estabelecê-las como um

> [...] documento unilateral e livremente revogável a qualquer momento pelo próprio, no qual uma pessoa maior de idade e capaz, que não se encontre interdita ou inabilitada por anomalia psíquica, manifesta antecipadamente a sua vontade consciente, livre e esclarecida, no que concerne aos cuidados de saúde que deseja receber, ou não deseja receber, no caso de, por qualquer razão, se encontrar incapaz de expressar a sua vontade pessoal e autonomamente (art. 2º, 1).

O principal objetivo das diretivas é, justamente, deixar um registro confiável e irrefutável a respeito da vontade do paciente quando este não puder mais expressar seus desejos de forma livre e autônoma. E, nesse ponto, é que a legislação brasileira não favorece a autonomia do enfermo.

Por meio de um documento simples, com anotação junto do prontuário médico, segundo a Resolução ética federal em vigor, o paciente poderá deixar registradas situações concretas com as respectivas manifestações de vontade, *v.g.*, a não utilização de respirador artificial, de alguns tratamentos medicamentosos ou cirúrgicos que sejam dolorosos, ou, ainda, a recusa quanto à reanimação na hipótese de uma parada respiratória.

Contudo, o processo decisório em um momento em que o enfermo está impossibilitado de manifestar a sua vontade envolve uma série de observações jurídicas que retiram a necessária segurança jurídica ao profissional de saúde.

Problemas familiares que envolvem desde rusgas peculiares até questões de ordem financeiro-sucessória impactam no desenvolvimento resolutivo a respeito do estado de saúde do paciente, na medida em que o arcabouço normativo pátrio não possui a estrutura suficiente à segurança jurídica almejada.

O próprio termo "testamento vital" é, diante da configuração legislativa, impróprio, na medida em que sua definição, a partir do Código Civil, impõe como requisito a disposição dos bens para depois da morte, ou seja, não é um documento para ser descerrado em vida:

> Art. 1.857. Toda pessoa capaz pode dispor, por testamento, da totalidade dos seus bens, ou de parte deles, para depois de sua morte.

Portanto, a capacidade de testar, como ato personalíssimo (art. 1.858), decorre de um ato em vida para gerar efeitos após a morte, o que conflita diretamente com a premissa estabelecida pelo testamento vital, cujo propósito é, justamente, apresentar determinações de fim de vida, relacionadas a tratamentos de saúde, por vezes, inclusive, limitantes à própria vida do paciente.

No âmbito brasileiro cartorial, tem sido utilizada a escritura pública de declaração de vontade como documento público que contém as características essenciais à manifestação objetivada pela normativa ética federal, mas que não possui fácil identificação quanto ao necessário conhecimento pelo médico; o seu acesso é restrito, e demanda que alguém informe ao profissional médico a sua existência documental, o que, nem sempre, se afigura viável.

No âmbito da norma portuguesa, idealizou-se a criação de um sistema nacional de registros públicos, denominado RENTEV (Registo Nacional do Testamento Vital), viabilizando a respectiva consulta quando necessário, com efeito cogente aos profissionais de saúde, na forma do art. 6º, 1, da Lei, segundo o qual:

> Se constar do RENTEV um documento de diretivas antecipadas de vontade, ou se este for entregue à equipa responsável pela prestação de cuidados de saúde pelo outorgante ou pelo procurador de cuidados de saúde, esta deve respeitar o seu conteúdo, sem prejuízo do disposto na presente lei.

No Brasil, o RENTEV fora, de forma louvável, idealizado pela I. Professora Luciana Dadalto, por intermédio do portal "testamento vital", como uma iniciativa privada, de modo a viabilizar o acesso a tais informações por parte dos profissionais de saúde.

Fato é que, tanto em Portugal quanto no Brasil, comparativamente, os números ainda não são significativos a ensejar a criação de uma política pública voltada à fomentação de tal documento essencial ao respeito da vontade do paciente.

Havia um Projeto de Lei do Senado, de n. 149/2018, arquivado ao final de legislatura, assim ementado para fins de identificação no Parlamento brasileiro:

> **Ementa:**
> Dispõe sobre as diretivas antecipadas de vontade sobre tratamentos de saúde.
> **Explicação da Ementa:**
> Estabelece a possibilidade de toda pessoa maior e capaz declarar, antecipadamente, o seu interesse de se submeter ou não a tratamentos de saúde futuros, caso se encontre em fase terminal ou acometido de doença grave ou incurável.

As diretivas antecipadas de vontade devem ser, legalmente, convertidas sob a forma de testamento vital como medida garantidora da autonomia do paciente quando frente a situações de terminalidade da vida, essencial à preservação do direito de optar, diante de seu profissional de confiança, pelas medidas a serem utilizadas para salvaguardar uma morte digna, dentro dos conceitos individuais e subjetivos.

Todavia, não se pode olvidar que há Resolução a respeito do tema, a incidir sobre a relação entre médico e paciente, e, como tal, deve ser respeitada pelo profissional quando houver, efetivamente, uma determinação do paciente nesse sentido.

O que implica dificuldade pragmática, no âmbito da legislação brasileira, é justamente a ausência de legislação que permita, diante de situações específicas e bem definidas, a utilização de métodos de abreviação da vida por intermédio de auxílio médico-assistencial, tais como a eutanásia e o suicídio assistido, limitando-se a aplicação das diretivas a hipóteses reduzidas, relacionadas à chamada "ortotanásia", caracterizada pela limitação ou suspensão de procedimentos e tratamentos que "prolonguem a vida do doente terminal, de enfermidade grave e incurável" (art. 1º da Resolução n. 1.805/2006 do Conselho Federal de Medicina).

A V Jornada de Direito Civil, promovida pelo Conselho da Justiça Federal, concedeu validade à declaração de vontade, por intermédio do Enunciado n. 528, representando um avanço em termos de reconhecimento prático do "testamento vital", como denominado no texto:

> É válida a declaração de vontade expressa em documento autêntico, também chamado "testamento vital", em que a pessoa estabelece disposições sobre o tipo de tratamento de saúde, ou não tratamento, que deseja no caso de se encontrar sem condições de manifestar a sua vontade.

V.B. O SIGILO PROFISSIONAL

> Àquilo que no exercício ou fora do exercício da profissão e no convívio da sociedade, eu tiver visto ou ouvido, que não seja preciso divulgar, eu conservarei inteiramente secreto (Juramento de Hipócrates).

O segredo entre médico e paciente é a base do Direito Médico, a partir do qual se firmam todas as demais premissas e bases desta que é uma relação milenar, antiga e essencial ao convívio da sociedade.

Em antigo precedente oriundo da Corte Superior de Justiça, o Ministro César Asfor Rocha firmou entendimento a respeito do tema de forma a sedimentar o ônus social do sigilo profissional, como uma proteção à sociedade, a partir do próprio interesse público, sustentáculo da dignidade que envolve a relação no âmbito de determinadas categorias profissionais:

> O sigilo profissional é exigência fundamental da vida social que se deve ser respeitado como princípio de ordem pública, por isso mesmo que o Poder Judiciário não dispõe de força cogente para impor a sua revelação, salvo na hipótese de existir específica norma de lei formal autorizando a possibilidade de sua quebra, o que não se verifica na espécie.
> O interesse público do sigilo profissional decorre do fato de se constituir em um elemento essencial à existência e à dignidade de certas categorias, e à necessidade de se tutelar a confiança nelas depositada, sem o que seria inviável o desempenho de suas funções, bem como por se revelar em uma exigência da vida e da paz social (STJ, RMS 9.612/SP, Quarta Turma, Rel. Min. César Asfor Rocha, *DJe* 09.11.2018).

O ilustre e culto professor GENIVAL VELOSO DE FRANÇA[8] trata o sigilo médico de forma ímpar:

> O sigilo médico, entre uma época e outra, não é o mesmo. É ele, talvez, nos dias que correm, o mais discutido e controvertido problema deontológico, em virtude dos múltiplos e variados aspectos que se oferecem. Os princípios éticos e jurídicos estabelecidos não se apresentam, muitas vezes, fáceis quanto à sua aplicação prática, em determinadas circunstâncias. Opostamente a outros assuntos deontológicos, o sigilo médico assume aspectos inteiramente filosóficos.

Nesse contexto filosófico-deontológico, o sigilo médico assume condição demasiadamente complexa – diante de tantos dilemas que envolvem a sua possibilidade de violação –, já definida por Hipócrates, a partir de uma conveniência social à luz dos direitos individuais.

A legislação nacional protege o sigilo das relações, a começar pela Carta Republicana de 1988, que, em seu art. 5º, X, estabelece como invioláveis "a intimidade, a vida privada, a honra e a imagem das pessoas, assegurado o direito a indenização pelo dano material ou moral decorrente de sua violação".

O Estatuto Repressivo, em seu art. 154, tipifica o crime de "violação do segredo profissional" da seguinte forma: "Revelar alguém, sem justa causa, segredo, de que tem ciência em razão de função, ministério, ofício ou profissão, e cuja revelação possa produzir dano a outrem".

O Código Civil, em seu art. 229, I, revogado a partir do advento do Código de Processo Civil, estabelecia que:

> Art. 229. Ninguém pode ser obrigado a depor sobre fato:
> I – a cujo respeito, por estado ou profissão, deva guardar segredo.

Por seu turno, o Código de Processo Penal estabelece uma proibição expressa, por intermédio do art. 207, cuja redação assim exprime:

> Art. 207. São proibidas de depor as pessoas que, em razão de função, ministério, ofício ou profissão devam guardar segredo, salvo se, desobrigadas pela parte interessada, quiserem dar o seu testemunho.

Por fim, o Código de Processo Civil assim indica, em seus arts. 388, II, e 404, IV:

> Art. 388. A parte não é obrigada a depor sobre fatos:
> [...]
> II – a cujo respeito, por estado ou profissão, deva guardar sigilo;
> [...].
> Art. 404. A parte e o terceiro se escusam de exibir, em juízo, o documento ou a coisa se:
> [...]

---

[8]   FRANÇA, Genival Veloso de. *Direito médico*. 10. ed. Rio de Janeiro: Forense, 2010. p. 127.

IV – sua exibição acarretar a divulgação de fatos a cujo respeito, por estado ou profissão, devam guardar segredo;

[...].

Portanto, no campo normativo-legal, a prevalência do sigilo profissional afigura-se como regra processual e constitucional, inclusive com reprimenda no campo penal, que, tal como Hipócrates estabeleceu, excepciona a chamada "justa causa", ou, nos dizeres do pai da medicina: "que não convenha revelar".

A justa causa, portanto, é um critério subjetivo, que não encontra fácil definição nos âmbitos doutrinário e jurisprudencial, impondo ao médico o desconfortável veredito de ponderar, diante das especificidades do caso, a existência de motivos justificantes à violação de seu solene juramento profissional.

O Código de Ética Médica, a respeito de tal proteção, estabelece a vedação específica no âmbito de seu art. 73:

> É vedado ao médico:
>
> Art. 73. Revelar fato de que tenha conhecimento em virtude do exercício de sua profissão, salvo por motivo justo, dever legal ou consentimento, por escrito, do paciente. Parágrafo único. Permanece essa proibição: a) mesmo que o fato seja de conhecimento público ou o paciente tenha falecido; b) quando de seu depoimento como testemunha. Nessa hipótese, o médico comparecerá perante a autoridade e declarará seu impedimento; c) na investigação de suspeita de crime, o médico estará impedido de revelar segredo que possa expor o paciente a processo penal.

Extraem-se da norma deontológica três hipóteses que justificam a violação do sigilo profissional, como sendo: o consentimento por escrito do paciente; o dever decorrente da lei; e o motivo justo – ou, como apontado no Código Penal, a "justa causa".

O sigilo pertence ao paciente, permanecendo sob a guarda do profissional como um segredo sacerdotal; contudo, uma vez devidamente autorizado pelo próprio detentor de tal privilégio, o médico encontra-se desobrigado a mantê-lo; contudo, não é obrigado automaticamente a revelá-lo quando na condição de testemunha em processo penal, como prerrogativa estabelecida no trecho final do art. 207 do Código respectivo, pela aposição da sentença "quiserem dar o seu testemunho".

Quanto ao dever legal, não há discussão, na medida em que decorre de uma obrigação imposta pela legislação, *v.g.*, a já abordada notificação compulsória de doenças, conforme tipificado no art. 269 do Código Penal.

Entretanto, a chamada "justa causa" permanece no campo da imprecisão jurídica, sem conceituação clara acerca de um importante comportamento que, inclusive, tem potencial de retirar a ilicitude de uma conduta penalmente repressiva, ao mesmo tempo que representa a conduta eticamente permissiva.

A justa causa, pela sua construção a partir do próprio juramento hipocrático, encerra determinadas situações sob a ótica da conveniência do ponto de vista médico e social representada pelo termo "que não convenha divulgar".

Portanto, o sigilo médico, profissional, comporta determinadas situações em que a confiança estabelecida com o paciente não é suficiente à manutenção do segredo, na medida em que a informação obtida em confidência ultrapassa os limites da bilateralidade entre médico e enfermo.

V.g., um caso em que um médico psiquiatra constata, em consulta ou outro momento da relação profissional, que seu paciente está concretamente disposto a cometer um crime contra alguém, ou, ainda, um paciente acometido por uma doença infectocontagiosa que confidencia ao respectivo facultativo sua intenção de propagá-la de forma dolosa e indiscriminada a terceiros.

Evidentemente, a regra geral permanece como sendo a preservação do sigilo, tornando--se um dever ético do médico demover o paciente de tais intentos, a partir do diálogo e da própria confiança estabelecida.

Entretanto, diante de uma situação em que a coletividade ou um terceiro diretamente está exposto, o médico deve valer-se do permissivo "justa causa", e violar o sigilo profissional a fim de proteger um terceiro ou, até mesmo, uma coletividade indeterminada.

Ponderação importante envolve a situação cogente quanto à salvaguarda do sigilo profissional em que o seu próprio paciente pode ser alvo de ação penal, como vimos oportunamente, *v.g.*, mencionando a hipótese de aborto ilegal, praticado pela própria gestante, pela máxima de que o médico não pode ser um delator de seu paciente.

Assim, quando uma paciente está planejando realizar um aborto ilegal, e informa tal condição ao médico, este deve fazer de tudo para evitar, em proteção ao nascituro; todavia, uma vez realizado, há um limite legal imposto pela legislação que impede a violação do sigilo, quando ele decretará o início de uma persecução penal contra o seu próprio assistido.

A respeito de algumas patologias em especial, a Lei n. 14.289/2022 tornou obrigatória a "preservação do sigilo sobre a condição de pessoa que vive com infecção pelo vírus da imunodeficiência humana (HIV) e das hepatites crônicas (HBV e HCV) e de pessoa com hanseníase e com tuberculose" como forma de proteção a tais doenças, que, socialmente, ainda possuem um caráter estigmatizante, podendo levar a uma sorte de discriminações indevidas.

Nesse sentido, o acertado texto de lei invoca também, em caráter excepcional, a possibilidade de quebra do sigilo quando houver "justa causa", sem, contudo, definir tal terminologia, mantendo em aberta sua interpretação (art. 2º, parágrafo único).

Evidentemente, a justa causa e o dever legal não são hipóteses semelhantes de violação do segredo profissional, podendo-se afirmar que no campo do dever legal já está incluída uma hipótese de motivo justo assim definida pelo legislador, de forma expressa, considerando que a lei entende como correta e, portanto, justa, a violação do sigilo naquela previsão especificamente positivada.

O Estatuto da Criança e do Adolescente prevê, em seu art. 245, a tipificação de infração específica relacionada à violação de sigilo, como medida protetiva:

> Art. 245. Deixar o médico, professor ou responsável por estabelecimento de atenção à saúde e de ensino fundamental, pré-escola ou creche, de comunicar à autoridade competente os casos de que tenha conhecimento, envolvendo suspeita ou confirmação de maus-tratos contra criança ou adolescente:
>
> Pena – multa de três a vinte salários de referência, aplicando-se o dobro em caso de reincidência.

Não se trata de justa causa ou motivo justo, mas de dever legal, devidamente estabelecido em texto normativo, em que pese a norma possuir, em sua essência, a quebra a partir de uma motivação visceralmente conectada à situação de elevada relevância, que, ainda que não prevista na lei, justificaria a respectiva violação como forma de proteção da criança e do adolescente.

O dever legal, portanto, possui um aspecto normativo positivado, invariavelmente acompanhado do respectivo *status* sancionatório, ao contrário do motivo justo, que impinge ao profissional uma análise moral, ética e conscienciosa.

O justo motivo não pode ter o potencial de gerar um dano a alguém, expor o paciente a procedimento criminal, possuindo, em sua essência, a capacidade de proteção a algum bem maior que justifique a sobreposição de um direito individual que ultrapasse o campo apenas da ideação, adentrando a concretude de atos concatenados.

O maior guia à valoração da justa causa, enquanto condição excepcionante ao sigilo profissional, é, justamente, a consciência profissional diante de seu paciente e da realidade concreta a que se visa proteger.

Violar a condição de confidente necessário estabelecida a partir da relação entre médico e paciente exige muita cautela, na medida em que tal informação somente fora transmitida em razão da confiança prévia, e quebrantá-la pode trazer danos sociais indescritíveis e incalculáveis.

O Código de Ética Médica de 1965, já elaborado pelo Conselho Federal de Medicina a partir das premissas estabelecidas pela Lei n. 3.268/1957, em seus arts. 37 e 38 enumerou justamente as hipóteses aceitáveis de quebra e violação do segredo profissional, sendo um norte, em algumas circunstâncias ali estabelecidas até os nupérrimos dias:

Art. 37º É admissível a quebra de segredo profissional nos seguintes casos:

a) quando o paciente for menor e se tratar de lesão ou enfermidades que exija assistência que exija assistência ou medida profilática por parte da família, ou envolve responsabilidade de terceiros, cabendo ao médico revelar o fato aos pais, tutores ou outras pessoas sob cuja guarda ou dependência estiver o paciente;

b) para evitar o casamento de portador de defeito físico irremediável ou moléstia grave e transmissível por contágio ou herança capaz de pôr em risco a saúde do futuro cônjuge ou de sua descendência, casos suscetíveis de motivar anulação de casamento, em que o médico esgotará, primeiro todos os meios idôneos para evitar a quebra de sigilo;

c) quando se tratar de fato delituoso previsto em lei e a gravidade de suas consequências sobre terceiros crie para o médico o imperativo de consciência para revelá-lo à autoridade competente.

Art. 38º A revelação do segredo médico faz-se necessária:

a) nos casos de doença infectocontagiosa de notificação compulsória ou de outras de declaração obrigatória (doenças profissionais, toxicomania etc.);

b) nas perícias judiciais;

c) quando o médico está revestido de função em que tenha de pronunciar-se sobre o estado do examinado (serviços biométricos, juntas de saúde, serviços de companhias de seguros etc.), devendo os laudos e pareceres e nesses casos limitados ao mínimo indispensável, sem desvendar-se, se possível, o diagnóstico;

d) nos atestados de óbito;

e) em se tratando de menores, nos casos de sevícias, castigos corporais, atentados ao pudor, supressão intencional de alimentos;

f) nos casos de crimes, quando houver inocente condenado e o cliente, culpado, não se apresentar à justiça, apesar dos conselhos e solicitações do médico;

g) nos casos de abortamento criminoso, desde que ressalvados os interesses da cliente.

Em que pese os artigos tratarem de "quebra" e "revelação" como sendo formas autônomas e independentes de ação, o fato é que ambos os artigos previam as hipóteses éticas de justa causa, considerando uma espécie de relação taxativa em que o médico estava compelido a violar a relação sigilosa, expondo a terceiros o que lhe havia sido confiado por seu paciente.

Mister salientar que a violação ou a quebra do segredo médico, quando estribadas no subjetivo conceito de justa causa, não permitem o sobrepujamento dos limites necessários apenas à proteção do quanto almejado pelo profissional em sua ação legitimamente violadora, impondo a observância do eventual dano causado, e se era, de fato, evitável, *v.g.*, um paciente que desafia a imposição restritiva quanto à propagação de doença infectocontagiosa em seu ambiente de trabalho não pode ser amplamente exposto, mas apenas no limite de sua atuação profissional, evitando-se o contágio de terceiros no referido local.

A par das violações impostas pelo Código de Ética Médica de 1965, por óbvio já superadas em razão, inclusive, de seu caráter discriminatório, fato é que os motivos determinantes à conceituação da justa causa possuem como premissas três observações relevantes: a proteção de terceiros; os limites necessários a tal resguardo; e a ausência de implicação de ordem criminal que recaia sobre o paciente.

O médico deve, de acordo com o seu próprio entendimento, tanto do ponto vista moral quanto do ético, avaliar o contexto fático e delimitar se presente a justa causa para a divulgação, não se tratando de situações impostas por terceiros, mas a partir do exercício de consciência do próprio profissional, devendo, sempre, anotar no prontuário médico as razões que o levaram a violar o sigilo, bem como quais os mecanismos adotados de comunicação.

O atendimento médico a crianças e adolescentes também é alvo de proteção, na medida em que o sigilo protege o paciente independentemente de sua idade cronológica, sendo essencial ao médico que avalie, invariavelmente, a capacidade cognitiva a partir do limite compreensivo de seu assistido. É o que se extrai da redação contida no art. 74 do Código de Ética Médica, quando determina ser vedado ao médico:

> Revelar sigilo profissional relacionado a paciente criança ou adolescente, desde que estes tenham capacidade de discernimento, inclusive a seus pais ou representantes legais, salvo quando a não revelação possa acarretar dano ao paciente.

A esse respeito, há o entendimento firmado no âmbito do Parecer n. 25/2013, do Conselho Federal de Medicina, que estabelece importantes premissas ao atendimento médico de crianças e adolescentes:

> 1) Em caso de urgência/emergência o atendimento deve ser realizado, cuidando-se para garantir a maior segurança possível ao paciente. Após esta etapa, comunicar-se com os responsáveis o mais rápido possível;

2) Em pacientes pré-adolescentes, mas em condições de comparecimento espontâneo ao serviço, o atendimento poderá ser efetuado e, simultaneamente, estabelecido contato com os responsáveis;

3) Com relação aos pacientes adolescentes há o consenso internacional, reconhecido pela lei brasileira, de que entre os 12 e 18 anos estes já têm sua privacidade garantida, principalmente se com mais de 14 anos e 11 meses, considerados maduros quanto ao entendimento e cumprimento das orientações recebidas;

4) Na faixa de 12 a 14 anos e 11 meses o atendimento pode ser efetuado, devendo, se necessário, comunicar os responsáveis.

O conceito de adolescente maduro, entretanto, pode, de acordo com a avaliação do profissional, não se restringir somente à faixa etária, posto que no dinamismo que caracteriza esta fase do desenvolvimento a maturação pode sofrer variação decorrente de influências socioambientais e pessoais.

O conceito de adolescente maduro, firmado por COHEN,[9] como sendo a pessoa que ainda não atingiu a maioridade jurídica, mas que, psicologicamente, é desenvolvido o suficiente para aproveitar e exercer, de forma autônoma, os caminhos de sua própria jornada, serve como excelente parâmetro para o trato médico diante de tais pacientes.

Não se trata de capacidade jurídica – esta definida pela lei civilista ordinária –, mas de potencial compreensivo quanto aos fatores determinantes relacionados à sua própria condição de saúde, essenciais ao regular desenvolvimento da relação com o médico, enquanto paciente maduro.

Tal condição encontra-se expressa, inclusive, no Parecer do Conselho Federal de Medicina n. 55/2015, cujo tema central envolve a "menoridade e vida sexual relacionadas a autonomia da menor e sigilo médico", assim ementado:

> EMENTA: A relação sexual com menores de 14 anos é crime de estupro, conforme estabelecido no Código Penal Brasileiro. No entanto, o médico, ao consultar menores nesta faixa etária com vida sexual ativa, tem a obrigação ética de acolhê-los e orientá-los, estando dentro de sua autonomia profissional a decisão de prescrever anticoncepcional, devendo obrigatoriamente comunicar o fato aos pais ou representantes legais.

O extenso parecer aborda um dos temas mais complexos dentro da relação entre médico e paciente, que envolve o possível acobertamento de condutas delituosas, na medida em que o Estatuto Repressivo possui diversas previsões protetivas ao menor de 14 anos exposto a alguma forma de violência sexual, *v.g.*, o chamado "estupro de vulnerável", tipificado no art. 217-A: "ter conjunção carnal ou praticar outro ato libidinoso com menor de 14 (catorze) anos".

Para fins da legislação penal, a vulnerabilidade, para a configuração de crime sexual, é presumida antes dos 14 anos, o que implica, ao médico, uma conduta ainda mais cautelosa quando do atendimento de pacientes com vida sexual ativa antes desse estágio existencial. Assim indica o mencionado parecer, do ponto de vista ético-profissional:

---

9   COHEN, D. Quién decide? El adolescente como agente moral. *Perspectivas Bioéticas*, v. 7, n. 14, p. 55-68, 2003.

[...] o médico tem a obrigação de proteger toda menor com idade abaixo de 14 anos com vida sexual ativa, independentemente da idade do parceiro; deve oferecer-lhe amparo. Seu papel é orientá-la e acolhê-la, assim como a sua família, para que não haja violência contra a menor. Deve insistir para a abstinência sexual até os 14 anos, dando à criança informações sobre a gravidade das práticas sexuais antes desta idade. No entanto, é de sua autonomia a prescrição ou não de anticoncepcional, que deve ser feita analisando-se caso a caso, justificando-se a prescrição como a atitude mais adequada de prevenção e proteção à menor.

Nessa hipótese afigura-se uma justa violação do sigilo, de forma protetiva à própria paciente que, diante de sua tenra idade, em momento de transição e formação psíquica, demanda especial proteção e cuidado, inclusive do profissional de saúde, que não lhe pode negar o atendimento necessário, mas possui a obrigação de envolver o respectivo responsável, de maneira cautelosa e esclarecendo o quão delicada é a situação, ressaltando "a necessidade de tratamento afetuoso, de solidariedade e carinho em relação à infante. Isso, por certo, não apenas minimizará os efeitos do compartilhamento de informação, em prol da paciente, como também criará a atmosfera ideal ao desenvolvimento da continuidade do bom relacionamento médico-paciente" (Parecer CFM n. 55/2015).

Situação que exige análise aprofundada a respeito do sigilo médico envolve, justamente, a sua violação a partir de requisição formulada por autoridades, tanto judiciária quanto policial. O Código de Ética Médica, em seu art. 89, prevê como regra deontológica a vedação expressa à liberação de cópias do prontuário, "exceto para atender a ordem judicial", complementada pela redação do § 1º, segundo o qual: "quando requisitado judicialmente, o prontuário será encaminhado ao juízo requisitante".

A relação do médico, a partir dos segredos que carrega, diante das autoridades, em especial àquelas vinculadas a investigações de cunho criminal, sempre foi alvo de preocupação ético-normativa, em razão dos limites impostos ao profissional na elucidação de crimes, na medida em que, como já delimitado, o médico não pode converter-se em delator de seu paciente.

Em 1980, o Conselho Federal de Medicina editou a Resolução n. 999, cujo principal objetivo era justamente regulamentar tal relação, e que em seu art. 2º assim disciplinou o comportamento ético médico:

> Art. 2º O médico deve prestar informações sobre fatos mantidos sob o resguardo do segredo profissional, nos casos de crimes de ação pública, quando solicitado por qualquer autoridade, inclusive policial, desde que essa preliminarmente lhe declare tratar-se desse tipo de crime, não dependente de representação e que não exponha a parte interessada a procedimento criminal.
>
> Parágrafo único – Negada essa declaração pela autoridade, o médico responderá que deixa de atender ao solicitado, com amparo nos preceitos legais e normas éticas pertinentes, comunicando o ocorrido ao CRM.

Com a evolução dos códigos de deontologia médica, o Conselho Federal de Medicina estabeleceu a relação, em casos de investigação criminal, entre os peritos médicos, afastando a requisição direta de documentos médicos por parte das autoridades, incluindo-se o próprio Judiciário, motivando ação civil pública ajuizada pelo Ministério Público Federal que, julgada procedente, alterou o Código de Ética Médica e a Resolução CFM n. 1.605/2000 que limitavam a entrega ao perito médico nomeado pelo Juiz.

A partir de então, a norma ética assumiu a excepcionalidade quanto ao envio de cópia do prontuário ao juízo requisitante (art. 89, § 1º, do Código de Ética Médica) apenas, passando este a ser o responsável pela respectiva guarda e pela preservação do sigilo.

Cabe destacar a existência do histórico precedente do Excelso Pretório, a partir de decisão conduzida pelo Ministro Pedro Chaves, em que houve a caracterização do constrangimento ilegal no ato de exigir a revelação do sigilo médico:

> SEGREDO PROFISSIONAL. CONSTITUI CONSTRANGIMENTO ILEGAL A EXIGÊNCIA DA REVELAÇÃO DO SIGILO E PARTICIPAÇÃO DE ANOTAÇÕES CONSTANTES DAS CLÍNICAS E HOSPITAIS. *HABEAS CORPUS* CONCEDIDO (STF, HC 39.308, Tribunal Pleno, Rel. Min. Pedro Chaves, j. 19.09.1962, *DJ* 06.12.1962).

Entretanto, permanece sendo questão controvertida a entrega de documentos médicos, protegidos pelo sigilo médico, quando da requisição de Delegados de Polícia, bem como de membros do Ministério Público, para apuração de crimes em que haja relação com o segredo sob guarda profissional.

A legislação, de forma específica, é silente, sendo necessária construção doutrinária a respeito do tema que conduz a uma exegese restritiva, não sendo qualquer hipótese de investigação autorizadora a tal acesso, demandando a respectiva determinação judicial para que tais autoridades possam ter acesso efetivo aos documentos médicos, em especial, reunidos sob a forma do prontuário.

O Conselho Regional de Medicina do Estado de São Paulo, por intermédio da Nota Técnica n. 01/2014,[10] buscou interpretar a Lei n. 12.830/2013 quanto às competências dos Delegados de Polícia diante da requisição de documentos protegidos pelo sigilo médico. Segundo a nota:

> Querer interpretar a Lei n. 12.830/2013 como uma "carta branca" conferida aos Delegados de Polícia no exercício de seu mister é impossível e pode trazer, na prática, graves violações a direitos individuais, inadmissível no Estado Democrático de Direito; seria a completa banalização do segredo profissional, que ficaria sob o crivo e juízo da autoridade policial.
>
> Ademais, os chamados "documentos médicos" não possuem qualquer serventia à autoridade policial se desacompanhados de laudo pericial, posto que compostos e redigidos por palavreado técnico-médico, de difícil e, em alguns casos, até mesmo impossível, interpretação para quem não possui formação específica.

O melhor caminho, sem qualquer demérito à relevante atuação policial, indica a nomeação de um perito médico, para atuar nos autos do Inquérito Policial, a partir de designação judicial, em que os documentos terão a serventia necessária, a partir da elaboração de laudo

---

[10] CONSELHO REGIONAL DE MEDICINA DO ESTADO DE SÃO PAULO – CREMESP. Departamento Jurídico. Nota Técnica CREMESP n. 1/2014. Disponível em: https://www.cremesp.org.br/pdfs/remessa_protuario_delegado_policia.pdf. Acesso em: 20 jul. 2022.

técnico, este sim com prestabilidade jurídica suficiente a elucidar eventual crime que demande a utilização do prontuário médico.

À ausência de norma específica autorizadora à violação da intimidade em saúde, *v.g.*, o que ocorre quanto ao sigilo fiscal e ao telemático, não se pode permitir que no curso da investigação criminal primária haja a respectiva profanação do segredo médico, base da relação com o paciente.

Por meio de um emblemático *case* em que o Supremo Tribunal Federal autorizou um exame de DNA na placenta de uma famosa cantora mexicana, presa em solo brasileiro, contra a sua própria vontade, Reclamação n. 2.040, houve, de forma enviesada, o enfrentamento contra a concessão de seu prontuário médico à Polícia Federal:

> 9. Mérito do pedido do Ministério Público Federal julgado, desde logo, e deferido, em parte, para autorização a realização do exame de DNA do filho da reclamante, com a utilização da placenta recolhida, sendo, entretanto, indeferida a súplica de entrega à Polícia Federal do "prontuário médico" da reclamante.

Já em sede de cognição sumária havia determinação de suspensão do despacho originário concessivo ao fornecimento de cópia integral do prontuário médico da parturiente, mantendo-se conservada em envelope lacrado para eventual requisição de autoridade judicial competente, determinação esta suplantada pela decisão final susomencionada.

O Conselho Federal de Medicina, manifestando-se a respeito do tema, exarou o Despacho SEI n. 459/2023-CFM/COJUR, cuja conclusão fora no sentido de ser impossível o "fornecimento e/ou acesso a prontuários médicos às autoridades administrativas suscitadas (delegados de Polícia e membros da Defensoria Pública, assim como do Ministério Público), sem a necessária prévia autorização judicial, ou do próprio particular interessado, nos termos do Art. 89 do Código de Ética Médica (Resolução CFM n. 2.217/2018)".

Tal construção fora traçada a partir de v. Acórdão proferido pelo Supremo Tribunal Federal no âmbito do Recurso Extraordinário n. 1.375.558/Acre, cuja ementa assim determina:

> Recurso extraordinário. Direito constitucional. Prontuários médicos de pacientes atendidos na rede pública estadual. Documento de natureza sigilosa. Requisição direta pelo Ministério Público do Estado para fins de investigação criminal. Impossibilidade. Reserva de jurisdição. Direito à intimidade. Recurso extraordinário a que se nega seguimento. Como assentado na origem, o prontuário reúne dados referentes aos procedimentos, exames, condições físicas e outras informações particulares do paciente, cujo sigilo se impõe ao médico como exigência ética de sua conduta (arts. 73 e 89 do Código Ética Médica), ressalvadas as hipóteses em que haja de autorização do paciente para divulgação, requisição judicial ou a utilização do documento como meio de defesa do profissional.

Segundo, portanto, a posição adotada pelo Conselho Federal de Medicina, lastreada a partir da decisão proferida pelo Supremo Tribunal Federal, o envio de informações sigilosas referentes à relação entre o paciente e o seu médico somente pode se dar quando previamente analisado e autorizado por decisão judicial, e não diretamente pelo Ministério Público ou delegados de Polícia.

Cabe, ainda, o destaque quanto ao entendimento sufragado por decisão do Superior Tribunal de Justiça no sentido de que, em se tratando de simples informação cadastral a respeito da internação e permanência de um paciente em ambiente hospitalar, desde que ausente qualquer informação a respeito do estado de saúde ou patologia, não há violação ao sigilo, bem como descaracteriza a necessidade de apresentação do prontuário em tais hipóteses:

ADMINISTRATIVO – SIGILO PROFISSIONAL.

1. É dever do profissional preservar a intimidade do seu cliente, silenciando quanto a informações que lhe chegaram por força da profissão.

2. O sigilo profissional sofre exceções, como as previstas para o profissional médico, no Código de Ética Médica (art. 102).

3. Hipótese dos autos em que o pedido da Justiça não enseja quebra de sigilo profissional, porque pedido o prontuário para saber da internação de um paciente e do período.

4. Recurso ordinário improvido (STJ, Recurso Ordinário em MS n. 14.134/CE, Segunda Turma, Rel. Min. Eliana Calmon, j. 25.06.2002, *DJ* 16.09.2002).

Em seu voto, a eminente Ministra destaca:

Na hipótese dos autos, não se deseja saber detalhes da doença, e sim quanto à internação e quanto ao período de manutenção do paciente no hospital, sem que tais informações possam ensejar quebra de sigilo profissional, o que ocorreria se se referisse a doença e complicações outras que pudessem envolver violação da intimidade. Porém, questões quanto ao internamento e período de estada para tratamento, não podem estar ao abrigo do sigilo profissional.

Prosseguindo o julgamento, em razão de Embargos Declaratórios opostos, a Corte Superior de Justiça confirmou o entendimento por intermédio do novo acórdão proferido:

PROCESSO CIVIL – EMBARGOS DE DECLARAÇÃO – SIGILO PROFISSIONAL – OMISSÕES INEXISTENTES.

1. Explicitado ficou no voto condutor que a entidade hospitalar não está obrigada a enviar à Justiça prontuários médicos.

2. O Tribunal disse, com clareza, que à vista do prontuário, preservados os dados sigilosos quanto à doença e ao tratamento realizado, todos os demais dados relativos à internação não estão ao abrigo do sigilo profissional.

3. Embargos de declaração rejeitados.

Por fim, há previsão deontológica quanto à possibilidade de violação mitigada do segredo profissional em caso de necessidade para a defesa do próprio médico, quando, então, deverá requerer que seja observado o sigilo processual, por intermédio de seu respectivo patrono (art. 89, § 2º, do Código de Ética Médica).

Nessa hipótese, há que se observar que a utilização dos documentos médicos para fins de defesa própria não pode ultrapassar o necessário à própria salvaguarda dos seus direitos, sendo que qualquer documento que transponha tais limites poderá ensejar a quebra injustificada do sigilo, impondo ao médico o ônus respectivo.

Tal desdobramento jurídico decorre do fato de que, além de possibilitar a óbvia defesa do médico diante de uma acusação, tanto em juízo quanto administrativamente, o paciente, ao recorrer às respectivas esferas para justa e legítima defesa dos seus direitos, retira a relação de dentro do consultório, e, portanto, sujeita-se ao regime jurídico próprio.

Não se pode negar ao acusado o direito de se defender, e o paciente deve estar ciente quanto a tal possibilidade de violação, ainda que parcial, mitigada, a respeito das informações repassadas ao profissional, em confidência.

Quando da cobrança de honorários médicos não honrados, o médico não tem o direito de devassar o segredo profissional, conforme preconizado de forma proibitiva pela redação do art. 79 do Código de Ética Médica:

> É vedado ao médico:
>
> [...]
>
> Art. 79 Deixar de guardar o sigilo profissional na cobrança de honorários por meio judicial ou extrajudicial.

A partir da exegese do artigo em questão, mostra-se evidenciado que o médico não pode violar o sigilo decorrente da sua relação com o paciente para cobrar seus honorários profissionais, seja qual for a esfera, judicial ou administrativa.

Todavia, em uma interpretação conjugada do artigo em questão à luz da lógica estabelecida pelo Superior Tribunal de Justiça nos autos do mencionado Recurso Ordinário em Mandado Segurança n. 14.134/CE, pode-se concluir que as informações administrativas a respeito do atendimento prestado ao paciente podem servir de supedâneo documental à respectiva ação de cobrança de honorários, como forma de demonstrar a efetiva prestação de serviço não honrada.

A título exemplificativo e ilustrativo, merece destaque, ainda, o fato de que, invariavelmente, as profissões regulamentadas na área da saúde possuem, em seus respectivos códigos deontológicos, regras a respeito do sigilo, na medida em que esse decorre de um desenvolvimento natural da relação íntima e de confidencialidade existente:

> Código de Ética dos Profissionais de Enfermagem (Resolução COFEN 564/2017)
>
> Capítulo I – Dos Direitos
>
> [...]
>
> Art. 12. Abster-se de revelar informações confidenciais de que tenha conhecimento em razão de seu exercício profissional.
>
> [...]
>
> Capítulo II – Dos Deveres
>
> Art. 52. Manter sigilo sobre fato de que tenha conhecimento em razão da atividade profissional, exceto nos casos previstos na legislação ou por determinação judicial, ou com o consentimento escrito da pessoa envolvida ou de seu representante ou responsável legal.

§ 1º Permanece o dever mesmo quando o fato seja de conhecimento público e em caso de falecimento da pessoa envolvida.

§ 2º O fato sigiloso deverá ser revelado em situações de ameaça à vida e à dignidade, na defesa própria ou em atividade multiprofissional, quando necessário à prestação da assistência.

§ 3º O profissional de Enfermagem intimado como testemunha deverá comparecer perante a autoridade e, se for o caso, declarar suas razões éticas para manutenção do sigilo profissional.

§ 4º É obrigatória a comunicação externa, para os órgãos de responsabilização criminal, independentemente de autorização, de casos de violência contra: crianças e adolescentes; idosos; e pessoas incapacitadas ou sem condições de firmar consentimento.

§ 5º A comunicação externa para os órgãos de responsabilização criminal em casos de violência doméstica e familiar contra a mulher adulta e capaz será devida, independentemente de autorização, em caso de risco à comunidade ou à vítima, a juízo do profissional e com conhecimento prévio da vítima ou do seu responsável.

Código de Ética e de Conduta do Nutricionista (Resolução CFN 599/2018)

Art. 20. É dever do nutricionista manter o sigilo e respeitar a confidencialidade de informações no exercício da profissão, salvo em caso de exigência legal, considerando ainda as seguintes situações:

I – Impedir o manuseio de quaisquer documentos sujeitos ao sigilo profissional por pessoas não obrigadas ao mesmo compromisso. Caso considere pertinente, o nutricionista poderá fornecer as informações, mediante assinatura de termo de sigilo ou confidencialidade pelo solicitante.

II – Respeitar o direito à individualidade e intimidade da criança e do adolescente, nos termos da legislação vigente, em especial do Estatuto da Criança e Adolescente, sendo imperativa a comunicação ao seu responsável de situação de risco à saúde ou à vida.

Código de Ética e Deontologia da Fisioterapia (Resolução COFFITO n. 424/2013)

Art. 9º Constituem-se deveres fundamentais do fisioterapeuta, segundo sua área e atribuição específica:

[...]

IV – manter segredo sobre fato sigiloso de que tenha conhecimento em razão de sua atividade profissional e exigir o mesmo comportamento do pessoal sob sua direção, salvo situações previstas em lei;

[...].

Art. 32 É proibido ao fisioterapeuta:

I – revelar, sem justa causa, fato sigiloso de que tenha conhecimento em razão do exercício de sua profissão;

II – negligenciar na orientação de seus colaboradores, quanto ao sigilo profissional;

III – fazer referência a casos clínicos identificáveis, exibir cliente/paciente/usuário ou sua imagem em anúncios profissionais ou na divulgação de assuntos fisioterapêuticos em qualquer meio de comunicação, salvo quando autorizado pelo cliente/paciente/usuário ou seu responsável legal.

Parágrafo único. Compreende-se como justa causa: demanda judicial ou qualquer previsão legal que determine a divulgação.

O sigilo profissional é um direito de qualquer cidadão que procura um serviço de saúde, e, de forma espontânea, mas necessária ao restabelecimento de sua higidez, estabelece uma relação de confidência e confiança com alguém que, invariavelmente, sequer conhece previamente.

Tal responsabilidade que recai sobre o profissional de saúde deve ser preservada à guisa de um segredo religioso, defendido de qualquer tentativa de sua indevida profanação, como fiel depositário de íntimas confissões que lhe são confiadas.

Por fim, há o sigilo médico protetor das informações de saúde no tocante ao paciente falecido, que não é extinto pelo simples passamento, e deve ser preservado, como regra, estando a questão definida por intermédio da Recomendação CFM n. 03/2014:

> RECOMENDA-SE:
>
> Art. 1º Que os médicos e instituições de tratamento médico, clínico, ambulatorial ou hospitalar:
>
> a) forneçam, quando solicitados pelo cônjuge/companheiro sobrevivente do paciente morto, e sucessivamente pelos sucessores legítimos do paciente em linha reta, ou colaterais até o quarto grau, os prontuários médicos do paciente falecido: desde que documentalmente comprovado o vínculo familiar e observada a ordem de vocação hereditária, e
>
> b) informem os pacientes acerca da necessidade de manifestação expressa da objeção à divulgação do seu prontuário médico após a sua morte.

V.C. PUBLICIDADE MÉDICA

A respectiva diligência acerca das informações de saúde, de forma geral, sempre foi alvo de preocupação e proteção específica do Estado, não sendo uma preocupação dos tempos hodiernos, em que pese estarmos diante de uma verdadeira revolução tecnológica comunicativa com o advento das redes sociais.

No campo proibitivo ético estabelecido pelo Código de Moral Médica de 1929, já se firmavam as primeiras bases quanto à conduta profissional pública do médico:

> Art. 20º São ato contrário à honradez profissional, e em consequência condenados pela deontologia médica, os seguintes:
>
> 1º Solicitar a alteração publica por meio de avisos, cartões particulares ou circulares em que se ofereça a pronta e infalível cura de determinadas moléstias;
>
> 2º Exibir, publicar, ou permitir que se publique em jornais e revistas não consagrados á medicina, o relato de casos clínicos, operações ou tratamentos especiais;
>
> 3º Anunciar ou publicar de qualquer forma que se prestam serviços ou se dão medicamentos gratuitos aos pobres;
>
> 4º Exibir ou publicar atestado de habilidade ou competência e vangloriar-se publicamente do êxito obtido com sistemas, curas ou remédios especiais;
>
> [...]
>
> Art. 22º Os médicos, ao oferecer ao publico os seus serviços por meio de anúncios em publicações, limitar-se-ão a indicar seu nome, sobrenome, títulos científicos,

especialidade a que se dedicam, dias e horas de consulta e o endereço de sua residência ou consultório. Qualquer outro oferecimento é considerado como ato de charlatanismo ou de industrialismo contrario a ética profissional. [*sic*].

A mercantilização da medicina, regra ética proibitiva constante ainda do atual Código de Ética Médica, já era prevista como conduta contrária aos preceitos da profissão, sob a forma de "industrialismo", assim como o regramento primário comportamental condenava a divulgação de casos clínicos, a vanglória pública, do mesmo modo que ocorre atualmente, sob a denominação de "concorrência desleal" ou "autopromoção".

Por intermédio do Decreto n. 20.931/1932, foram estabelecidas as primeiras bases, a par do regramento ético, a respeito dos anúncios médicos, posteriormente regulamentados, de forma ampliada, pelo Decreto-lei n. 4.113/1942:

> Decreto n. 20.931/1932
>
> Art. 15. São deveres dos médicos:
>
> [...]
>
> f) mencionar em seus anúncios somente os títulos científicos e a especialidade.
>
> Art. 16. É vedado ao médico:
>
> [...]
>
> j) anunciar a cura de doenças consideradas incuráveis segundo os atuais conhecimentos científicos;
>
> [...]
>
> m) manter a publicação de conselhos e receitas a consulentes por correspondência ou pela imprensa.
>
> Decreto-lei n. 4.113/1942
>
> Art. 1º É proibido aos médicos anunciar:
>
> I – cura de determinadas doenças, para as quais não haja tratamento próprio, segundo os atuais conhecimentos científicos;
>
> [...]
>
> III – exercício de mais de duas especialidades, sendo facultada a enumeração de doenças, órgãos ou sistemas compreendidos na especialização;
>
> IV – consultas por meio de correspondência, pela imprensa, caixa postal, rádio ou processos análogos;
>
> V – especialidade ainda não admitida pelo ensino médico, ou que não tenha tido a sanção das sociedades médicas;
>
> VI – prestação de serviços gratuitos, em consultórios particulares;
>
> VII – sistematicamente, agradecimentos manifestados por clientes e que atentem contra a ética médica;
>
> [...]
>
> IX – com referências a métodos de tratamento e diagnóstico não consagrados na prática corrente ou que não tenham tido a sanção das sociedades médicas;

X – atestados de cura de determinadas doenças, para as quais não haja tratamento estabelecido, por meio de preparados farmacêuticos.

Grande parte dessas proibições contidas nas normas, ainda em vigor, está contemplada pelo regramento ético-profissional a respeito da publicidade, que possui, inclusive, capítulo específico destinado ao tema no âmbito do Código de Ética Médica em vigor, entre os arts. 111 e 117:

> Capítulo XIII
> PUBLICIDADE MÉDICA
> É vedado ao médico:
> Art. 111. Permitir que sua participação na divulgação de assuntos médicos, em qualquer meio de comunicação de massa, deixe de ter caráter exclusivamente de esclarecimento e educação da sociedade.

Um dos principais pontos de cautela, em se tratando de comunicação com o público, não relacionado especificamente ao tema central "publicidade", mas incluído no capítulo proibitivo específico, envolve, justamente, a propagação de informações à sociedade desprovidas de caráter educacional ou de mero esclarecimento.

Como forma de proteção coletiva, não pode o médico ter sua imagem profissional vinculada a matérias relacionadas à saúde que sejam desprovidas de caráter técnico, transmitindo informações prejudiciais, não a um paciente em específico, mas à comunidade leiga de forma indiscriminada.

Nesse delito ético, em específico, não há um dano concreto, mas em potencial.

> Art. 112. Divulgar informação sobre assunto médico de forma sensacionalista, promocional ou de conteúdo inverídico.

Dentro do contexto da regulamentação ética a respeito da publicidade médica, um dos pontos em que se deposita grande parcela de proteção social é justamente o impedimento à publicação de informações em caráter sensacionalista; destaque-se que o art. 112 do Código de Ética Médica aponta três tipos delitivos, que, em eventual processo ético-profissional, devem estar devidamente delimitados.

Entretanto, em que pese o termo "promocional" ser especificamente voltado às características de mercantilização da medicina, os outros tipos previstos possuem grande potencial danoso em termos coletivos, principalmente quando repousam na divulgação de informação médica ou de saúde inverídica.

A respeito do sensacionalismo, este sempre está ligado ao "exagero". Em artigo publicado na obra *Ética em publicidade médica*,[11] há importantes definições a respeito do tema:

---

[11] SIMONELLI, Osvaldo Pires Garcia. O sensacionalismo na atividade médica. *In*: CAMARIM, Lavínio Nilton (coord.). *Ética em publicidade médica*. 2. ed. São Paulo: Conselho Regional de Medicina do Estado de São Paulo, 2006. p. 33-38. (Série Cadernos CREMESP).

Uma matéria sensacionalista não é, necessariamente, mentirosa ou falsa, ou divulgada fora do ambiente correto, ou, ainda, não reconhecida pela comunidade médica obrigatória, em que pese também se constituir em elemento definidor nas citadas resoluções. O conteúdo sensacionalista é aquele que leva a um grande exagero e concede ao público leigo a ideia de algo fantástico e impossível a fatos corriqueiros, os quais, via de regra, se constituem em resultado consequentemente lógico. Assim, divulgar uma cirurgia plástica que efetivamente deu certo, e praticada com técnicas reconhecidas pela comunidade médica, como uma solução miraculosa, induz o paciente leigo à ideia que somente aquele profissional está habilitado a realizar tal prática, e o resultado obtido em um caso específico – mas divulgado como sucesso absoluto – teve como principal fator o determinado profissional e sua "imensa" habilidade.

Portanto, a ideia de sensacionalismo está diretamente ligada ao exagero e não ao seu conteúdo inverídico, sendo este um tipo autônomo de punição. O sensacionalismo envolve a dolosa convolação de uma informação verídica, com a roupagem do descomedimento, levando à sociedade pensamentos e conceitos que não se coadunam com o comportamento esperado de um profissional médico, induzindo em superlativo situações corriqueiras.

O médico que divulga informações sensacionalistas causa um dano direto à imagem da profissão e, indiretamente, à coletividade, indicando aos pacientes, atuais e futuros, uma banalização da atividade médica, que pode, diante de determinadas esferas de responsabilização, impor uma falsa concepção de resultados fáceis e padronizados dentro da medicina, o que, de fato, não é factível.

Em complementação às previsões deontológicas comportamentais contidas no Código de Ética Médica acerca da publicidade médica, o Conselho Federal de Medicina editou a Resolução n. 2.336/2023, que passou a dispor, especificamente, sobre a publicidade e a propaganda médica, inserindo no ambiente da relação com o paciente diversas possibilidades ampliativas em termos de divulgação do trabalho médico.

Pode-se afirmar, com bastante convicção, que a publicidade médica passou a novos patamares a partir de tal Resolução, que, ampliando possibilidades de divulgação pública da atuação médica, passou a permitir a divulgação de equipamentos, de imagens de pacientes (sem a identificação direta), de cursos de especialização não necessariamente vinculados ao sistema de especialidades médicas, além da divulgação de valores de honorários médicos e o agendamento de consultas por intermédio de redes sociais.

A divulgação das imagens de pacientes, por meio do denominado "antes e depois" e publicação de *selfies* também foram permitidas, com ressalvas, e serão tratadas no tópico subsequente.

Contudo, é importante destacar que as proibições gerais estabelecidas pelo próprio Código de Ética Médica permanecem em vigor na Resolução em voga, em essencial quanto ao sensacionalismo, à concorrência desleal e ao conteúdo inverídico, cujas definições foram devidamente conceituadas pela própria norma (art. 11, §§ 2º e 4º), além da chamada "autopromoção" que consiste em "referir-se a si próprio, a serviço onde atue ou a técnicas e procedimentos de modo a conferir-se propriedades e qualidades privilegiadas" (art. 11, § 3º).

Podemos entender que, para fins de sancionamento ético, a conduta proibitiva prevista no Código de Ética Médica encontra-se limitada a tais conceitos, impostos pela normativa especial complementadora em termos deontológicos, mantendo-se no cerne do delito a característica do excesso, do descomedimento na divulgação de assuntos relacionados à medicina.

Na esteira de tais conceitos éticos, encontra-se a divulgação de informações inverídicas, que podem levar determinada coletividade a crenças inadequadas a respeito de situações concretas em saúde, com potencial danoso; mas, nesse caso, o conteúdo precisa ser absoluta e comprovadamente inverídico para que se considere a antijuridicidade da conduta.

A divulgação de procedimentos curativos, terapêuticos, sem comprovação científica encontra-se abarcada no art. 113 do Código de Ética Médica:

> Art. 113. Divulgar, fora do meio científico, processo de tratamento ou descoberta cujo valor ainda não esteja expressamente reconhecido cientificamente por órgão competente.

Nessa hipótese, não há que se falar na propagação de conteúdos inverídicos, mas, apenas, de processos não reconhecidos pela comunidade médica, científica, quanto à sua eficácia; portanto, devem permanecer restritas, tais informações, ao ambiente próprio da pesquisa e do desenvolvimento.

Nos termos da Lei n. 12.842/2013, conhecida como "Lei do Ato Médico", cabe ao Conselho Federal de Medicina estabelecer o caráter experimental de determinados procedimentos, inclusive quanto à efetiva fiscalização e ao controle, na forma do art. 7º:

> Art. 7º Compreende-se entre as competências do Conselho Federal de Medicina editar normas para definir o caráter experimental de procedimentos em Medicina, autorizando ou vedando a sua prática pelos médicos.
>
> Parágrafo único. A competência fiscalizadora dos Conselhos Regionais de Medicina abrange a fiscalização e o controle dos procedimentos especificados no *caput*, bem como a aplicação das sanções pertinentes em caso de inobservância das normas determinadas pelo Conselho Federal.

A inclusão de novos procedimentos se concretiza por intermédio da metodologia estabelecida no âmbito da Resolução n. 1.982/2012, do próprio Conselho Federal de Medicina, que dispõe "sobre os critérios de protocolo e avaliação para o reconhecimento de novos procedimentos e terapias médicas", *v.g.*, em 2018, o Conselho Federal de Medicina editou a Resolução n. 2.181, estabelecendo a prática da ozonioterapia "como procedimento experimental, só podendo ser utilizada em experimentação clínica dentro dos protocolos do sistema CEP/Conep", assim como, em 2021, por intermédio da Resolução CFM n. 2.292, fora determinado que a "administração de hidroxicloroquina e cloroquina em apresentação inalatória é procedimento experimental, só podendo ser utilizada por meio de protocolos de pesquisa aprovados pelo sistema CEP/CONEP".

A par de tais prescrições serem proibidas clinicamente, na medida em que caracterizadas especificamente como experimentais pelo órgão competente, qual seja, o Conselho Federal de Medicina, o médico também se encontra proibido de divulgá-las como prática profissional, sob pena de ser sancionado eticamente, como indicado no art. 113 do Código de Ética Médica, anteriormente mencionado.

Essa é uma questão controvertida no âmbito da medicina, na medida em que o reconhecimento de especialidades médicas ocorre a partir de uma comissão tripartite formada pelo Conselho Federal de Medicina, pela Associação Médica Brasileira e pela Comissão Nacional de Residência Médica, regulamentada atualmente pelo Decreto n. 8.516/2015, cujo objetivo fora criar o "Cadastro Nacional de Especialistas", em atuação conjunta firmada por intermédio da Portaria CFM/CME n. 1/2016.

As especialidades médicas, portanto, são definidas a partir de tal comissão e firmadas em regulamentos administrativos, atualmente, por intermédio da Resolução CFM n. 2.330/2023, que "atualiza a relação de especialidades e áreas de atuação médicas aprovadas pela Comissão Mista de Especialidades".

A questão controversa envolve justamente os termos da Portaria CFM/CME n. 1/2016, na medida em que, para que haja o reconhecimento do médico como especialista em determinada área de atuação, deve ocorrer o efetivo registro do título e do certificado no Conselho Regional de Medicina, desde que em áreas de atuação reconhecidas pela Comissão Mista de Especialidades (CME), sendo que tais documentos devem ser emitidos pela Associação Médica Brasileira (AMB) ou pela Comissão Nacional de Residência Médica (CNRM) (art. 11).

Não restam dúvidas quanto ao fato de que o reconhecimento de título de especialista por intermédio de tais entidades conduz ao entendimento de uma maior segurança à sociedade no que se relaciona com a formação de tais profissionais médicos que passam, inclusive, a gozar da prerrogativa de possuir um número designativo específico no Conselho Regional de Medicina, denominado "RQE – Registro de Qualificação de Especialista".

Entretanto, o ponto de embate entre a normativa ética e a legislação em vigor repousa justamente na proibição de o médico autointitular-se "especialista", sem que possua o respectivo registro, a despeito da formação em determinadas áreas da medicina em Instituições de Ensino Superior, assim qualificadas pela Lei de Diretrizes e Bases da Educação (Lei n. 9.394/1996), mas à margem do sistema tripartite de reconhecimento das especialidades médicas.

Nesse ponto, duas são as questões a serem debatidas: uma relacionada à própria relação de especialidades médicas, em que algumas áreas de atuação não são reconhecidas pela CME, mas são objeto de cursos específicos disponibilizados e de acordo com a legislação educacional em vigor, *v.g.*, a medicina estética.

Quanto a esse aspecto especificamente, o Superior Tribunal de Justiça, ao julgar demanda referente ao reconhecimento compulsório de especialidade médica não reconhecida pela CME, entendeu pela autonomia dos Conselhos de Medicina, não podendo ser objeto de invasão do Poder Judiciário:

> PROCESSUAL CIVIL E ADMINISTRATIVO – VIOLAÇÃO DO ART. 535 DO CPC NÃO CARACTERIZADA – CONSELHO DE MEDICINA – REGISTRO DE ESPECIALIDADE MÉDICA – "MEDICINA ESTÉTICA" – PODER REGULAMENTAR E FISCALIZATÓRIO.
>
> 1. Não ocorre ofensa ao art. 535, II, do CPC, se o Tribunal de origem decide, fundamentadamente, as questões essenciais ao julgamento da lide.

2. O Conselho de Medicina funciona como órgão delegado do Poder Público para tratar das questões envolvendo a saúde pública e as atividades dos profissionais médicos. Precedente do STF.

3. A simples existência de um curso de pós-graduação, ainda que reconhecido pelo MEC, não é capaz de qualificar-se, no universo científico, como nova especialidade médica.

4. As especialidades sujeitam-se aos processos dinâmicos da medicina, não podendo, por isso mesmo, ter caráter permanente ou imutável, dependendo das circunstâncias e necessidades, sofrendo mudanças de nomes, fusões ou extinções.

5. Hipótese em que o Conselho Federal de Medicina não reconheceu a "Medicina Estética" como especialidade médica negando, em consequência, o título de especialista ao profissional que concluiu curso de pós-graduação *lato sensu*.

6. Não pode o Poder Judiciário invadir a competência dos Conselhos de Medicina, para obrigá-los a conferir o título de especialista, em ramo científico ainda não reconhecido como especialidade médica.

7. Recurso especial não provido (STJ, REsp n. 1.038.260/ES, Segunda Turma, Rel. Min. Eliana Calmon, j. 17.12.2009, *DJe* de 10.02.2010).

Em outro ponto há a limitação da divulgação – esta sim relacionada especificamente com o tema da publicidade médica – de especialidades para as quais o médico não esteja habilitado, portando o respectivo RQE, e, nesse aspecto, ainda há controvérsia a respeito, posto que os cursos de especialidade em sentido lato são regidos pela Lei de Diretrizes e Bases da Educação Nacional, sob responsabilidade do Ministério da Educação, estando a habilitação médica regulamentada por atos administrativos específicos. Nesse aspecto, a Lei n. 9.394/1996 dispõe:

> Art. 44. A educação superior abrangerá os seguintes cursos e programas:
>
> [...]
>
> III – de pós-graduação, compreendendo programas de mestrado e doutorado, cursos de especialização, aperfeiçoamento e outros, abertos a candidatos diplomados em cursos de graduação e que atendam às exigências das instituições de ensino;
>
> [...]
>
> Art. 45. A educação superior será ministrada em instituições de ensino superior, públicas ou privadas, com variados graus de abrangência ou especialização.

A partir dessa redação abrangente, há certa fragilidade normativa no sistema criado para as especialidades médicas, inclusive porquanto definida a partir da expedição de um título por intermédio de uma entidade privada associativa – Associação Médica Brasileira –, cujo sistema impõe ao médico a necessária filiação a outra sociedade privada, da respectiva especialidade a qual irá representar.

Sem essa associação compulsória, o médico não consegue divulgar-se como especialista, tampouco obter o respectivo registro no Conselho Regional de Medicina – exceto quando egresso de uma Residência Médica oficial –, violando, aparentemente, o art. 5º, XVII, da Carta Republicana de 1988, que determina a liberdade para criar ou participar de associações lícitas e sem caráter paramilitar.

Há uma possível restrição interpretativa à Lei n. 9.394/1996, a partir de normas infralegais, administrativas, que restringem a atuação médica, mesmo diante de especialidades reconhecidas pela CME, mas não homologadas pelas respectivas sociedades de especialidades médicas.

Do ponto de vista dos Conselhos, a questão encontra-se devidamente delineada por força do alhures mencionado Decreto n. 8.516/2015, que assim estabelece em seu art. 2º, parágrafo único:

> Art. 2º O Cadastro Nacional de Especialistas reunirá informações relacionadas aos profissionais médicos com o objetivo de subsidiar os Ministérios da Saúde e da Educação na parametrização de ações de saúde pública e de formação em saúde, por meio do dimensionamento do número de médicos, sua especialidade médica, sua formação acadêmica, sua área de atuação e sua distribuição no território nacional.
> Parágrafo único. Para fins do disposto neste Decreto, o título de especialista de que tratam os § 3º e § 4º do art. 1º da Lei n. 6.932, de 1981, é aquele concedido pelas sociedades de especialidades, por meio da Associação Médica Brasileira – AMB, ou pelos programas de residência médica credenciados pela Comissão Nacional de Residência Médica – CNRM.

Fato é que, do ponto de vista ético, e como regra geral, a divulgação de especialidades médicas não reconhecidas pelo sistema CME ou, ainda, sem que o médico possua o respectivo registro (RQE) no Conselho Regional de Medicina pode implicar infração ético-profissional, passível de punição, como já debatido nos tópicos específicos acerca da responsabilidade profissional, destacando que não há impeditivo ao exercício pleno da medicina, em qualquer de seus ramos ou especialidades, mas apenas quanto a autointitular-se "especialista", por força do art. 17 da Lei n. 3.268/1957.

Entretanto, cabe salientar, ademais, que a regra proibitiva quanto à divulgação de especialidade médica sem o devido registro fora relativamente alterada pela Resolução CFM n. 2.336/2023, por intermédio do artigo 13, § 1º, que passou a permitir a divulgação dos cursos de especialização realizados pelo médico, à margem do sistema próprio como demonstrado anteriormente, mas sempre seguido do termo: NÃO ESPECIALISTA, em caixa-alta, exemplificando-se: "médico pós-graduado em Dermatologia NÃO ESPECIALISTA", por exemplo.

Trata-se de uma limitação diferenciadora quanto ao médico que possui o respectivo registro junto ao sistema de qualificação profissional estabelecido pela norma em vigor, mas ampliativa no que se refere à sistemática estabelecida prévia à Resolução CFM n. 2.336/2023.

> Art. 115. Participar de anúncios de empresas comerciais, qualquer que seja sua natureza, valendo-se de sua profissão.

O regramento ético em questão aplica-se especificamente a vedar a participação de médicos em propagandas comerciais, utilizando-se da medicina como forma de comercialização de produtos; a imagem do médico não pode estar associada à comercialização explícita de produtos, seja qual for a natureza.

Neste ponto, há um aparente conflito com as permissões trazidas pela Resolução CFM n. 2.336/2023, em essencial no texto do artigo 9º, incisos X e XI, que permite, ao médico:

X – participar de peças de divulgação, físicas ou virtuais, como membro do corpo técnico/clínico de instituições públicas, privadas, filantrópicas ou outras, desde que concordem, sendo obrigatório observar os critérios dispostos no art. 4º desta Resolução;

XI – participar de peças de divulgação, físicas ou virtuais, de planos e seguros-saúde, autogestões e outros, desde que preste serviços a esses planos e tenha autorizado o uso de sua imagem, à semelhança de membros do corpo clínico de qualquer instituição médica, sendo obrigatório observar os critérios dispostos no art. 4º desta Resolução.

Em contrapartida, a norma especial mantém a proibição do médico de participar de propaganda ou publicidade de medicamento, insumo médico, equipamento, alimento e quaisquer outros produtos, induzindo à garantia de resultado, o que limita a participação profissional nessas formas de divulgação.

Fato é que a norma contida no Código de Ética, ao trazer uma limitação específica, deve ser o balizador à interpretação da norma especial, na medida em que esta é regulamentadora daquela.

Art. 116. Apresentar como originais quaisquer ideias, descobertas ou ilustrações que na realidade não o sejam.

Essa é uma regra ética que, em que pese estar incluída no capítulo específico da publicidade médica, protege, em verdade, do plágio, da autodivulgação de um conhecimento que não fora, originalmente, adquirido ou produzido a partir das próprias descobertas, mas de terceiros.

A conduta ética do médico no exercício da atividade intelectual, acadêmica, científica, ou, até mesmo, prática, sem qualquer prejuízo da sua responsabilização pelo terceiro diretamente prejudicado, deve ser pautada na honradez da profissão perante a coletividade e seus próprios pares, sendo esse o objetivo primário da presente norma sancionatória.

Art. 117. Deixar de incluir, em anúncios profissionais de qualquer ordem, seu nome, seu número no Conselho Regional de Medicina, com o estado da Federação no qual foi inscrito e Registro de Qualificação de Especialista (RQE) quando anunciar a especialidade.
Parágrafo único. Nos anúncios de estabelecimentos de saúde, devem constar o nome e o número de registro, no Conselho Regional de Medicina, do diretor técnico.

Como já abordado nos comentários a respeito do art. 114 no que se refere ao Registro de Qualificação de Especialista, a conduta eticamente reprovável insculpida no art. 117 impõe ao médico um dever amplo, na medida em que estabelece a obrigatória indicação, além do número do respectivo cadastro nos assentamentos do Conselho Regional de Medicina, também do RQE, quando estiver anunciando ser especialista, e, nos casos de estabelecimentos de saúde, é essencial a indicação dos dados do respectivo diretor técnico, com o devido destaque ao quanto já abordado acerca da possibilidade de divulgação de cursos de especialização em geral.

Importante destacar, ainda, que a Resolução CFM n. 2.336/2023 aprimorou as funções da Comissão de Divulgação de Assuntos Médicos (CODAME), atribuindo-lhes importantes competências, entre as quais, destacamos a convocação do médico para esclarecimento acerca de potencial descumprimentos das normas a respeito de publicidade médica, orientando-o a respeito da necessidade imediata quanto à suspensão do anúncio, com registro formal em ata com tal finalidade (art. 16, III).

Entretanto, a Resolução, contrariando as normas gerais estabelecidas pelo Código de Processo Ético-profissional, permitiu à CODAME receber material publicitário para fins de investigação, mesmo de origem anônima (art. 16, VII).

Acerca do uso do *WhatsApp*, o Conselho Federal de Medicina orientou e esclareceu quanto a tal ferramenta inegavelmente inserida na relação do médico com o seu paciente – bem como com outros profissionais e com a própria instituição de saúde –, por intermédio do Parecer n. 14/2017:

> É permitido o uso do *WhatsApp* e plataformas similares para comunicação entre médicos e seus pacientes, bem como entre médicos e médicos, em caráter privativo, para enviar dados ou tirar dúvidas, bem como em grupos fechados de especialistas ou do corpo clínico de uma instituição ou cátedra, com a ressalva de que todas as informações passadas têm absoluto caráter confidencial e não podem extrapolar os limites do próprio grupo, nem tampouco podem circular em grupos recreativos, mesmo que composto apenas por médicos.
>
> O *WhatsApp* ou seus assemelhados são um instrumento de comunicação extraordinário. Conjuga em sua plataforma as trocas verbais, gravadas ou telefonadas com imagem ou não, registros digitais de imagens quer de pessoas, quer de documentos e a troca de mensagens escritas, como se fazia com bilhetes, cartas ou telegramas. Claro que pode ser utilizado tanto para trocas individuais, como em grupo, desde que respeitadas as regras impostas por nossos instrumentos normativos que tratam do sigilo e da proibição de ter pessoas alheias à medicina compondo grupos de discussão de casos onde se abordam formas de diagnosticar e da aplicação de condutas terapêuticas.

Tal aplicativo, inclusive, ganhou relevância durante o período pandêmico causado pela covid-19, na medida em que fora utilizado como ferramenta de consultas médicas, por intermédio da telemedicina; longe de ser o mais adequado, o aplicativo teve grande serventia quando do início dos efeitos das regras restritivas de circulação, representando um poderoso instrumento contra a desassistência médica causada pelo fechamento de clínicas e consultórios, questão que será abordada no respectivo capítulo, a respeito da telemedicina e da telessaúde.

Cabe ao médico estabelecer as regras de uso profissional do aplicativo, como ferramenta de trabalho, a partir do estabelecimento de horários, dias e momentos específicos para o respectivo atendimento, lembrando que se trata de uma ferramenta que não pode inviabilizar a sua relação com o paciente, mas aprimorá-la, com destaque à necessária salvaguarda quanto ao sigilo.

Nada impede que o médico, *v.g.*, receba um exame de seu paciente por intermédio do aplicativo, complementar à consulta, e o oriente também por meio do aplicativo, dentro de uma relação ética, eficaz e funcional.

Todavia, é importante e relevante destacar que o aplicativo WhatsApp e seus similares, anteriormente tratados como um meio de comunicação individual ou em grupos restritos, como uma maneira de troca de mensagens apenas, passaram a ser regulamentados pela Resolução CFM n. 2.336/2023 como mais uma rede social, incidindo-lhes todas as regras decorrentes da publicidade e propaganda médicas.

V.c.1. A *selfie* e o antes e depois

Entre as condutas propagadas nas redes sociais, envolvendo a publicidade médica, situa-se a realização da chamada *selfie*, bem como a divulgação de imagens do paciente antes da realização dos procedimentos e depois de tais atos, com os resultados, invariavelmente, satisfatórios.

> *Selfie* é uma palavra em inglês, um neologismo com origem no termo *self-portrait*, que significa autorretrato, e é uma foto tirada e compartilhada na internet.
> Normalmente uma *selfie* é tirada pela própria pessoa que aparece na foto, com um celular que possui uma câmera incorporada, com um *smartphone*, por exemplo. Também pode ser tirada com uma câmera digital ou *webcam*. A particularidade de uma *selfie* é que ela é tirada com o objetivo de ser compartilhada em uma rede social como *Facebook* ou *Myspace*, por exemplo. Uma *selfie* pode ser tirada com apenas uma pessoa, com um grupo de amigos ou mesmo com celebridades.[12]

Tais posturas historicamente eram proibidas no campo ético, posição revista pelo Conselho Federal de Medicina por intermédio da Resolução CFM n. 2.336/2023, seguindo orientação permissiva, *v.g.*, do Conselho Federal de Odontologia, cuja Resolução n. 196/2019 já autorizava "a divulgação de autorretratos (*selfie*) e de imagens relativas ao diagnóstico e ao resultado final de tratamentos odontológicos [...]", fato que, *per si*, sempre gerou desconforto em parte da classe médica que ansiava pela permissão quanto à utilização de tais ferramentas como forma de divulgar seu trabalho.

A primeira alteração a ser considerada neste aspecto é a permissão para a realização da chamada *selfie,* a partir da Resolução CFM n. 2.336/2023, cujo texto autoriza a publicação nas redes sociais de autorretrato, imagens e áudios, desde que não veicule, de acordo com as suas características, conteúdo que possa ser caracterizado como sensacionalista ou concorrência desleal (art. 8º, III).

Quanto à técnica de divulgação comumente chamada de "antes e depois", a resolução em comento abre a possibilidade, em seu artigo 14, ao permitir a utilização de banco de imagens de pacientes, sempre com finalidade educativa, destacando no inciso II, *b*:

> II – a demonstração de resultados de técnicas e procedimentos, respeitados os seguintes princípios:
> [...]
> b) demonstrações de antes e depois devem ser apresentadas em um conjunto de imagens contendo indicações, evoluções satisfatórias, insatisfatórias e complicações decorrentes da intervenção, sendo vedada a demonstração e ensino de técnicas que devem limitar-se ao ambiente médico;

A interpretação do permissivo legal indica que a divulgação de imagens de pacientes deve estar acompanhada de informações técnicas, de maneira a demonstrar ao público leigo

---

12   Disponível em: https://www.significados.com.br/selfie/. Acesso em: 1 set. 2022.

não apenas os resultados, mas a devida explanação a respeito do procedimento, da técnica e de eventuais evoluções também insatisfatórias, bem como os riscos inerentes.

Portanto, não se trata de indicar apenas imagens com resultados obtidos, mas, para que não haja a caracterização da infração ética, as postagens devem conter conteúdo escrito, explicativo e educativo.

Evidentemente, o uso de imagens de pacientes deve estar devidamente autorizado, por escrito, contendo informações claras quanto aos canais em que serão divulgadas, inclusive com cláusula de revogação expressa para que haja a possibilidade de arrependimento e imediata retirada dos meios em quen houve a veiculação.

Deve-se ficar bastante claro que o paciente não é uma espécie de troféu a ser exibido nas redes sociais, e trabalhar sempre para obter o melhor resultado é uma obrigação da profissão médica, que não comporta, por sua natureza, uma exposição excessiva do paciente, mesmo quando não expressamente identificado.

Sob uma ótica eminentemente jurídica civilista e consumerista, a divulgação irrestrita de resultados no campo da medicina tende a desvirtuar a sua natureza obrigacional, como de meios, impondo ao profissional um encargo em, diante de qualquer caso hipoteticamente semelhante, chegar ao mesmo resultado propagado, majorando a responsabilidade profissional a partir de variáveis biologicamente incontroláveis.

Cabe um destaque quanto ao fato de que a norma ética sobre publicidade, em seu artigo 9º, XVI, permite ao médico revelar resultados comprováveis de tratamentos e procedimentos sem, contudo, identificar o paciente e, em cotejo com a proibição contida no artigo 11, XII, não pode o profissional garantir, prometer ou insinuar bons resultados do tratamento.

As postagens, portanto, mesmo quando indicativas de bons resultados, não podem conter conteúdo de promessa ou garantia, estando sempre, como já indicado, acompanhadas do respectivo conteúdo informativo e educativo sobre o procedimento ou a técnica divulgada em rede social.

Aliás, o mencionado artigo 9º não permite a identificação do paciente, o que fará que o profissional, em suas postagens, tenha cautela de demonstrar os resultados por meio de imagens em que o paciente apareça de forma anonimizada, o que nem sempre, convenha-se, será simples.

O médico pode, também, com o advento da Resolução CFM n. 2.336/2023, repostar conteúdos postados por seus pacientes, passando, entretanto, a assumi-los como seus, para fins de controle ético-profissional.

O conceito, portanto, de concorrência desleal encontra-se inserido na autopromoção, lembrando que nas normas deontológicas previstas no Código de Ética Médica há uma conduta expressamente vedada caracterizada por "praticar concorrência desleal com outro médico" (art. 51).

Portanto, a publicação cotidiana de autorretrato em redes sociais, desde que desprovida de qualquer caráter voltado às proibições acima mencionadas, não tem o condão de configurar infração ética passível de punição, *v.g.*, o médico que publica foto em sua mesa de trabalho, iniciando seu labor diário.

Ao médico, portanto, não há vedação quanto à utilização de redes sociais, mas limites impostos pela ética médica, a partir da observância de princípios tão caros ao exercício da medicina, que, desde os tempos hipocráticos, formam o alicerce dessa milenar relação.

Cabe, ainda, o destaque quanto ao advento da Lei n. 13.874/2019, que, primordialmente, "institui a Declaração de Direitos de Liberdade Econômica" e "estabelece garantias de livre mercado", cujo art. 4º, VII estabelece:

> Art. 4º É dever da administração pública e das demais entidades que se vinculam a esta Lei, no exercício de regulamentação de norma pública pertencente à legislação sobre a qual esta Lei versa, exceto se em estrito cumprimento a previsão explícita em lei, evitar o abuso do poder regulatório de maneira a, indevidamente:
>
> [...]
>
> VIII – restringir o uso e o exercício da publicidade e propaganda sobre um setor econômico, ressalvadas as hipóteses expressamente vedadas em lei federal [...].

Tal análise, sob a ótica da publicidade médica, encontra a devida limitação imposta pelo já mencionado Decreto-lei n. 4.113/1942, recepcionado pela Constituição Federal com força de lei, bem como pelo permissivo legal concedido pela Lei n. 3.268/1957 (art. 5º, *d*), para que o Conselho Federal de Medicina, ouvindo os Regionais, promova as normas éticas profissionais por intermédio do respectivo Código de Ética Médica.

Evidentemente, o objetivo da Lei em questão é justamente permitir a liberdade econômica no Brasil, perpassando pela respectiva liberação da publicidade e da propaganda, que encontra naturais limites, *v.g.*, no próprio Código de Defesa do Consumidor.

Entretanto, permitir a publicidade irrestrita a respeito da medicina conduz a uma possível banalização dos procedimentos médicos e da própria relação com o paciente, caminho sem volta e com consequências jurídicas imprevisíveis no campo da própria responsabilização profissional. Os limites existem, ao menos, desde 1929, e devem ser adequados à realidade social de cada momento da humanidade – de acordo com as características socioeconômico--culturais da própria região em que sejam aplicados –, mas jamais extintos.

V.D. O ERRO MÉDICO

> Código de Ética Médica (Resolução CFM n. 2.217/2018)
>
> É vedado ao médico:
>
> Art. 1º Causar dano ao paciente, por ação ou omissão, caracterizável como imperícia, imprudência ou negligência.
>
> Parágrafo único. A responsabilidade médica é sempre pessoal e não pode ser presumida.

O erro médico é caracterizado por uma ação ou uma omissão juridicamente relevantes, a partir da presença dos elementos da culpa: imperícia, imprudência ou negligência. Do ponto de vista ético, o erro, tal como na seara indenizatória, deve estar acompanhado do dano ao paciente, conforme previsto no acima transcrito art. 1º do Código de Ética Médica.

O erro, para fins comportamentais, jamais deveria estar atrelado à ideia de um dano ao paciente, na medida em que, se estabelecendo uma lógica ética a partir da moral, maior relevância se concede ao proceder do que ao resultado.

Proceder de maneira equivocada, mesmo sem a caracterização de um dano, já bastaria à intervenção no campo ético-profissional, inclusive porquanto esse é o propósito dos Conselhos de Medicina sob a perspectiva da Lei n. 3.268/1957, segundo a qual lhes cabe "zelar e trabalhar por todos os meios ao seu alcance, pelo perfeito desempenho ético da medicina" (art. 2º).

Até porque "dano" é um conceito tipicamente civilista, sem correspondente direto no campo repressivo penal e, por consequência, na esfera administra sancionatória, via de regra incluído para fins de agravamento ou atenuação do delito cometido, sendo um dos efeitos da condenação (art. 91, I, do Código Penal).

Ao contrário da lógica desenvolvida pelo Código de Ética Médica, há erro sem dano, desvio de conduta passível de punição, bastando adotarmos como paradigma atos praticados de forma negligente, reprováveis sob o aspecto comportamental, mas que não chegam a causar prejuízo concreto ao paciente.

E tais equívocos devem ser alvo de medidas sancionatórias éticas, para que o efeito pedagógico contido de forma intrínseca no comando "perfeito desempenho ético da medicina", almejado pela Lei, possa ser efetivamente alcançado.

A lógica do erro médico é traçada do ponto de vista indenizatório, o que representa um equívoco histórico, que aparece em primeira oportunidade no Código de Ética da Associação Médica Brasileira, de 1953, sob a seguinte redação:

> Art. 45º O médico responde civil e penalmente por atos profissionais danosos ao cliente, a que tenha dado causa por imperícia, imprudência ou negligência.

Não há, no campo ético-profissional, definição clara do que seria o "dano" para efeitos sancionatórios; seria, a partir da lógica civilista, um dano moral, estético, material? Ou qualquer forma de dano, *v.g.*, sentimental ou psicológico suficiente a encetar uma punição com lastro no art. 1º do atual Código de Ética Médica?

A estrutura ético-normativa indica que os atos ou as omissões profissionais caracterizáveis como imprudência, negligência ou imperícia já seriam suficientes a ensejar a punição em razão do artigo em voga.

V.g., podemos citar o cirurgião que, por negligência comprovada, esquece um material cirúrgico na cavidade abdominal, mas, antes do encerramento do procedimento, percebe a falha e consegue retirá-lo; do ponto de vista cível, indenizatório, nada há de reprovável, bem como no campo penal. Todavia, a potencialidade do dano já seria suficiente a uma reprimenda ético-profissional em decorrência da sua negligência, ainda que momentânea.

Em causando um dano concreto, este seria devidamente observado quando da dosimetria da pena. A regra ética, como já amplamente abordado, decorre de uma expectativa comportamental.

Em uma análise dos mandamentos contidos no Código de Ética Médica, constata-se incontestavelmente a inexigibilidade do dano nas infrações éticas cometidas, *v.g.*, os arts. 8º e 9º, em que basta a prática da conduta vedada, independentemente do resultado decorrente:

Art. 8º Afastar-se de suas atividades profissionais, mesmo temporariamente, sem deixar outro médico encarregado do atendimento de seus pacientes internados ou em estado grave.

Art. 9º Deixar de comparecer a plantão em horário preestabelecido ou abandoná-lo sem a presença de substituto, salvo por justo impedimento.

Parágrafo único. Na ausência de médico plantonista substituto, a direção técnica do estabelecimento de saúde deve providenciar a substituição.

O médico que falta injustificadamente ao plantão ou afasta-se de suas atividades nas condições estabelecidas pelo regramento ético, já se encontra sujeito ao campo de atuação sancionatória dos Conselhos, independentemente de um possível dano causado aos pacientes em razão de sua ação ou omissão.

Todavia, a atual redação do Código de Ética Médica não deixa margem interpretativa, sendo necessário, para fins sancionatórios, que o erro cometido tenha efetivamente causado um dano ao paciente.

GOMES e FRANÇA[13] assim definem o erro médico:

> Erro médico é a conduta profissional inadequada que supõe uma inobservância técnica capaz de produzir um dano à vida ou à saúde de outrem, caracterizada por imperícia, imprudência ou negligência.
>
> Cabe diferenciar erro médico oriundo do acidente imprevisível e do resultado incontrolável. Acidente imprevisível é o resultado lesivo, advindo de caso fortuito ou força maior, incapaz de ser previsto ou evitado, qualquer que seja o autor em idênticas circunstâncias. Por outro lado, o resultado incontrolável é aquele decorrente de situação incontornável, de curso inexorável, próprio da evolução do caso – quando, até o momento da ocorrência, a ciência e a competência profissional não dispõem de solução.

A definição do erro médico a partir de uma conduta inadequada profissional oriunda da inobservância técnica "capaz de produzir um dano" parece estabelecer uma definição precisa da má prática profissional que carrega, em sua essência, a potencialidade danosa, estabelecendo uma perspectiva comportamental e, simultaneamente, permissiva quanto à atratividade do resultado como agravante à conduta reprovável.

Firmadas tais premissas, é necessário estabelecer que nem todo resultado danoso é caracterizável como uma má prática profissional, seguindo-se as definições estabelecidas pelos próprios autores susomencionados acerca do chamado "acidente imprevisível", tanto quanto do "resultado incontrolável".

O corpo humano é, natural e biologicamente, imprevisível sob diversos aspectos, e, diante de situações específicas, *v.g.*, a reação de cada indivíduo a partir de uma situação estressante, como um assalto, ou, em nosso estudo, uma cirurgia.

---

13 GOMES, Júlio Cézar Meirelles; FRANÇA, Genival Veloso de. Bioética clínica: erro médico. *In*: COSTA, Sergio Ibiapina Ferreira; OSELKA, Gabriel; GARRAFA, Volnei (coord.). *Iniciação à bioética*. Brasília: Conselho Federal de Medicina, 1998. p. 244-245.

A essência de cada ser repousa justamente na esfera de imprevisibilidades comportamentais a partir de estímulos semelhantes, sobre as quais o médico não possui integral controle, mesmo em procedimentos considerados corriqueiros em sua atividade.

Como já abordado no capítulo específico, as informações a respeito de tais imprevisibilidades entram no campo da negligência informacional, que não deixa de ser uma conduta inadequada capaz de gerar um dano ao paciente, e, portanto, uma má prática profissional.

Nessa senda, enquanto o acidente imprevisível permanece no campo do caso fortuito ou da força maior, conceitos eminentemente civilistas, o resultado incontrolável decorre justamente desse espaço entre o que, de fato, se esperava do procedimento a partir da boa prática médica e da adequada conduta profissional e cujo resultado não pertence exclusivamente a tais aspectos.

O resultado incontrolável deixa o campo da imprevisibilidade quando, por negligência, imprudência ou imperícia, o médico relega a segundo plano determinadas práticas exigíveis em seu proceder e passa a concorrer para a consequência inicialmente não programada, caracterizando, assim, o erro.

A partir de tal concepção, há diversos momentos em que o erro pode ocorrer, sendo essencial a sua detecção a fim de se compreender, de maneira integral, o momento em que poderia ter-se evitado a sua ocorrência e quais foram, efetivamente, as respectivas consequências ao paciente.

Nesse sentido, pode-se categorizar o erro médico a partir de três perspectivas claras: o erro procedimental, o erro de diagnóstico e os erros terapêuticos, incluindo-se nesta última categoria os erros de prognóstico e de medicação.

Mister salientar que não se trata de estabelecer o erro médico a partir da ótica civilista, qual seja, do dano e da respectiva responsabilização, mas precisar os conceitos originários, os quais serão úteis em todas as esferas, inclusive do ponto de vista da bioética e dos estudos acadêmicos a respeito do tema.

O erro procedimental decorre especificamente da prática inadequada. A práxis profissional é baseada em, *v.g.*, desconhecimento a respeito do procedimento (imperícia), falta de cuidado com o paciente (negligência), ou excesso na condução (imprudência).

Não se trata de observar o erro a partir do resultado, mas da condução do procedimento em inobservância à melhor prática adequada ao caso específico, violando-se o princípio fundamental II da ética profissional, segundo o qual, "o alvo de toda a atenção do médico é a saúde do ser humano, em benefício da qual deverá agir com o máximo de zelo e o melhor de sua capacidade profissional".

Uma vez não se utilizando do melhor de sua capacidade profissional em benefício do paciente ou não possuindo técnica ou habilidade suficiente, o médico incorre em má prática, passível de punição nas respectivas esferas, a partir do resultado.

O erro médico não é averiguável a partir do seu resultado, mas da conduta.

Nesse aspecto, a conduta equivocada profissional pode ter início já no diagnóstico, levando a uma série de possíveis consequências danosas ao paciente, lastreadas em uma falha de conduta no atendimento primário.

O diagnóstico nosológico, previsto no campo redacional da Lei n. 12.842/2013, encontra-se assim definido:

> Art. 4°. São atividades privativas do médico:
>
> [...]
>
> § 1° Diagnóstico nosológico é a determinação da doença que acomete o ser humano, aqui definida como interrupção, cessação ou distúrbio da função do corpo, sistema ou órgão, caracterizada por, no mínimo, 2 (dois) dos seguintes critérios:
>
> I – agente etiológico reconhecido;
>
> II – grupo identificável de sinais ou sintomas;
>
> III – alterações anatômicas ou psicopatológicas.

Portanto, o médico que falha ao definir qual a "doença que acomete o ser humano", a partir da respectiva prática profissional, incorre em erro de diagnóstico, que, igualmente, pode ocorrer a partir de uma negligência, imprudência ou imperícia, invariavelmente, caracterizada por uma omissão, *v.g.*, o médico que deixa de realizar uma anamnese integral em seu paciente, deixa de considerar os sintomas por ele relatados ou não se utiliza de um exame complementar.

É essencial destacar que, na hipótese do exame complementar, o médico pode ser, eventualmente, conduzido ao erro diante de um resultado falso, equivocado, forçando-lhe a um diagnóstico ou à ausência deste, a partir de uma conduta de terceiro.

Em tal hipótese deve-se avaliar, diante da concretude do caso, se o profissional, a par do exame complementar, e frente aos sintomas e evidências clínicas, poderia chegar à conclusão diversa do resultado laboratorial, e, assim, questioná-lo, ou, impossibilitado diante do quadro clínico e das características do caso, ter fechado diagnóstico equivocado, mas não culpável, hipótese em que o erro anterior lhe guiou ao sentido incorreto.

Por fim, há os erros terapêuticos, em que o profissional aplica ao paciente o tratamento incorreto, mesmo diante de um acertado diagnóstico nosológico. Não se trata de escolha, mas de erro.

Determinados diagnósticos comportam diversos tratamentos, conservadores ou agressivos, e essas escolhas conscientes, determinadas a partir do livre esclarecimento e consentimento do paciente, que possam eventualmente trazer consequências não esperadas –mas eventualmente possíveis –, não podem ser consideradas erros profissionais ou condutas inadequadas.

Evidentemente, tais condutas propostas pelo médico devem estar inseridas no campo do devido reconhecimento científico, não sendo aplicável tal conclusão em casos de terapias não acolhidas pela comunidade médica, nos termos já explicitados oportunamente quanto aos procedimentos experimentais.

Dentro do plano das consequências indesejáveis, mas não caracterizáveis como erros médicos, encontra-se a denominada "iatrogenia", que, nos dizeres de MALDONADO:[14]

---

[14] CARVALHO, José Carlos Maldonado. *Iatrogenia e erro médico sob o enfoque da responsabilidade civil*. Rio de Janeiro: Lumen Juris, 2005. p. 8.

> [...] caracteriza-se por um atuar médico de forma correta, necessária, consubstanciado no uso de técnicas e medicamentos necessários para enfrentar crises ou surtos, que causam danos em pessoas sadias ou doentes não ensejadores de responsabilidade civil.

Efeitos colaterais, interações medicamentosas e respectivas reações alérgicas, bem como a resistência a determinados tratamentos, caracterizam hipóteses de resultados possíveis, indesejados, mas que não caracterizam erro, na medida em que o profissional está, em tais circunstâncias, buscando o bem, a ação benéfica ao enfermo.

Contudo, a adequada conduta determina que o paciente seja informado a respeito de tais possibilidades, por intermédio do diálogo, da interlocução assertiva, e, ao final, do efetivo termo de consentimento livre e esclarecido.

Nesse diapasão, cabe uma ressalva a respeito da natureza do erro médico em sua essência, frente a algumas variáveis determinantes à sua ocorrência em defluência do efetivo contexto a que médicos e pacientes se encontram inseridos, caracterizando-se, assim, o erro médico próprio e o impróprio.

O erro médico próprio decorre da conduta inadequada diante de circunstâncias em que o médico possui os elementos necessários à melhor prática, a partir de um contexto fático que permite o estabelecimento de uma relação médico-paciente prévia e adequada.

Por sua vez, o erro médico impróprio ocorre em situações contextualmente difíceis e complexas, em que a relação médico-paciente é inexoravelmente estabelecida a partir de encontros não planejados e inevitáveis, em que o médico busca atuar da melhor forma, dentro da melhor prática, mas ultima o ato profissional de forma equivocada.

Ambas as práticas, excetuando-se a inexigibilidade de conduta diversa, encetam o erro médico, mas a partir de contextos absolutamente distintos, em que a exigência da conduta médica adequada era substancialmente superior quando diante de um erro médico próprio.

Não se pode desaprovar a conduta médica inadequada em semelhante estágio quando o profissional possui todas as condições para a melhor prática, e, mesmo assim, equivoca-se culposamente em sua conduta frente ao ato médico realizado em condições precárias, tanto estruturais quanto momentâneas em decorrência, *v.g.*, de um paciente politraumatizado de quem sequer se consegue obter a respectiva qualificação pessoal ou a origem dos seus traumas, e, desafortunadamente, o médico comete uma manobra imprudentemente equivocada.

Há que se atribuir a esse último cenário a natureza do erro médico como absolutamente impróprio; culpável, mas na medida do contexto fático, e distinto da conduta própria, tomando-se por base, inclusive, o conceito trazido pelo art. 944 do Código Civil, que, em seu parágrafo único, estabelece a respectiva relação entre a gravidade da conduta e o dano.

Irremediavelmente, a gravidade da conduta errônea praticada no âmbito do erro médico próprio é soberana frente ao erro impróprio.

V.E. AS COMISSÕES DE ÉTICA MÉDICA

Dentro da atividade fiscalizadora dos Conselhos de Medicina e, portanto, inserida no campo de estudo da ética médica, há uma atividade de apoio desenvolvida pelos médicos, dentro das instituições de saúde, por meio das "Comissões de Ética Médica".

A Resolução n. 2.152/2016 do Conselho Federal de Medicina, ao estabelecer as "normas de organização, funcionamento, eleição e competências das Comissões de Ética Médica dos estabelecimentos de saúde", obriga a sua respectiva instalação em todas as instituições de saúde que possuam mais de 30 médicos em seu corpo clínico, sob responsabilidade do diretor técnico e do diretor clínico quanto à sua eleição, formação e atuação efetiva.

Aliás, entre as atribuições do diretor técnico encontra-se o dever de assegurar o pleno e autônomo funcionamento das comissões (art. 2º, § 3º, III, do Anexo da Resolução CFM n. 2.147/2016), além de prover as condições necessárias ao seu pleno funcionamento (art. 2º, § 1º, da Resolução CFM n. 2.152/2016).

As comissões de ética atuam como órgãos de apoio aos trabalhos dos Conselhos Regionais de Medicina, inseridas na estrutura organizacional das instituições de assistência à saúde, com funções investigatórias, educativas e fiscalizadoras, mas com autonomia frente à administração hospitalar.

Em que pese a sua regulamentação ocorrer por intermédio de normativa própria oriunda do Conselho Federal de Medicina, durante muito tempo vigorou o entendimento de que elas seriam uma espécie de desmembramento dos próprios Regionais, dentro das instituições de saúde, agindo por uma espécie de delegação, o que não seria possível, ante a indelegabilidade dos poderes atribuídos aos Conselhos pela Lei n. 3.268/1957.

Assim, tais instituições possuem funções relevantes do ponto de vista do suporte às atividades primárias dos Conselhos, mas sem qualquer poder punitivo ou deliberativo acerca da conduta ética dos médicos, prerrogativa exclusiva das autarquias.

Os membros das comissões de ética são eleitos pelo próprio corpo clínico da instituição, por intermédio de sufrágio interno, com composição mínima fixada de acordo com uma regra de proporcionalidade estabelecida pela Resolução: de 31 a 999 médicos, a comissão deverá possuir, no mínimo, três membros efetivos e igual número de suplentes; ultrapassando mil médicos, a composição mínima será de cinco membros efetivos e igual número de suplentes.

As candidaturas devem ser registradas por meio de chapas completas, para um mandato interno de 12 a 30 meses, regra esta que, normalmente, se encontra estabelecida no Regimento Interno do Corpo Clínico, quando ausente regra estatutária própria da Comissão de Ética Médica.

Dentre as suas atribuições principais, elencadas pela Resolução n. 2.152/2016 do Conselho Federal de Medicina, destacam-se, além das pedagógicas e orientativas, as judicantes, consubstanciadas no recebimento de denúncias e reclamações envolvendo médicos do corpo clínico, cabendo decisão final quanto ao arquivamento ou encaminhamento para apreciação do Conselho Regional da respectiva jurisdição.

É importante salientar que a Comissão de Ética Médica não possui poder decisório quanto às sanções deontológicas legalmente previstas – uma prerrogativa exclusiva dos Conselhos de Medicina –, sendo vedada a emissão de qualquer forma de juízo de valor a respeito dos fatos em apuração, exceto quanto ao seu arquivamento ou envio ao respectivo Conselho Regional.

A apuração realizada pela Comissão de Ética Médica é de grande valia, essencialmente por se efetivar no local em que os fatos ocorreram, possuindo grande fidedignidade acerca das provas produzidas; entretanto, ela não é vinculativa aos Conselhos Regionais de Medicina, sendo que os autos de apuração interna devem ser encartados no bojo da respectiva sindicância ou até mesmo do processo ético-profissional sob a forma de documento, com valor probatório importante, mas que deve ser confirmado diante de outras provas colhidas no curso da investigação oficial.

A Comissão de Ética Médica, inclusive, possui especial atenção na composição do Código de Processo Ético-profissional, Resolução CFM n. 2.306/2022, conforme o art. 17:

> Art. 17. A comissão de ética médica dos estabelecimentos de saúde deverá encaminhar ao CRM as denúncias de natureza ética que tiver ciência, nos termos da resolução específica. Parágrafo único. Na inexistência da comissão de ética médica nos estabelecimentos de saúde, caberá ao diretor clínico ou técnico fazer a comunicação prevista no *caput*.

A atividade fiscalizatória prevista pela resolução específica, como atribuição da Comissão de Ética Médica, não substitui a atuação do Conselho Regional de Medicina, diante das atribuições legais, bem como das disciplinadas por intermédio da Resolução CFM n. 2.056/2013, ocorrendo de maneira subsidiária, a fornecer os elementos necessários e complementares para que a inspeção oficial seja efetiva.

V.F. DIRETORES TÉCNICO E CLÍNICO

No âmbito estrutural das instituições de saúde, além dos cargos internos, estabelecidos pela própria administração, há dois específicos, vinculados aos Conselhos Regionais de Medicina, com atribuições específicas.

Historicamente, a presença de um diretor técnico médico é exigência constante de alguns antigos diplomas legais, *v.g.*, o Decreto Federal n. 20.931/1932, ainda parcialmente em vigor, que, ao estabelecer as regras acerca da regulamentação e fiscalização quanto ao "exercício da medicina, da odontologia, da medicina veterinária e das profissões de farmacêutico, parteira e enfermeira, no Brasil", e as respectivas penas, assim determina no capítulo destinado às regras referentes aos estabelecimentos dirigidos por médicos:

> Art. 28 Nenhum estabelecimento de hospitalização ou de assistência médica pública ou privada poderá funcionar, em qualquer ponto do território nacional, sem ter um diretor técnico e principal responsável, habilitado para o exercício da medicina nos termos do regulamento sanitário federal.
>
> No requerimento de licença para seu funcionamento deverá o diretor técnico do estabelecimento enviar à autoridade sanitária competente a relação dos profissionais que nele trabalham, comunicando-lhe as alterações que forem ocorrendo no seu quadro.
>
> Art. 29 A direção dos estabelecimentos destinados a abrigar indivíduos que necessitem de assistência médica, se achem impossibilitados, por qualquer motivo, de participar da atividade social, e especialmente os destinados a acolher parturientes, alienados, toxicômanos, inválidos, etc., será confiada a um médico especialmente habilitado e a sua instalação deverá ser conforme os preceitos científicos de higiene, com adaptações especiais aos fins a que se destinarem.
>
> O diretor técnico deverá facultar à autoridade sanitária a livre inspeção do estabelecimento sob sua direção, determinando o seu fechamento quando assim o exigir a autoridade

sanitária, por motivo de conveniência pública ou de aplicação de penalidade, imposta por infração dos dispositivos do regulamento sanitário.

§ 1º O diretor técnico, que requerer à autoridade sanitária a competente licença para abertura dos estabelecimentos citados nos artigos precedentes, deverá pedir baixa de sua responsabilidade sempre que se afastar da direção.

§ 2º Esses estabelecimentos terão um livro especial, devidamente rubricado pela autoridade sanitária competente, destinado ao registo dos internados, com todas as especificações de identidade, e a anotação de todas as ocorrências verificadas desde a entrada até a saída do internado.

Dentro da evolução das normas, as atribuições conferidas aos diretores clínico e técnico sofreram diversas alterações, e, por vezes, dificuldades interpretativas a respeito das respectivas esferas de atuação.

A Portaria Ministerial n. 16, de 13 de dezembro de 1973, em trabalho realizado pelo Ministério da Saúde, que recebeu o nome de "Terminologia Hospitalar" e "Normas de Administração e Controle do Hospital", assim conceituava, no âmbito da terminologia hospitalar padrão: "O Diretor Clínico é o antigo 'Chefe do Corpo Clínico'".

Todavia, em 1975, o Conselho Federal de Medicina, ao editar a Resolução n. 672, estabeleceu em seu item 11:

> 11 – Compreende-se como diretor técnico, comumente designado diretor clínico nos hospitais, o médico que tem sob seu controle, todo o trabalho profissional de medicina da instituição, sendo o principal responsável, quer isoladamente, quer em conjunto com outros colegas, pelos aspectos éticos, normativos, fiscalizadores e executivos da assistência.

Vê-se que o Conselho Federal de Medicina alterou o entendimento acerca das competências, dos deveres e das responsabilidades do diretor clínico, por intermédio da modificação da nomenclatura, indicando que, a partir de então, seria denominado "diretor técnico".

Como última e mais recente regulamentação, o Conselho Federal de Medicina, por intermédio da Resolução CFM n. 2.147/2016, estabeleceu as "normas sobre a responsabilidade, atribuições e direitos de diretores técnicos, diretores clínicos e chefias de serviço em ambientes médicos", indicando de forma clara as respectivas funções de cada um desses diretores médicos, no âmbito interno das instituições prestadoras de serviços de saúde, mas ainda lastreada na Resolução n. 997/1980, que assim dispõe em seu art. 11 acerca da natureza decorrente da atuação do diretor técnico:

> Art. 11. O Diretor Técnico Médico, principal responsável pelo funcionamento dos estabelecimentos de saúde, terá obrigatoriamente sob sua responsabilidade a supervisão e coordenação de todos os serviços técnicos do estabelecimento, que a ele ficam subordinados hierarquicamente.

No desenvolvimento de toda a normativa ética a partir de então, constata-se que na essência da atividade desenvolvida pelo diretor técnico há, invariavelmente, uma intrínseca ligação com a coordenação e a supervisão quanto aos serviços técnicos, médicos, realizados no âmbito do estabelecimento de saúde.

Dentro do próprio Código de Ética Médica, Resolução CFM n. 2.217/2018, há diversas previsões específicas sobre a atuação do diretor técnico, tanto no campo diceológico quanto no deontológico:

> É direito do médico:
>
> [...]
>
> IV – Recusar-se a exercer sua profissão em instituição pública ou privada onde as condições de trabalho não sejam dignas ou possam prejudicar a própria saúde ou a do paciente, bem como a dos demais profissionais. Nesse caso, comunicará com justificativa e maior brevidade sua decisão ao diretor técnico, ao Conselho Regional de Medicina de sua jurisdição e à Comissão de Ética da instituição, quando houver.
>
> É vedado ao médico:
>
> [...]
>
> Art. 9º Deixar de comparecer a plantão em horário preestabelecido ou abandoná-lo sem a presença de substituto, salvo por justo impedimento.
>
> Parágrafo único. Na ausência de médico plantonista substituto, a direção técnica do estabelecimento de saúde deve providenciar a substituição.
>
> [...]
>
> Art. 19. Deixar de assegurar, quando investido em cargo ou função de direção, os direitos dos médicos e as demais condições adequadas para o desempenho ético-profissional da medicina.
>
> [...]
>
> Art. 47. Usar de sua posição hierárquica para impedir, por motivo de crença religiosa, convicção filosófica, política, interesse econômico ou qualquer outro que não técnico--científico ou ético, que as instalações e os demais recursos da instituição sob sua direção sejam utilizados por outros médicos no exercício da profissão, particularmente se forem os únicos existentes no local.
>
> [...]
>
> Art. 67. Deixar de manter a integralidade do pagamento e permitir descontos ou retenção de honorários, salvo os previstos em lei, quando em função de direção ou de chefia.
>
> [...]
>
> Art. 117. Deixar de incluir, em anúncios profissionais de qualquer ordem, seu nome, seu número no Conselho Regional de Medicina, com o estado da Federação no qual foi inscrito e Registro de Qualificação de Especialista (RQE) quando anunciar a especialidade.
>
> Parágrafo único. Nos anúncios de estabelecimentos de saúde, devem constar o nome e o número de registro, no Conselho Regional de Medicina, do diretor técnico.

Uma das principais características diferenciadoras entre os diretores clínico e técnico encontra-se insculpida na Resolução CFM n. 2.147/2016, envolvendo a forma de assunção aos respectivos cargos; enquanto o diretor técnico é nomeado diretamente pelo gestor, o clínico deve se submeter a um processo eleitoral interno, a partir do próprio corpo clínico:

Art. 2º O diretor técnico, nos termos da lei, é o responsável perante os Conselhos Regionais de Medicina, autoridades sanitárias, Ministério Público, Judiciário e demais autoridades pelos aspectos formais do funcionamento do estabelecimento assistencial que represente.

§ 1º O provisionamento do cargo, ou função de diretor técnico, se dará por designação da administração pública ou, nas entidades privadas de qualquer natureza, por seu corpo societário ou mesa diretora.

[...]

Art. 4º O diretor clínico é o representante do corpo clínico do estabelecimento assistencial perante o corpo diretivo da instituição, notificando ao diretor técnico sempre que for necessário ao fiel cumprimento de suas atribuições.

Parágrafo único. O diretor clínico é o responsável pela assistência médica, coordenação e supervisão dos serviços médicos na instituição, sendo obrigatoriamente eleito pelo corpo clínico.

Tal eleição, para o preenchimento do cargo de direção clínica, deve estar disciplinada no bojo do Regimento Interno do Corpo Clínico, com regras claras a respeito dos critérios de elegibilidade, categorias de membros e respectivo mandato, na forma estabelecida pela Resolução n. 1.481/1997 do Conselho Federal de Medicina.

Acerca da remuneração para o exercício de tais cargos, a questão é bastante controversa.

Quanto ao diretor técnico, uma vez sendo designado para tal função por meio de nomeação feita pelos próprios gestores, invariavelmente é fixada uma remuneração específica para o cargo, em razão, inclusive, do alto grau de responsabilidade inerente às suas atividades.

Todavia, no que se refere ao diretor clínico, há grande resistência envolvendo o pagamento de alguma contraprestação financeira, na medida em que se trata de cargo eletivo, a partir da escolha pelo próprio corpo clínico, e não de nomeação pela administração da instituição de saúde, não sendo possível, ao Conselho de Medicina, criar obrigações nesse sentido às instituições de saúde.

O Conselho Regional de Medicina do Estado de Minas Gerais possui Parecer a respeito do tema, sob n. 107/2017, Processo Consulta n. 5.374/2015, Parecerista Conselheiro César Henrique Bastos Khoury, cuja conclusão assim estabelece:

> Diante do exposto, concluímos que o Diretor Clínico e Vice-Diretor Clínico deverão ser remunerados, conforme estabelecido pela Assembleia Geral do Corpo Clínico das Instituições de saúde, sejam privadas, sejam filantrópicas, sejam afins, visto que tais funções demandam tempo de dedicação, responsabilidades perante o corpo clínico e Direção administrativa, exercendo papel fundamental nos estabelecimentos de saúde. O Vice-Diretor Clínico deverá receber honorários sempre que substituir o diretor.

Em que pese a louvável indicação, é evidente que as instituições de saúde não podem ser compelidas à remuneração de um profissional que não puderam escolher, sendo designado por seus próprios pares, mesmo sendo altamente recomendável a sua remuneração, diante da responsabilidade do cargo; contudo, não há como impor tal condição ao nosocômio.

O próprio Conselho Regional em questão possui Resolução Estadual, sob n. 317/2009, em que prevê a possibilidade de remuneração ou, ainda, redução de carga horária de trabalho para o exercício de tal função:

> Art. 6º O cargo de Diretor Clínico em estabelecimentos privados, filantrópicos ou afins, poderá ser remunerado conforme estabelecido pela Assembleia Geral do Corpo Clínico do estabelecimento.
>
> § 1º A critério do estabelecimento público de saúde, poderá ser compensado o horário de trabalho do Diretor Clínico, para o exercício desta função.

Evidentemente, estando o diretor clínico submetido a um regime próprio de obrigações e deveres, e, em sendo obrigatória sua presença no ambiente médico-hospitalar, idealmente caberia ao próprio beneficiário de tais atividades remunerá-lo; entretanto, não há normativa própria que discipline tal questão, sendo, no mínimo, indicado que haja uma flexibilização quanto à sua jornada interna a fim de permitir o pleno exercício da atividade.

Acerca de suas atividades, o diretor clínico, remetendo-nos à antiga denominação, figura como uma espécie de chefe e representante do próprio corpo de médicos da instituição de saúde, em especial quanto ao aspecto assistencial, assegurando, *v.g.*, que todo paciente internado tenha um médico assistente, além de vindicar que todos os médicos preencham corretamente os prontuários.

Ao diretor técnico a normativa em vigor impõe uma série de obrigações relacionadas ao correto funcionamento assistencial, em especial quanto ao ambiente institucional que deve permitir o perfeito desempenho ético da medicina.

Entre as tarefas elencadas pelo Conselho Federal de Medicina, uma das mais relevantes acerca da assistência médica envolve justamente a organização da escala de plantões, zelando para que não haja lacunas durante o período necessário de atendimento, estando, no campo de suas atribuições e deveres, as providências sobre a respectiva cobertura quando ausente algum plantonista.

Aliás, a respeito dos plantões, a Resolução CFM n. 2.056/2013, que disciplina o regime de fiscalização dos Conselhos Regionais nas instituições de saúde, impõe algumas obrigações específicas ao diretor técnico:

> Art. 26. Os serviços que realizem assistência em regime de internação, parcial ou integral, inclusive hospitalar, devem oferecer as seguintes condições mínimas para o exercício da medicina:
>
> [...]
>
> c. O médico plantonista não pode ausentar-se do plantão, salvo por motivo de força maior, justificada por escrito ao diretor técnico médico;
>
> d. O médico plantonista obriga-se a esperar seu substituto e, ao fazer a passagem de plantão, a informar-lhe sobre as principais ocorrências;
>
> e. Em caso de atraso, ou falta, de seu substituto, deve o plantonista entrar em contato com o diretor técnico médico e/ou chefe do serviço para que estes providenciem a solução, ou eles próprios venham substituir o faltoso até que a providência definitiva seja adotada;

f. Mesmo na condição citada acima, o plantonista deve permanecer em seu posto de trabalho até a chegada do substituto.

Tanto o diretor técnico quanto o diretor clínico, ao se afastarem de seus cargos e responsabilidades, possuem obrigação de comunicarem ao respectivo Conselho Regional de Medicina em caráter imediato, a fim de que possam se salvaguardar quanto às responsabilidades éticas inerentes ao múnus funcional, sendo uma obrigação da instituição de saúde comunicar a entrada do novo profissional.

Outra obrigação relevante envolve a verificação de regularidade quanto aos médicos contratados e atuantes na instituição de saúde, nos respectivos Conselhos de Medicina.

De forma expressa, a Resolução normatizadora das atividades dos diretores médicos determina como obrigação técnica a não contratação de médicos formados no exterior sem o devido registro (art. 2º, § 3º, XVI), assim como o cuidado para que não haja médicos não habilitados ao exercício da medicina, e, também, a certificação quanto à respectiva qualificação como especialista (art. 2º, § 3º, IV), o que implica dizer que o diretor técnico, do ponto de vista ético, possui responsabilidade quando da presença de profissionais não habilitados inseridos no ambiente médico-assistencial.

A Resolução n. 2.147/2016 também disciplina a necessária titulação exigida para a ocupação de tais cargos, **quando diante de serviços assistenciais especializados e não especializados**:

> Art. 9º Será exigida para o exercício do cargo ou função de diretor clínico ou diretor técnico de serviços assistenciais especializados a titulação em especialidade médica correspondente, registrada no Conselho Regional de Medicina (CRM).
>
> § 1º Supervisor, coordenador, chefe ou responsável por serviços assistenciais especializados deverão possuir título de especialista na especialidade oferecida pelo serviço médico, com o devido registro do título pelo CRM, e se subordinam ao diretor técnico e diretor clínico em suas áreas respectivas, não se lhes aplicando a limitação prevista no *caput* do art. 8º.
>
> § 2º O diretor técnico de serviços médicos especializados em reabilitação deverá obrigatoriamente ser médico especialista, ainda que sejam utilizadas técnicas fisioterápicas.
>
> § 3º Nos estabelecimentos assistenciais médicos não especializados, basta o título de graduação em medicina para assumir a direção técnica ou direção clínica [...].

Por fim, a Resolução também limita a atuação dos diretores médicos a um número máximo de duas instituições, tanto públicas quanto privadas, exceto quanto às pessoas jurídicas de caráter individual, permitindo, inclusive, o acúmulo dos dois cargos:

> Art. 8º Ao médico será permitido assumir a responsabilidade, seja como diretor técnico, seja como diretor clínico, em duas instituições públicas ou privadas, prestadoras de serviços médicos, mesmo quando tratar-se de filiais, subsidiárias ou sucursais da mesma instituição.
>
> § 1º Excetuam-se dessa limitação as pessoas jurídicas de caráter individual em que o médico é responsável por sua própria atuação profissional.

§ 2º Será permitida exercer a direção técnica em mais de dois estabelecimentos assistenciais quando preencher os requisitos exigidos na Resolução CFM n. 2.127/2015.

§ 3º É possível ao médico exercer, simultaneamente, as funções de diretor técnico e de diretor clínico. Para tanto, é necessário que o estabelecimento assistencial tenha corpo clínico com menos de 30 (trinta) médicos.

§ 4º O diretor técnico somente poderá acumular a função de diretor clínico quando eleito para essa função pelos médicos componentes do corpo clínico com direito a voto.

Vale, ainda, destacar que a Resolução CFM n. 3.271/2023 regulamenta a realização dos denominados "mutirões" para a realização de cirurgias eletivas e procedimentos invasivos e cria a figura do "Coordenador Técnico Médico do Mutirão", que deverá possuir registro no CRM do local onde se realizará o evento, bem como possuir Registro de Qualificação de Especialista (RQE) na respectiva especialidade cirúrgica do mutirão.

V.G. O DIREITO MÉDICO PREVENTIVO

Prevenir é a grande arte de eliminar pontos cegos.

Segundo BROWN, precursor no desenvolvimento dos estudos relacionados ao Direito preventivo firmados no âmbito da consagrada obra *Manual of preventive law*: how to prevent legal difficulties in the handling of everyday business problems, de 1950:

> O aspecto mais demorado é obter os fatos jurídicos do cliente e organizá-los em um. Para usar a analogia médica novamente: este é o raio-x legal e o trabalho de laboratório técnico. O manual instrui o técnico jurídico, ou paralegal, como esse aspecto da verificação periódica deve ser realizado. Um advogado, com alguma experiência em analisar e diagnosticar os arquivos de tal cliente, deve se reunir com ele e, durante uma sessão de escritório de advocacia, ser capaz de dar uma resposta razoavelmente viável aos questionamentos hipotéticos. (tradução nossa).[15]

A prática do Direito Médico preventivo não envolve apenas a prevenção de litígios, mas, principalmente, visa ao fortalecimento da relação com o paciente e à melhoria da qualidade do atendimento médico-assistencial, a partir de uma perspectiva antecipatória quanto às imperfeições referentes ao atendimento.

A partir da identificação das fontes de conflito em potencial, possibilita-se a redução do direito em sua forma reativa, evitando-se e corrigindo-se os pontos de conflito. SIMONELLI[16] indica que:

[15] BROWN, Louis M. *Manual of Preventive Law*. Prentice-Hall, 1950. "The most time-consuming aspect is obtaining the client's legal facts and organizing those facts within a client file. To use the medical analogy again: this is the legal x-ray and technical laboratory work. The manual instructs the legal technician, or paralegal, how this aspect of the periodic checkup is to be accomplished. A lawyer, somewhat experienced in analyzing and diagnosing such a client's file, should meet with the client and during a law office session, be able to give a reasonably workable answer to our hypothetical client's inquiry."

[16] SIMONELLI, Osvaldo Pires Garcia (coord.). *Direito preventivo para profissionais de saúde*. São Paulo: IPDMS, 2022.

O Direito preventivo, ao contrário do reativo, não possui bases concretas, mas, em sua grande maioria, teóricas e hipotéticas, cujo objetivo é estabelecer uma forma de trabalho antecipatória, prevendo possíveis controvérsias futuras, porém com capacidade para fornecer métodos de trabalho para que as corporações, dentro da área da saúde, possam evitar prejuízos desnecessários e aproveitar as oportunidades legais que lhes tragam benefícios em suas atividades.

O tratamento, no âmbito preventivo, concedido aos conflitos não envolve, apenas e tão somente, os litígios de ordem judicial, indenizatórios, mas impõe uma ótica extensa acerca das relações designadas a partir da atividade médica em sua essência.

Com o avanço dos seguros de responsabilidade civil médica, o Direito Médico preventivo, em posição oposta ao que se imagina, ganha maior relevância, colocando-se como auxiliar às atividades de ordem médico-profissional, permitindo o exercício das respectivas atividades de uma maneira segura e efetiva.

O Direito reativo, pautado nas relações litigiosas dentro da saúde, enseja uma visão bastante restrita, exclusivamente sobre o profissional acusado, não como membro de uma corporação maior, mas isoladamente responsável por um episódio, em que o objetivo é a punição, impondo alto custo, perdas de ordem financeira, temporal, e, principalmente, no que se relaciona com a confiança e a credibilidade institucional.

Manter um paciente fiel ao seu profissional e à instituição de saúde não é tarefa simples em um ambiente mercadológico pautado pelo acesso por intermédio de uma operadora de plano de saúde, em que a escolha é absolutamente limitada pela relação cadastral ofertada ao beneficiário.

Uma postura equivocada, em tempos de relações formadas por redes sociais, tem o potencial de aniquilar a imagem institucional e profissional perante uma sociedade cada vez mais próxima de tais compartilhamentos de informações, inclusive e, infelizmente, por vezes pautadas em um caráter inverídico.

Fato é que o Direito reativo não possui grande margem de proteção profissional, estando pautado apenas no litígio e em verdades construídas a partir do desenvolvimento do respectivo processo judicial ou administrativo impondo grandes frustrações aos envolvidos quando alijados do que, individualmente, consideram como correto e justo.

O Direito preventivo, ao contrário, tem o potencial de aproximar os envolvidos em eventual litígio, antes mesmo de sua respectiva ocorrência, transferindo a cada qual uma parcela de responsabilidade na obtenção da solução do problema.

No contexto da prevenção é possível extrair, inclusive, diversos aprendizados decorrentes das situações em que há um erro detectado, partindo-se de uma visão holística do ambiente, sistêmica, com a melhoria ou até mesmo a implantação de fluxos específicos a fim de evitarem-se novos episódios semelhantes, além de cuidar, efetivamente, daquele que fora alvo de um possível erro.

MANDEL, MANDEL e HAUGHN,[17] em relevante artigo denominado "Full disclosure: how to apologize for medical errors",[18] destacam a importante prática que vem sendo aplicada em hospitais norte-americanos quanto à abertura entre médicos, pacientes e instituições de saúde a fim de tratar a má prática profissional como parte de um processo de resolução do problema, e não negação quanto à sua existência, a partir de uma sequência lógico-procedimental interna:

> Divulgação inicial. Trata-se de empatia e restabelecimento da confiança e comunicação com os pacientes e famílias imediatamente após um evento adverso. Os médicos podem dizer "desculpe", mas nenhuma falha é admitida ou atribuída. A "Sorry Works" recomenda cuidar das necessidades imediatas do paciente/família como alimentação, alojamento, aconselhamento, etc., e prometendo uma investigação rápida e completa. O objetivo é ter a certeza de que o paciente/família nunca se sentirá abandonado.
>
> Investigação. A investigação é para saber a verdade. O padrão de atendimento foi violado ou não? Recomenda-se envolver especialistas externos e agir rapidamente para que o paciente/família não suspeite que possa estar ocorrendo um encobrimento. Manter-se em contato próximo com o paciente/família durante todo o processo é importante.
>
> Resolução. Trata-se de compartilhar os resultados da investigação com o paciente/família e seus consultores legais. Se houve um erro, peça desculpas, admita a culpa, explique o que aconteceu e como serão prevenidos no futuro, além de discutir uma compensação justa e antecipada pela lesão ou morte. Se não houve o erro, continue a ter empatia ("sentimos muito que isso tenha acontecido"), compartilhe os resultados da investigação (entregue os prontuários e registros para o paciente/família e seus advogados) e prove a sua inocência. No entanto, nenhum acordo será oferecido nem qualquer ação judicial será contestada. (tradução nossa).

O procedimento do *full disclosure* envolve uma *expertise* a respeito da relação entre médico e paciente que ultrapassa os limites da ciência médica apenas, estabelecendo-se a partir de premissas pautadas em veracidade, confiança e reciprocidade.

Dentro de um ambiente em que a prevenção ocupa especial lugar, os documentos médicos fazem parte de uma rotina simples, mas bem elaborada, com respeito às vontades do paciente, partindo-se de sua autonomia enquanto sujeito ativo de sua própria situação de saúde, bem como com respeito ao profissional, detentor do conhecimento que pode ser determinante ao restabelecimento do enfermo.

A prevenção somente se afigura possível quando há um respeito efetivo por parte de todos os atores envolvidos e em todos os graus de responsabilidade, independentemente da estrutura do ambiente de saúde.

Como desenvolvimento do Direito Médico sob a sua forma preventiva, é essencial que se possam antever determinadas situações, ainda no campo hipotético, a fim de que se viabilize

---

[17] MANDEL, Heidi; MANDEL, Steven; HAUGHN, Zac. Full disclosure: how to apologize for medical errors. Disponível em: https://practicalneurology.com/articles/2011-nov-dec/full-disclosure-how-to-apologize-for-medical--errors#:~:text=Telling%20the%20truth%20when%20a,apology%2C%20and%20a%20discussion%20of. Acesso em: 5 set. 2022.

[18] "Abertura total: como se desculpar por erros médicos." (tradução nossa).

o estabelecimento de protocolos, fluxos e controles benéficos à melhor prática médica, em prol do paciente.

Em termos de análise, o Direito preventivo pode ser academicamente dividido em algumas fases, em que o principal objetivo consiste em levantar informações, traçar metas e propor melhorias constantes.

A primeira fase do trabalho preventivo pode ser considerada como uma espécie de "atenção primária", por intermédio de um levantamento específico acerca do negócio que se pretende avaliar, seja qual for a estrutura: documentos médicos, contratos em vigor, recursos humanos, estrutura societária, faturamento e média de atendimentos são alguns dos focos de trabalho nesse mapeamento inicial, fundamental ao prosseguimento e desenvolvimento do Direito preventivo na área médica.

Após, é fundamental que se estabeleçam as bases temporais para a execução das melhores implementações de ordem prática, tendo como alvo as questões mais urgentes, de curto prazo, até atingir aquelas de maior complexidade, de longo prazo, portanto.

A atenção preventiva ultrapassa a esfera da relação médico-paciente, apesar de esta ser a maior beneficiária de tal expediente, chegando a uma análise que se inicia, *v.g.*, pelo termo de consentimento livre e esclarecido, mas não possui limites internos ao objetivo primordial consubstanciado na melhoria contínua da *performance* mercadológica do estabelecimento de saúde.

Evidentemente, a medicina não pode ser exercida sob a forma de comércio (princípio fundamental IX do Código de Ética Médica), mas é evidente que as instituições de saúde, com exceção às filantrópicas e estatais, buscam uma lucratividade no mercado, inclusive para que possam gerar empregos e movimentar a economia; o princípio ético consiste em colocar essa lógica à frente do melhor benefício do paciente, o que, por óbvio, constitui conduta reprovável.

Todavia, o atuar preventivamente impõe, necessariamente, uma visão assistencial voltada a esse benefício em prol do paciente, em que, por meio da melhor experiência possível, pautada na ética e no profissionalismo, os resultados aparecem naturalmente.

O Direito Médico preventivo, *per si*, não impede a ocorrência de ações judiciais, na medida em que a Constituição Federal de 1988 garante o amplo acesso ao Judiciário; todavia, as medidas preventivas corretamente adotadas tendem a diminuir as demandas, e, quando inevitáveis, as chances de êxito aumentam consideravelmente, na medida em que os pontos cegos estão devidamente salvaguardados.

O chamado *compliance*, derivado do verbo inglês *to comply*, que, em uma tradução literal, significa "cumprir" ou "obedecer", é umas das formas de atuação preventiva, impondo às instituições estar em conformidade com as regras e normas gerais aplicáveis ao respectivo estabelecimento de saúde, e que, como alertado oportunamente, somente se torna efetivo quando há o envolvimento de todos os atores da cadeia de fornecimento do serviço.

Nesse contexto, pode-se destacar a Lei Geral de Proteção de Dados, n. 13.709/2018, norma que disciplina o tratamento de dados e categoriza os dados de saúde como "sensíveis", demandando um maior cuidado com relação ao seu manuseio, e que se encontra no campo da prevenção de forma intrínseca.

A esse aspecto, acrescem-se os brilhantes ensinamentos de BARBOZA, LOTT, SILVA e COSTA[19] a respeito do tema:

> [...] a busca pela adequação plena deve estar na ordem do dia, para todos os que trabalham na entrega de serviços de assistência à saúde, sejam grandes empresas ou pequenos prestadores, eis que, para além da exigência legal, se apresenta também, nesse momento, como um diferencial competitivo em razão da crescente e fundamental cultura da proteção de dados no Brasil e em outros países com os quais transaciona comercialmente.

Fato é que trabalhar preventivamente exige persistência, conhecimento e maturidade jurídica, na medida em que consiste em um labor invisível, e a

> [...] consciência quanto à sua necessidade é paralisada pela ausência de resultado prático aos olhos do cliente, diferentemente do que ocorre em uma contenda judicial, em que, poderíamos dizer, há uma dor emergente. [...] Uma vez estabelecida a consciência necessária, os profissionais de saúde passam a acreditar na importância de que um *checkup* periódico de suas atividades é fundamental ao sucesso e à manutenção do seu negócio.[20]

Pode-se denominar esse trabalho inicialmente realizado pelo advogado, dentro de um ambiente de prevenção, de verdadeira "anamnese jurídica", em que situações concretas inadequadas tendem a aparecer de forma transparente, *v.g.*, coberturas inadequadas em seguros de responsabilidade civil, falhas básicas e facilmente corrigíveis no que se relaciona com a documentação médica, além de falhas em contratos com prestadores de serviço e operadoras de planos de saúde são alguns dos itens que costumam saltar aos olhos em uma análise inicial, ainda que perfunctória e superficial.

Evidentemente, há um longo caminho a ser percorrido, essencialmente pela ausência de consciência do ser humano, em geral, quanto à necessária prevenção em todas as esferas de sua vida cotidiana, o que não pode representar um impeditivo à busca pela implementação do Direito Médico preventivo, como uma maneira de dar tranquilidade ao profissional de saúde no exercício de sua práxis, além de restabelecer, por meio de bases sólidas e firmes, a relação dele com os seus pacientes.

V.H. A TELEMEDICINA E A TELESSAÚDE

Pensar a medicina a distância não é um privilégio dos tempos modernos. A transmissão de informações relacionadas à saúde remonta aos períodos primários do tratamento em saúde, a partir da relação da humanidade com os deuses, que passa às mãos daquela com a reformulação da medicina por intermédio de Hipócrates ao afastar esse compromisso divino, iniciando a transição da prática à ciência.

Há relatos, provavelmente envoltos em algum toque de romantismo histórico, de que, durante a Idade Média, a chegada de um surto de pragas fez que os profissionais médicos fossem isolados à margem oposta de um rio, para que lá permanecessem orientando, tratando

---

[19]   BARBOZA, Herbert Adriano; LOTT, Juliana Itaborahy; SILVA Maria Teresa Ferreira da; COSTA, Michelle Amorim. Descomplicando a LGPD na área da saúde. *In*: SIMONELLI, Osvaldo (coord.). *Direito preventivo para profissionais de saúde*. São Paulo: IPDMS, 2022.

[20]   SIMONELLI, Osvaldo (coord.). *Direito preventivo para profissionais de saúde*. São Paulo: IPDMS, 2022.

e assistindo pacientes por meio de informações orais, transmitidas e conduzidas por uma espécie de "agentes de saúde" da época.

Em um salto de alguns séculos, os médicos que na Grécia antiga se comunicavam com os deuses, hoje se valem de novas ferramentas, por comunicação telemática, em tempo real, com seus pacientes ou colegas profissionais, e conduzindo procedimentos cirúrgicos cujo protagonismo se encontra sob a forma de máquinas, verdadeiros robôs comandados a milhares de quilômetros de distância.

O período dos anos 1990 teve especial protagonismo no que se refere ao atendimento médico a distância cuja terminologia – "telemedicina" – fora utilizada como designação das iniciativas que envolviam a prática médica não presencial.

As primeiras formas de atendimento a distância foram desenvolvidas pelo Programa Espacial da *National Aeronautics and Space Administration* (NASA), partindo-se de um conceito territorial em que as especialidades médicas estariam concentradas em centros de excelência; recentemente, inclusive, um astronauta fora atendido por um médico norte-americano em pleno espaço, no que se poderia categorizar como um exemplo extremo da prática telemática no exercício da medicina.[21]

Alguns países, utilizando-se de conceitos semelhantes, desenvolveram para o ensino médico a chamada "infraestrutura piramidal" – em que o hospital-escola ficava no ápice, suprindo a necessidade de orientação aos médicos generalistas de cidades pequenas, restringindo a locomoção de pacientes – aliada à correta administração de atendimento médico especializado.[22]

Os primeiros passos da telemedicina se desenvolveram por intermédio de videoconferências, da telerradiologia e da simples e direta solicitação de uma segunda opinião.

Em 1997, o Conselho Federal de Medicina, a fim de viabilizar o alcance da medicina às embarcações e plataformas, manifestou-se favoravelmente ao uso da tecnologia a distância, por intermédio do Processo-consulta n. 1.738/1995:

PROCESSO-CONSULTA CFM n. 1.738/1995

PC/CFM/N. 31/1997

INTERESSADO: Conselho Regional de Medicina do Estado do Rio de Janeiro.

ASSUNTO: Atendimento médico à distância para embarcações e plataformas.

RELATOR: Cons. Lúcio Mário da Cruz Bulhões

EMENTA: Pode o médico que, excepcionalmente por força de lei ou função, por obrigação a exercer plantão telefônico para assessoria a situações de urgência ou emergência ocorridas em embarcações e plataformas, oferecer integralmente opinião dentro de princípios éticos e técnicos para tratamento de pessoa necessitada, correlacionando-a

---

21 ROSSINI, Maria Clara. Da Terra, médico americano atende astronauta da ISS. Disponível em: https://super.abril.com.br/saude/da-terra-medico-americano-atende-astronauta-da-iss/. Acesso em: 5 set. 2022.

22 D'ÁVILA, Roberto Luiz. Responsabilidades e normas éticas na utilização da telemedicina. Disponível em: <http://portal.cfm.org.br/index.php?option=com_content&view=article&id=20096:responsabilidades-e-normas-eticas-na-utilizacao-da-telemedicina&catid=46>. Acesso em: 20 jun. 2020.

às informações obtidas, não sendo responsável pelo exame físico e execução do procedimento a ser adotado por terceiros.

No desenvolvimento do parecer, há um apontamento interessante a respeito da demografia médica, ao indagar: "Pode o Conselho Federal de Medicina exigir que em cada aglomerado de trabalhadores, de moradores ou de turistas deva existir médicos?"

Essa indagação, feita em 1997, reflete um pensamento muito atual: até que ponto temos estrutura ou possibilidade real para que haja um médico em cada local do País, espaços aéreos, marítimos, comunidades?

A tradicional medicina brasileira sempre esteve conectada de alguma maneira pelo atendimento a distância, desde a ligação direta entre paciente e médico pelo telefone, perpassando pelos aparelhos *bip*, chegando às atuais tecnologias, como *smartphones* e aplicativos de mensagens com imagens, áudio e vídeo, tais como *WhatsApp* e *Telegram*.

Mas, prossegue o Conselheiro Parecerista, ao indicar que, na hipótese do atendimento a distância, por telefone, em uma relação direta com seu paciente:

> O risco é todo do médico, até porque já conhece o paciente, já o examinou e já tem um pensamento clínico a seguir. Ao contrário, na situação do plantão telefônico, não se pode considerar que exista diagnóstico ou prescrição adequada ou responsabilidade pela execução quando todo o atendimento, do início ao fim, é realizado por terceiros.

Em suas conclusões, aponta, ainda:

> [...]
> 5 – O médico de plantão telefônico ou por rádio tem a sua responsabilidade pelo tratamento limitada, relacionada direta e dependentemente das informações que obtém por leigos com treinamento parcial e deve servir somente como assessor técnico da situação de exceção. Tem por isso a obrigação de, logo após cada contato, emitir minucioso e detalhado relatório sobre as *informações* obtidas e a opinião médica exarada, além de arquivar obrigatoriamente a gravação do contato via rádio ou telefone.
> 6 – Deve o CFM estender a normatização, colhendo o fulcro desta discussão, para o transporte aéreo, instando o DAC para que dote as aeronaves de material médico--cirúrgico mínimo, assim como obrigar o treinamento das tripulações para os primeiros socorros. De nada adianta presença a eventual de um médico a bordo de uma aeronave, se não há material e medicamentos para atender a uma emergência durante um voo. (grifos do original).

Tal legítima preocupação do Conselho Federal de Medicina em 1997 fora devidamente abordada pela realização da 51ª Assembleia Geral da Associação Médica Mundial em Tel Aviv, em outubro de 1999, quando foram definidas as bases éticas sobre o uso da telemedicina.

Em 26 de agosto de 2002, o Conselho Federal de Medicina veiculou no *Diário Oficial da União* o texto da Resolução n. 1.643, verdadeiro marco normativo para a utilização de técnicas e procedimentos a serem realizados a distância.

O art. 1º da Resolução em questão não guarda espaço ou margem de dúvida quanto ao alcance da telemedicina no Brasil, conforme sua redação *ipsis litteris virgulisque*:

Art. 1º Definir a Telemedicina como o exercício da Medicina através da utilização de metodologias interativas de comunicação audio-visual e de dados, com o objetivo de assistência, educação e pesquisa em Saúde.

Segundo definição fornecida pela Organização Mundial da Saúde[23] acerca da telemedicina, trata-se de um método "which literally means 'healing at a distance' (1), signifies the use of ICT to improve patient outcomes by increasing access to care and medical information".[24]

Na senda pela busca por uma regulamentação que pudesse ser mundialmente padronizada a respeito da utilização da tecnologia em saúde, em outubro de 1999, a Associação Médica Mundial, em sua 51ª Assembleia Geral, estabeleceu as bases sobre "responsabilidades e normas éticas na utilização da telemedicina".[25]

E, nesse toar, a Declaração de Tel Aviv trouxe uma lista não exaustiva, como destacado pelo próprio texto, quanto aos usos mais comuns a respeito da telemedicina:

A possibilidade de que os médicos utilizem a Telemedicina depende do acesso à tecnologia e este não é o mesmo em todas as partes do mundo. Sem ser exaustiva, a seguinte lista descreve os usos mais comuns da Telemedicina no mundo de hoje.

5.1 – Uma interação entre o médico e o paciente geograficamente isolado ou que se encontre em um meio que não tem acesso a um médico local. Chamada às vezes teleassistência, este tipo está em geral restrito a circunstâncias muito específicas (por exemplo, emergências).

5.2 – Uma interação entre o médico e o paciente, onde se transmite informação médica eletronicamente (pressão arterial, eletrocardiogramas, etc.) ao médico, o que permite vigiar regularmente o estado do paciente. Chamada às vezes televigilância, esta se utiliza com mais frequência aos pacientes com enfermidades crônicas, como a diabetes, hipertensão, deficiências físicas ou gestações difíceis. Em alguns casos, pode-se proporcionar uma formação ao paciente ou a um familiar para que receba e transmita a informação necessária. Em outros, uma enfermeira, tecnólogo médico ou outra pessoa especialmente qualificada pode fazê-lo para obter resultados seguros.

5.3 – Uma interação onde o paciente consulta diretamente o médico, utilizando qualquer forma de telecomunicação, incluindo a Internet. A teleconsulta ou consulta em conexão direta, onde não há uma presente relação médico-paciente nem exames clínicos, e onde não há um segundo médico no mesmo lugar, cria certos riscos. Por exemplo, incerteza relativa à confiança, confidencialidade e segurança da informação intercambiada, assim como a identidade e credenciais do médico.

23   WORLD HEALTH ORGANIZATION (WHO). Telemedicine opportunities and developments in Member States. *Global Observatory for eHealth series*, v 2, 2010. Disponível em: https://www.who.int/goe/publications/goe_telemedicine_2010.pdf. Acesso em: 7 set. 2022.

24   "[...] que literalmente corresponde a 'cura a distância' (1), significa o uso das informações e comunicações tecnológicas para melhorar os resultados dos pacientes, aumentando o acesso a informações médicas e de cuidados." (tradução nossa).

25   D'ÁVILA, Roberto Luiz. Responsabilidades e normas éticas na utilização da telemedicina. Disponível em: http://portal.cfm.org.br/index.php?cption=com_content&view=article&id=20096:responsabilidades-e-normas-eticas-na-utilizacao-da-telemedicina&catid=46. Acesso em: 7 set. 2022.

5.4 – Uma interação entre dois médicos: um fisicamente presente com o paciente e outro reconhecido por ser muito competente naquele problema médico. A informação médica se transmite eletronicamente ao médico que consulta, que deve decidir se pode oferecer de forma segura sua opinião, baseada na qualidade e quantidade de informação recebida.

Há, portanto, uma gama de possibilidades estabelecidas pela Declaração, que se inicia pela teleassistência e pela teleconsulta, quando médico e paciente estabelecem uma comunicação ativa, mesmo estando em locais distantes, perpassando pela televigilância e chegando à possibilidade de dois médicos interagirem, estando um fisicamente com o paciente, enquanto outro, um especialista, está um local distante.

Na esteira de tais possibilidades e demonstrando que a relação entre médico e paciente não pode ser afetada de forma negativa pelo uso da tecnologia, a Declaração também aponta, de forma bastante elucidativa, que:

> [...]
> 7. A Telemedicina não deve afetar adversamente a relação individual médico-paciente. Quando é utilizada de maneira correta, a Telemedicina tem o potencial de melhorar esta relação através de mais oportunidades para comunicar-se e um acesso mais fácil de ambas as partes. Como em todos os campos da Medicina, a relação médico-paciente deve basear-se no respeito mútuo, na independência de opinião do médico, na autonomia do paciente e na confidencialidade profissional. É essencial que o médico e o paciente possam se identificar com confiança quando se utiliza a Telemedicina.

A Declaração de Tel Aviv afigura-se, ainda, como uma fonte de informações à utilização da telemedicina no que se refere ao consentimento do paciente, ao sigilo profissional e à qualidade da informação – todos fatores que os médicos devem observar quando se valendo da tecnologia para a realização dos atendimentos a distância.

Quanto à responsabilidade, e não poderia ser diferente, cabe ao médico decidir pela utilização da telemedicina, diante de uma análise quanto às características do caso concreto a ele direcionado:

> 11. O médico tem liberdade e completa independência de decidir se utiliza ou recomenda a Telemedicina para seu paciente. A decisão de utilizar ou recusar a Telemedicina deve basear-se somente no benefício do paciente.

A telemedicina encontra-se permitida no campo ético-profissional a partir da expressa menção autorizativa contida no art. 37, § 1º, do Código de Ética Médica, cuja redação assim expressa: "§ 1º O atendimento médico a distância, nos moldes da telemedicina ou de outro método, dar-se-á sob regulamentação do Conselho Federal de Medicina".

Com o início da transmissão local pelo novo coronavírus – Sars-CoV-2 – no Brasil, o Ministério da Saúde, por intermédio da Portaria n. 188, publicada no *Diário Oficial da União* em 04 de fevereiro de 2020, declarou a denominada "Emergência em Saúde Pública de Importância Nacional" (ESPIN), em seguida, foi promulgada a Lei n. 13.979/2020, que impôs uma série de medidas restritivas necessárias ao enfrentamento da situação excepcional, em especial com vistas à redução da circulação de pessoas em espaços públicos.

Como medida primária a evitar-se o abandono de pacientes, conduta vedada pelo art. 36 do Código de Deontologia Médica, o atendimento a distância desvelou-se como fundamental contra a possível desassistência médica.

A par da ausência de normativa firme a respeito, o Conselho Federal de Medicina autorizou a realização de algumas práticas, conforme ofício encaminhado ao Ministério da Saúde em 19 de março de 2020:[26]

> [...]
>
> 4. Tendo por fundamento a necessidade de proteger tanto a saúde dos médicos, que estão na frente de combate dessa batalha, como a dos pacientes;
>
> 5. Este Conselho Federal de Medicina (CFM) decidiu aperfeiçoar ao máximo a eficiência dos serviços médicos prestados e, EM CARÁTER DE EXCEPCIONALIDADE E ENQUANTO DURAR A BATALHA DE COMBATE AO CONTÁGIO DA COVID-19, reconhecer a possibilidade e a eticidade da utilização da telemedicina, além do disposto na Resolução CFM n. 1.643, de 26 de agosto de 2002, nos estritos e seguintes termos:
>
> 6. Teleorientação: para que profissionais da medicina realizem à distância a orientação e o encaminhamento de pacientes em isolamento.
>
> 7. Telemonitoramento: ato realizado sob orientação e supervisão médica para monitoramento ou vigência à distância de parâmetros de saúde e/ou doença.
>
> 8. Teleinterconsulta: exclusivamente para troca de informações e opiniões entre médicos, para auxílio diagnóstico ou terapêutico.

Na sequência, o próprio Ministério da Saúde publicou a Portaria 467, datada de 23 de março de 2020, cujo principal teor, além de limitar a atuação a distância às situações médicas decorrentes da declaração de ESPIN, assim indicou em seu art. 2º, *in verbis*:

> Art. 2º As ações de Telemedicina de interação à distância podem contemplar o atendimento pré-clínico, de suporte assistencial, de consulta, monitoramento e diagnóstico, por meio de tecnologia da informação e comunicação, no âmbito do SUS, bem como na saúde suplementar e privada.

Como advento da Lei n. 13.989, publicada no *Diário Oficial da União* de 16 de abril de 2020, já suplantada pela de n. 14.510/2022, a realização de consultas por intermédio da telemedicina foi autorizada, ainda restrita ao período de crise causada pelo coronavírus e com espectro de atuação bastante restrito, mas, com alguns indicativos importantes a respeito da atuação médica sob tal forma de atendimento:

> Art. 3º Entende-se por telemedicina, entre outros, o exercício da medicina mediado por tecnologias para fins de assistência, pesquisa, prevenção de doenças e lesões e promoção de saúde.

---

[26] CONSELHO FEDERAL DE MEDICINA – CFM. Ofício n. 1.756/2020 – COJUR. Disponível em: http://portal.cfm.org.br/images/PDF/2020_oficio_telemedicina.pdf. Acesso em: 7 set. 2020.

Art. 4º O médico deverá informar ao paciente todas as limitações inerentes ao uso da telemedicina, tendo em vista a impossibilidade de realização de exame físico durante a consulta.

Art. 5º A prestação de serviço de telemedicina seguirá os padrões normativos e éticos usuais do atendimento presencial, inclusive em relação à contraprestação financeira pelo serviço prestado, não cabendo ao poder público custear ou pagar por tais atividades quando não for exclusivamente serviço prestado ao Sistema Único de Saúde (SUS).

Dentro do contexto da saúde suplementar brasileira, a Agência Nacional de Saúde Suplementar (ANS) também apresentou suas considerações, por intermédio das Notas Técnicas n. 3, 4 e 7,[27] que culminaram na seguinte observação por parte da agência reguladora:

> Sobre esse tema, também foi ressaltado ainda o fato de que a telessaúde é um procedimento que já tem cobertura obrigatória pelos planos de saúde, uma vez que se trata de uma modalidade de consulta com profissionais de saúde. Dessa forma, não há que se falar em inclusão de procedimento no Rol de Procedimentos e Eventos em Saúde, devendo os profissionais observarem as normativas dos Conselhos Profissionais de Saúde e/ou do Ministério da Saúde. Saiba mais sobre as medidas na Nota Técnica n. 3, na Nota Técnica n. 4 e na Nota Técnica n. 7.

Diante da necessidade premente acerca do desenvolvimento da telemedicina para os tempos futuros, o Conselho Federal de Medicina editou a Resolução n. 2.314/2022, que "define e regulamenta a telemedicina, como forma de serviços médicos mediados por tecnologias de comunicação", estabelecendo bases ético-comportamentais, bem como de cunho administrativo, para o pleno exercício de tal atividade a distância.

Quanto às suas hipóteses de utilização, ultrapassados os conceitos teóricos e históricos, a telemedicina assume, a partir da edição da norma em questão, um campo de atuação bastante ampliado frente à predecessora norma – Resolução CFM n. 1.643/2002 –, definindo a prática como "o exercício da medicina mediado por Tecnologias Digitais, de Informação e de Comunicação (TDICs), para fins de assistência, educação, pesquisa, prevenção de doenças e lesões, gestão e promoção de saúde" (art. 1º).

É essencial destacar que a telemedicina é uma forma de atendimento médico, que não se distancia das bases éticas estabelecidas por intermédio das regras deontológicas da profissão, impondo ao médico a devida observância quanto ao sigilo das informações obtidas, bem como a respectiva guarda da documentação médica, a ser devidamente registrada de forma física ou por meio de sistemas eletrônicos de saúde.

As regras éticas, em sua integralidade, aplicam-se aos atendimentos realizados a distância por intermédio de ferramentas tecnológicas, aplicando-se-lhes as normas referentes ao prontuário médico (Resoluções CFM n. 1.638/2002 e 1.821/2007, além da Lei n. 13.787/2018, que trata da digitalização e da utilização de sistemas informatizados para a

---

[27] BRASIL. Agência Nacional de Saúde Suplementar. Combate ao coronavírus: ANS define novas medidas para o setor de planos de saúde. Disponível em: http://www.ans.gov.br/aans/noticias-ans/coronavirus-covid-19/coronavirus--todas-as-noticias/5459-combate-ao-coronavirus-ans-define-novas-medidas-para-o-setor-de-planos-de-saude. Acesso em: 7 set. 2022.

guarda, o armazenamento e o manuseio de prontuário de paciente), à emissão de documentos médicos sob a forma eletrônica (Resolução CFM n. 2.299/2021), e à Lei Geral de Proteção de Dados (LGPD).

O uso da telemedicina deve ser precedido da respectiva autorização do paciente, por intermédio de termo de concordância e autorização, a ser encaminhado ao médico por meio eletrônico ou devidamente gravado, devendo integrar o prontuário, sendo uma prerrogativa profissional, a partir de sua autonomia, valer-se de tal forma de atendimento quando benéfica ao paciente, convertendo a consulta em presencial quando diante de situação impeditiva à sua realização ou continuidade, destacando-se que a norma ética autorizou o uso da telemedicina em suas seguintes modalidades (art. 5º):

I) Teleconsulta;

II) Teleinterconsulta;

III) Telediagnóstico;

IV) Telecirurgia;

V) Telemonitoramento ou televigilância;

VI) Teletriagem;

VII) Teleconsultoria.

Um dos principais avanços da norma, do ponto de vista ético-assistencial, pode ser considerada a realização da primeira consulta sob forma virtual, estabelecendo-se a relação médico-paciente por intermédio de ambiente virtual (art. 6º, § 3º), contudo, deve o médico dar seguimento ao acompanhamento por intermédio de atendimento presencial.

A ressalva posta ao final da redação da norma deve ser interpretada à luz das demais previsões regulamentadoras, em especial no que se refere à autonomia médica para a definição do uso da telemedicina em contrapartida ao melhor benefício do paciente, o que indica não ser requisito essencial a continuidade da consulta virtual convolada em presencial. *V.g.*, em casos relacionados a pacientes com dificuldade de locomoção e respectivo deslocamento ao consultório médico, em que a telemedicina se apresenta como solução essencial a evitar-se a desassistência em saúde. Uma vez que o médico consegue realizar o atendimento sem que seja necessário o acompanhamento presencial, não parece ser a intenção da norma compeli-lo a tal desenvolvimento do atendimento, sob pena de tornar inócuo o atendimento virtual.

Segue-se ao texto contido no art. 6º, § 4º, em que cabe ao médico "informar ao paciente as limitações inerentes ao uso da teleconsulta, em razão da impossibilidade de realização de exame físico completo, podendo o médico solicitar a presença do paciente para finalizá-la", lembrando que tal redação impacta diretamente o texto da Resolução CFM n. 1.958/2010, norma definidora e regulamentadora quanto ao ato da consulta médica, demandando interpretação à luz das atuais normas de atendimento médico.

No campo da telecirurgia, o Conselho Federal de Medicina a conceitua como sendo "a realização de procedimento cirúrgico a distância, com utilização de equipamento robótico e mediada por tecnologias interativas seguras" (art. 9º), já devidamente regulamentada, no campo ético-profissional, pela Resolução n. 2.311/2022.

Em termos de avanço no que se refere à saúde pública, em especial, a implementação da teletriagem pode significar o maior representativo de acesso à saúde primária de atendimento, cujas premissas assim foram estabelecidas:

> Art. 11. A teletriagem médica é o ato realizado por um médico, com avaliação dos sintomas do paciente, a distância, para regulação ambulatorial ou hospitalar, com definição e direcionamento do paciente ao tipo adequado de assistência que necessita ou a um especialista.
>
> § 1º O médico deve destacar e registrar que se trata apenas de uma impressão diagnóstica e de gravidade, o médico tem autonomia da decisão de qual recurso será utilizado em benefício do paciente, não se confundindo com consulta médica.
>
> § 2º Na teletriagem médica o estabelecimento/sistema de saúde deve oferecer e garantir todo o sistema de regulação para encaminhamento dos pacientes sob sua responsabilidade.

Acerca dos níveis de segurança da documentação médica sob responsabilidade do profissional ou da instituição de saúde responsável pelo atendimento, o sistema de registro eletrônico deve atender aos requisitos do Nível de Garantia de Segurança 2 (NGS2), no padrão da Infraestrutura de Chaves Públicas Brasileira (ICP-Brasil), ou outro que possa ser legalmente aceito (art. 3º, § 2º).

No que se refere às questões cadastrais, as empresas que adotem a prestação de serviços por intermédio da telemedicina, devem ter sua sede estabelecida em território nacional, bem como manter registro ativo perante o Conselho Regional respectivo, sob responsabilidade técnica de um profissional médico.

Além disso, os médicos que atuarem sob tal forma devem informar ao Conselho Regional ao qual estejam vinculados, sendo que a apuração de eventual infração ética será realizada, em sua fase investigativa e probatória, por intermédio do Conselho localizado na base territorial onde se encontra o paciente, deslocando-se o julgamento a ser realizado no local de inscrição do profissional.

Na esteira da regulamentação ética médica, o Ministério da Saúde autorizou as ações e os serviços de telessaúde no âmbito do Sistema Único de Saúde, por intermédio da Portaria n. 1.348/2022, deslocando a competência normativa específica para os respectivos Conselhos profissionais, a partir das "atribuições legais dos profissionais de saúde previstas na legislação que disciplina o exercício das respectivas profissões e aos ditames da Lei n. 12.842/2013" (art. 1º, parágrafo único).

Por fim, foi publicada a Lei n. 14.510/2022, incluindo, no texto da Lei n. 8.080/1990, que regulamenta o SUS, o artigo 26-A, que passou a permitir a realização do sistema de telessaúde em todo o território nacional, observando-se, essencialmente, como princípios básicos do atendimento remoto, a autonomia do profissional de saúde, o consentimento do paciente, o direito de recusa ao atendimento à distância, a dignidade e a valorização do profissional, a assistência segura e com qualidade, a confidencialidade das informações, a promoção da universalização do acesso ao sistema, a responsabilidade digital e, por fim, a estrita observância das atribuições legais de cada profissão da saúde.

Quanto a este último aspecto, a lei atribuiu, também, competência aos Conselhos Federais de cada profissão da saúde para regulamentarem a atuação a distância, destacando-se Conselho Federal de Farmácia, que já possui disciplina a respeito do exercício da atividade farmacêutica a distância, por intermédio da Resolução CFF n. 727/2022, estabelecendo as seguintes atividades permitidas: "teleconsulta farmacêutica, teleinterconsulta, telemonitoramento ou televigilância e a teleconsultoria" (art. 6º), assim como o Conselho Federal de Enfermagem, que, por meio da Resolução COFEN n. 696/2022, normatizou a telenfermagem, englobando "Consulta de Enfermagem, Interconsulta, Consultoria, Monitoramento, Educação em Saúde e Acolhimento da Demanda Espontânea mediadas por Tecnologia da Informação e Comunicação" (art. 2º, parágrafo único).

Sob o aspecto prático, mister salientar o fato de que o profissional não precisa obter nenhuma forma de registro secundário para atuar a distância, bem como é necessário termo de consentimento livre e esclarecido a ser subscrito pelo paciente para que o atendimento se efetive, conforme prescrito no texto legal em vigor.

A tendência é que os órgãos de classe passem a regulamentar a telemedicina por meio das respectivas atividades específicas, tais como a susomencionada cirurgia robótica, além da telerradiologia (Resolução CFM n. 2.107/2014) e da telepatologia (Resolução CFM n. 2.264/2019).

No âmbito do atendimento ao trabalhador, há uma limitação imposta originalmente pela Resolução CFM n. 2.297/2021, posteriormente substituída pela Lei n. 2.323/2022, cujo art. 6º, I veda a realização do exame médico ocupacional por meio do uso da telemedicina, sem o exame presencial, o que parece ir de encontro às premissas da normativa específica a respeito do uso da telemedicina, em especial quanto à autonomia médica no uso da tecnologia em saúde, o que implicaria uma eventual revogação tácita de tal conduta proibitiva.

Além disso, as próprias sociedades de especialidades vêm estabelecendo *guidelines* específicos para a realização da telemedicina dentro de cada atividade médica, *v.g.*, a da Sociedade Brasileira de Cardiologia, designando a "telecardiologia", a partir de premissas bem definidas e voltadas às suas especificidades.[28]

Seguindo os ensinamentos de FRANÇA:[29]

> As razões mais manifestas para a implantação do sistema de Telemedicina são o envelhecimento da população e o aumento progressivo dos pacientes crônicos e com caráter degenerativo, a elevação dos custos com a saúde e as dificuldades de acesso ou translado para as clínicas e hospitais.
>
> Assim, a Telemedicina constitui-se hoje um campo muito promissor no conjunto das ações de saúde e os seus fundamentos devem começar a ser parte da educação médica básica e continuada. Deve-se oferecer oportunidades a todos os médicos e outros profissionais de saúde interessados nesta interessante forma de assistência.

---

[28] VV.AA. Diretriz da Sociedade Brasileira de Cardiologia sobre Telemedicina na Cardiologia – 2019. *Arq. Bras. Cardiol.* v. 113, n. 5, p. 1.006-1.056, 2019.

[29] FRANÇA, Genival Veloso de. *Direito médico*. 12. ed. Rio de Janeiro: Forense, 2014. p. 231.

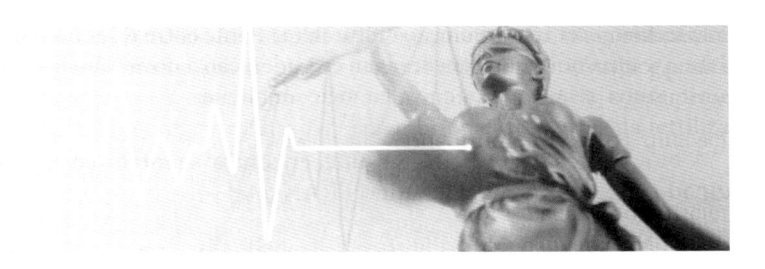

Capítulo VI

A BIOÉTICA

VI.A. INICIAÇÃO À BIOÉTICA

Entre os campos de estudo do Direito Médico encontra-se uma ligação bastante estreita entre a ética, a moral, a vida e os princípios jurídicos que norteiam o comportamento profissional e o do próprio enfermo, no que os gregos denominavam "ética da vida": *bios* (vida), *ethos* (ética).

A bioética, portanto, permeia e encontra-se na base de praticamente todas as principais decisões em saúde, das mais simples às mais complexas, mesmo que de forma imperceptível, mas essencial. Segundo REICH,[1]

> Bioética é o estudo sistemático da conduta humana na área das ciências da vida e a atenção à saúde, enquanto que esta conduta é examinada à luz dos princípios e valores morais.

POTTER,[2] considerado um dos precursores do estudo da bioética, de suas definições e seus conceitos, apresenta uma base estrutural atemporal firmada em quatro tipos de ponte:

> (1) Ponte entre o presente e o futuro: a bioética é uma nova abordagem focada em interesses de longo alcance e com objetivos de salvaguardar a sobrevivência da humanidade; (2) Ponte entre ciência e valores: a bioética é uma nova disciplina que combina conhecimento biológico com o conhecimento dos sistemas de valores humanos; (3) Ponte entre natureza e cultura: a bioética se abre para o futuro, aplicando o conhecimento científico das realidades biológicas e a natureza dos seres humanos com o objetivo de

[1]   REICH, Warren T. *Encyclopedia of bioethics*. New York: Free Press-Macmillan, 1978. p. 116.
[2]   POTTER, Van Renssealer. *Bioética*: ponte para o futuro. São Paulo: Loyola. 2016. p. 15.

favorecer uma evolução cultural; (4) Ponte entre o ser humano e a natureza: a bioética é uma nova ética que leva em consideração a nova ciência da ecologia e seres humanos inter-relacionados com seu meio ambiente.

A bioética, como ciência da saúde, encontra-se intrinsecamente conectada com o denominado "biodireito", que, segundo FRANÇA:[3]

> [...] estaria mais voltado aos requisitos jurídicos da proteção da dignidade humana e às regras de convivência social enfocadas na esfera da Bioética, que estabelecem a qualidade de "ser humano", tomando como enfoque uma visão ética e política.

Trata-se de uma ciência do direito capaz de fornecer as bases legais e interpretativas essenciais à respectiva integração entre as ciências da saúde e a dignidade da pessoa humana, a partir de perspectivas específicas que envolvem o processo decisório nas questões de saúde, a partir do desenvolvimento de métodos deliberativos próprios.

Entre os anos de 1974 e 1978, os Estados Unidos, por intermédio do Congresso Nacional e do próprio Poder Executivo, constituíram a denominada *National Commission for the Protection of Human Subjects of Biomedical and Behavioral Research*,[4] cujos desígnios principais restavam consubstanciados na identificação de princípios éticos basilares que deveriam conduzir e nortear a experimentação, as pesquisas envolvendo seres humanos, culminando no estabelecimento de três diretrizes básicas, por intermédio do denominado "Relatório *Belmont*": respeito às pessoas, beneficência e justiça.

A necessidade de se estabelecerem bases éticas a respeito do tratamento com seres humanos, sujeitos de pesquisa, surge a partir de diversos experimentos considerados cruéis, na medida em que não vinculados a nenhuma forma de postura ético-comportamental, em uma visão absolutamente utilitarista, em que o sacrifício de uns seria suficiente a se justificar pelo bem de outros.

Tais conceitos foram utilizados, *v.g.*, nos experimentos conduzidos pelo regime nazista alemão, inclusive por intermédio da denominada "eutanásia eugênica", além do famigerado episódio relatado nos Estados Unidos da América, conhecido como "o estudo da sífilis não tratada", ocorrido no Estado do Alabama, na pequena cidade de Tuskegee, em que o serviço público de saúde local, de 1932 a 1972, ou seja, durante cinquenta anos, deixou de tratar cidadãos sifilíticos afro-americanos, pobres e analfabetos, para que pudesse, por meio da observação da evolução da doença, estudar as possibilidades de tratamento, sendo tais cidadãos verdadeiras "cobaias" nesses experimentos, sem qualquer forma de informação ou orientação.

Em 1979, BEAUCHAMP e CHILDRESS[5] publicam a obra *Principles of biomedical ethics*, estabelecendo um olhar principialista sobre o estudo da bioética, a partir de quatro premissas fundamentais, norteadoras, mas não absolutas: respeito da autonomia, não maleficência, beneficência e justiça ou equidade.

---

[3] FRANÇA, Genival Veloso de. *Direito médico*. 12. ed. Rio de Janeiro: Forense, 2014. p. 22.
[4] "Comissão Nacional para a Proteção de Seres Humanos Sujeitos de Pesquisas Biomédica e Comportamental." (tradução nossa).
[5] BEAUCHAMP, Tom L.; CHILDRESS, James F. *Principles of biomedical ethics*. Oxford: Oxford University Press, 1979.

A partir da estruturação da bioética principialista, seus conceitos, bases, princípios e diretrizes transcendem o campo da pesquisa clínica, adentrando a relação médico-paciente de forma plena, sendo a base para o estabelecimento de uma ética comportamental inserida nas normas deontológicas a partir, essencialmente, do Código de Ética Médica de 1988, Resolução CFM n. 1.246/1988, deixando de ser uma matéria essencialmente filosófica e adquirindo contornos, sobretudo, práticos, no contexto da clínica médica.

VI.a.1. Princípio da autonomia

O livre exercício da autonomia, considerado a partir do Relatório *Belmont* como respeito às pessoas, e aprimorado como princípio por BEAUCHAMP e CHILDRESS, representa a devida reverência à autodeterminação, a partir de uma capacidade decisória sobre o fazer ou não fazer, de acordo com as próprias convicções, fundamentada na conjunção entre dois fatores essenciais: a capacidade de compreensão para deliberar acerca das perspectivas que lhes são apresentadas, à luz da efetiva liberdade decisória, desprendida de qualquer elemento controlador ou coator capaz de influenciar negativamente nesse processo decisório.

Para os gregos, a partir do prefixo αὐτο-, *auto-*, que significa "de si mesmo", acrescido do radical νόμος, *nomos*, "lei", o termo "autonomia" representa "aquele que estabelece suas próprias leis", que se autogoverna e autodetermina o desenvolvimento de sua vida.

Presente no Código de Ética Médica, por intermédio de capítulo voltado aos princípios fundamentais deontológicos, o médico deve observar os desígnios de seu paciente diante de situações específicas, preservando sua capacidade decisória, mas de forma subordinada ao reconhecimento científico:

> XXI – No processo de tomada de decisões profissionais, de acordo com seus ditames de consciência e as previsões legais, o médico aceitará as escolhas de seus pacientes relativas aos procedimentos diagnósticos e terapêuticos por eles expressos, desde que adequadas ao caso e cientificamente reconhecidas.

A autonomia é plena, na medida em que cada cidadão possui o direito de autoconduzir sua vida da forma como desejar; contudo, o direito serve como regra limitadora a tal exercício de autodeterminação quando este invade a esfera de terceiros que se encontram protegidos pela legislação quanto a injustas e indevidas violações de suas próprias prerrogativas, inclusive na relação médico-paciente.

O paciente, no âmbito da legislação brasileira e em caráter filosófico-jurídico, tem direito a tirar a própria vida, sem que qualquer punição lhe seja aplicada – por mais kafkiana que seja tal condição, ela já esteve presente em algumas civilizações, que puniam o suicídio, *v.g.*, com a perda dos bens do *de cujus* em favor do Estado, bem como com o sepultamento fora dos limites territoriais.

Todavia, não pode o enfermo solicitar ou compelir seu médico assistente que lhe auxilie nessa tarefa, na medida em que implicará o cometimento de um delito por parte do profissional, proibido pelo Código Penal brasileiro, que pune o auxílio ao suicídio, ainda que derivado de causas médicas e para amenizar o sofrimento, limitando o campo da autodeterminação.

Segundo os termos estabelecidos pelo Relatório *Belmont*, a autonomia deve se pautar em duas convicções éticas: o indivíduo como agente autônomo e a devida proteção às pessoas com a sua autonomia, por alguma razão, reduzida, ainda que temporariamente.

A partir de tais premissas, deve-se observar, para o desenvolvimento dos processos decisórios, a respectiva maturidade e a idade cronológica, acompanhadas da capacidade cognitiva, à luz do adequado ambiente.

Veja-se que tais características não são aplicáveis apenas à pesquisa clínica com seres humanos, como inicialmente idealizado, mas essencialmente na atividade médica diária, a partir do direito informacional que o paciente possui a respeito da sua própria condição de saúde, bem como da autorização a procedimentos invasivos por intermédio do termo de consentimento livre e esclarecido.

Em 2005, a UNESCO aprovou a Declaração Universal sobre Bioética e Direitos Humanos, cujo principal norte fora justamente estabelecer uma gama de princípios universais e estruturas a serem observados pelos Estados, a partir de "questões éticas relacionadas à medicina, às ciências da vida e às tecnologias associadas quando aplicadas aos seres humanos, levando em conta suas dimensões sociais, legais e ambientais" (art. 1º, *a*).

No que tange às manifestações de vontade, a Declaração aponta os princípios norteadores a partir da redação contida nos arts. 5º e 6º:

> Art. 5º – Autonomia e Responsabilidade Individual
>
> Deve ser respeitada a autonomia dos indivíduos para tomar decisões, quando possam ser responsáveis por essas decisões e respeitem a autonomia dos demais.
>
> Devem ser tomadas medidas especiais para proteger direitos e interesses dos indivíduos não capazes de exercer autonomia.
>
> Art. 6º – Consentimento
>
> a) Qualquer intervenção médica preventiva, diagnóstica e terapêutica só deve ser realizada com o consentimento prévio, livre e esclarecido do indivíduo envolvido, baseado em informação adequada. O consentimento deve, quando apropriado, ser manifesto e poder ser retirado pelo indivíduo envolvido a qualquer momento e por qualquer razão, sem acarretar desvantagem ou preconceito.
>
> b) A pesquisa científica só deve ser realizada com o prévio, livre, expresso e esclarecido consentimento do indivíduo envolvido. A informação deve ser adequada, fornecida de uma forma compreensível e incluir os procedimentos para a retirada do consentimento. O consentimento pode ser retirado pelo indivíduo envolvido a qualquer hora e por qualquer razão, sem acarretar qualquer desvantagem ou preconceito. Exceções a este princípio somente devem ocorrer quando em conformidade com os padrões éticos e legais adotados pelos Estados, consistentes com as provisões da presente Declaração, particularmente com o art. 27 e com os direitos humanos.
>
> c) Em casos específicos de pesquisas desenvolvidas em um grupo de indivíduos ou comunidade, um consentimento adicional dos representantes legais do grupo ou comunidade envolvida pode ser buscado. Em nenhum caso, o consentimento coletivo da comunidade ou o consentimento de um líder da comunidade ou outra autoridade deve substituir o consentimento informado individual.

VI.a.2. Princípio da não maleficência

Elaborada desde os tempos de Hipócrates, como princípio maior da relação com o paciente, a primeira preocupação de um profissional médico é nunca prejudicar o seu assistido: *primum non nocere*. Em sua obra *Epidemia*, o pai da medicina moderna propôs aos médicos, no § 12 do primeiro livro: "Pratique duas coisas ao lidar com as doenças: auxilie ou não prejudique o paciente".

A crítica que recai sobre esse segundo princípio decorre do fato de, filosoficamente, já estar inserido no contexto da beneficência, na medida em que, ao evitar um dano intencional a seu paciente, o médico já estaria, de fato, objetivando fazer o bem.

Dentro do contexto dessa análise paradoxal estabelecida entre os princípios, encontra-se uma teoria estabelecida por SCHAUER,[6] em 1985, denominada *slippery slope*, em que, fundamentalmente, pequenas concessões conduzem a novas possibilidades, em uma cadeia de acontecimentos potencialmente nefastos, a partir de uma legítima possibilidade primária: a chamada "ladeira escorregadia".

Assim, partindo-se da premissa de "primeiro não fazer o mal", podem surgir possibilidades realmente lesivas – partindo-se de uma lógica originária de beneficência –, como justificadoras às condutas reprováveis, a partir de uma perspectiva em cadeia, e não isolada.

O princípio da não maleficência encontra respaldo nos princípios fundamentais deontológicos médicos, quando determina que:

> O médico guardará absoluto respeito pelo ser humano e atuará sempre em seu benefício, mesmo depois da morte. Jamais utilizará seus conhecimentos para causar sofrimento físico ou moral, para o extermínio do ser humano ou para permitir e acobertar tentativas contra sua dignidade e integridade (princípio VI).

Assim, em que pesem as críticas a respeito de tal princípio bioético, tal orientação permanece absolutamente presente nos estudos e na prática clínica, caracterizando-se pelo não fazer, sempre que isso for, de alguma maneira, prejudicial ao enfermo.

VI.a.3. Princípio da beneficência

No outro pêndulo da balança bioética, encontra-se o princípio positivo em que, ultrapassada a barreira do não fazer o mal, encontra-se imperativa a busca por fazer o bem ao paciente, como definido por Hipócrates em seu célebre juramento: "Usarei o tratamento para ajudar os doentes, de acordo com minha habilidade e julgamento e nunca o utilizarei para prejudicá-los".

Exatamente como pontuado pelo pai da medicina moderna, o conhecimento médico deve ser utilizado para auxiliar os doentes, nunca para prejudicá-los, conceito este aprimorado ao longo do tempo, bem como distorcido em alguns períodos obscuros da humanidade, *v.g.*, durante o regime nazista alemão.

---

[6] SCHAUER, Frederick. Slippery slopes. *Harvard Law Review*, v. 99, n. 2, p. 361-383, Dec. 1985.

No bojo do Relatório *Belmont*, tendo como um de seus partícipes justamente Tom Beauchamp, o princípio da não maleficência encontrava-se inserido como parte da beneficência, posteriormente alçado à categoria de princípio autônomo pelo consagrado autor.

Segundo o princípio da beneficência, há uma obrigação moral intrínseca à atividade assistencial em saúde em agir, sistematicamente, em benefício do assistido, potencializando as benesses do tratamento dispensado, em contrapartida aos possíveis prejuízos decorrentes da atuação profissional.

A susomencionada Declaração Universal sobre Bioética e Direitos Humanos também aponta para a necessária observância de tais princípios, ao inserir, no art. 4º, a denominação e a conceituação acerca de "benefício e dano":

> Art. 4º – Benefício e Dano
> Os benefícios diretos e indiretos a pacientes, sujeitos de pesquisa e outros indivíduos afetados devem ser maximizados e qualquer dano possível a tais indivíduos deve ser minimizado, quando se trate da aplicação e do avanço do conhecimento científico, das práticas médicas e tecnologias associadas.

O art. 4º da Declaração impõe, justamente, o necessário equilíbrio entre os princípios estabelecidos por Hipócrates, aprimorados ao longo dos anos, chegando à efetiva aplicação do conhecimento técnico-científico em saúde, de forma a potencializar os efeitos benéficos, minimizando os danos.

VI.a.4. Princípio da justiça ou equidade

O princípio da justiça ou equidade, a partir das premissas estabelecidas por BEAUCHAMP e CHILDRESS, fora devidamente abordado pela Declaração Universal, em especial nos arts. 10 e 15, que tratam, respectivamente, do mencionado princípio e do compartilhamento dos benefícios atingidos com as pesquisas e suas aplicações:

> Art. 10 – Igualdade, Justiça e Equidade
> A igualdade fundamental entre todos os seres humanos em termos de dignidade e de direitos deve ser respeitada de modo que todos sejam tratados de forma justa e equitativa.
> Art. 15 – Compartilhamento de Benefícios
> a) Os benefícios resultantes de qualquer pesquisa científica e suas aplicações devem ser compartilhados com a sociedade como um todo e, no âmbito da comunidade internacional, em especial com países em desenvolvimento.
> Para dar efeito a esse princípio, os benefícios podem assumir quaisquer das seguintes formas
> (i) ajuda especial e sustentável e reconhecimento aos indivíduos e grupos que tenham participado de uma pesquisa;
> (ii) acesso a cuidados de saúde de qualidade;
> (iii) oferta de novas modalidades diagnósticas e terapêuticas ou de produtos resultantes da pesquisa;
> (iv) apoio a serviços de saúde;

(v) acesso ao conhecimento científico e tecnológico;

(vi) facilidades para geração de capacidade em pesquisa; e

(vii) outras formas de benefício coerentes com os princípios dispostos na presente Declaração.

b) Os benefícios não devem constituir indução inadequada para estimular a participação em pesquisa.

Há uma intrínseca ligação entre a bioética e a justiça distributiva, na medida em que esta busca oferecer um justo compartilhamento de bens e recursos comuns, mas de forma a conceder a cada um o que efetivamente necessita, a partir do conceito de justiça social formulado por Aristóteles, em que, dentro de um contexto social, há que se tratar desigualmente os desiguais, na medida de sua desigualdade.

Tal frase implica o necessário respeito às particularidades e necessidades específicas de cada indivíduo, inseridos em um contexto social de desigualdades, mas que sejam garantidas iguais oportunidades de acesso às possibilidades existentes.

A justiça, enquanto princípio bioético, não está relacionada diretamente ao Direito ou às normas, mas às oportunidades equânimes de acesso à informação e aos benefícios advindos de pesquisas e estudos, como pontuado pela Declaração Universal sobre Bioética e Direitos Humanos; não à toa, a equidade é um dos princípios norteadores do Sistema Único de Saúde, que preconiza o atendimento aos indivíduos a partir de suas necessidades.

Fato é que todos os princípios bioéticos, inicialmente estabelecidos pelo Relatório *Belmont*, posteriormente por Beauchamp e Childress, chegando à Declaração Universal sobre Bioética e Direitos Humanos, invariavelmente estarão na base dos processos decisórios em saúde, desde os mais simples aos mais complexos, e impondo, por vezes, uma necessária valoração e o equilíbrio a partir de possíveis conflitos entre eles, aparentes ou reais.

VI.B. AUTONOMIA DO MÉDICO

> Código de Ética Médica.
>
> Capítulo I – Princípios fundamentais
>
> [...]
>
> VII – O médico exercerá sua profissão com autonomia, não sendo obrigado a prestar serviços que contrariem os ditames de sua consciência ou a quem não deseje, exceptuadas as situações de ausência de outro médico, em caso de urgência ou emergência, ou quando sua recusa possa trazer danos à saúde do paciente.
>
> VIII – O médico não pode, em nenhuma circunstância ou sob nenhum pretexto, renunciar à sua liberdade profissional, nem permitir quaisquer restrições ou imposições que possam prejudicar a eficiência e a correção de seu trabalho.

A relação entre o médico e o seu paciente é baseada em alguns princípios, pautados essencialmente na ética e na confiança, sempre com um caráter de reciprocidade, em que ambos os partícipes devem colaborar para o melhor resultado do tratamento enquanto um intento comum.

Agir eticamente, independentemente das regras deontológicas codificadas que recaem sobre o profissional, é um dever também do paciente como diretriz do convívio social e das boas relações humanas.

Não se trata de uma análise a respeito da legalidade da conduta do paciente frente ao seu médico quando aquele, *v.g.*, o procura apenas para obter alguma espécie de reprovável vantagem; mas o comportamento socialmente indicado a respeito das relações humanas, em especial diante de tantas especificidades que recaem sobre tal relacionamento que é, ao mesmo tempo, íntimo, mas natural e adequadamente distante.

Assim, o tratamento exigido do profissional, a partir de suas regras de conduta próprias, positivadas sob a forma de um Código de Ética Médica, é pautado essencialmente na reciprocidade, em que ambos devem agir de forma moralmente indicada para que se possa chegar a uma consulta efetiva, um tratamento digno e com os resultados esperados.

Todavia, quando essa relação de confiança é violada pelo paciente, ao médico é permitido encerrá-la, renunciando ao atendimento, sem, obviamente, abandonar o enfermo, conforme consta do próprio Código de Ética Médica, a partir das ressalvas expressas contidas no art. 36:

> É vedado ao médico:
>
> Art. 36 Abandonar paciente sob seus cuidados.
>
> § 1º Ocorrendo fatos que, a seu critério, prejudiquem o bom relacionamento com o paciente ou o pleno desempenho profissional, o médico tem o direito de renunciar ao atendimento, desde que comunique previamente ao paciente ou a seu representante legal, assegurando-se da continuidade dos cuidados e fornecendo todas as informações necessárias ao médico que o suceder.
>
> § 2º Salvo por motivo justo, comunicado ao paciente ou à sua família, o médico não o abandonará por este ter doença crônica ou incurável e continuará a assisti-lo e a propiciar-lhe os cuidados necessários, inclusive os paliativos.

O médico, portanto, possui a prerrogativa pessoal de renunciar ao atendimento ou encerrar a relação com seu paciente, desde que identificada situação concreta que possa, além de prejudicar a própria assistência, impedir a sua práxis de forma plena. Essa é uma das manifestações de autonomia do médico.

Também se revela a possibilidade de independência profissional na prescrição do melhor tratamento ao seu paciente, sem que sofra qualquer sorte de imposição, como norma diceológica prevista no Código de Ética Médica, sendo um direito do médico: "II – Indicar o procedimento adequado ao paciente, observadas as práticas cientificamente reconhecidas e respeitada a legislação vigente".

Evidentemente, ao médico não é permitido, *v.g.*, prescrever fórmulas não reconhecidas pelos órgãos competentes, sob pena de incorrer em infração de conduta, mas ele possui autonomia para, dentro das práticas reconhecidas, encaminhar seu assistido ao que ele, dentro de sua prerrogativa e autoridade técnica, entende ser o mais adequado.

Um dos princípios fundamentais da medicina preconizados pelo Código de Ética Médica indica justamente que:

Nenhuma disposição estatutária ou regimental de hospital ou de instituição, pública ou privada, limitará a escolha, pelo médico, dos meios cientificamente reconhecidos a serem praticados para o estabelecimento do diagnóstico e da execução do tratamento, salvo quando em benefício do paciente (princípio XVI).

A autonomia não é plena, inclusive pela natural limitação dos casos de urgência e emergência, em que o médico não possui margem para exercê-la quanto a renunciar ao paciente; contudo, mesmo diante de um caso de urgência e emergência, em regra, cabe a ele decidir pelo melhor ao enfermo, não sendo obrigado à submissão de pressões externas, seja qual for a sua natureza, exceto à vontade do próprio assistido, no limite das normas em vigor.

Outra manifestação de autonomia repousa no conceito de objeção de consciência, que impede o médico, por motivos próprios e indiscutíveis, de atuar em determinadas situações que lhe impõem um obstáculo frente às suas próprias convicções, tanto médicas quanto de outras ordens, *v.g.*, religiosas.

BEAUCHAMP e CHILDRESS[7] destacam:

> Se um médico deseja se afastar de um tratamento porque os pedidos do paciente lhe parecem moralmente repulsivos, as convicções conscienciosas do médico devem ser respeitadas, e ele deve ser livre para se retirar.

Como forma de resguardar o médico em suas posições estribadas na objeção de consciência, o Conselho Federal de Medicina editou a Resolução n. 2.232/2019, que, ao estabelecer as "normas éticas para a recusa terapêutica por pacientes e objeção de consciência na relação médico-paciente", assim define e conceitua o exercício de tal direito, pelo médico, em seu art. 8º:

> Art. 8º Objeção de consciência é o direito do médico de se abster do atendimento diante da recusa terapêutica do paciente, não realizando atos médicos que, embora permitidos por lei, sejam contrários aos ditames de sua consciência.

A objeção de consciência, portanto, consiste em um não fazer, diante de situações em que o médico se considera, de acordo com os seus próprios valores e conceitos, inapto a realizar determinados procedimentos, mesmo que autorizados pela norma, *v.g.*, aborto legal, ortotanásia, procedimentos sem transfusão de sangue por motivos religiosos, tendo como balizador restritivo, invariavelmente, a impossibilidade de malefício ao paciente.

Isso impõe ao médico alguns limites ao pleno exercício de seu direito à objeção de consciência, que deve avaliar se há outro profissional apto a realizar o atendimento, bem como potenciais riscos à saúde de seu paciente.

Cabem os ensinamentos do Papa João Paulo II, em sua Carta encíclica *Evangelium vitæ*, ao afirmar:

---

[7]   BEAUCHAMP, Tom L.; CHILDRESS, James F. *Principles of biomedical ethics*. Oxford: Oxford University Press, 1979.

Quem recorre à objecção de consciência deve ser salvaguardado não apenas de sanções penais, mas ainda de qualquer dano no plano legal, disciplinar, económico e profissional.[8]

VI.C. RECUSA TERAPÊUTICA E TRANSFUSÃO SANGUÍNEA

O processo de recusa terapêutica encontra-se esteado de forma intrínseca e inseparável nos princípios da autonomia e do respeito às pessoas, insculpidos no já mencionado Relatório *Belmont*, aprimorado por Beauchamp e Childress.

Assim, recusar determinados tratamentos é um direito do paciente, em sua relação com o médico, sempre que entender violados seus princípios, seus dogmas, suas crenças, mas, como abordado oportunamente, desde que não viole direitos de terceiros.

O Código de Ética Médica possui normas específicas voltadas à necessária observância de tal direito do paciente, a partir de condutas proibitivas assim determinadas:

É vedado ao médico:

Art. 24. Deixar de garantir ao paciente o exercício do direito de decidir livremente sobre sua pessoa ou seu bem-estar, bem como exercer sua autoridade para limitá-lo.

Art. 31. Desrespeitar o direito do paciente ou de seu representante legal de decidir livremente sobre a execução de práticas diagnósticas ou terapêuticas, salvo em caso de iminente risco de morte.

Art. 42. Desrespeitar o direito do paciente de decidir livremente sobre método contraceptivo, devendo sempre esclarecê-lo sobre indicação, segurança, reversibilidade e risco de cada método.

Os artigos susomencionados indicam ao profissional as condutas a serem adotadas diante das respectivas manifestações de vontade do paciente, em respeito ao seu direito de decidir quanto à sua própria saúde.

Paralelamente à objeção de consciência do médico, o Conselho Federal de Medicina, por intermédio da mesma Resolução n. 2.232/2019, também disciplinou a chamada "recusa terapêutica", assim conceituando e disciplinando o procedimento:

Art. 1º A recusa terapêutica é, nos termos da legislação vigente e na forma desta Resolução, um direito do paciente a ser respeitado pelo médico, desde que esse o informe dos riscos e das consequências previsíveis de sua decisão.

Art. 2º É assegurado ao paciente maior de idade, capaz, lúcido, orientado e consciente, no momento da decisão, o direito de recusa à terapêutica proposta em tratamento eletivo, de acordo com a legislação vigente.

Parágrafo único. O médico, diante da recusa terapêutica do paciente, pode propor outro tratamento quando disponível.

---

[8] JOÃO PAULO II, Papa. Carta encíclica *Evangelium vitae* (Sobre o valor e a inviolabilidade da vida humana). Disponível em: https://www.vatican.va/content/john-paul-ii/pt/encyclicals/documents/hf_jp-ii_enc_25031995_evangelium--vitae.html. Acesso em: 10 set. 2022.

Recusar um tratamento médico envolve uma série de fatores e variáveis, que não podem ser ignorados pelo médico quando diante de tal situação, em especial quando tal decisão envolve a terminalidade da vida.

Um paciente em fim de vida tem direito a não se valer mais de tratamentos fúteis ou inúteis; contudo, isso não caracteriza a recusa terapêutica, mas uma ortotanásia, considerando a inexistência de tratamentos curativos. Tal temática será abordada no capítulo subsequente.

Assim, a recusa tratada pela respectiva Resolução do Conselho Federal de Medicina envolve a decisão quanto a não seguir um tratamento indicado pelo médico assistente, a partir do livre-arbítrio e do exercício da autonomia, inclusive no ambiente hospitalar.

A recusa terapêutica não envolve apenas as situações relacionadas à relação entre médico e paciente restrita ao consultório, mas também se encontra presente nas instituições de saúde, gerando a denominada "alta hospitalar".

FRANÇA[9] entende não ser possível a realização da chamada "alta a pedido", situação que deve ser encarada como um "abandono de tratamento", com o devido registro no prontuário, na medida em que, caso o médico concorde com a alta, não há sequer necessidade do "termo de responsabilidade".

Todavia, com o advento da Resolução em comento, interpretada à luz do Código de Ética Médica e dos princípios bioéticos que norteiam a relação, a alta sob solicitação encontra-se disciplinada no próprio regramento ético maior:

> É vedado ao médico:
>
> Art. 86. Deixar de fornecer laudo[10] médico ao paciente ou a seu representante legal quando aquele for encaminhado ou transferido para continuação do tratamento ou em caso de solicitação de alta.

O médico assistente, portanto, tem obrigação de fornecer relatório ao seu paciente, em três hipóteses, segundo a redação do artigo deontológico em questão: encaminhamento para continuação de tratamento; transferência para outro serviço; e diante de uma solicitação de alta formulada pelo enfermo.

Assim, ao paciente é permitido solicitar a sua alta do ambiente hospitalar, que, em absoluto, não se equipara a uma instituição prisional, sendo responsabilidade ética do médico entregar-lhe o respectivo relatório quanto à sua condição de saúde, acompanhado das respectivas orientações e dos encaminhamentos para o seu melhor benefício.

Médico que mantém paciente confinado, contra a sua própria vontade, no ambiente hospitalar, corre o risco de cometer o crime tipificado no art. 148 do Código Penal, que define o delito de "sequestro e cárcere privado":

> Sequestro e cárcere privado
>
> Art. 148. Privar alguém de sua liberdade, mediante sequestro ou cárcere privado:
>
> Pena – reclusão, de um a três anos.

---

9   FRANÇA, Genival Veloso de. *Direito médico*. 12. ed. Rio de Janeiro: Forense, 2014. p. 351.

10   Como apontado oportunamente, a terminologia do Código de Ética Médica encontra-se equivocada, cabendo ao médico fornecer "relatório" e não "laudo".

§ 1º A pena é de reclusão, de dois a cinco anos:

I – se a vítima é ascendente, descendente, cônjuge ou companheiro do agente ou maior de 60 (sessenta) anos;

II – se o crime é praticado mediante internação da vítima em casa de saúde ou hospital;

III – se a privação da liberdade dura mais de quinze dias.

IV – se o crime é praticado contra menor de 18 (dezoito) anos;

V – se o crime é praticado com fins libidinosos.

§ 2º Se resulta à vítima, em razão de maus-tratos ou da natureza da detenção, grave sofrimento físico ou moral:

Pena – reclusão, de dois a oito anos.

Por mais que haja a melhor intenção em manter o paciente vinculado ao ambiente hospitalar, pode ser de seu desejo deixar o tratamento, e não há como compeli-lo a permanecer, destacando-se que há uma causa de aumento de pena no art. 148, justamente em decorrência da "internação da vítima em casa de saúde ou hospital" (inciso II).

A questão que se coloca neste ponto é: qual a capacidade cognitiva do paciente para compreender exatamente seu estado de saúde, e, ainda assim, deixar o ambiente hospitalar recusando-se ao tratamento proposto?

Como vimos, o exercício pleno da autonomia alcança a exata compreensão a respeito do próprio estado de saúde, diante das informações repassadas pelo médico, e não pode sofrer qualquer influência externa quanto ao processo decisório a respeito.

Um paciente que se encontra há muito tempo submetido a um regime de internação hospitalar, invariavelmente, tem o desejo de renunciar ao tratamento; este não é o pleno exercício da autonomia, na medida em que há uma influência externa influenciadora da decisão.

Não pode o médico simplesmente abandonar o paciente, abrindo-lhe as portas do hospital, e encaminhando-o à rua quando ele manifesta a intenção de obter uma alta.

Não há dúvida de que a "alta médica" é um ato essencial e exclusivamente do profissional da medicina, diante de um quadro clínico que autoriza, sem maiores riscos, a partida da instituição de saúde, o que não se confunde com a alta sob solicitação ou a pedido, quando o médico, mesmo que não concordando com a decisão do enfermo, registra sua discordância e os riscos decorrentes de tal julgamento individual, mas não abandona o enfermo à própria sorte, valendo-se, inclusive, da participação dos membros da família, se houver, e se julgar necessário.

O Conselho Regional de Medicina do Estado do Paraná abordou tal questão por intermédio do Parecer n. 2.845/2021, cujos principais trechos são satisfatoriamente esclarecedores:

> Estando o paciente lúcido e com uma doença que não lhe traz risco de morte, é viável a alta a pedido, havendo necessidade de que o médico assistente emita Relatório médico minucioso sobre o atendimento que vinha sendo prestado (história pregressa e atual, dados clínicos evolutivos, exames complementares e terapêuticas instituídas) para seguimento evolutivo por outro médico.
>
> Quando o paciente não se encontra em condições de receber alta em decorrência de um estado clínico grave ou instável, ele e seus familiares devem receber minuciosas

informações sobre os riscos e complicações advindas de alta fora das condições ideais, inclusive o risco de morte. Caso, apesar de todas as tentativas, persista a determinação de alta a pedido, esta deve ser acompanhada de Relatório, como acima descrito, e obtenção de vaga garantida para transferência e meios de transporte seguro para outro hospital.

[...]

A alta hospitalar a pedido é um direito do paciente, porém suas condições clínicas devem ser consideradas para uma decisão de consenso entre o médico, o doente e seus responsáveis.

A responsabilidade médica determina que a alta a pedido seja acompanhada de Relatório sobre o caso, e que todos os procedimentos médicos sejam minuciosamente anotados em Prontuário, que ficará sob guarda da instituição (Conselheiro Parecerista Luiz Ernesto Pujol).

O médico, diante de uma recusa terapêutica que implica a alta sob solicitação e respectiva partida do ambiente hospitalar, deve utilizar todo o seu arsenal para, diante de sua autoridade técnica, tentar dissuadir o paciente quanto a tal decisão que coloca a sua saúde sob risco, mas jamais converter a internação em compulsória ou uso de contenção física e mecânica, exceto nos raríssimos casos previstos nas normas em vigor, essencialmente vinculadas a situações de distúrbios psiquiátricos.

Não se deve, jamais, provocar uma evasão, uma fuga do paciente em tais casos, na medida em que essa situação pode ser ainda mais grave, na medida em que demonstra a ausência de zelo na segurança do paciente, além de um possível abandono diante das condições de saúde e dos resultados pós-evasão; também, porquanto não há fuga de um local onde não se está detido.

A recusa terapêutica envolve diálogo, compreensão, negociação legítima entre médico e paciente, sempre objetivando o respectivo equilíbrio entre as situações extremas e as necessárias acerca do tratamento programado.

Cabe destacar a recusa terapêutica levada a efeito em razão de convicções religiosas, em especial acerca da transfusão sanguínea em intervenções que demandam tal procedimento como *ultima ratio* para salvar a vida do paciente.

Em 1980, o Conselho Federal de Medicina publicou a Resolução n. 1.021, aprovando o Parecer 21/1980, cuja conclusão a respeito do tema indica a impossibilidade de se permitir a livre manifestação de vontade do paciente, quando diante de um risco iminente à sua vida:

CONCLUSÃO

Em caso de haver recusa em permitir a transfusão de sangue, o médico, obedecendo a seu Código de Ética Médica, deverá observar a seguinte conduta:

1º – Se não houver iminente perigo de vida, o médico respeitará a vontade do paciente ou de seus responsáveis.

2º – Se houver iminente perigo de vida, o médico praticará a transfusão de sangue, independentemente de consentimento do paciente ou de seus responsáveis.

Tal normativa fora suplantada expressamente pela resolução da recusa terapêutica, ora em debate (art. 14), passando então a ser regida pelas regras atuais que, igualmente, vedam a possibilidade de se respeitar a vontade do paciente quando diante de situações de urgência e emergência que caracterizem iminente perigo de morte (art. 11), significando que, diante de um cenário como o descrito, o médico deve agir, não importando a vontade do enfermo.

Os professantes da religião Testemunha de Jeová possuem firme convicção a respeito da impossibilidade de transfusão sanguínea, exceto a autóloga, em que é feita uma reserva do próprio sangue do paciente a fim de ser utilizado durante o procedimento, caso necessário e essencial à salvaguarda da própria vida.

Entretanto, em regra, o sangue a ser utilizado nos procedimentos médico-cirúrgicos é obtido a partir dos bancos hospitalares, por meio de material coletado de terceiros, doadores, sem que haja qualquer possibilidade de interferência do receptor quanto a esse aspecto, e, diante de tal hipótese, os preceitos religiosos impedem que ele se realize, optando pela morte física, diante de uma iminente morte social e moral acaso, de fato, transfundido.

Não se trata de julgar a validade ou a correição de tal conduta, na medida em que a convicção e a liberdade religiosas são direitos inalienáveis, garantidos constitucionalmente (art. 5º, VI), mas apenas equilibrá-la com o direito do médico no exercício de sua profissão, frente ao seu dever ético de realizar os procedimentos necessários à salvaguarda da vida física do paciente.

Evidentemente, tal questão deve ser avaliada à luz de princípios constitucionais, sob tutela do Excelso Pretório; tanto que há em tramitação uma Arguição de Descumprimento de Preceito Fundamental (ADPF), proposta pela Procuradoria Geral da República, autuada sob n. 618, cujo objetivo é, justamente, obter a declaração de não recepção parcial, sem redução do texto, do inciso I do § 3º do art. 146 do Código Penal, que desconsidera constrangimento ilegal a realização de intervenção médica contra a vontade do paciente, em caso de risco iminente de morte, e do item 2 do mencionado Parecer CFM 21/1980, para excluir a interpretação de que os médicos podem realizar a transfusão de sangue mesmo contra a vontade prévia dos pacientes maiores e capazes, bem como a declaração de inconstitucionalidade parcial dos arts. 22 e 31 do Código de Ética Médica e do art. 3º da Resolução CREMERJ 136/1999, todas normas, em tese, restritivas ao direito em pauta.

O que se extrai da ação proposta pela PGR é justamente que sejam afastadas do mundo jurídico as normas que possam, de alguma maneira, limitar a declaração de vontade do paciente em relação à recusa pela transfusão sanguínea, em razão de sua convicção religiosa, desde que manifestada previamente, de forma atual, e por intermédio de enfermo maior, capaz e lúcido.

Em outro procedimento perante o Supremo Tribunal Federal, houve o reconhecimento de repercussão geral, Tema 952, quanto à obrigatoriedade do Estado em custear tratamento de saúde específico em decorrência da convicção religiosa do paciente:

> A questão constitucional em exame se restringe a definir se a liberdade de crença e consciência, prevista no art. 5º, inciso VI, da CF, pode justificar o custeio de tratamento médico indisponível na rede pública.
>
> [...]
>
> Diante do exposto, manifesto-me no sentido de reconhecer a repercussão geral da seguinte questão constitucional: saber se o exercício de liberdade religiosa pode justificar o custeio de tratamento de saúde pelo Estado.

O *leading case* em questão, RE 979.742/AM, envolve decisão que condenou a União, o Estado do Amazonas e o Município de Manaus ao custeio de procedimento cirúrgico indisponível na rede pública, em razão de a convicção religiosa do paciente proibir a realização da transfusão de sangue.

No âmbito do Tribunal de Justiça de São Paulo há, ao menos, duas posições conflitantes a respeito do tema, sendo uma proferida em 2003, e outra, mais recente, em 2019:

> Testemunhas de Jeová. Necessidade de transfusão de sangue, sob pena de risco de morte, segundo conclusão do médico que atende o paciente. Recusa dos familiares com apoio na liberdade de crença. Direito à vida que se sobrepõe aos demais direitos. Sentença autorizando a terapêutica recusada. Recurso desprovido (TJSP, AC 132.720.4/9, Rel. Des. Boris Kauffmann, *DJ* 24.07.2003).

> O relatório apresentado pelo médico hematologista que acompanha o paciente indica a necessidade da realização de transfusões de sangue, em razão da piora dos sintomas de anemia profunda, havendo referência expressa ao potencial risco de instabilidade hemodinâmica e óbito (fl. 60).

> Em contrapartida, o paciente se recusa expressamente a realizar a terapia transfusional, afirmando que esta prática afronta a sua convicção religiosa.

> Tal manifestação de vontade está materializada em um documento registrado em cartório, com a assinatura do enfermo e de duas testemunhas, denominado "Diretivas Antecipadas e Procuração para Tratamento de Saúde", no qual ele afirma de forma convicta – porque realçado em negrito – que não aceita "NENHUMA TRANSFUSÃO de sangue total, glóbulos vermelhos, glóbulos brancos, plaquetas ou plasma, em nenhuma circunstância, mesmo que os profissionais de saúde opinem que isso seja necessário para a manutenção da minha vida (Atos 15:28.29). Recuso-me a fazer doações antecipadas e armazenar meu sangue para posterior infusão".

> Nesse contexto, não obstante a necessidade de se resguardar a garantia fundamental à vida, assegurada pelo art. 5º, *caput*, da Constituição Federal, deve ser observado que, no caso vertente, também estão em discussão outros direitos fundamentais da pessoa humana, tais como a autonomia da vontade, inviolabilidade da consciência e crença e o direito do enfermo de não se submeter a tratamento médico ou à intervenção cirúrgica.

> Assim sendo, considerando a necessidade de proteção e ponderação de todos os direitos fundamentais e, atentando-se ao fato de que a observância dos preceitos de certa religião é expressão da dignidade humana dos indivíduos que creem, *a priori*, vislumbro legitimidade na recusa do agravante de se submeter às transfusões de sangue, visto que tal procedimento, para ele, implicaria em tratamento degradante por afrontar as suas crenças.

> Desta forma, ao menos à primeira vista entendo que deve preponderar a autonomia da vontade do recorrente, pessoa adulta, consciente, em plena condição de exercer seus direitos mais caros (TJSP, Agravo de Instrumento n. 2178279-13.2019.8.26.0000, Rel. Des. Paulo Alcides Amaral Salles, j. 21.08.2019).

Como se vê, trata-se de complexa definição, na medida em que o médico, por força dos preceitos éticos que regem a profissão, encontra-se obrigado a realizar os procedimentos necessários, em que pese estarmos diante de princípios construídos a partir de uma evolução social decorrente de diversos episódios históricos em que a ausência de respeito à pessoa e à sua livre manifestação de vontade resultou em sérias violações aos direitos humanos.

A Constituição Federal, ao erigir a dignidade da pessoa humana ao *status* de princípio, transformou tal salvaguarda em um elemento norteador às circunstâncias em que os direitos individuais estivessem sob risco de violação, impondo a necessária observância de tal premissa de forma protetiva e complementar à cláusula pétrea garantidora do direito a não ser submetido a qualquer forma de tratamento desumano, degradante ou que implique tortura (art. 5º, III).

O direito de ser tratado dignamente a partir das próprias convicções pessoais e individuais é garantia constitucional, impeditiva a qualquer forma de violação ou profanação de qualquer ordem.

Impor a um cidadão sua morte social, frente à salvaguarda da vida física é tema de elevada compreensão e complexidade, tal como indicado no bojo da ADPF 618, cabendo ao Excelso Pretório estabelecer a correta compreensão dos princípios constitucionais aplicáveis.

Cabe destacar que a V Jornada de Direito Civil promovida pelo Conselho da Justiça Federal fixou o Enunciado 403 a respeito do tema:

> O Direito à inviolabilidade de consciência e de crença, previsto no art. 5º, VI, da Constituição Federal, aplica-se também à pessoa que se nega a tratamento médico, inclusive transfusão de sangue, com ou sem risco de morte, em razão do tratamento ou da falta dele, desde que observados os seguintes critérios: a) capacidade civil plena, excluído o suprimento pelo representante ou assistente; b) manifestação de vontade livre, consciente e informada; e c) oposição que diga respeito exclusivamente à própria pessoa do declarante.

No que se refere a crianças, adolescentes e incapazes em geral, a própria ADPF 618 exclui do seu alcance qualquer medida restritiva à realização da transfusão sanguínea, ao indicar que o *pater familiæ*, concedido pela legislação civil, não é capaz de atribuir a responsabilidade quanto à escolha diante de situação em que há, como consequência, uma morte iminente frente à possibilidade de resguardo da vida, por meio do procedimento declinado em debate.

Em tais hipóteses, deve o médico agir de forma a proteger a vida do incapaz, mesmo que contrariando a vontade de seus genitores, lembrando que o sigilo médico deve também nortear tais condutas, inclusive mantendo em segredo a realização da transfusão se assim for do desejo do seu paciente.

Ademais, rememoramos o fato de que, no processo decisório, o incapaz deve ser ouvido pelo médico, no limite de sua capacidade compreensiva, cognitiva, não de acordo essencialmente com a sua idade cronológica, participando ativamente do debate a respeito de seu estado de saúde e das alternativas possíveis à proteção de sua vida.

VI.D. TERMINALIDADE DA VIDA

A morte física ainda é envolta em uma série de crendices populares, que permeiam o imaginário, invariavelmente explicadas e determinadas por conceitos religiosos e crenças individuais. Contudo, ela é um fato. A finitude da vida, em sua forma física, ainda é uma realidade, e, como tal, necessita ser debatida socialmente.

Segundo FRANÇA,[11]

> [...] é difícil definir a morte, porque ela não é um fato instantâneo, mas uma sequência de fenômenos gradativamente processados nos vários órgãos e sistemas de manutenção da vida. O médico hoje, no entanto, com os novos meios semiológicos e instrumentais disponíveis, pode diagnosticá-la mais precocemente.

Sigmund Freud dizia que "se quiseres poder suportar a vida, fica pronto para aceitar a morte", em uma manifestação clara de que a morte é parte integrante da vida, enquanto única convicção de inexorável certeza.

Elizabeth Kübler-Ross, em sua célebre obra *Sobre a morte e o morrer*, assim destaca:

> Em lugar de sociedades dedicadas à criogenia, talvez devamos criar associações que tratem dos problemas da morte e do morrer, incentivando os diálogos sobre este assunto e ajudando as pessoas a viverem sem medo até que a morte chega.
> Foi Montaigne quem disse que a morte é apenas um instante quando o morrer termina? Aprendemos que a morte em si não é um problema para o paciente, mas o medo de morrer nasce do sentimento de desesperança, de desamparo e isolamento que a acompanha.

Viver dignamente é um direito, uma garantia constitucional e social, nem sempre devidamente observada, mas almejada. Nesse contexto, até o último suspiro, há que se garantir tal dignidade, respeitando o momento final de transição e transcendência.

A partir dessa visão, muitas são as possibilidades e conceitos a respeito da fase final da vida, com destaque para a terminologia utilizada como parâmetro a designar os derradeiros momentos, sob as denominações "terminalidade" e "fim de vida". FRANCISCONI e GOLDIM[12] indicam que:

> Habitualmente, o termo doente terminal tem sido utilizado para pessoas que tenham um prognóstico médico de sobrevida não superior a seis meses. A denominação paciente em fim de vida é utilizada para delimitar o período de aproximadamente 72 horas antes da ocorrência da morte.

O paciente terminal, portanto, deve ser considerado à vista de uma doença em estágio avançado, incurável, frente à ausência de resposta a tratamentos terapêuticos, ocasionando forte impacto de ordem física e emocional, tanto no próprio enfermo quanto no ambiente que o cerca, em que a morte se torna uma presença real e concreta.

A partir de tais perspectivas, há que se realizar algumas considerações do ponto de vista ético e bioético diante de possibilidades estabelecidas para garantir a transição final de forma digna, respeitando-se a vontade do paciente, em pleno exercício de seus últimos e legítimos desígnios.

---

11   FRANÇA, Genival Veloso de. *Direito médico*. 12. ed. Rio de Janeiro: Forense, 2014. p. 611.
12   FRANCISCONI, Carlos Fernando; GOLDIM, José Roberto. Problemas de fim de vida: paciente terminal, morte e morrer. Disponível em: https://www.ufrgs.br/bioetica/morteres.htm. Acesso em: 10 set. 2022.

A chamada "ortotanásia" – palavra derivada do grego *orthothanasia*, sendo *ορθο* (*ortho*) "correto", e *θάνατος* (*Thánatos*) a "personificação da morte", segundo a mitologia grega –, numa tradução livre e adaptada à língua pátria, nada é além da morte natural, como uma evolução irreversível da própria doença no corpo humano.

Contudo, definir a morte natural, principalmente nos dias atuais, não é missão fácil, considerando que, diante do avanço tecnológico e científico da medicina, morrer não possui mais nenhuma naturalidade. Ao contrário do que se compreendia antigamente, morrer é, hodiernamente, antinatural.

O Conselho Federal de Medicina, em 2006, editou a Resolução n. 1.805, que, por intermédio de sua ementa, conseguiu definir com bastante clareza a prática da chamada "ortotanásia", ao assim estabelecer:

> Na fase terminal de enfermidades graves e incuráveis é permitido ao médico limitar ou suspender procedimentos e tratamentos que prolonguem a vida do doente, garantindo--lhe os cuidados necessários para aliviar os sintomas que levam ao sofrimento, na perspectiva de uma assistência integral, respeitada a vontade do paciente ou de seu representante legal.

Essa é uma prática aceita na legislação brasileira, inclusive judicialmente, na medida em que a mencionada norma administrativa fora objeto de ação civil pública movida pelo Ministério Público Federal, Processo n. 2007.34.00.014809-3, tramitado na 14ª Vara Cível Federal do Distrito Federal, cuja sentença fora julgada improcedente a pedido do próprio autor da ação, com destaque:

> Outras considerações, desta feita no âmbito da bioética ou do biodireito podem ser úteis à compreensão do tema. Por exemplo, a opinião de Tereza Rodrigues Vieira:
> "Ortotanásia significa morte correta, ou seja, a morte pelo seu processo natural. Neste caso o doente já está em processo natural da morte e recebe uma contribuição do médico para que este estado siga seu curso natural. Assim, ao invés de se prolongar artificial-mente o processo de morte (distanásia), deixa-se que este se desenvolva naturalmente (ortotanásia). Somente o médico pode realizar a ortotanásia, e ainda não está obrigado a prolongar a vida do paciente contra a vontade deste e muito menos aprazar sua dor. A Ortotanásia é conduta atípica frente ao Código Penal, pois não é causa de morte da pessoa, uma vez que o processo de morte já está instalado. Desta forma, diante de do-res intensas sofridas pelo paciente terminal, consideradas por este como intoleráveis e inúteis, o médico deve agir para amenizá-las, mesmo que a consequência venha a ser, indiretamente, a morte do paciente" (*Bioética e direito*. São Paulo: Jurídica Brasileira, 1999. p. 90).

Acerca do devido respeito à vontade do paciente, há um importante julgado paradig-mático sobre o tema, oriundo do Tribunal de Justiça do Rio Grande do Sul, que, ao ponderar os princípios ora em voga, decidiu por privilegiar a vontade do paciente, à luz da ortotanásia e da declaração antecipada de vontade:

APELAÇÃO CÍVEL. ASSISTÊNCIA À SAÚDE. BIODIREITO. ORTOTANÁSIA. TESTAMENTO VITAL.

1. Se o paciente, com o pé esquerdo necrosado, se nega à amputação, preferindo, conforme laudo psicológico, morrer para "aliviar o sofrimento"; e, conforme laudo psiquiátrico, se encontra em pleno gozo das faculdades mentais, o Estado não pode invadir seu corpo e realizar a cirurgia mutilatória contra a sua vontade, mesmo que seja pelo motivo nobre de salvar sua vida.

2. O caso se insere no denominado biodireito, na dimensão da ortotanásia, que vem a ser a morte no seu devido tempo, sem prolongar a vida por meios artificiais, ou além do que seria o processo natural.

3. O direito à vida garantido no art. 5º, *caput*, deve ser combinado com o princípio da dignidade da pessoa, previsto no art. 2º, III, ambos da CF, isto é, vida com dignidade ou razoável qualidade. A Constituição institui o direito à vida, não o dever à vida, razão pela qual não se admite que o paciente seja obrigado a se submeter a tratamento ou cirurgia, máxime quando mutilatória. Ademais, na esfera infraconstitucional, o fato de o art. 15 do CC proibir tratamento médico ou intervenção cirúrgica quando há risco de vida, não quer dizer que, não havendo risco, ou mesmo quando para salvar a vida, a pessoa pode ser constrangida a tal.

4. Nas circunstâncias, a fim de preservar o médico de eventual acusação de terceiros, tem-se que o paciente, pelo quanto consta nos autos, fez o denominado testamento vital, que figura na Resolução n. 1.995/2012, do Conselho Federal de Medicina. 5. Apelação desprovida (TJRS, Apelação Cível n. 70054988266, Primeira Câmara Cível, Rel. Irineu Mariani, j. 20.11.2013).

Em contraponto à ortotanásia, encontra-se a denominada "distanásia", caracterizada pelo uso excessivo de tratamentos e procedimentos considerados inúteis ou fúteis, sob o aspecto terapêutico, curativo, impondo ao paciente descomedido sofrimento, por vezes, superior à própria evolução natural da doença.

O Código de Ética Médica veda tal conduta, inicialmente de forma principiológica, ao estabelecer:

> Nas situações clínicas irreversíveis e terminais, o médico evitará a realização de procedimentos diagnósticos e terapêuticos desnecessários e propiciará aos pacientes sob sua atenção todos os cuidados paliativos apropriados (princípio fundamental XXII).

E, posteriormente, de maneira proibitiva direta, por meio da vedação contida no art. 14, que impede o médico de "praticar ou indicar atos médicos desnecessários ou proibidos pela legislação vigente no País".

Entretanto, na base de tais decisões, sempre há a presença dos princípios bioéticos, em especial o da autonomia e o da não maleficência, na medida em que o respeito à vontade do paciente é essencial, em ponderação à máxima ética médica de, primariamente, não causar mal ao seu paciente.

De forma paralela ao direito à evolução natural da doença, encontra-se a realização de procedimentos tendentes a abreviar a vida, antecipando o momento final, com a assistência direta de um profissional da saúde, quando diante de situações de terminalidade.

A primeira delas é a "eutanásia", que, segundo a etimologia grega, significa "boa morte", mas, ao contrário da ortotanásia, implica a abreviação da vida.

Tal prática é absolutamente proibida no Brasil, punida criminalmente pelo art. 121 do Código Penal com a tipificação de "homicídio".

Portanto, realizar a eutanásia em solo brasileiro é considerado "matar alguém", crime que pode acarretar uma pena de reclusão de seis a vinte anos, sendo submetido inclusive a julgamento pelo Tribunal do Júri, uma vez que é caracterizado o "dolo", ou seja, a intenção de praticar o ato.

A chamada "eutanásia direta" envolve um ato comissivo do médico ou outro profissional de saúde, que introduz no paciente medicação própria a conduzir este à morte, abreviando, por consequência, a sua vida.

Doutrinariamente, há a chamada "eutanásia passiva", que representa, no campo penal, um crime comissivo por omissão, disciplinado por intermédio do art. 13, § 2º, do Código Penal, que assim dispõe: "A omissão é penalmente relevante quando o omitente devia e podia agir para evitar o resultado". Assim, na eutanásia passiva, é considerado o fato de que o médico verifica que o paciente está morrendo, há uma possibilidade real e concreta de reversão do quadro, mas ele simplesmente observa, e nada faz – ainda que esta seja a última vontade do paciente.

É considerada, em alguns países, como uma forma de "homicídio piedoso", não punível criminalmente.

Outra modalidade técnica de abreviação da vida consiste no que se denomina "suicídio assistido", regulamentado principalmente em alguns Estados norte-americanos, baseado na garantia de morte digna ao paciente a partir do pleno exercício de sua autonomia de vontade, no que se convencionou denominar *die with dignity act*, ou "ato pela morte digna".

Nesse modelo, também utilizado na Suíça, o paciente é acompanhado por seu médico assistente ou um profissional de saúde designado para tal finalidade, que lhe prescreve os medicamentos que serão autoadministrados, quando, como e onde o próprio doente definir.

Por fim, há que apontar ainda a existência dos chamados "cuidados paliativos", que, em síntese, representam uma forma de tratamento em que se objetiva o bem-estar do paciente terminal mantendo-o, dentro do possível, sem dor e com qualidade em fim de vida. Segundo a Organização Mundial de Saúde:[13] "O cuidado paliativo é parte crucial dos serviços de saúde integrados, centrados nas pessoas".

A morte por piedade – traduzida para os tempos modernos sob a denominação de "eutanásia" – era praticada e aceita por diversos povos, principalmente em se tratando de idosos e enfermos. Povos indígenas e nômades praticavam o homicídio piedoso a fim de que idosos, doentes e feridos, que não tinham condições de prosseguir com os seus, não fossem abandonados à própria sorte, presas fáceis para inimigos e feras. Com o passar dos anos, a morte foi sendo absorvida pelo campo normativo, como um evento jurídico tutelado pelo Estado de maneira plena.

---

[13]   WORLD HEALTH ORGANIZATION (WHO). Palliative care. Disponível em: https://www.who.int/health-topics/palliative-care. Acesso em: 14 jun. 2022.

Atualmente tramita no Senado Federal o Projeto de Lei n. 236/2012, conhecido como "Anteprojeto do Novo Código Penal brasileiro", que, em seu art. 122, prevê o homicídio piedoso, mas não como excludente de ilicitude e sim como um novo tipo penal, criminalizando de maneira própria a eutanásia, caminhando assim na contramão da discussão mundial a respeito do tema.

Enquanto países como Holanda, Bélgica, Luxemburgo e alguns Estados norte-americanos possuem normas que regulamentam a abreviação da vida de maneira plena, garantindo autonomia aos pacientes para decidirem sobre seu destino final, obviamente mediante o preenchimento de alguns requisitos, o Brasil encaminha normativa para tipificar expressamente tal procedimento como crime.

Certo é que em tais locais não se discute mais o direito à morte digna – tal conceito faz parte da rotina de seus cidadãos.

Historicamente, o Uruguai desponta como o primeiro Estado a possuir uma regra legal sobre o homicídio piedoso quando, em 1934, passou a vigorar seu Código Penal, que, por intermédio do art. 37, assim definiu:

> 37. (Do Homicídio Piedoso)
> Os Juízes têm a faculdade de exonerar de castigo o sujeito de honoráveis antecedentes, autor de um homicídio, realizado por motivos de piedade, mediante reiteradas súplicas da vítima. (tradução nossa).[14]

A melhor exegese do artigo em questão indica que o médico, em decorrência de reiteradas súplicas de seu paciente, poderá realizar procedimentos voltados à abreviação da vida, desde que tenha "antecedentes honoráveis", e – a Lei deixa claro que se trata de uma faculdade do juiz – estará habilitado a ter sua pena "exonerada", ou seja, será isento de culpa.

Neste momento, surgem duas problemáticas: a primeira reside no conceito de "antecedentes honoráveis", pois, seriam eles aplicáveis ao médico que, reiteradamente, realiza tal prática? Cremos que não, se considerarmos que, numa analogia com o Direito brasileiro, estaríamos falando de um "criminoso reincidente", e, portanto, sem qualquer benefício no campo penal quanto a esse aspecto.

O segundo questionamento reside na "faculdade" atribuída ao juiz, o que indica que não há uma situação concreta vinculativa à decisão do magistrado em não aplicar a pena, apresentando, evidentemente, importantes variáveis, por exemplo, quanto à análise da "súplica" do paciente – teria sido ela suficiente? Estaria o paciente em sua capacidade cognitiva plena para "suplicar" pela morte antecipada? Evidentemente, se trata de uma regra que entrou e permanece em vigor desde 1934, atraindo assim uma exegese sob o prisma daquela época; entretanto, não se pode olvidar que a experiência legislativa uruguaia serviu de modelo para muitos outros países.

O sistema legislativo norte-americano, por sua vez, permite que cada Estado tenha autonomia para deliberar sobre a questão da morte auxiliada ou assistida, como de fato já

---

14 "(Del homicidio piadoso)
Los Jueces tiene la facultad de exonerar de castigo al sujeto de antecedentes honorables, autor de un homicidio, efectuado por móviles de piedad, mediante súplicas reiteradas de la víctima."

acontece em dez deles: Distrito de Columbia, California, Colorado, Hawaii, Maine, Montana, New Jersey, New Mexico, Oregon, Vermont e Washington. No Canadá, por sua vez, adota-se um modelo muito próximo daquele preconizado pelos Estados norte-americanos.

O Oregon foi o precursor, com o *Death With Dignity Act*, de 1997,[15] quando foram estabelecidos os requisitos para a realização do suicídio assistido, destacando-se como princípios básicos: a autoadministração voluntária de medicamentos legais; a prescrição por intermédio de um médico assistente; e a situação de terminalidade da doença.

Um dos últimos grandes Estados norte-americanos a editar uma Lei a respeito foi a Califórnia, por meio do *AB-15 – Assembly Bill n. 15 End of Life Act –*,[16] de 05 de outubro de 2015, mas que, por possuir uma espécie de *vacatio legis*, entrou em vigor de forma plena em 06 de junho de 2016.

Pela Lei californiana, dois médicos devem concordar que o paciente tenha menos de seis meses de vida, além de ele ter que se submeter a rigorosos controles quanto à sua saúde mental para poder decidir se realmente quer morrer. Depois, ainda foram instituídas leis nos Estados do Colorado, Hawaii, Maine, New Jersey e New Mexico.

Os Estados norte-americanos que possuem legislação específica seguem, portanto, esse modelo voltado para a autoadministração de medicamentos, método considerado menos "agressivo" do ponto de vista médico, que privilegia a autonomia do paciente e não fomenta a criação das pejorativamente denominadas "clínicas de morte".

Ainda nas Américas, mas inserida na América do Sul, a Colômbia, em 20 de maio de 1997, por intermédio de uma decisão judicial da Corte Constitucional, sentença de n. C-239/1997,[17] concedeu interpretação ao art. 326 do Código Penal, descriminalizando o homicídio piedoso e culminando em expressa determinação ao governo para que editasse uma norma regulamentadora de tal procedimento.

Após um longo período de estudos e debates, em 20 de abril de 2015 foi editada a Resolução n. 1.216/2015 do Ministério da Saúde colombiano, definindo os requisitos para a morte auxiliada e criando, inclusive, a figura de um "Comitê Científico Interdisciplinar para o Direito de Morrer com Dignidade", garantindo-se, de forma paralela, o direito de amplo acesso aos cuidados paliativos.

A Suíça é outro exemplo bastante interessante em termos de morte assistida. Famoso por possuir duas grandes associações de auxílio à morte – a EXIT e a DIGNITAS –, o país não possui legislação específica acerca do tema, adotando os métodos de abreviação da vida por intermédio de uma decisão estabelecida por sua Corte Federal, instância máxima judiciária, que, em 2006, consignou que toda pessoa tem direito a morrer, desde que tenha plena capacidade de discernimento, tratando-se, assim, de uma interpretação do art. 115 do Código

15 UNITED STATES OF AMERICA. State of Oregon. Oregon Health Authority. Death with Dignity Act. Disponível em: https://www.oregon.gov/oha/PH/PROVIDERPARTNERRESOURCES/EVALUATIONRESEARCH/DEATHWITHDIGNI-TYACT/Pages/index.aspx. Acesso em: 10 set. 2022.

16 UNITED STATES OF AMERICA. State of California. AB-15 End of life. Disponível em: https://leginfo.legislature.ca.gov/faces/billNavClient.xhtml?bill_id=201520162AB15. Acesso em: 10 set. 2022.

17 COLOMBIA. Corte Constitucional. Sentencia C-239/1997. Homicidio por piedad-elementos/homicidio pietistico o eutanasico/homicidio eugenesico. Disponível em: http://www.cortecconstitucional.gov.co/relatoria/1997/c-239-97.htm. Acesso em: 10 set. 2022.

Penal suíço, que não pune o crime de auxílio ao suicídio, quando essa ajuda não é realizada por motivos egoísticos.

A partir dessa interpretação da lei, entidades não governamentais, como as principais susomencionadas, passaram a estabelecer suas próprias regras de auxílio ao suicídio, sob o formato de associações, com normas internas bastante liberais.

Paradigma para muitos países que buscam uma legislação a respeito da morte auxiliada, a Bélgica possui normas bastante avançadas sob a ótica das demais internacionais, mas com regras específicas e rígidas a respeito de tal prática.

A chamada *The Belgian Act on Euthanasia*, de 28 de maio de 2002, prevê a prática da eutanásia como medida de auxílio à morte, com controle médico, manifestação clara de vontade, ausência de qualquer pressão externa, além da verificação quanto à condição fútil medicamentosa, e insuportável sofrimento físico e mental.

A notificação é obrigatória ao Estado, sendo que todos os casos devem ser submetidos a uma comissão de revisão. É de se destacar que, por intermédio de alteração realizada em 2014, o Parlamento belga retirou qualquer limite de idade para a realização da eutanásia, ampliando assim a possibilidade de morte assistida a crianças e adolescentes, desde que dentro dos requisitos da lei, em especial, um quadro de doença terminal.

Luxemburgo também possui lei autorizadora da morte auxiliada, denominada de *Euthanasia and Assisted Suicide*, evidentemente permitindo as duas práticas, desde 16 de março de 2009, além de ter promulgado, no mesmo momento, uma Lei específica para regulamentar os cuidados paliativos. A Lei luxemburguesa é muito semelhante aos modelos belga e holandês, regulamentando, ainda, a possibilidade de fixação dos desígnios por meio das respectivas diretivas antecipadas de vontade.

Ainda no campo do continente europeu, alguns países, como Alemanha e Áustria, permitem o que poderia entrar no conceito de "eutanásia passiva", consistente no simples desligamento dos aparelhos, a pedido do paciente ou de seu representante legal. O Código Penal austríaco, por exemplo, datado de 1974, com alterações promovidas em 2013, em seu art. 110 prevê de forma bastante incisiva uma punição contra quem, deliberadamente, contraria a vontade de paciente, mesmo que de acordo com a melhor prática médica indicada ao caso.

Conhecida por ser um país que debate efusivamente a eutanásia e o direito à morte digna, a Holanda possui a "Lei de 12 de abril de 2001, relativa ao Término da Vida sob Solicitação e Suicídio Assistido e alteração do Código Penal e da Lei de Entrega do Corpo" que, de maneira bastante interessante, não utiliza, em nenhum momento, a terminologia "eutanásia".

Isso porque o Código Penal holandês, em seu art. 293, pune como crime tal prática de abreviação da vida, enquanto o art. 294 pune o auxílio ao suicídio, sendo que, em seu § 1º, há uma excludente de ilicitude, incluída justamente pela mencionada Lei, cujo texto assim determina:

> O fato mencionado no § 1º não é punível, se ele for cometido por um médico que tenha cumprido as exigências de cuidado mencionadas no art. 2º da Lei relativa ao Término da Vida sob Solicitação e Suicídio Assistido, tendo comunicado o ocorrido ao Instituto Médico Legal de acordo com o art. 7º, § 2º, da Lei de Entrega do Corpo.

Aplica-se a mesma regra para os casos de suicídio assistido.[18]

Nesse sentido, tanto a realização indiscriminada da eutanásia quanto a do auxílio ao suicídio continuam sendo punidas criminalmente no âmbito do território holandês; a Lei, portanto, exige que todos os requisitos sejam efetivamente preenchidos para que o médico não seja processado criminalmente.

O caso paradigmático para fins de aceitação da eutanásia na Holanda, que, como demonstrado, continua sendo um crime tipificado no Código Penal, foi julgado em 1973, quando *Geertruida Postma*, médica, sofreu uma acusação formal de homicídio, após ter aplicado uma injeção letal de morfina em sua mãe, que reiteradamente suplicava para morrer.

A médica, que decidiu tornar pública tal questão, foi condenada a uma pena simbólica de uma semana de prisão, suspensa por uma liberdade condicional de um ano. Contudo, a Corte de Rotterdam conseguiu extrair desse polêmico caso cinco critérios para tornar possível o auxílio – não penalizável – à morte. Foram eles: (1) a solicitação deveria partir de uma decisão voluntária, feita por um paciente bem-informado; (2) o paciente deveria ter compreensão clara e correta quanto à sua condição, bem como acerca de outras possibilidades existentes, com capacidade plena de ponderação entre tais opções; (3) o desejo de morrer deveria perdurar por algum tempo razoável; (4) a existência de sofrimento físico ou mental deveria ser insuportável ou inaceitável; (5) o médico deveria sempre consultar outro profissional.

Em outra decisão a respeito do tema, a Suprema Corte holandesa, no caso identificado como NJ 1985, 106, firmou entendimento no sentido de que um médico que realizasse a prática da eutanásia poderia beneficiar-se da chamada "exclusão de ilicitude por estado de necessidade", sendo que vários pontos deveriam ser observados para que não fosse, o profissional, condenado criminalmente. Desta feita, a jurisprudência holandesa caminhou pela legalização da eutanásia por meio de uma excludente de ilicitude, conceituada no preceito jurídico do "estado de necessidade".

Nessa senda, a Lei então aprovada, a partir das decisões judiciais proferidas pela Suprema Corte holandesa, passou a determinar que a realização das práticas de abreviação da vida deveria ser precedida de uma solicitação voluntária e bem decidida do paciente, estando o médico absolutamente convencido de que haveria um estado de sofrimento sem qualquer perspectiva de melhora e em um grau de insuportabilidade incontrolável. Houve o cuidado também de fazer constar no texto legal o fato de que o desejo de morrer deveria ter alguma duração – sem estabelecer prazo mínimo ou máximo – com insuportável sofrimento e sem possibilidade de alívio, tanto de ordem física quanto mental.

Em ambiente brasileiro, não há norma autorizadora quanto a qualquer procedimento que tenha por objetivo encerrar a vida de forma antecipada, abreviada; contudo, a Carta Republicana de 1988 possui como garantia fundamental a previsão contida no art. 5º, III, impedindo a submissão a qualquer forma de tortura ou a tratamento desumano e degradante, deixando aberta a possibilidade do importante debate quanto ao acesso aos procedimentos de morte medicamente assistida.

---

18 NETHERLANDS. Termination of Life on Request and Assisted Suicide Act. Disponível em: https://wfrtds.org/dutch-law-on-termination-of-life-on-request-and-assisted-suicide-complete-text/. Acesso em: 24 dez. 2022.

Não que a Constituição garanta diretamente esse direito – o que, numa interpretação mais abrangente, poder-se-ia até ser defendido –, mas é fato que nossa Norma Maior tem como premissas as liberdades e garantias individuais, incluindo-se o direito à dignidade.

Pelas normas brasileiras, o auxílio ao suicídio também é tipificado como crime – como de fato deve ser, enquanto regra geral –, por intermédio do art. 122 do Código Penal sem, contudo, qualquer permissivo excepcional acerca de tal conduta, quando medicamente assistida e diante de situações específicas de terminalidade da vida.

Interessante destacar que, assim como no modelo jurisprudencial holandês, o chamado "estado de necessidade" também possui correlação nos arts. 23 e 24 do Código Penal brasileiro, em que o ato seria então realizado para salvar o paciente de um perigo atual – sofrimento extremo e morte iminente – fazendo que tal questão pudesse ser enfrentada no âmbito das Cortes nacionais.

Na história do Parlamento brasileiro, houve uma única tentativa de se praticar algo próximo da morte assistida, por meio do Projeto de Lei n. 125/1996, de autoria do então Senador da República Gilvam Borges, que objetivava "autorizar a prática da morte sem dor nos casos em que especifica".

Todavia, tal projeto, que sequer chegou a ser discutido amplamente na Casa Legislativa, não previa exatamente a morte auxiliada, mas, tão somente, a permissão para o "desligamento dos aparelhos que mantêm alguns dos sinais vitais do paciente, caso seja constatada a sua morte cerebral, desde que haja manifestação de vontade deste" (art. 2º do Projeto).

É evidente que se faz absolutamente necessária a discussão de tal questão no âmbito do Parlamento Federal brasileiro, sob o aspecto do direito de morrer dignamente.

Afinal, se a vida tem valor, a morte a ela se equipara, haja vista ser o caminho a que, inexoravelmente, todos nos dirigimos. Vivemos para um dia morrer, e não simplesmente por viver.

Apenas para que reste evidenciado, não se trata de defender, sob nenhuma hipótese, práticas já afastadas do ordenamento jurídico mundial sob a forma de eugenia, exemplificada de maneira hedionda no programa *Aktion T4* do governo alemão nazista, que buscava eliminar recém-nascidos, crianças até três anos e cidadãos que, diante de alguma deficiência, eram catalogados como "vidas que não mereciam ser vividas", em um bárbaro ato de "piedade e compaixão" para com tais seres humanos.

Evidentemente, a eutanásia defendida, enquanto direito, não se aproxima em absolutamente nada da eugenia, seletiva. Busca-se, ao contrário, confortar pacientes em fim de vida como exercício máximo e último de sua plena autonomia e controle sobre a sua terminalidade e finitude.

Discutir a dignidade da morte é, ao mesmo tempo, abarcar os aspectos honrosos que devem ser garantidos durante todo o curso da vida.

VI.E. REPRODUÇÃO HUMANA MEDICAMENTE ASSISTIDA

A reprodução humana medicamente assistida (RA) comporta uma série de análises à luz dos princípios e das diretrizes bioéticas, em especial por lidar com uma intervenção humana, profissional, sobre a concepção.

Em 19 de julho de 1978, na Inglaterra, nasce Louise Brown, o primeiro bebê gerado pelo procedimento de fertilização *in vitro*, chamado à época de "proveta", na medida em que gerado, não de forma natural, a partir de uma relação, mas em laboratório – proveta é um tubo cilíndrico utilizado em laboratórios.

No Brasil, a técnica é realizada com sucesso em 1984, culminando com o nascimento de Ana Paula Bettencourt Caldeira, em 07 de outubro, sendo considerado o primeiro bebê brasileiro gerado a partir das técnicas de reprodução assistida, engendrando uma série de debates a respeito do tema, que, até os dias atuais, se encontra sem legislação firme a respeito.

A reprodução humana medicamente assistida mostra-se como uma possibilidade de concepção laboratorial alternativa a pessoas com problemas de infertilidade, inclusive catalogados como patologias por intermédio da Classificação Estatística Internacional de Doenças e Problemas Relacionados à Saúde, sendo a infertilidade apresentada pela Organização Mundial da Saúde como "uma doença do sistema reprodutor masculino ou feminino definida pelo fracasso em conseguir uma gravidez após 12 meses ou mais de relações sexuais regulares sem proteção".[19]

Conceitualmente, FRANÇA[20] esclarece:

> A reprodução assistida é um conjunto de operações que vai desde a introdução de gametas masculinos no aparelho genital feminino por meios diferentes da cópula carnal até as técnicas mais sofisticadas de fertilização *in vitro*.
>
> Não há uma denominação satisfatória para esta técnica: fertilização matrimonial, fecundação artificial, fecundação por meios artificiais, impregnação artificial, fertilização artificial, concepção artificial, semeadura artificial e inseminação artificial. E, mais recentemente, reprodução assistida.
>
> Na verdade, fecundação é o processo biológico da união do espermatozoide com o óvulo, dando origem ao ser humano. Ora, a expressão fecundação artificial sugere uma união dos gametas fora do organismo feminino e, no entanto, o processo consiste em tentar-se a fecundação dentro desse próprio organismo.
>
> Optamos pela denominação fecundação artificial por ser a expressão mais corrente e mais consagrada.

O procedimento de reprodução humana medicamente assistida pode se originar de duas maneiras distintas, sendo uma delas denominada "homóloga", em que o material biológico é colhido dos próprios pacientes envolvidos, e, outra, "heteróloga", a partir de material de terceiros.

Entretanto, a falta de legislação a respeito do tema ainda é um problema a ser enfrentado. A Lei n. 11.105/2005, denominada "Lei de Biossegurança", estabelece alguns pontos importantes a respeito do tema, mas de forma ainda genérica, na medida em que destinada a regulamentar uma série de situações, não especificamente voltadas às técnicas de RA:

---

[19] WORLD HEALTH ORGANIZATION (WHO). *International Classification of Diseases* (ICD-11). 11. rev. Geneva: WHO, 2018.

[20] FRANÇA, Genival Veloso de. *Direito médico*. 12. ed. Rio de Janeiro: Forense, 2014. p. 404.

Art. 1º Esta Lei estabelece normas de segurança e mecanismos de fiscalização sobre a construção, o cultivo, a produção, a manipulação, o transporte, a transferência, a importação, a exportação, o armazenamento, a pesquisa, a comercialização, o consumo, a liberação no meio ambiente e o descarte de organismos geneticamente modificados – OGM e seus derivados, tendo como diretrizes o estímulo ao avanço científico na área de biossegurança e biotecnologia, a proteção à vida e à saúde humana, animal e vegetal, e a observância do princípio da precaução para a proteção do meio ambiente.

A fim de manter uma regulamentação específica comportamental médica, o Conselho Federal de Medicina editou a Resolução n. 1.358, publicada em 11 de novembro de 1992, responsável por carrear, ao ordenamento jurídico, as primeiras linhas normativas a respeito do tema.

Desde tal inovação no mundo jurídico, o Conselho Federal de Medicina vem atualizando o comportamento ético médico no campo da reprodução humana medicamente assistida, atualmente regulamentado pela Resolução n. 2.320/2022 que "adota as normas éticas para a utilização das técnicas de reprodução assistida – sempre em defesa do aperfeiçoamento das práticas e da observância aos princípios éticos e bioéticos que ajudam a trazer maior segurança e eficácia a tratamentos e procedimentos médicos, tornando-se o dispositivo deontológico a ser seguido pelos médicos brasileiros".

Evidentemente, a norma tem o condão de produzir efeitos apenas *interna corporis;* contudo, diante das posturas éticas impostas aos médicos, há diversas limitações que recaem sobre os pacientes, a ensejar a adoção de medidas judiciais de forma a retirar os obstáculos impostos ao pleno exercício do direito constitucional ao planejamento familiar, consubstanciado no método conceptivo auxiliado e medicamente assistido.

O primeiro ponto controvertido da norma ética decorre da limitação cronológica às pacientes candidatas à gestação, de forma assistida, como sendo de 50 anos. Tal regra, absoluta em normas anteriores, obteve um permissivo excepcional ao longo dos anos, na medida em que autoriza o médico a realizar os procedimentos, desde que fundamentando de forma clara quanto à ausência de comorbidades da mulher, após o devido esclarecimento acerca dos riscos que envolvem tal método, nessas condições.

A limitação etária surge na redação da Resolução CFM n. 2.013/2013, sem qualquer justificativa em sua exposição de motivos, sendo mantida na posterior, de n. 2.121/2015, mediante a seguinte fundamentação: "Manter a limitação da idade das candidatas à gestação de RA até 50 anos foi primordial, com o objetivo de preservar a saúde da mulher, que poderá ter uma série de complicações no período gravídico, de acordo com a medicina baseada em evidências".

Diante da atual redação, a autonomia do médico e da paciente fora restabelecida, ao ser incluída a excepcionalidade de realização do procedimento, a partir das condições clínicas verificadas, o que parece ser medida lógica a todo e qualquer procedimento de reprodução humana medicamente assistida, e não apenas àquelas balizadas pela idade cronológica.

As técnicas de reprodução humana podem ser aplicadas a todas as pessoas capazes que efetivamente necessitem da sua utilização, nos limites éticos impostos aos médicos por intermédio da regulamentação administrativa federal, com destaque para o fato de que, na última Resolução a respeito houve uma supressão da permissão direta para "heterossexuais, homoafetivos e transgêneros", no que poderia gerar uma interpretação restritiva.

Todavia, a norma, ao deixar de prever tais configurações familiares em sentido amplo e irrestrito, acaba por manter a redação originária, no sentido de que "todas as pessoas capazes que tenham solicitado o procedimento [...] poderão ser receptoras das técnicas de reprodução assistida [...] – item II, 1", o que, em uma interpretação direta, permite a conclusão de que houve, em verdade, uma verdadeira ampliação do seu espectro de aplicação.

Aliás, a Resolução em vigor também corrigiu importante distorção até então existente, consistente na necessidade de autorização judicial para descarte de embriões, que, segundo a atual redação, deverá ser determinado sob a responsabilidade de pacientes e clínicas.

Há, ainda, um privilégio à autonomia, tanto profissional quanto dos pacientes, na medida em que foi retirado qualquer limite ao número total de embriões gerados em laboratório, que era de oito, passando a ser ilimitado, com a devida informação aos pacientes, para que estes decidam quantos serão transferidos a fresco, criopreservando-se os excedentes viáveis.

Evidentemente, um dos pontos essenciais a respeito das técnicas de RA envolve a documentação médica, em especial as informações que deverão constar dos respectivos termos de consentimento livre e esclarecido, a serem elaborados exclusivamente para cada situação prevista na norma. Em termos documentais, a normativa ainda impõe obrigações específicas às clínicas de reprodução humana:

III – REFERENTE ÀS CLÍNICAS, CENTROS OU SERVIÇOS QUE APLICAM TÉCNICAS DE REPRODUÇÃO ASSISTIDA

As clínicas, centros ou serviços que aplicam técnicas de reprodução assistida são responsáveis pelo controle de doenças infectocontagiosas, pela coleta, pelo manuseio, pela conservação, pela distribuição, pela transferência e pelo descarte de material biológico humano dos pacientes submetidos às técnicas de reprodução assistida. Devem apresentar como requisitos mínimos:

1. Diretor técnico médico registrado no Conselho Regional de Medicina (CRM) de sua jurisdição com registro de especialista em áreas de interface com a reprodução assistida, que será responsável por todos os procedimentos médicos e laboratoriais executados;

2. Registro permanente das gestações e seus desfechos (dos abortamentos, dos nascimentos e das malformações de fetos ou recém-nascidos), provenientes das diferentes técnicas de reprodução assistida aplicadas na unidade em apreço, bem como dos procedimentos laboratoriais na manipulação de gametas e embriões; e

3. Registro permanente dos exames laboratoriais a que são submetidos os pacientes, com a finalidade precípua de evitar a transmissão de doenças.

4. Os registros devem estar disponíveis para fiscalização dos Conselhos Regionais de Medicina.

Acerca dos diversos aspectos bioéticos que cercam a prática da reprodução humana assistida, encontra-se a proibição da sexagem, consubstanciada na prática seletiva de escolha do sexo do bebê, exceto em caso de aneuploidias de cromossomos sexuais, espécie de anomalia cromossômica capaz de gerar determinadas síndromes.

A norma também veda, expressamente, a denominada "redução embrionária", que consiste numa espécie de abortamento realizado pelo médico, quando uma gestação é múltipla.

Sob tal aspecto, em 1995, a Associação Médica Mundial emitiu a "Declaração de Bali", que dispõe exatamente sobre "os aspectos éticos da redução embrionária", diante do elevado número de gestações múltiplas decorrente da utilização das técnicas de reprodução humana medicamente assistida. Sob a égide de tal documento, as reflexões médicas acerca do tema culminaram em duas recomendações:

RECOMENDAÇÕES

A Associação Médica Mundial recomenda:

Sempre que possível os médicos devem tomar medidas para prevenir as gravidezes de nascimentos múltiplos; e

Os pais devem ser informados claramente sobre as razões para procedimentos de redução embrionária face os possíveis riscos envolvidos, e que esses procedimentos não devem ser feitos sem os seus consentimentos.

Cabe destacar que, em se tratando de uma técnica que busca retirar um dos embriões implantados, já devidamente fecundado, caracteriza-se o aborto na forma da legislação penal em vigor; assim, a norma ética não poderia permitir tal prática, exceto quando adotada como medida terapêutica.

Acerca da utilização das técnicas de reprodução humana, há importante e considerável debate no campo específico da doação de gametas e embriões, na medida em que, uma das preocupações essenciais da norma ética é proteger o sigilo de tais relações, em proteção ao próprio nascituro, sendo uma regra consubstanciada, de forma paralela – mas aplicável similarmente –, no Decreto n. 9.175/2017, que regulamenta a "disposição de órgãos, tecidos, células e partes do corpo humano para fins de transplante e tratamento", e dispõe em seu art. 52 que: "Na hipótese de doação *post mortem*, será resguardada a identidade dos doadores em relação aos seus receptores e dos receptores em relação à família dos doadores".

O sigilo, portanto, entre doadores de partes do corpo humano, acaba por ser a regra, inclusive quanto ao material reprodutivo compartilhado. Entretanto, esse sigilo é mitigado pela própria norma ética, ao indicar que:

Os doadores não devem conhecer a identidade dos receptores e vice-versa, exceto na doação de gametas para parentesco de até 4º (quarto) grau, de um dos receptores (primeiro grau – pais/filhos; segundo grau – avós/irmãos; terceiro grau – tios/sobrinhos; quarto grau – primos), desde que não incorra em consanguinidade.

Tal debate já fora objeto de inúmeras decisões judiciais, conduzindo o próprio Conselho Federal de Medicina a tal mitigação, que não era prevista nas normas anteriores, destacando-se acórdão proferido pelo Tribunal Regional Federal da 3ª Região acerca do tema:

CONSTITUCIONAL E PROCESSUAL CIVIL. REPRODUÇÃO ASSISTIDA – FERTILIZAÇÃO *IN VITRO* – ILEGITIMIDADE ATIVA E PASSIVA *AD CAUSAM* – INOCORRÊNCIA – DOADORA E RECEPTORA DE ÓVULOS – DOAÇÃO ENTRE IRMÃS

– REGRA DO ANONIMATO – RESOLUÇÃO/CFM N. 2.121/2015 – INAPLICABI-
LIDADE – PLANEJAMENTO FAMILIAR – SAÚDE – DIREITO FUNDAMENTAL.
[...]

4. A adoção dos procedimentos e técnicas de reprodução assistida encontra guarida nos direitos constitucionais ao planejamento familiar (art. 226, § 7º, CF/1988) e à saúde (art. 196, CF/1988), bem como no princípio da autonomia privada.

5. Em harmonia com a Constituição, o Código Civil reconhece, no artigo § 2º do art. 1.565, a importância do planejamento familiar, direito cujo exercício deve contar com apoio educacional e financeiro do Estado.

6. Nesse cenário de tutela da aspiração reprodutiva como consequência do direito fundamental à saúde e ao planejamento familiar e, consequentemente, de autorização e facilitação de acesso às técnicas de procriação medicamente assistida, eventuais restrições, para se legitimarem, devem encontrar suporte lógico, científico e jurídico.

7. O direito à reprodução por técnicas de fecundação artificial não possui, por óbvio, caráter absoluto. Contudo, eventuais medidas restritivas de acesso às técnicas de reprodução assistida, ínsito ao exercício de direitos fundamentais de alta envergadura, consoante demonstrado, só se justificam diante do risco de dano efetivo a um bem relevante, análise a ser perpetrada, não raro, em face do caso concreto.

8. No caso dos autos, objetivam os autores autorização para a realização de procedimento de fertilização *in vitro* mediante utilização de óvulos de doadora conhecida (irmã da autora), afastando-se a proibição do item 2, IV, da Resolução n. 2.121/2015, emanada do Conselho Federal de Medicina, que revogou a anterior Resolução/CFM n. 2.013/2013, embora mantenha disposição no mesmo sentido.

9. A razão maior da proibição inscrita na Resolução/CFM n. 2.121/2015, ao resguardar a identidade de doador(a) e receptor(a), encontra fundamento ético nos riscos de questionamento da filiação biológica da futura criança, desestabilizando as relações familiares e pondo em cheque [*sic*] o bem-estar emocional de todos os envolvidos.

10. Os laços consanguíneos existentes entre as irmãs e o fato da possível doadora haver constituído família tornam remota a chance de qualquer disputa em torno da maternidade, caindo por terra, então, diante da análise da situação concreta, a proibição inserta na norma questionada e a cautela representada pela preocupação que moveu o Conselho Federal de Medicina ao erigi-la.

11. Por outro lado, se o sigilo é importante para garantir aos doadores de gametas isenção de responsabilidade em face dos deveres inerentes às relações de filiação, sob esse aspecto também não se mostra consentâneo com o caso concreto, no qual a relação de parentesco verificada entre doadora, casal e futura criança caracteriza vínculo do qual decorrem obrigações preexistentes de cuidado e assistência mútua.

12. A questão posta não se coloca em face da inidoneidade do texto normativo emanado do Conselho Federal de Medicina, mas de sua inaplicabilidade ao caso *sub judice*, considerando a razão maior de sua existência.

13. Outrossim, as normas que minudenciam regras aplicáveis aos procedimentos marcados pela intervenção humana na procriação artificial, emanadas desse Conselho, ostentam natureza infralegal, veiculando preceitos eminentemente éticos, portanto, desprovidos de caráter sancionatório (exceto o disciplinar), que, em nosso ordenamento jurídico, é inerente às manifestações do Poder Legislativo.

14. Reconhecido o direito à efetivação do procedimento de fertilização *in vitro* a partir de óvulos doados pela irmã da autora, abstendo-se a autarquia ré de adotar quaisquer medidas ético-disciplinares contra os profissionais envolvidos nessa intervenção, aos quais se reserva o direito de aferir a viabilidade do procedimento mediante oportuna realização dos exames necessários (TRF3, Apelação Cível n. 0007052-98.2013.4.03.6102/SP, Sexta Turma, Rel. Des. Federal Mairan Maia, *e-DJF3* 19.11.2015).

Em que pesem as decisões judiciais a respeito, não parece que tal conceito deveria prosperar, na medida em que se formam ligações biológicas de complexa compreensão sociojurídica, impondo ao nascituro impactos futuros de difícil assimilação e discernimento, por meio de escolhas e pleno exercício da autonomia dos pacientes e partícipes, mas com potencial impacto sobre terceiros, em especial o fruto de tal concepção artificial.

Evidentemente, como apontado no acórdão, tratava-se de limitação imposta ao pleno exercício de um direito constitucional, consagrado pela ampla e irrestrita possibilidade de planejamento familiar; todavia, mitigar o sigilo permitindo-se tão estreita relação de ordem biológica e parentesco parece ser tema de ampla complexidade sob o campo bioético, com tendência restritiva, justamente a partir do conceito de *slippery slope*, como já debatido.

A doação de gametas ou embriões se apresenta no bojo da norma ética de forma não onerosa, sendo impedida a realização de qualquer procedimento em reprodução humana medicamente assistida mediante contraprestação financeira, tampouco possui caráter lucrativo ou comercial.

Tal condição decorre, além da própria norma ética, de disposição similar contida na Lei n. 9.434/1997, que dispõe sobre a "remoção de órgãos, tecidos e partes do corpo humano para fins de transplante e tratamento", e, em seu art. 1º trata justamente da disposição gratuita de tecidos, órgãos e partes do corpo humano, impedindo qualquer hipótese de comercialização nesse sentido.

Entretanto, em alguns países, destacando-se determinados Estados norte-americanos, há plena possibilidade de doação onerosa, comercial, de material reprodutivo para fins de utilização das técnicas de reprodução humana assistida, sem que isso represente qualquer impeditivo.

No Brasil, a norma ética específica a respeito do tema, a espelho da Lei acerca da doação de órgãos, veda expressamente a comercialização de material reprodutivo, imposição também feita à utilização das técnicas de RA quando se utilizada denominada "gestação de substituição", equivocadamente chamada de "barriga de aluguel".

O termo em questão encontra-se equivocado justamente porquanto, no Brasil, não é permitida qualquer contraprestação financeira para a utilização de tal técnica e forma de reprodução.

Na última atualização da norma ética, houve importante previsão a respeito da gestação de substituição ou "cessão temporária do útero", termo técnico aplicável, na qual a cedente deverá, para participar do processo, ter ao menos um filho vivo e pertencer à família de um dos parceiros em parentesco consanguíneo até o quarto grau, e, em casos excepcionais, será necessária autorização do Conselho Regional de Medicina.

Tal restrição impõe à cedente uma condição bastante interessante sob o aspecto gestacional, na medida em que a existência de um filho vivo indica um ponto de grande valia consubstanciado na realização do termo de consentimento efetivo, em que a sua característica é essencial à exata compreensão do que é gestar.

Consentir com a realização de uma cessão temporária de útero em hipóteses caracterizadas pela ausência de uma gestação anterior, por parte da cedente, sempre foi alvo de crítica, na medida em que, a partir dos princípios bioéticos que norteiam a redação do respectivo termo de consentimento livre e esclarecido, trata-se de uma decisão permeada por elevado grau de incerteza, além da ligação próxima com uma primeira gestação capaz de gerar uma série de consequências pós-parto, dificultando, inclusive, o desenlace entre os pais e a cedente.

Não por acaso, a norma ética exige que a clínica não participe de tal escolha, além de manter em prontuário o devido relatório quanto à avaliação clínica e emocional de todos os envolvidos, além de outros documentos relevantes.

Acerca da reprodução assistida *post mortem*, a Resolução permite a sua realização desde que se constate autorização específica do falecido concedendo o uso do material biológico criopreservado, na forma da legislação vigente. O Superior Tribunal Justiça enfrentou tal questão, assim impondo alguns requisitos específicos a tal prática:

RECURSO ESPECIAL. INEXISTÊNCIA DE NEGATIVA DE PRESTAÇÃO JURISDICIONAL. IMPOSSIBILIDADE DE ANÁLISE DE OFENSA A ATOS NORMATIVOS *INTERNA CORPORIS*. REPRODUÇÃO HUMANA ASSISTIDA. REGULAMENTAÇÃO. ATOS NORMATIVOS E ADMINISTRATIVOS. PREVALÊNCIA DA TRANSPARÊNCIA E CONSENTIMENTO EXPRESSO ACERCA DOS PROCEDIMENTOS. EMBRIÕES EXCEDENTÁRIOS. POSSIBILIDADE DE IMPLANTAÇÃO, DOAÇÃO, DESCARTE E PESQUISA. LEI DE BIOSSEGURANÇA. REPRODUÇÃO ASSISTIDA *POST MORTEM*. POSSIBILIDADE. AUTORIZAÇÃO EXPRESSA E FORMAL. TESTAMENTO OU DOCUMENTO ANÁLOGO. PLANEJAMENTO FAMILIAR. AUTONOMIA E LIBERDADE PESSOAL.

1. A negativa de prestação jurisdicional não se configura quando todos os aspectos relevantes para o correto julgamento da causa são considerados pelo órgão julgador, estabelecendo-se, de modo claro e fundamentado, a compreensão firmada, ainda que em sentido diferente do desejado pelos recorrentes.

2. Nos termos do entendimento do STJ, é inviável, em recurso especial, a verificação de ofensa/aplicação equivocada de atos normativos *interna corporis*, tais como regimentos internos, por não estarem compreendidos no conceito de tratado ou lei federal, consoante a alínea *a* do inciso III do art. 105 da CF/1988.

3. No que diz respeito à regulamentação de procedimentos e técnicas de reprodução assistida, o Brasil adota um sistema permissivo composto por atos normativos e administrativos que condicionam seu uso ao respeito a princípios éticos e constitucionais. Do acervo regulatório destaca-se a Resolução n. 2.168/2017 do Conselho Federal de Medicina, que impõe a prevalência da transparência, do conhecimento e do consentimento da equipe médica, doadores e receptores do material genético em todas as ações necessárias à concretização da reprodução assistida, desde a formação e coleta dos gametas e embriões, à sua criopreservação e seu destino.

4. Quanto ao destino dos embriões excedentários, a Lei da Biossegurança (Lei n. 11.105/2005) dispõe que poderão ser implantados no útero para gestação, podendo, ainda, ser doados ou descartados. Dispõe, ademais, que, garantido o consentimento dos genitores, é permitido utilizar células-tronco embrionárias obtidas da fertilização *in vitro* para fins de pesquisa e terapia.

5. Especificamente quanto à reprodução assistida *post mortem*, a Resolução CFM n. 2.168/2017, prevê sua possibilidade, mas sob a condição inafastável da existência de autorização prévia específica do(a) falecido(a) para o uso do material biológico crio-preservado, nos termos da legislação vigente.

6. Da mesma forma, o Provimento CNJ n. 63 (art. 17, § 2º) estabelece que, na repro-dução assistida *post mortem*, além de outros documentos que especifica, deverá ser apresentado termo de autorização prévia específica do falecido ou falecida para uso do material biológico preservado, lavrado por instrumento público ou particular com firma reconhecida.

7. O Enunciado n. 633 do CJF (VIII Jornada de Direito Civil) prevê a possibilidade de utilização da técnica de reprodução assistida póstuma por meio da maternidade de substituição, condicionada, sempre, ao expresso consentimento manifestado em vida pela esposa ou companheira.

8. O Planejamento Familiar, de origem governamental, constitucionalmente previsto (art. 196, § 7º, e art. 226), possui natureza promocional, e não coercitiva, com fundamento nos princípios da dignidade da pessoa humana e da paternidade responsável, e consiste na viabilização de utilização de recursos educacionais e científicos, bem como na garantia de acesso igualitário a informações, métodos e técnicas de regulação da fecundidade.

9. O princípio da autonomia da vontade, corolário do direito de liberdade, é preceito orientador da execução do Planejamento Familiar, revelando-se, em uma de suas ver-tentes, um ato consciente do casal e do indivíduo de escolher entre ter ou não filhos, o número, o espaçamento e a oportunidade de tê-los, de acordo com seus planos e expectativas.

10. Na reprodução assistida, a liberdade pessoal é valor fundamental e a faculdade que toda pessoa possui de autodeterminar-se fisicamente, sem nenhuma subserviência à vontade de outro sujeito de direito.

11. O CC/2002 (art. 1.597) define como relativa a paternidade dos filhos de pessoas casadas entre si, e, nessa extensão, atribui tal condição à situação em que os filhos são gerados com a utilização de embriões excedentários, decorrentes de concepção ho-móloga, omitindo-se, contudo, quanto à forma legalmente prevista para utilização do material genético *post mortem.*

12. A decisão de autorizar a utilização de embriões consiste em disposição *post mortem*, que, para além dos efeitos patrimoniais, sucessórios, relaciona-se intrinsecamente à personalidade e dignidade dos seres humanos envolvidos, genitor e os que seriam con-cebidos, atraindo, portanto, a imperativa obediência à forma expressa e incontestável, alcançada por meio do testamento ou instrumento que o valha em formalidade e garantia.

13. A declaração posta em contrato padrão de prestação de serviços de reprodução humana é instrumento absolutamente inadequado para legitimar a implantação *post mortem* de embriões excedentários, cuja autorização, expressa e específica, haverá de ser efetivada por testamento ou por documento análogo.

14. Recursos especiais providos (STJ, REsp n. 1.918.421/SP [2021/0024251-6], Rel. Min. Marco Buzzi, Rel. p/ Acórdão Min. Luis Felipe Salomão, j. 08.06.2021).

Do importante *decisum* a respeito do tema, impõe-se uma obrigatoriedade, até então não prevista na norma ética, mas suprida por intermédio de normativas e orientações também infralegais, consideradas insuficientes a consubstanciar o entendimento da Corte Superior de Justiça brasileira, no sentido de ser considerada inválida a simples declaração aposta em contrato padrão de prestação de serviços de reprodução humana, quando destinada à respectiva implantação embrionária *post mortem*.

A Corte estabeleceu um paralelo com as disposições testamentárias, condicionando sua respectiva validade, portanto, a uma existência expressa prévia de vontade e que se manifeste de maneira incontestável, alcançável por intermédio do mencionado testamento ou instrumento semelhante em termos de formalidade e garantia.

Dessa forma, a existência do mero termo de consentimento livre e esclarecido prévio, firmado no âmbito da clínica de reprodução humana, não é suficiente a autorizar ou suprir o conceito autorizativo firmado pelo Superior Tribunal de Justiça, devendo ser formalizado por ato de disposição pública de vontade, firmado perante autoridade cartorial.

Quanto a esse aspecto, a norma civilista em vigor, por intermédio de seu art. 1.597, III, IV e V, presume a concepção como existida na constância do casamento quando os filhos foram:

> Art. 1.597. [...]
>
> [...]
>
> III – havidos por fecundação artificial homóloga, mesmo que falecido o marido e;
>
> IV – havidos, a qualquer tempo, quando se tratar de embriões excedentários, decorrentes de concepção artificial homóloga;
>
> V – havidos por inseminação artificial heteróloga, desde que tenha prévia autorização do marido.

Todavia, não se estabelece no âmbito da norma civilista como se dariam tais autorizações, sendo que o rigor excessivamente aplicado pelo Tribunal Superior parece estar em consonância com a complexidade do *leading case*, cabendo uma análise individual diante de situações específicas concretas, inclusive em hipóteses em que não haja qualquer autorização prévia formal do falecido para a retirada do material reprodutivo *post mortem*, mas em que se possam reconstituir os desígnios do falecido, *v.g.*, por intermédio de depoimentos pessoais e outras formas de manifestação de vontade feitas em vida.

Ante a ausência de legislação firme acerca do tema, há uma sorte de enunciados orientativos a respeito, em especial proferidos no âmbito das Jornadas de Direito Civil do Conselho da Justiça Federal, bem como das Jornadas de Direito em Saúde do Conselho Nacional de Justiça, tais como:

> I Jornada de Direito Civil – CJF
>
> Enunciado 106
>
> Para que seja presumida a paternidade do marido falecido, será obrigatório que a mulher, ao se submeter a uma das técnicas de reprodução assistida com o material genético do

falecido, esteja na condição de viúva, sendo obrigatória, ainda, a autorização escrita do marido para que se utilize seu material genético após sua morte.

Enunciado 111

A adoção e a reprodução assistida heteróloga atribuem a condição de filho ao adotado e à criança resultante de técnica conceptiva heteróloga; porém, enquanto na adoção haverá o desligamento dos vínculos entre o adotado e seus parentes consanguíneos, na reprodução assistida heteróloga sequer será estabelecido o vínculo de parentesco entre a criança e o doador do material fecundante.

Enunciado 267

A regra do art. 1.798 do Código Civil deve ser estendida aos embriões formados mediante o uso de técnicas de reprodução assistida, abrangendo, assim, a vocação hereditária da pessoa humana a nascer cujos efeitos patrimoniais se submetem às regras previstas para a petição da herança.

VIII Jornada de Direito Civil – CJF

Enunciado 633

É possível ao viúvo ou ao companheiro sobrevivente, o acesso à técnica de reprodução assistida póstuma – por meio da maternidade de substituição, desde que haja expresso consentimento manifestado em vida pela sua esposa ou companheira.

Jornada de Direito da Saúde – CNJ

Enunciado n. 39

O estado de filiação não decorre apenas do vínculo genético, incluindo a reprodução assistida com material genético de terceiro, derivando da manifestação inequívoca de vontade da parte.

Enunciado n. 40

É admissível, no registro de nascimento de indivíduo gerado por reprodução assistida, a inclusão do nome de duas pessoas do mesmo sexo, como pais.

Enunciado n. 45

Nas hipóteses de reprodução humana assistida, nos casos de gestação de substituição, a determinação do vínculo de filiação deve contemplar os autores do projeto parental, que promoveram o procedimento.

Enunciado n. 68

Os direitos reprodutivos correspondem ao conjunto de direitos básicos relacionados com o livre exercício da sexualidade e da reprodução humana.

A norma ética autoriza de forma plena a prática e a efetiva utilização das técnicas de reprodução humana para heterossexuais, homoafetivos e transgêneros, além da gestação compartilhada em união homoafetiva feminina, seguindo a correta linha adotada pelo Excelso Pretório ao reconhecer e, igualmente qualificar como entidade familiar a união estável homoafetiva, por intermédio dos julgamentos proferidos no âmbito da ADI 4.277 e ADPF 132.

A gestação compartilhada, autorizada pela norma, permite que um embrião fecundado a partir de um ou mais oócitos de uma mulher possa ser transferido e gestado no útero da companheira, privilegiando positivamente a participação ativa de ambas na realização desse momento tão sensível e importante para ambas.

Todavia, a norma não aborda diretamente o chamado "mix de espermatozoides", procedimento que envolve semelhante prática adotada no compartilhamento da gestação, mas no momento de formação do embrião, em que o casal homoafetivo masculino opta por recolher material reprodutivo de ambos.

Fato é que apenas um deles fecundará o óvulo, não sendo impossível a detecção de qual é, efetivamente, o histórico biológico da criança. Todavia, trata-se de uma prática não proibida pela legislação ética em vigor, e, portanto, permitida, que busca estabelecer uma dupla relação de afetividade com o embrião e, posteriormente, com a criança decorrente de tal procedimento de fecundação.

O avanço das técnicas de reprodução humana medicamente assistida, de forma a contemplar o constitucional direito ao planejamento familiar demandará, cada vez mais, balizas e diretrizes éticas, à luz da bioética, em especial quando relacionada a procedimentos voltados à seleção, segmentação e, até mesmo, clonação humana.

Veja-se que as técnicas de reprodução humana já são permitidas, eticamente, para realização de tipagem do HLA (Antígeno Leucocitário Humano) do embrião, quando o objetivo é, justamente, selecionar embriões HLA-compatíveis frente a algum irmão já afetado pela doença e cujo efetivo tratamento consista no transplante de células-tronco.

Trata-se de uma visão reprodutiva do ponto de vista utilitarista, criticável sob determinados aspectos, mas, cujo objetivo é permitir a criação de um novo embrião, para que possa, com suas células-tronco e por intermédio de um tratamento efetivo e reconhecido cientificamente, praticar uma terapia em um irmão já acometido por uma doença.

Tem-se, a partir de um novo ser, a cura para um já existente.

Não se trata, portanto, de uma visão da reprodução humana medicamente assistida com a finalidade constitucional relativa ao direito de planejamento familiar, mas de uma perspectiva à luz da dignidade da pessoa humana, produzindo a cura por intermédio de um novo ser.

Aliás, quanto aos testes pré-implantacionais, é permitida sua realização para que se possam estabelecer os respectivos diagnósticos de alterações genéticas causadoras de doenças, sendo que, sob tais hipóteses, os embriões podem ser doados para pesquisas, ou descartados, respeitando-se a autonomia do paciente, por intermédio do respectivo termo de consentimento livre e esclarecido.

O tema, a partir da denominada "medicina preditiva", comporta grandes debates, na medida em que, nos dizeres de FRANÇA,[21]

---

[21]   FRANÇA, Genival Veloso de. *Direito médico*. 12. ed. Rio de Janeiro: Forense, 2014. p. 133.

[...] caracteriza-se por práticas cuja proposta é antever o surgimento de doenças como sequência de uma predisposição individual, tendo como meta a recomendação da melhor forma de preveni-las.

Assim, o conhecimento genético prévio, antes mesmo da implantação do embrião, pode levantar debates intensos no campo da bioética e do biodireito, essencialmente no que se refere à autonomia, em saber as características genéticas do embrião, frente a uma questão social maior, que demandaria um debate para além das normas éticas, acerca do efetivo sequenciamento genético, suas consequências e limites para a concreta utilização das informações obtidas.

Cabe destacar que as técnicas de reprodução humana assistida possuem como base essencial o auxílio no processo procriativo, prioritariamente quando há uma patologia instalada ou algum fator impeditivo à sua realização natural, sendo que, conforme os preceitos éticos estabelecidos, não podem ser aplicadas com intenção de selecionar características biológicas do nascituro, exceto para evitar doenças no possível descendente, bem como auxiliar na recuperação da saúde de um irmão.

Essa abertura última feita pela norma ética, reconhecida por diversas sociedades médicas internacionais, inclusive, não pode ser interpretada como uma ampla possibilidade de utilização das técnicas de RA e dos respectivos exames preditivos para selecionar cidadãos biologicamente perfeitos, sob pena de nos encaminharmos ao campo da eugenia, prática já expurgada do reconhecimento social e moral há muitos anos.

A procriação deve partir de um desejo primário de constituir família, sob qualquer forma e arranjo reconhecidos pela lei e pela jurisprudência, ao menos sob a luz dos princípios éticos e bioéticos.

VI.F. ESPIRITUALIDADE EM SAÚDE

Reconhecer o direito do paciente de se conectar com suas próprias crenças é uma das formas de entregar um atendimento integral e humanizado, permitindo que o ambiente hospitalar deixe de ser apenas um lugar curativo para o corpo, mas também à alma.

O Conselho Federal de Medicina, por intermédio da Resolução n. 1.805/2006, disciplinou a chamada "ortotanásia", permitindo ao médico "limitar ou suspender procedimentos e tratamentos que prolonguem a vida do doente em fase terminal, de enfermidade grave e incurável", a partir da manifestação de vontade do enfermo, compreendendo os limites da ciência médica diante de situações irreversíveis.

Todavia, paralelamente a tal permissivo, a mesma norma ética indica que, em tais hipóteses,

> [...] o doente continuará a receber todos os cuidados necessários para aliviar os sintomas que levam ao sofrimento, assegurada a assistência integral, o conforto físico, psíquico, social e espiritual, inclusive assegurando-lhe o direito da alta hospitalar (art. 2º).

Implica reconhecer que, em determinadas situações em que não haverá nenhum mal – não maleficência – bem como estar-se-á produzindo o bem ao enfermo, a atenção espiritual faz parte da assistência integral, como forma de conforto, representando verdadeiro bálsamo em meio ao processo de desligamento e transcendência.

A esse respeito cabe mencionar a Declaração de Lisboa sobre os Direitos do Paciente, adotada pela 34ª Assembleia Geral da Associação Médica Mundial em 1981 e emendada pela 47ª Assembleia, em setembro de 1995, que, por intermédio de seu item 11, assegura ao paciente o direito à assistência religiosa, consubstanciado no receber ou recusar conforto espiritual e moral, inclusive com o amparo de ministro de sua respectiva religião.

A Constituição Federal brasileira prevê, em seu art. 5º, três garantias individuais acerca da liberdade de culto e religião, por intermédio dos incisos VI, VII e VII:

> VI – é inviolável a liberdade de consciência e de crença, sendo assegurado o livre exercício dos cultos religiosos e garantida, na forma da lei, a proteção aos locais de culto e a suas liturgias;
>
> VII – é assegurada, nos termos da lei, a prestação de assistência religiosa nas entidades civis e militares de internação coletiva;
>
> VIII – ninguém será privado de direitos por motivo de crença religiosa ou de convicção filosófica ou política, salvo se as invocar para eximir-se de obrigação legal a todos imposta e recusar-se a cumprir prestação alternativa, fixada em lei [...]

A assistência médico-hospitalar, a partir de uma perspectiva integrativa, integral e humanizada não pode abdicar do respeito à crença do paciente, permitindo e possibilitando o acesso a tal espécie de tratamento e conforto. O próprio Conselho Federal de Medicina, por intermédio do Processo-consulta n. 4.043/2010 – Parecer CFM n. 2/2011 –, reconhece a essencialidade de tal atenção:

> EMENTA: Não há que existir incompatibilidades entre a fé e a razão, entre a crença e o conhecimento científico no ensino, nem no exercício da profissão médica, desde que respeitados os princípios básicos irrefutáveis da boa prática médica.

Evidentemente, não se impõe ao médico a sobreposição dos tratamentos e terapias cientificamente reconhecidos pelos atos decorrentes da fé ou da espiritualidade, sendo esta uma decisão exclusiva do paciente, dentro do contexto de sua autonomia e livre-arbítrio, a partir dos esclarecimentos previamente entregues pelo profissional.

Contudo, como apontado pelo susomencionado parecer,

> [...] na perspectiva dos direitos humanos, o reconhecimento da espiritualidade em aspectos relacionados às práticas de saúde, incluindo a atenção e os serviços médicos, pode ser visto como direito cultural, garantido pelos instrumentos internacionais de direitos humanos.

Trata-se de discussão ainda bastante incipiente no campo do relacionamento entre paciente, hospital e profissionais de saúde, mas que demanda um olhar atento na medida em que, como muitas diretrizes bioéticas, encontra proteção constitucional, em especial à luz da dignidade da pessoa humana.

> A tentativa da cura por meio dos diagnósticos preestabelecidos passa muitas vezes por um paradoxo, pois a indicação do tratamento pode deixar de proporcionar o benefício pretendido, como, por exemplo, na obstinação terapêutica nos casos de terminalidade

de vida. Nessa circunstância, a espiritualidade e a bioética proporcionam a busca do sensato equilíbrio do cuidar da insuficiência orgânica priorizando o alívio do sofrimento e o conforto dos pacientes e familiares. Não é uma decisão fácil, pois se deve considerar meticulosamente caso a caso individualmente, reconhecendo a finitude da vida e as limitações da ciência médica.[22]

Reconhecer os limites da ciência médica e compreender que o paciente é um sujeito dotado de capacidades, sentimentos, crenças e credos é parte integrante do exercício pleno da medicina, que não se limita ao avançado conhecimento tecnológico a respeito de doenças e biologia, avanço este que, quiçá, é suficiente a curar todos os males do corpo, que dirá da alma.

Não há vínculo direto entre a espiritualidade e uma religião específica ou divindade. Trata-se de uma visão do indivíduo a partir da sua imaterialidade e verdadeira consciência sobre a própria transcendência, superando os limites físicos do ser humano.

VI.G. TRANSPLANTES DE ÓRGÃOS. ASPECTOS BIOÉTICOS

Os primeiros experimentos acerca do transplante de órgãos entre seres humanos datam de 800 a.C., quando médicos indianos praticavam o enxerto de pele como forma de curar queimaduras e feridas em geral.

Ao longo dos anos, o desafio de trazer um paciente ou até apenas um membro específico do corpo de volta à vida fez que os médicos se debruçassem sobre possibilidades, inclusive, quanto à utilização do chamado "xenotransplante", quando se utiliza da troca de órgãos entre seres de espécies distintas, sempre esbarrando na rejeição interna como elemento intransponível a tal prática.

Em 1905, Eduard Zirm, médico oftalmologista austríaco, consegue, com sucesso, transplantar as duas córneas de um paciente, obtendo resultado positivo em uma delas; em 1954, um procedimento conduzido pelos médicos Joseph Murray e David Hume, em Boston, nos Estados Unidos, consegue transplantar um rim entre irmãos gêmeos, crendo que tal medida seria suficiente a afastar a possibilidade de rejeição pelo corpo receptor, frente à imaginável similaridade biológica e genética entre ambos.

Tais procedimentos, denominados alotransplantes, porquanto realizados entre seres humanos, passaram a ser mais frequentes, alcançando possibilidades quase infinitas quando se trata de reposição de órgãos, chegando ao transplante de pulmão em 1963, de coração em 1967, e, em 2005, realiza-se o primeiro transplante parcial facial, chegando ao transplante total facial e duplo de mãos em 2020, por meio de procedimento que durou mais de 23 horas, contando com cerca de 140 profissionais, com destaque ao fato de que, ao longo de tais anos, medicamentos imunossupressores evoluíram igualmente, dando maior segurança e sobrevida aos pacientes.

Assim, a possibilidade de salvar vidas, tanto biológica quanto socialmente, a partir do restabelecimento de partes do corpo humano, apresenta-se como um dos grandes desafios dos próximos anos, em especial porquanto ainda dependem, invariavelmente, da morte ou da doação em vida de outro ser humano.

---

22 SOUZA, Virgínio Cândido Tosta de; PESSINI, Léo; HOSSNE, William Saad. Bioética, religião, espiritualidade e a arte do cuidar na relação médico-paciente. *Revista Bioethikos*, v. 6, n. 2, p. 181-190, 2012.

De forma paralela a essa evolução tecnológica, houve uma rápida evolução também pela busca de órgãos, em especial, estabelecendo uma forma de mercantilização obscura, essencialmente em países subdesenvolvidos, estimulando uma espécie de tráfico internacional. Assim, diversos países passaram a adotar rígida legislação a respeito, em especial de forma a proteger, coibir e minimizar o máximo possível a ocorrência de tal mercancia.

No Brasil, por intermédio da Lei n. 9.434/1997, houve a adoção de um regulamento específico que – em conjunto com o Decreto n. 9.175/2011 – dispõe sobre a "remoção de órgãos, tecidos e partes do corpo humano para fins de transplante e tratamento", de forma a estabelecer parâmetros acerca da disposição do próprio corpo, com destaque para o art. 13 do Código Civil:

> Art. 13. Salvo por exigência médica, é defeso o ato de disposição do próprio corpo, quando importar diminuição permanente da integridade física, ou contrariar os bons costumes.
>
> Parágrafo único. O ato previsto neste artigo será admitido para fins de transplante, na forma estabelecida em lei especial.

De forma paralela e voltada à regulamentação profissional médica na atuação voltada ao transplante de órgãos, o Conselho Federal de Medicina possui, como normas mais recentes, as Resoluções n. 2.173/2017, que "define os critérios do diagnóstico de morte encefálica", e n. 1.826/2007, que dispõe sobre a "legalidade e o caráter ético da suspensão dos procedimentos de suportes terapêuticos quando da determinação de morte encefálica de indivíduo não doador".

A morte encefálica, portanto, é estabelecida a partir da perda definitiva e irreversível das funções do encéfalo por causa conhecida, comprovada e capaz de provocar o quadro clínico, por intermédio de dois exames que confirmem coma não perceptivo e ausência de função do tronco encefálico.

Uma das premissas a garantir a transparência e a lisura do procedimento, é justamente o impedimento existente quanto à participação dos médicos que realizam o diagnóstico de morte encefálica na participação da equipe de retirada e efetivo transplante.

A partir da estrutura normativa em vigor, há princípios que são estabelecidos para que a doação de órgãos seja legítima, com destaque para que, na hipótese de doador, a morte esteja devidamente caracterizada, com o diagnóstico de morte encefálica, a gratuidade da relação, além da respectiva autorização da família do doador.

Esse é um ponto conflituoso a respeito da autonomia de vontade, na medida em que a Lei é bastante restritiva acerca da autorização concedida em vida, pelo doador, exigindo permissão "do cônjuge ou parente, maior de idade, obedecida a linha sucessória, reta ou colateral, até o segundo grau inclusive, firmada em documento subscrito por duas testemunhas presentes à verificação da morte" (art. 4º da Lei n. 9.434/1997).

Entre doadores vivos, há autorização de realização do procedimento entre cônjuge ou parentes até quarto grau, sendo que deverão ser avaliadas as condições clínicas do doador, além do seu consentimento expresso, e, quando inexistente o vínculo consanguíneo, há que se obter autorização judicial, além da avaliação pela respectiva Central de Notificação, Captação e Distribuição de Órgãos, além de ser indicada a obtenção de um parecer da Comissão de Ética Médica ou do Comitê de Bioética hospitalar.

A partir das normas nacionais e internacionais a respeito dos transplantes de órgãos e tecidos, com destaque para a Declaração de Istambul, firmada em 2008, é possível estabelecer princípios éticos que envolvem tal prática médica:

> Princípio da intangibilidade corporal: o corpo é intangível e, portanto, protegido pela dignidade e pela indisponibilidade (art. 13 do CC).
>
> Princípio da solidariedade: sendo o homem um ser eminentemente social e portador da possibilidade de fazer um conjunto de sacrifícios em função do bem da comunidade, dentro desses sacrifícios devem incluir-se as dádivas de órgãos, desde que estas não impliquem comprometimento da integridade vital (parágrafo único do art. 13).
>
> Princípio da totalidade: acredita-se que sendo o corpo um todo, cada parte dele deve ser avaliada de acordo com o todo. E por isso, cada parte (membro, órgão ou função) pode ser sacrificada em função do corpo, desde que isso seja útil para o bem-estar de todo o organismo.
>
> Princípio da confidencialidade: o Decreto n. 9.175/2017 prevê o "anonimato" como regra para a disposição dos órgãos, tecidos, células e partes do corpo humano.
>
> Princípio da gratuidade: regra legal e ética. No Brasil não é admitida a doação onerosa.
>
> Princípio da não discriminação: a seleção dos receptores deve obedecer a critérios legais e médicos.

A partir de tais princípios, relacionados, essencialmente, com o princípio bioético da equidade ou da justiça, impõe-se uma série de observações aos médicos e profissionais de saúde envolvidos em tal prática, como forma de, ao mesmo tempo, estimular a sua realização e coibir atividades ilegais ou prejudiciais. Inclusive, porquanto a lei de regência impõe duras penas ao seu descumprimento efetivo por parte dos envolvidos no processo de transplante:

> Art. 14. Remover tecidos, órgãos ou partes do corpo de pessoa ou cadáver, em desacordo com as disposições desta Lei:
>
> Pena – reclusão, de dois a seis anos, e multa, de 100 a 360 dias-multa.
>
> § 1º Se o crime é cometido mediante paga ou promessa de recompensa ou por outro motivo torpe:
>
> Pena – reclusão, de três a oito anos, e multa, de 100 a 150 dias-multa.
>
> § 2º Se o crime é praticado em pessoa viva, e resulta para o ofendido:
>
> I – incapacidade para as ocupações habituais, por mais de trinta dias;
>
> II – perigo de vida;
>
> III – debilidade permanente de membro, sentido ou função;
>
> IV – aceleração de parto:
>
> Pena – reclusão, de três a dez anos, e multa, de 100 a 200 dias-multa.
>
> § 3º Se o crime é praticado em pessoa viva e resulta para o ofendido:
>
> I – Incapacidade para o trabalho;
>
> II – Enfermidade incurável;
>
> III – perda ou inutilização de membro, sentido ou função;
>
> IV – deformidade permanente;

V – aborto:

Pena – reclusão, de quatro a doze anos, e multa, de 150 a 300 dias-multa.

§ 4º Se o crime é praticado em pessoa viva e resulta morte:

Pena – reclusão, de oito a vinte anos, e multa de 200 a 360 dias-multa.

QUINTANA e ARPINI[23] destacam os principais pontos de objeção a serem enfrentados dentro dos dilemas que envolvem a doação de órgãos, em especial pela ligação entre a família e o doador recém-falecido, no que seria uma espécie de profanação do cadáver, por intermédio de um sentimento de culpa ou até mesmo da ideia de preservação da vida.

Todavia, uma das maiores objeções envolve a ocorrência das denominadas "diversas mortes", que os autores traduzem como sendo a morte antecipada, por meio do diagnóstico de morte encefálica, gerando uma ideia de irrecuperabilidade da consciência, mas não o óbito propriamente, a morte clínica, com a parada cardiorrespiratória, e a morte inexistente, traduzida pelo desejo de que ela não tivesse ocorrido.

Além disso, há a natural desconfiança leiga quanto ao processo de doação, bem como a inexistência de reflexão anterior a respeito do tema, principalmente quanto aos desígnios do falecido.

Entre os princípios bioéticos que se contrapõem no processo de doação de órgãos, tanto entre vivos quanto a partir de pacientes já com morte encefálica declarada, está a autonomia de vontade, como já abordado, bem como sua relação com o princípio da não maleficência.

Retirar um órgão de um paciente vivo e absolutamente saudável, apto a participar de um processo de transplante impõe reflexões éticas, na medida em que está submetendo alguém sem qualquer risco clínico a um procedimento cirúrgico altamente invasivo, para restabelecer a saúde de um enfermo, por vezes, evitando-lhe a morte iminente.

A autonomia desse paciente seria eticamente aceitável ao se impor a ele excessivo risco, inclusive de morte, para, retirando-lhe parte integrante de seu organismo, implantar em outro ser humano, fazendo-lhe o bem, mesmo que isso o insira, eventualmente, em situação irreversivelmente maléfica?

A legislação civil pátria, como visto, veda a disposição do próprio corpo, permitindo-a excepcionalmente para os fins de transplante, o que indica que, aos olhos do legislador, a escolha fora pela primazia da autonomia e da beneficência, afastando-se o da não maleficência.

Noutro lado, o estabelecimento de uma lista de beneficiários aguardando por um órgão, bem como dos respectivos critérios de organização e prioridades estaria adequado ao princípio da justiça ou equidade?

A organização por intermédio de normativas, estabelecendo os critérios para a composição da lista nacional, inclusive privilegiando situações de extrema urgência e gravidade, é feita de forma a estruturar o acesso igualitário aos sistemas de transplante; todavia, gera distorções naturais, em especial à luz das mencionadas situações extremas, o que parece

---

23 QUINTANA, A.M.; ARPINI, M.D. Doação de órgãos: possíveis elementos de resistência e aceitação. *Boletim de Psicologia*, Santa Maria, v. LIX, n. 130, 2009.

indicar uma devida adequação ao princípio bioético, de forma a equanimizar os escassos recursos biológicos existentes.

Para o futuro, há diversas alternativas que se afiguram como possibilidades reais à concretização dos transplantes de maneira plena, a atingir grande parcela da população que necessita de um órgão para restabelecer sua saúde, ou, até mesmo, manter a vida.

Uma das primeiras premissas necessárias à concretização de um efetivo sistema de transplantes envolve o respeito à autonomia de vontade do doador, a ocorrer por intermédio de uma diretiva antecipada de vontade, irrefutável tanto pelo profissional de saúde quanto pela família do paciente recém-falecido.

Há debates bioéticos intensos que envolvem, inclusive, a doação compulsória de órgãos, a partir de, por exemplo, presos em regime perpétuo, ou, ainda, condenados à morte onde tais práticas penais são permitidas.

Nesse aspecto, especificamente, destaca-se um antigo Projeto de Lei, de n. 3.857/2004, já arquivado, cujo objetivo era incluir uma nova espécie de pena no art. 32 do Código Penal, como uma forma de castigo físico, ao prever a "doação compulsória de órgãos" para condenados, com sentença transitada em julgado, em dois ou mais homicídios dolosos, cuja pena fosse igual ou superior a 30 anos, hipótese em que o condenado deveria doar um dos órgãos duplos do corpo (córnea, rim, pulmão), além da medula ou 1/3 do fígado, de acordo com a necessidade estabelecida pela lista nacional.

Evidentemente, tal forma de penalidade, como uma espécie de expropriação do corpo pelo Estado, ainda que parcialmente, não teria como prevalecer frente aos diversos princípios constitucionais que asseguram o direito à vida e à saúde, bem como aos bioéticos, ainda que diante de crimes hediondos.

Diminuir a integridade física de um condenado, definitivamente, não se afigura como solução ao incentivo no processo de doação de órgãos, ao contrário, afigura-se como um ato bárbaro diante de um ser humano, mesmo que condenado por crimes hediondos e reprováveis.

O Estado não pode legitimar-se a tal invasão do corpo humano, com a extração de um órgão, de forma compulsória, ainda em vida.

Um dos campos que mais avançam em termos de pesquisa clínica e biotecnologia voltada aos transplantes de órgãos repousa em uma revisitação ao passado, por intermédio da criação de determinados animais, no campo dos "xenotransplantes".

Já há experimentos indicando a possibilidade de criar embriões híbridos de porcos e ovelhas com seres humanos, para fins de transplantes e utilização de órgãos, o que levanta uma série de questionamentos bioéticos, essencialmente ligados à visão utilitarista de tais seres, e no seu respectivo assassinato para beneficiar seres humanos. Quem estaria sendo assassinado? Os porcos, as ovelhas ou os seres humanos?

Há que se debater, ainda, a realização do chamado "transplante pareado", que consiste na simultaneidade de procedimentos, em que determinados cenários se apresentam como potencialmente benéficos à ocorrência de compatibilidades biológicas, permitindo a troca entre doadores na mesma situação, envolvendo dois ou mais centros transplantadores.

O Conselho Federal de Medicina, apesar de reconhecer tal prática em diversos países, contraindica a sua realização no Brasil, conforme conclusão exarada a partir do Processo--consulta n. 36/2017 – Parecer CFM n. 5/2018:

> ASSUNTO: Programa de doação renal pareada ou troca de doadores vivos para transplante renal.
> RELATOR: Cons. Donizetti Dimer Giamberardino Filho
> EMENTA: A regulamentação da doação renal pareada ou troca de doadores vivos para transplante renal no país não deve ser implementada dentro do cenário atual do Programa de Transplante Renal no Brasil.

Em que pese a ausência de regulamentação específica, em 10 de março de 2022, a Justiça autorizou a realização do procedimento pareado, permitindo que dois casais realizassem, sob a forma de troca entre eles, dois transplantes de rim, em benefício de ambos os receptores.[24]

VI.H. OS COMITÊS DE BIOÉTICA

Segundo a Recomendação n. 08/2015 do Conselho Federal de Medicina:[25]

> Comitê de Bioética é um colegiado multiprofissional de natureza autônoma, consultiva e educativa que atua em hospitais e instituições assistenciais de saúde, com o objetivo de auxiliar na reflexão e na solução de questões relacionadas à moral e à bioética que surgem na atenção aos pacientes (art. 1º, § 1º).

Em que pese não se tratar, ainda, de uma obrigação do ponto de vista registral, o Conselho Federal de Medicina tem incentivado a criação de Comitês de Bioética no âmbito das instituições de saúde, a fim de estimular o debate acerca dos dilemas éticos envolvendo as decisões comportamentais e a relação entre os profissionais de saúde e os pacientes.

FRANCISCONI, GOLDIM e LOPES,[26] apresentam importante definição acerca do papel dos Comitês de Bioética:

> A meta de uma consultoria bioética é a de aprimorar o padrão de cuidado ao paciente, oportunizando ao profissional responsável pelo atendimento uma melhor tomada de decisão frente a um dilema moral. Um Comitê de Bioética pode ser definido como

---

[24] THERRIE, Bárbara. 2 casais, 2 rins, 4 cirurgias simultâneas: o 1º transplante pareado do país. Disponível em: https://www.uol.com.br/vivabem/noticias/redacao/2022/05/02/dois-casais-e-dois-transplantes-simultaneos-conheca--o-transplante-pareado.htm. Acesso em: 15 set. 2022.

[25] Constam disponíveis na internet, a partir de arquivos armazenados sob a responsabilidade do Conselho Federal de Medicina, duas recomendações idênticas, sendo uma catalogada como 01/2015 (disponível em: https://portal.cfm.org.br/images/Recomendacoes/1_2015.pdf) e outra como 08/2015 (disponível em: https://sistemas.cfm.org.br/normas/visualizar/recomendacoes/BR/2015/8).

[26] FRANCISCONI, Carlos Fernando; GOLDIM, José Roberto; LOPES, Maria Helena Itaqui. O papel dos comitês de bioética na humanização da assistência à saúde. *Revista Bioética*, v.10, n. 2, 2002.

um corpo interdisciplinar de pessoas que têm por objetivo ensinar, pesquisar, prestar consultorias e sugerir normas institucionais em assuntos éticos.

Ao citar a experiência de um Comitê de Bioética, os autores mencionados indicam os assuntos que, com maior frequência, foram trazidos para discussão e debate:

> Nesses anos, os casos mais frequentemente levados à consideração do Comitê de Bioética são os mesmos normalmente descritos na literatura: a) conflitos de conduta, quando pelo menos dois caminhos técnica e cientificamente corretos, mas com repercussões morais distintas, podem ser seguidos; b) suspensão de tratamentos que impliquem na morte do paciente – por exemplo, retirada do respirador daqueles em coma irreversível; c) conflitos entre a vontade das partes: paciente, sua família e equipe de saúde; d) ordens de não reanimar; e) malformações congênitas: interrupção de gravidez ou definição de limites de tratamento no recém-nascido; f) introdução ou retirada de medidas extraordinárias de tratamento em pacientes com mau prognóstico por variáveis médicas; g) problemas de confidencialidade e privacidade de pacientes da instituição, principalmente os HIV positivos.

Assim, os conflitos que colocam em situação de contradição e ponderação os princípios éticos e bioéticos decorrentes da relação médico-paciente ultrapassam a barreira filosófica, adentrando o campo prático, científico da saúde, e o jurídico.

Sua função não é substituir a decisão final, a ser tomada essencialmente pelo paciente, por seu médico assistente e pelas famílias, mas apresentar as possibilidades moralmente aceitas, à luz da ciência médica e das contingências jurídicas, a fim de subsidiar o processo decisório primariamente questionado perante o Comitê.

Não cabe ao Comitê de Bioética a função de fiscalizar as atividades profissionais realizadas no âmbito institucional, tampouco fazer-se substituir ao consulente, mas apenas posicionar-se, a partir do respectivo método de análise, sem julgamentos ou juízos de valor a respeito do assunto.

O processo valorativo em bioética deve ser precedido de uma metodologia de análise, não devendo permanecer no campo do subjetivismo excessivo, em que as soluções empreendidas não conseguem chegar ao que, de fato, fora objeto de consulta e respectiva solicitação de manifestação.

Atualmente, há dois métodos que têm se mostrado suficientemente positivos a permitir a tomada de decisões e a apreciação de casos concretos, a partir da avaliação em grupo e obedecendo a uma sequência lógica de passos.

O primeiro deles fora estabelecido por Diego Gracia, em 2001, por meio do artigo publicado sob o título "La deliberación moral: el método de la ética clínica",[27] cujas fases investigativas em bioética foram assim estabelecidas: (1) apresentação do caso pela pessoa responsável por tomar a decisão (geralmente, o médico assistente); (2) discussão quanto aos aspectos clínicos do caso; (3) identificação dos problemas morais que o caso suscita; (4) escolha, pelo responsável do caso, de qual problema moral mais o preocupa; (5) identificação

---

27   GRACIA, Diego. La deliberación moral: el método de la ética clínica. *Medicina Clínica*, v. 117, n. 1, p. 18-23, 2001.

dos valores em conflito; (6) identificação dos cursos extremos de ação; (7) busca pelos cursos de ação intermediários; (8) análise quanto ao curso de ação adequado; (9) decisão final.

Encerrado o processo deliberativo, deve-se submeter a decisão final a uma comprovação de sua validade baseada em três provas de consistência: (1) legalidade: a decisão tomada respeita as normas legais? (2) publicidade: estaria disposto a defendê-la publicamente? (3) temporalidade: tomaria a mesma decisão passado um determinado tempo?

O segundo método, denominado de KMDD – *Konstanz Method of Dilemma Discussion*, ("Método Konstanz de Discussão de Dilema Moral"), fora proposto pelo pesquisador alemão George Lind,[28] e consiste em partir de uma história real ou muito próxima da realidade, cuja dinâmica é assim estabelecida:

1. Os participantes são instados a identificar os conflitos existentes e tomar uma posição individual em relação ao caso.

2. Os contrários e os favoráveis são divididos em dois grupos para fundamentar suas posições coletivamente.

3. Os dois grupos debatem suas posições.

4. Após os debates, cada grupo deve apontar quais são os melhores argumentos que sustentam a posição da equipe oposta.

5. Na dinâmica do Método Konstanz, é esperado que alguns participantes mudem de opinião e de grupo durante a sessão – o que ocorreu com apenas um deles.

Um dos pontos essenciais às deliberações em bioética consiste na temporalidade, na medida em que as decisões devem ser submetidas ao Comitê o quanto antes, e a respectiva análise deve ser feita em caráter célere e oportuno, a fim de que possa ser aplicada ao caso concreto.

Também devem as decisões ser imparciais e neutras, evitando-se que a colocação de posições eminentemente pessoais, e não técnicas, se sobreponha aos dilemas apresentados, de forma a contaminar o processo decisório.

Cabe ressaltar que, no âmbito das discussões realizadas pelos membros dos Comitês de Bioética instalados nas instituições de saúde, as conclusões nem sempre serão unânimes, tampouco comportarão uma única possibilidade viável ou aceitável, impondo, por vezes, soluções que, por melhores que se apresentem do ponto de vista deliberativo, não trarão consequências satisfatórias.

VI.I. BIOÉTICA NA PRÁTICA

Em que pese a Bioética ainda se encontrar, em muitos estudos, no campo do conhecimento jurídico-filosófico, a sua aplicação prática tem apresentado crescimento importante no ambiente médico-hospitalar, a partir da criação dos Comitês de Bioética, como abordado anteriormente.

---

[28] Disponível em: http://moralcompetence.net/moral/dildisk-e.htm. Acesso em: 15 set. 2022.

Saber discutir casos concretos, à luz dos princípios que regem a matéria, bem como com a correta utilização das técnicas e ferramentas existentes, é essencial para se obterem respostas diante de dilemas graves, envolvendo a vida e a saúde.

Em casos assim, o ideal é que se observem os principais eixos envolvendo o caso, a partir dos métodos específicos de discussão. No caso prático em questão, é importante observar que há diversas ponderáveis a serem observadas, tais como: (i) condições domiciliares para receber o paciente; (ii) condições socioeconômicas da própria família; (iii) como se dará o atendimento em termos de cuidados domiciliares e se existe algum contrato com plano de saúde; (iv) qual é o tempo de vida estimado; (v) os fatores externos envolvendo o processo decisório.

Tais itens, que não são exaustivos nem taxativos em si mesmos, servem para que, além do estado de saúde do paciente, haja uma análise ampla e integral do caso. Portanto, um dos pontos essenciais ao debate bioético é estabelecer os eixos de análise e suas respectivas consequências.

Os eixos não são determinantes, o que significa dizer que, por exemplo, não se adotará uma decisão exclusivamente lastreada no fato de o paciente ter ou não um plano de saúde; mas, não se pode ignorar tal condição quando do processo decisório.

Caso prático:

> Médico chega no momento da primeira internação:
>
> Paciente com prognóstico fechado.
>
> Não há chance de longa sobrevida.
>
> Família insiste na manutenção do paciente no ambiente hospitalar para "tratamento".
>
> Médico assistente solicita avaliação do caso pelo Comitê de Bioética.
>
> Sua visão é que não há mais tratamentos possíveis. E ele entende que o ideal é a ida do paciente para cuidados domiciliares.

Comitê de Bioética do Hospital [....]
Ata da Reunião Ordinária

Aos [....] de [.................] de 20[..], reunidos na sede do Hospital [.....], os membros do Comitê de Bioética foram acionados para manifestação a respeito de caso específico, envolvendo paciente internado neste nosocômio, cujo resumo encontra-se em documentação anexa. Após extensos debates, resultamos no parecer abaixo:

Em se tratando de internação domiciliar, há que se ter os cuidados necessários em domicílio. Haverá essa necessidade, em razão da utilização de sonda nasogástrica.

Família tem a preferência pela manutenção do paciente em ambiente hospitalar. Importante a atuação da equipe de cuidados paliativos para acompanhamento.

Os membros do Comitê chegaram à conclusão de que a alta, neste caso, não é recomendada. Em que pese ser uma prerrogativa médica conceder a alta, na hipótese, deve-se adotar uma posição consensual com a família. O processo decisório, neste caso, deve envolver assistência social, psicólogos, verificando-se a situação domiciliar da família.

Trata-se de um caso em que a família não esperava uma criança com tais patologias, e precisa de um tempo hábil para adequação.

O ambiente hospitalar, neste caso específico, pode trazer uma maior tranquilidade neste momento, adotando-se a internação familiar de forma gradativa, realizando-se uma transição.

A questão central envolvendo disponibilidade de leito sempre deve ser levada em consideração. Contudo, não pode representar um fator decisivo para a alta, tampouco para a permanência.

As condições do paciente e o impacto que suas patologias possuem no ambiente familiar são elementos fundamentais a serem avaliados.

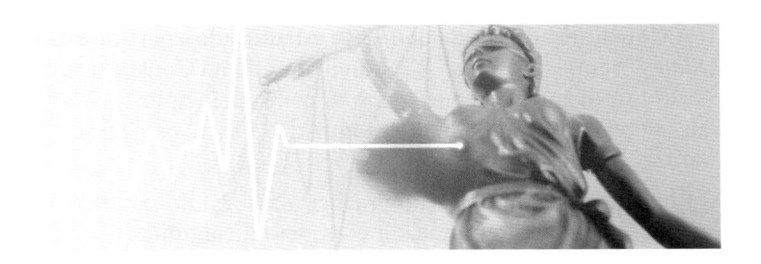

Capítulo VII

SISTEMA DE SAÚDE BRASILEIRO

VII.A. A SAÚDE NA CARTA REPUBLICANA DE 1988

A construção de um sistema de saúde que pudesse atender a toda população era um objetivo a ser atingido quando surgiram as primeiras linhas do que se tornaria o SUS, a partir da 8ª Conferência Nacional de Saúde, realizada entre os dias 17 e 21 de março de 1986, com a participação efetiva de políticos, sanitaristas e representantes da sociedade civil de todo o País, envoltos em três temas centrais: "A reformulação do Sistema Nacional de Saúde", o "Financiamento Setorial" e "A Saúde como dever do Estado e direito do Cidadão".

Firmavam-se as primeiras bases estruturais do Sistema Único de Saúde, um dos maiores legados da Carta Republicana de 1988, como uma política estatal.

A partir do desenho estrutural proposto pela 8ª Conferência, foi possível incluir como direito fundamental constitucional o acesso à saúde, a partir de políticas públicas cujos principais objetivos são: (1) transferir a responsabilidade da prestação da assistência à saúde da União aos governos locais; (2) consolidar o financiamento e a provisão de serviços públicos de saúde, orientando-os para a equidade, a universalidade e a integralidade da atenção; e (3) facilitar a participação efetiva da comunidade no planejamento e controle do sistema de saúde.

Essas premissas, em especial quanto à descentralização administrativa e à participação popular, representaram um resgate da origem grega do termo *polis* (πολις), modelo das antigas cidades-estado, em que a reunião de pessoas marcava os rumos e as definições, culminando no conceito primário de política.

Em uma sociedade democrática, o poder relacionado à política, deve estar legitimado pela participação ativa da população na formação das diretrizes sociais a serem implementadas; em saúde, política pode representar o conjunto de ações referentes à vida coletiva, cujo objetivo consiste em designar os parâmetros de bem-estar físico, mental e social da sociedade.

A Constituição Federal de 1988 é estruturada a partir de um conceito denominado *Welfare State* ("bem-estar social"), sendo inspirada na Constituição alemã de Weimar, elaborada no período pós-guerra e que possuía, como princípios primordiais, a inclusão de normas sociais protetivas ao trabalhador, a igualdade entre os nacionais e a proteção das liberdades e garantias individuais.

Entretanto, a Constituição brasileira assumiu um caráter muito especial, denominado "dirigente", na medida em que, ao contrário de algumas Cartas existentes no mundo, *v.g.*, a norte-americana, prevê expressamente a garantia e como ela deverá ser efetivada, de maneira a concretizar o quanto constitucionalmente instituído.

Nesse sentido, destaque-se, no campo da saúde, o art. 196, cuja redação não deixa margem interpretativa acerca do direito dos cidadãos, do dever do Estado e como ocorre a sua implementação:

> A saúde é direito de todos e dever do Estado, garantido mediante políticas sociais e econômicas que visem à redução do risco de doença e de outros agravos e ao acesso universal e igualitário às ações e serviços para sua promoção, proteção e recuperação.

Em uma Carta Constitucional sem tal característica – de dirigente –, bastaria a redação quanto à saúde ser um direito de todos e dever do Estado; a complementação redacional impõe, justamente, a forma com que o direito à saúde deve ser garantido e implementado, qual seja, por meio de políticas econômicas e sociais, com acesso universal e igualitário, objetivando a promoção, a proteção e a recuperação.

Não se trata, portanto, de garantir um direito, mas também de impor ao Estado a sua respectiva efetivação, à luz dos princípios fundamentais estabelecidos por intermédio do art. 1º do texto constitucional, em especial quanto aos incisos II e III:

> Art. 1º A República Federativa do Brasil, formada pela união indissolúvel dos Estados e Municípios e do Distrito Federal, constitui-se em Estado Democrático de Direito e tem como fundamentos:
> [...]
> II – a cidadania;
> III – a dignidade da pessoa humana [...]

Além disso, no art. 5º, que trata dos direitos e das garantias individuais fundamentais, encontra-se a inviolabilidade do direito à vida, seguida pelos direitos sociais insculpidos no art. 6º, dentre os quais se encontra inserida a saúde.

Estruturalmente, a saúde encontra-se inserida no Título VIII da Constituição, denominado "Da Ordem Social", no "Capítulo II – Da Seguridade Social", Seção II, ao lado da previdência e da assistência social.

São garantias sociais que, estruturalmente, se vinculam a algum requisito primário estabelecido pela própria Constituição, à exceção da saúde, que independe de qualquer encargo específico ao seu pleno exercício, na medida em que a previdência social é, essencialmente, contributiva, enquanto a assistência se encontra vinculada a uma situação específica individual, caracterizada como de vulnerabilidade financeira.

O texto constitucional configura a saúde como um direito de todos e um dever do Estado, sob a garantia de políticas econômicas e sociais dirigidas tanto para a redução dos riscos de doenças e outros agravos à saúde, quanto para o acesso universal e igualitário às ações e aos serviços de promoção, proteção e recuperação da saúde, num sistema único de saúde, de caráter público, federativo, descentralizado, participativo e de atenção integral.

O sistema de saúde brasileiro fora estruturado em princípios, categorizados como "doutrinários" e "organizacionais":[1]

Princípios doutrinários

Universalização: a saúde é um direito de cidadania de todas as pessoas e cabe ao Estado assegurar esse direito, sendo que o acesso às ações e aos serviços deve ser garantido a todas as pessoas, independentemente de sexo, raça, ocupação, ou outras características sociais ou pessoais.

Equidade: o objetivo desse princípio é diminuir desigualdades. Apesar de todas as pessoas possuírem direito aos serviços, as pessoas não são iguais e, por isso, têm necessidades distintas. Em outras palavras, equidade significa tratar desigualmente os desiguais, investindo mais onde a carência é maior.

Integralidade: esse princípio considera as pessoas como um todo, atendendo a todas as suas necessidades. Para isso, é importante a integração de ações, incluindo a promoção da saúde, a prevenção de doenças, o tratamento e a reabilitação. Juntamente, o princípio de integralidade pressupõe a articulação da saúde com outras políticas públicas, para assegurar uma atuação intersetorial entre as diferentes áreas que tenham repercussão na saúde e qualidade de vida dos indivíduos.

Princípios organizativos

Regionalização e hierarquização: os serviços devem ser organizados em níveis crescentes de complexidade, circunscritos a uma determinada área geográfica, planejados a partir de critérios epidemiológicos, e com definição e conhecimento da população a ser atendida. A regionalização é um processo de articulação entre os serviços que já existem, visando ao comando unificado dos mesmos. Já a hierarquização deve proceder à divisão de níveis de atenção e garantir formas de acesso a serviços que façam parte da complexidade requerida pelo caso, nos limites dos recursos disponíveis numa dada região.

Descentralização e comando único: descentralizar é redistribuir poder e responsabilidade entre os três níveis de governo. Com relação à saúde, descentralização objetiva prestar serviços com maior qualidade e garantir o controle e a fiscalização por parte dos cidadãos. No SUS, a responsabilidade pela saúde deve ser descentralizada até o município, ou seja, devem ser fornecidas ao município condições gerenciais, técnicas, administrativas e financeiras para exercer essa função. Para que valha o princípio da descentralização, existe a concepção constitucional do comando único, em que cada esfera de governo é autônoma e soberana nas suas decisões e atividades, respeitando os princípios gerais e a participação da sociedade.

---

[1] Disponível em: http://www.conselhodesaude.rj.gov.br/noticias/577-conheca-o-sus-e-seus-principios-fundamentais.html. Acesso em: 19 set. 2022.

Participação popular: a sociedade deve participar no dia a dia do sistema. Para isto, devem ser criados os Conselhos e as Conferências de Saúde, que visam a formular estratégias, controlar e avaliar a execução da política de saúde.

O núcleo do Sistema Único de Saúde, a par das regras constitucionais, encontra-se definido, estruturalmente, a partir da Lei n. 8.080/1990 que "dispõe sobre as condições para a promoção, proteção e recuperação da saúde, a organização e o funcionamento dos serviços correspondentes", complementada pela Lei n. 8.142/1990, que "dispõe sobre a participação da comunidade na gestão do Sistema Único de Saúde (SUS) e sobre as transferências intergovernamentais de recursos financeiros na área da saúde e dá outras providências".

É importante destacar que o sistema de saúde brasileiro, tal como disposto na Constituição, fora erigido ao importante *status* de relevância pública, conforme redação do art. 197, que também permite a sua efetivação por intermédio de terceiros, incluindo-se as pessoas de direito privado, no que se denomina "atuação complementar no SUS":

> Art. 197. São de relevância pública as ações e serviços de saúde, cabendo ao Poder Público dispor, nos termos da lei, sobre sua regulamentação, fiscalização e controle, devendo sua execução ser feita diretamente ou através de terceiros e, também, por pessoa física ou jurídica de direito privado.

De forma proposital ou acidental, fato é que as ações e os serviços de saúde foram as únicas políticas estatais consagradas sob tal *status*, que, em todo o texto constitucional, é mencionado em apenas mais uma oportunidade:

> Art. 129. São funções institucionais do Ministério Público:
> [...]
> II – zelar pelo efetivo respeito dos Poderes Públicos e dos serviços de relevância pública aos direitos assegurados nesta Constituição, promovendo as medidas necessárias a sua garantia [...]

Portanto, se há um guardião das políticas públicas de saúde constitucional, tal múnus é atribuído, como função institucional primária, ao Ministério Público, tanto na esfera estadual quanto na federal, a partir da respectiva distribuição de funções organizacionais.

Evidentemente, cabe a todos os cidadãos e aos próprios entes políticos, a partir de suas estruturas institucionais, fiscalizar, propor políticas públicas e zelar pelo efetivo direito à saúde em concreto, como norma constitucional de eficácia coletiva e programática; entretanto, ao Ministério Público é atribuído o propósito de adotar as medidas cabíveis para a respectiva salvaguarda da Carta Republicana, nesse aspecto em específico.

Cabe menção ainda quanto à dimensão do Sistema Único de Saúde, que, além do atendimento relacionado ao restabelecimento dos pacientes que dele se socorrem, envolve ações presentes no cotidiano de todos os cidadãos, conforme estabelecido no art. 200 da Constituição Federal, e que chega até à colaboração na proteção do meio ambiente, incluindo-se, em tal conceito, o do trabalho:

Art. 200. Ao sistema único de saúde compete, além de outras atribuições, nos termos da lei:

I – controlar e fiscalizar procedimentos, produtos e substâncias de interesse para a saúde e participar da produção de medicamentos, equipamentos, imunobiológicos, hemoderivados e outros insumos;

II – executar as ações de vigilância sanitária e epidemiológica, bem como as de saúde do trabalhador;

III – ordenar a formação de recursos humanos na área de saúde;

IV – participar da formulação da política e da execução das ações de saneamento básico;

V – incrementar, em sua área de atuação o desenvolvimento científico e tecnológico e a inovação;

VI – fiscalizar e inspecionar alimentos, compreendido o controle de seu teor nutricional, bem como bebidas e águas para consumo humano;

VII – participar do controle e fiscalização da produção, transporte, guarda e utilização de substâncias e produtos psicoativos, tóxicos e radioativos;

VIII – colaborar na proteção do meio ambiente, nele compreendido o do trabalho.

O sistema de atendimento em saúde pública é estruturado, a partir das específicas normas regulamentadoras, como uma evolução do mecanismo de prevenção proposto por LEAVELL e CLARK,[2] partindo-se da história natural da doença e estabelecendo níveis de proteção com base nas atenções primária, secundária e terciária.

A atenção primária é praticada, *v.g.*, por intermédio das Unidades Básicas de Saúde, dos Agentes Comunitários de Saúde e das Equipes de Saúde da Família, e compreende uma série de medidas eminentemente preventivas, tais como vacinação e programas educativos, cujo objetivo é evitar a instalação de patologias e a proliferação de agentes etiológicos.

Quanto à atenção secundária, já realizada em âmbito ambulatorial e hospitalar, compreende a chamada "média complexidade em saúde", cujo objetivo primordial é o estabelecimento de estratégias para detecção de doenças de forma antecipada, *v.g.*, cardiopatias e neoplasias, possibilitando o tratamento precoce e a efetiva cura, já englobando serviços de saúde especializados, apoio diagnóstico e terapêutico, bem como os atendimentos de urgência e emergência.

No âmbito da atenção terciária encontra-se a alta complexidade, atendendo demandas de elevada especialização e alta tecnologia, *v.g.*, oncologia e transplantes, além de tratamentos reparadores, como também se cuida da efetiva reabilitação de pacientes acometidos de sequelas graves, cujo objeto é a efetiva recuperação e a manutenção da saúde.

No contexto de integralidade, o Sistema Único de Saúde ainda contempla a assistência farmacêutica como elemento assistencial indispensável à promoção e à recuperação da saúde, prevista no art. 6º, I, *d*, da Lei n. 8.080/1990:

Art. 6º Estão incluídas ainda no campo de atuação do Sistema Único de Saúde (SUS):

I – a execução de ações:

[...]

---

2   LEAVELL, Hugh; CLARK, E. Gurney. *Medicina preventiva.* São Paulo: McGraw-Hill do Brasil, 1976.

d) de assistência terapêutica integral, inclusive farmacêutica;

[...].

A mesma lei regulamentadora, por intermédio de alteração posterior, disciplinou a incorporação, a exclusão ou a alteração de novos medicamentos como sendo atribuições do Ministério da Saúde, assessorado por um órgão interno denominado "CONITEC":

> Art. 19-Q. A incorporação, a exclusão ou a alteração pelo SUS de novos medicamentos, produtos e procedimentos, bem como a constituição ou a alteração de protocolo clínico ou de diretriz terapêutica, são atribuições do Ministério da Saúde, assessorado pela Comissão Nacional de Incorporação de Tecnologias no SUS.

O sistema de saúde brasileiro é altamente complexo, quiçá um dos mais intricados do mundo, na medida em que busca atender mais de 200 milhões de cidadãos, potencialmente beneficiários desse que é conhecido como o maior plano de saúde gratuito entre todos os países com população semelhante, e, em alguns casos, superior.

O acesso às respectivas políticas de saúde é absolutamente gratuito, irrestrito, integral e universal, o que implica grandes fontes de custeio e a efetiva participação do particular, de forma complementar, e das operadoras de planos de saúde, de forma suplementar, o que implica dizer que o sistema estruturado pela Constituição não é exclusivamente estatal, mas único, formado pela união de forças entre público e privado, como única maneira eficaz de que sejam atingidos os objetivos propostos pelo constituinte originário.

O sistema de saúde proposto pela Constituição é o seu maior legado em termos de políticas públicas e efetiva democracia, na medida em que permite a participação de todos os membros da sociedade.

Entretanto, o ingresso do Poder Judiciário nessa relação, à míngua de políticas efetivas de saúde em determinadas áreas, tende a representar um dos grandes dilemas em termos de garantias individuais frente ao direito coletivo constitucionalmente garantido, impondo ao Estado obrigações de ordem financeira que tendem a beneficiar exclusivamente alguns em detrimento de outros, no que se denomina "judicialização da saúde pública", tema que demanda profundas reflexões e se encontra distante de uma pacificação consensual, mas que precisa ser objeto de discussão e debate.

No momento em que políticas públicas começam a ser formuladas pelo Poder Judiciário por meio de demandas individuais, duas reflexões são essenciais: uma no que se refere à participação efetiva do Ministério Público, por força de sua atribuição institucional constitucional; e outra quanto a um eventual déficit democrático, na medida em que parcela das funções típicas do Executivo e do Legislativo – efetivação do direito e respectiva responsabilidade sobre a aprovação orçamentária – é entregue ao terceiro Poder da República, desequilibrando a divisão republicana dos Poderes.

Não se trata de afirmar que tal condição venha a inviabilizar a adoção de tais medidas prementes do ponto de vista de acesso individual e particular à saúde, mas faz-se necessário o devido cotejamento entre as regras constitucionais a respeito do tema, a fim de que se possam obter soluções que, invariavelmente, primem pelo coletivo.

VII.B. A ATUAÇÃO COMPLEMENTAR NO SUS

A Constituição Federal, em seu art. 199, institui importante permissivo à plena atenção em saúde, na medida em que autoriza a participação da iniciativa privada no sistema brasileiro de saúde, sob a seguinte configuração normativa:

> Art. 199. A assistência à saúde é livre à iniciativa privada.
>
> § 1º As instituições privadas poderão participar de forma complementar do sistema único de saúde, segundo diretrizes deste, mediante contrato de direito público ou convênio, tendo preferência as entidades filantrópicas e as sem fins lucrativos.

Diante de tal contexto, grande parte do sistema público de saúde é absorvida pela iniciativa privada, por intermédio de contratos públicos firmados, essencialmente, com as Santas Casas de Misericórdia, que, diante de sua natureza privada, mas, invariavelmente, detentoras de um *status* de utilidade pública, assumem a gestão do sistema nos municípios, inclusive com benefícios fiscais a partir da obtenção da respectiva Certificação de Entidade Beneficente de Assistência Social, na forma da Lei Complementar n. 187/2021 e do art. 195, § 7º, da Constituição Federal.

A Lei n. 8.080/1990, ao regulamentar o respectivo artigo constitucional permissivo à participação privada no âmbito do sistema, prevê expressamente que não se pode substituir o público em sua tarefa primária, mas quando houver insuficiência de estrutura neste sentido:

> Art. 24. Quando as suas disponibilidades forem insuficientes para garantir a cobertura assistencial à população de uma determinada área, o Sistema Único de Saúde (SUS) poderá recorrer aos serviços ofertados pela iniciativa privada.
>
> Parágrafo único. A participação complementar dos serviços privados será formalizada mediante contrato ou convênio, observadas, a respeito, as normas de direito público.

Assim, o texto legal indica, em complementação e regulamentação à previsão constitucional, que não se pode substituir o público pelo privado, mas este deve atuar de forma adicional, a fim de se cumprirem as regras programáticas e dirigentes previstas na Carta Republicana de 1988.

Tal referência encontra-se, ainda, regulamentada pela Portaria de Consolidação n. 01/2017, que absorveu a Portaria MS/GM n. 2.567/2016, ao indicar que:

> Art. 130. Nas hipóteses em que a oferta de ações e serviços de saúde públicos próprios forem insuficientes e comprovada a impossibilidade de ampliação para garantir a cobertura assistencial à população de um determinado território, o gestor competente poderá recorrer aos serviços de saúde ofertados pela iniciativa privada.

A participação complementar da iniciativa privada junto ao sistema brasileiro de saúde já foi alvo de debate nos Tribunais Superiores, principalmente quanto ao cumprimento do requisito acerca da comprovação de insuficiência de atendimento no âmbito público, com destaque ao posicionamento do Excelso Pretório nos autos da Reclamação n. 15.733, com relatoria da Ministra Rosa Weber:

> [...] parte do dever constitucional imposto ao Estado de prestar serviço público de saúde com eficiência e qualidade e do reconhecimento da participação das instituições privadas na execução deste serviço, como forma de integrar o sistema único de saúde, desde que sua atuação seja complementar e não uma autêntica substituição da atividade estatal garantidora do direito à saúde a todos (STF, Reclamação 15.733, Rel. Min. Rosa Weber).

O sistema brasileiro de saúde é formado, portanto, de uma rede de atendimento, cuja obrigação primária pertence ao Estado, mas que somente se afigura como viável a partir da atuação complementar pela iniciativa privada – desde que respeitadas as regras e os limites normativos –, bem como da atuação suplementar, realizada pelas operadoras de planos de saúde.

Há que se considerar, portanto, que o sistema de saúde brasileiro não é exclusivamente público, mas único, cuja obrigação primária estatal consiste na formulação de políticas públicas a serem executadas pelo Estado, com complementação da iniciativa privada, e suplementação a partir da atuação das operadoras de planos de saúde no mercado, sendo que tal unicidade estrutural é fundamental à sua plena concretização.

Aliás, acerca das operadoras de planos de saúde e da sua inserção no sistema de saúde brasileiro, destaque-se a decisão proferida pelo Supremo Tribunal Federal, que, por intermédio do *leading case* RE 597.064/RJ, declarou constitucional o ressarcimento obrigatório previsto na Lei n. 9.656/1998, em seu art. 32, fixando:

> Tema 345 – Ressarcimento ao Sistema Único de Saúde – SUS das despesas com atendimento a beneficiários de planos privados de saúde.
>
> Descrição: Recurso extraordinário em que se discute, à luz dos arts. 5º, II, XXXVI; 154, I; 195, § 4º; 196; 198, § 1º; e 199, da Constituição Federal, a constitucionalidade, ou não, do art. 32 da Lei n. 9.656/1998, que prevê ressarcimento ao Sistema Único de Saúde – SUS, pelos custos com atendimento prestado, por instituições públicas ou privadas, conveniadas ou contratadas, integrantes do SUS, a beneficiários de planos privados de assistência à saúde.
>
> Tese: É constitucional o ressarcimento previsto no art. 32 da Lei 9.656/1998, o qual é aplicável aos procedimentos médicos, hospitalares ou ambulatoriais custeados pelo SUS e posteriores a 01.09.1998, assegurados o contraditório e a ampla defesa, no âmbito administrativo, em todos os marcos jurídicos (*Leading case* RE 597.064/RJ, Rel. Min. Gilmar Mendes, j. 14.05.2021).

Tal ressarcimento obriga as operadoras de planos de saúde a realizarem o efetivo ressarcimento ao sistema público quando diante do atendimento, pela rede pública, de beneficiários de seus contratos, o que reforça a visão de unicidade estabelecida pela Constituição Federal a incidir sobre o sistema brasileiro de saúde.

VII.C. A INCORPORAÇÃO DE NOVAS TECNOLOGIAS NO SUS

Um dos grandes desafios no âmbito do Sistema Único de Saúde consiste em fazer que haja um acompanhamento concreto frente à evolução das tecnologias em saúde, possibilitando que as almejadas diretrizes constitucionais, em especial quanto à integralidade e à universalidade, se tornem realidade.

Nesse sentido, há uma rede normativa que busca dar efetividade aos preceitos constitucionais, equilibrando o sistema quanto ao advento de novas tecnologias frente a critérios objetivos, que permitam a correta incorporação, viabilizada no âmbito da saúde pública dentro, não apenas, mas essencialmente, do orçamento dos entes responsáveis pela gestão.

A Lei n. 8.080/1990, em seus arts. 19-Q e 19-R, indica os caminhos necessários para que as novas tecnologias, em especial medicamentos e produtos, mas também novas técnicas procedimentais benéficas aos pacientes, sejam incorporadas no âmbito do sistema público de saúde, bem como que se afigure possível a exclusão ou a alteração de protocolos ultrapassados, mantendo-os atualizados.

Para fins de tais avaliações, a Lei ainda prevê a instituição da Comissão Nacional de Incorporação de Tecnologias em Saúde (CONITEC) – órgão colegiado, de caráter permanente, integrante da estrutura regimental do Ministério da Saúde –, vinculada à Secretaria de Ciência, Tecnologia e Insumos Estratégicos (SCTIE).

A CONITEC é composta por representantes regimentais, de cada Secretaria do Ministério da Saúde – em um total de sete membros –, um representante do Conselho Federal de Medicina, um do Conselho Nacional de Saúde, um do Conselho Nacional das Secretarias Estaduais de Saúde, um do Conselho Nacional das Secretarias Municipais de Saúde, um da Agência Nacional de Saúde Suplementar e um da Agência Nacional de Vigilância Sanitária, além de um membro indicado pela Associação Médica Brasileira.

Ao apreciar os respectivos pedidos de incorporação de novas tecnologias, a CONITEC, por força da lei, deve levar em consideração, especificamente:

1. as evidências científicas sobre: eficácia, acurácia, efetividade e a segurança do objeto da avaliação;
2. o aspecto econômico e beneficente do novo objeto de análise, comparativamente com o que já se encontra incorporado;
3. o registro do objeto de análise no órgão sanitário competente.

A incorporação é feita por meio de processo administrativo – que deve ser concluído em 180 dias, prorrogáveis por mais 90, quando as circunstâncias exigirem, de acordo, essencialmente, com a complexidade da análise –, com abertura de consulta pública após o parecer da CONITEC e eventual audiência pública prévia à aprovação do relatório, se necessário for; após a decisão pela incorporação do medicamento, produto, protocolo clínico ou diretriz terapêutica, o sistema público tem 180 dias para efetivar a sua concretização.

Portanto, a decisão que visa a incorporar novas tecnologias no âmbito do Sistema Único de Saúde demanda certa dose de cautela, na medida em que a sua concretização decorre de diversos aspectos operacionais, com impacto nacional, essencialmente ligados à aquisição, quando necessário, e ao respectivo orçamento prévio, sendo que, pela Administração Pública, há que se respeitar os princípios constitucionais, em especial os da moralidade, da razoabilidade, da legalidade e do respectivo procedimento licitatório.

Para fins de incorporação de medicamentos, o sistema de saúde brasileiro adota o modelo indicado pela Organização Mundial de Saúde, que recomenda a utilização de uma lista de medicamentos essenciais, atualizada a cada dois anos desde 1977, incorporada no Brasil por intermédio da RENAME (Relação Nacional de Medicamentos Essenciais), a partir da Política Nacional de Medicamentos, instituída pela Portaria n. 3.916/1998 do Ministério da Saúde, atualmente regulamentada pela Resolução de Consolidação CIT n. 1/2021, "Capítulo VII – Das Diretrizes de Atualização da Relação Nacional de Medicamentos Essenciais (RENAME)".

Possuir diretrizes de atualização é absolutamente fundamental para manter o sistema de saúde coerente com o avanço tecnológico da medicina, a partir de bases legais que permitam a incorporação benéfica sob a ótica do direito coletivo, premissa maior estabelecida pelo art. 196 da Constituição Federal.

A quebra dessas diretrizes somente se afigura possível diante de situações absolutamente específicas, excepcionais, *v.g.*, nas hipóteses de doenças raras, em que não há o interesse da indústria farmacêutica no desenvolvimento de produtos e *devices* em larga escala, inviabilizando, inclusive, a análise econômico-financeira para a respectiva incorporação, em geral, por se tratar de "órfãos" no sistema.

Todavia, o Estado não pode se negar a atender tais situações, inclusive porquanto a Portaria n. 199/2014 do Ministério da Saúde acertadamente institui a "Política Nacional de Atenção Integral às Pessoas com Doenças Raras", bem como "aprova as Diretrizes para Atenção Integral às Pessoas com Doenças Raras no âmbito do Sistema Único de Saúde", em pleno cumprimento à obrigação imposta ao Estado pelo texto constitucional.

A própria Agência Nacional de Vigilância Sanitária dispõe de regulamentação específica, por intermédio da RDC n. 205/2017, que "estabelece procedimento especial para anuência de ensaios clínicos, certificação de boas práticas de fabricação e registro de novos medicamentos para tratamento, diagnóstico ou prevenção de doenças raras", assim conceituadas por intermédio do art. 3º, I:

> Art. 3º Para efeito desta Resolução são adotadas as seguintes definições:
> I – doença rara: aquela que afeta até sessenta e cinco pessoas em cada cem mil indivíduos, conforme definido pela Política Nacional de Atenção Integral às Pessoas com Doenças Raras, com base em dados oficiais nacionais ou, quando inexistentes, em dados publicados em documentação técnico-científica [...]

Nessa senda, quando se fala de incorporação de novas tecnologias no âmbito do sistema brasileiro de saúde, privilegiam-se os princípios norteadores do SUS – em especial quanto à integralidade e à universalidade –, garantidores da plena efetivação da Carta Constitucional, além de manter-se em consonância com as diretrizes bioéticas, em especial a da beneficência e a da justiça ou equidade.

VII.D. A SAÚDE SUPLEMENTAR

Nos auge dos anos 1950, em que o Brasil primava pela efetiva proteção à saúde dos trabalhadores, objetivando o avanço da nação sob os aspectos econômico e produtivo, pequenas organizações de atendimento à saúde coletiva iniciaram suas atividades, por meio de sistemas estruturados por serviços próprios, com financiamento obtido de fundos mantidos pelos próprios empregados e empregadores.

Os atendimentos eram realizados no âmbito interno das próprias indústrias, por ambulatórios ou por intermédio de estruturas organizadas sob o formato de caixas assistenciais, e, em algumas hipóteses, em consultórios particulares mediante reembolso dos valores despendidos.

Nos anos subsequentes, surgem as primeiras organizações voltadas ao atendimento médico por intermédio dos então denominados "convênios" e as medicinas de grupo, formadas essencialmente por grupos de médicos que se reuniam para prestar serviços a beneficiários contratantes de tal sistema, que, nos anos 1980, já atingiam a marca de mais de 15 milhões de usuários.

Em 1998, com o advento da Lei n. 9.656, inicia-se o primeiro marco regulatório no campo da saúde suplementar, ao submeter às suas disposições as pessoas jurídicas de direito privado que operam planos de assistência à saúde em suas mais diversas modalidades.

Dois anos após, por intermédio da Lei n. 9.961/2000, é criada a Agência Nacional de Saúde Suplementar, autarquia federal em regime especial, como órgão de regulação, normatização, controle e fiscalização das atividades que garantam a assistência suplementar à saúde, cuja função institucional primordial consiste em "promover a defesa do interesse público na assistência suplementar à saúde, regulando as operadoras setoriais, inclusive quanto às suas relações com prestadores e consumidores, contribuindo para o desenvolvimento das ações de saúde no País" (art. 3º).

O sistema brasileiro de saúde é absolutamente inviável sem a saúde suplementar. Dados comparativos entre os anos 2000 e 2018 demonstram um crescimento da população brasileira de 19%, enquanto os beneficiários de planos de saúde aumentaram, significativamente, no mesmo período, em 53%.

Portanto, a saúde suplementar encontra-se inserida no sistema de saúde brasileiro de maneira intrínseca, respondendo por grande parte dos serviços assistenciais, de forma a manter o equilíbrio necessário do SUS.

Entretanto, ao contrário do sistema público, as operadoras são entidades privadas, em regra, lucrativas, impondo-se sua respectiva análise jurídica a partir da lógica mercadológica, com incidência, inclusive, da legislação consumerista, propiciando um ambiente de linhas tensionais entre a formalidade contratual, as regras administrativas que regulam o setor e o respectivo acesso à saúde, garantido como norma constitucional.

Uma vez que as operadoras de planos de saúde integram o SUS, mas de forma suplementar e com obrigação ressarcitória legal ao próprio sistema, torna-se inafastável a aplicação dos preceitos constitucionais a tais contratos, em especial à luz do princípio da dignidade da pessoa humana.

Nesse sentido, cabe destaque à decisão proferida nos autos da ADPF n. 532/DF pela Ministra Cármen Lúcia ao suspender os efeitos da Resolução ANS n. 433/2018, que tratava dos institutos da coparticipação e das franquias nos planos de saúde:

> A tutela do direito fundamental à saúde do cidadão brasileiro é urgente, a segurança e a previsão dos usuários dos planos de saúde quanto a seus direitos, também.
> Saúde não é mercadoria. Vida não é negócio. Dignidade não é lucro.

Entretanto, em que pese tal visão a respeito da atuação das operadoras de planos de saúde no mercado, frente ao direito fundamental à saúde, tal como previsto na Carta Republicana brasileira, as tensões decorrentes das interpretações contratuais e das próprias normas regulamentadoras, invariavelmente, demandam a atuação do Poder Judiciário, no campo da denominada "judicialização da saúde", que não ocorre apenas no âmbito público, mas, de forma intensa e constante, no campo da saúde suplementar.

Em termos de atuação no mercado e de efetiva regulamentação e fiscalização, a saúde suplementar se apresenta, em termos básicos legalmente estabelecidos, sob as modalidades de: assistência ambulatorial, somente consultas e exames, hospitalar, com internação e opção de parto ou não, odontológica, e o chamado "plano referência", que prevê um sistema assistencial integral, com consultas, hospital, acomodação em enfermaria, obstetrícia e acesso à unidade de terapia intensiva.

Acerca da natureza das operadoras, estas possuem algumas configurações específicas, mas, essencialmente, encontram-se divididas em: seguradoras, cooperativas, medicina e odontologia de grupo, administradoras de benefícios, e as de autogestão – estas últimas submetidas a um regime jurídico próprio, na medida em que não se encontram comercializadas livremente, mas apenas *interna corporis*, para membros determinados e sem finalidade lucrativa.

No que se refere às características dos produtos ofertados e dos contratos, os planos podem se apresentar sob a forma individual ou familiar e coletivo por adesão ou empresarial, cujas distinções possuem uma série de impactos concretos, como será abordado adiante, no capítulo "A judicialização da saúde".

Isto porque, *v.g.*, os planos familiares e individuais estão submetidos a um regime de reajuste em que a própria Agência Nacional de Saúde Suplementar limita o percentual máximo, enquanto, nas modalidades empresariais em geral, o reequilíbrio financeiro ocorre por intermédio de cálculos atuariais específicos, que envolvem a sinistralidade e a variação de custos médico-hospitalares (VCMH) acumulada no período.

A Lei n. 9.656/1998 regulamenta as características do denominado "plano-referência", mas exclui expressamente a cobertura quanto a tratamentos experimentais, tanto clínicos quanto cirúrgicos, procedimentos com finalidade estética – incluindo-se a utilização de órteses e próteses –, a inseminação artificial, o tratamento de rejuvenescimento ou de emagrecimento com finalidade estética, medicamentos importados não nacionalizados, bem como aqueles destinados a tratamentos domiciliares – com exceção dos antineoplásicos –, o fornecimento de próteses, órteses e seus acessórios não ligados ao procedimento, bem como tratamentos ilícitos ou antiéticos (art. 10 e incisos).

O mesmo artigo ainda excetua a cobertura de procedimentos em casos de cataclismos, guerras e comoções internas, quando declarados pela autoridade competente; tal previsão, em especial, trouxe importantes reflexões a respeito do período pandêmico, declarado a partir da declaração governamental de "Emergência em Saúde Pública de Importância Nacional decorrente da Sars-Cov-2", ponto que necessita ser mais bem elaborado em termos normativos, em que pese a cobertura assistencial não ter sido interrompida nesse ínterim.

A lei, de forma específica, determina a cobertura obrigatória das cirurgias plásticas reconstrutivas de mama, em decorrência de mastectomia feita para o tratamento de câncer (art. 10-A), representando uma garantia fundamental em razão de um procedimento mutilador, cuja consequência é devastadora sob os aspectos psicológico e social sobre a paciente, mas que é necessário para se combater um mal maior, em exemplo claro da chamada "iatrogenia", inclusive assegurando a substituição do dispositivo sempre que houver alguma complicação ou efeito adverso a ele relacionado, conforme alteração imposta pela Lei n. 14.538/2023.

Ademais, as cirurgias plásticas, em especial, podem assumir natureza mista, sendo parcialmente reparadoras e estéticas, o que poderia implicar restrições sob tal aspecto, à luz das excludentes legais a respeito do tema, sendo a previsão legislativa absolutamente essencial à salvaguarda de um direito essencial.

A lei de regência também prevê a obrigatoriedade quanto ao fornecimento de "bolsas de colostomia, ileostomia e urostomia, sonda vesical de demora e coletor de urina com conector, para uso hospitalar, ambulatorial ou domiciliar, vedada a limitação de prazo, valor máximo e quantidade" (art. 10-B).

Como uma garantia dos beneficiários de planos de saúde, tal previsão não demandaria estar explícita na lei, na medida em que se trata de aparato essencial à recuperação da saúde nas condições clínicas indicadas, o que demonstra que há muito caminho a ser percorrido no que se refere ao amparo dos usuários, fazendo que a judicialização se torne um caminho buscado além do quanto deveria, uma vez que o processo judicial costuma apresentar um grau de eficácia maior do que a tramitação legislativa, sendo essencial em determinadas situações individuais.

Ponto que merece especial destaque na relação com a saúde suplementar envolve a participação indispensável dos profissionais de saúde, sem os quais não haveria que se falar em assistência, sob qualquer de suas modalidades.

A fiscalização realizada pela Agência Nacional de Saúde Suplementar não implica interferência na relação com os profissionais de saúde que possuem, essencialmente, como proteção, a Resolução Normativa n. 503/2022, que, ao dispor sobre "as regras para celebração dos contratos escritos firmados entre as operadoras de planos de assistência à saúde e os prestadores de serviços de atenção à saúde", determina a necessidade de vínculo contratual, mas, em verdade, objetiva a proteção do próprio beneficiário, e, em última análise, da própria operadora, em razão dos programas de acreditação.

A proteção normativa dos profissionais de saúde acaba sendo realizada por intermédio dos Conselhos de Fiscalização, com destaque a algumas normas específicas oriundas do Conselho Federal de Medicina, na garantia de um equilíbrio na relação com as operadoras, em especial porquanto a Lei n. 9.656/1998 determina, para a obtenção da respectiva autorização de funcionamento, que elas possuam registro nos Conselhos Regionais de Medicina e Odontologia, conforme o caso (art. 8º, I).

Nessa hipótese, de registro no respectivo Conselho de Medicina, a operadora deverá indicar diretor técnico médico, responsável eticamente pelas condutas do plano de saúde – tanto perante os beneficiários quanto perante outros médicos –, e pelo efetivo controle ético quanto aos atos profissionais praticados pelos auditores.

Aliás, quanto a esse último aspecto, o Código de Ética Médica possui o Capítulo IX, destinado a, especificamente, regulamentar o comportamento de auditores e peritos (arts. 92 a 98), além da Resolução n. 1.614/2021 do Conselho Federal de Medicina, que busca disciplinar os atos médicos de auditoria, enquanto importante mecanismo de controle e avaliação dos recursos e procedimentos adotados, visando à "sua resolubilidade e melhoria na qualidade da prestação dos serviços", sendo um ato médico caracterizado por exigir elevado grau de conhecimento técnico, além de uma visão plena e integrada da profissão.

Acerca do médico em consultório e da respectiva adequação de agenda destinada ao atendimento de beneficiários das operadoras e pacientes particulares, destaque para o Parecer SEJUR do Conselho Federal de Medicina n. 584/2015:

> a) Nos termos do art. 17-A da Lei n. 9.656/1998, as condições de prestação de serviços de atenção à saúde no âmbito dos planos privados de assistência à saúde por pessoas físicas ou jurídicas, independentemente de sua qualificação como contratadas, referenciadas ou credenciadas, serão reguladas por contrato escrito, estipulado entre a operadora do plano e o prestador de serviço.
>
> b) O pacto deve estabelecer o objeto e a natureza do contrato, com descrição de todos os serviços contratados, bem como as demais cláusulas previstas no art. 17-A, § 2º, da Lei n. 9.656/1998;
>
> c) Ressalve-se, porém, as situações de ausência de outro médico, em caso de urgência ou emergência, ou quando sua recusa possa trazer danos à saúde do paciente, conforme Princípio "VII" do Código de Ética Médica, situação na qual o médico deverá promover o atendimento médico mesmo nas hipóteses em que o serviço contratado não esteja previsto no acordo celebrado com a operadora do plano de saúde;
>
> d) O Parecer CFM n. 07/2000, está em consonância com o teor do art. 18 da já citada Lei dos Planos de Saúde (9.656/1998), o qual traz regras claras quanto à impossibilidade de o consumidor de operadora de plano de saúde, em nenhuma hipótese e sob nenhum pretexto ou alegação, poder ser discriminado ou atendido de forma distinta daquela dispensada aos clientes vinculados a outra operadora ou plano.
>
> e) Nessa linha, a restrição do número de vagas para pacientes oriundos de convênios médicos, privilegiando pacientes particulares, sob a argumentação de baixa remuneração, é atitude eticamente reprovável. O direito do médico de escolher a quem prestar os seus serviços não comporta discriminação de qualquer natureza.
>
> f) Porém, em face do princípio da autonomia contratual, será possível estabelecer expressamente nos contratos os limites para atendimento dos pacientes custeados pelos planos de saúde, seja pelo número total de procedimentos (consultas, exames, etc.), ou, ainda, pela disposição de dias e horas em que o médico se dispõe a realizar atendimentos oriundos dos planos de saúde.
>
> g) Caso haja exista [sic] cláusula contratual que estabeleça a limitação de atendimentos, conforme item "e", deve haver publicidade razoável com a indicação clara e evidente dos dias em que o médico está habilitado a atender com custeio do plano de saúde, evitando, dessa forma, a utilização de artifícios fraudulentos que dificultem o atendimento de pacientes de planos de saúde e busquem transformá-los em paciente particulares.

A saúde suplementar representa, hodiernamente, parte fundamental, essencial e indissociável do sistema de saúde brasileiro, na medida em que congrega aproximadamente um quarto da população brasileira pertencente às carteiras das operadoras, número que, transportado à saúde pública, acarretaria, certamente, um colapso no sistema.

Todavia, não são poucas as linhas de tensão existentes entre operadoras e beneficiários, ensejando um número elevado de ações judiciais, que, junto com o sistema público, ocupam grande parte da rotina do Poder Judiciário.

Um dos grandes pontos tensionadores desta relação envolve uma espécie de contrato que, na prática, convencionou-se denominar de "livre escolha de prestadores". São produtos comercializados pelas operadoras, em geral, seguradoras regidas pela Lei n. 10.185/2001, em que o beneficiário não precisa valer-se, exclusivamente, da rede de profissionais credenciados tendo, à sua disposição, uma rede apenas de referência, podendo escolher livremente o profissional de sua confiança, obtendo, posteriormente, o reembolso das despesas de ordem médico-hospitalar-laboratorial, sempre nos limites contratuais.

Essa forma de contratação é prevista na Lei n. 9.656/1998, em seu artigo 1º, I, o qual, ao conceituar o que seria um "plano privado de assistência à saúde", indica o reembolso como uma das formas de utilização do sistema.

A Instrução Normativa n. 28/2022 da ANS é ainda mais clara ao regulamentar a oferta de produtos com tal condição, prevendo que os contratos de tal seguimento devem, expressamente, indicar as coberturas que o beneficiário poderá utilizar no sistema de acesso a livre escolha de prestadores não participantes da rede assistencial, própria ou contratualizada, conforme cadastrado na ANS, além de conter cláusula clara com todas as informações necessárias para que o próprio beneficiário possa calcular o quanto receberá de reembolso.

Além disso, por meio do denominado Entendimento DIFIS n. 08, de 21 de fevereiro de 2017, a ANS abordou algumas regras importantes sobre o reembolso de despesas médicas, em essencial estabelecendo prazo de 30 dias para o seu processamento junto à operadora.

Nas situações de urgência e emergência, sem que haja a respectiva cobertura imediata, a operadora deverá realizar o reembolso das despesas de ordem médico-hospitalar-laboratorial, situação que não se confunde com o contrato prevendo a livre escolha de prestadores.

Esta última situação decorre de cláusulas contratuais próprias e que não podem ser limitadas pela operadora na medida em que há oferta de produto com tal condição, sendo que qualquer tentativa de restrição à rede própria desnatura o objeto da contratação e viola direitos dos beneficiários, enquanto consumidores.

Relevante destacar que, no mercado, convencionou-se permitir aos pacientes a escolha de seus profissionais de confiança, sem que houvesse o efetivo desembolso de despesas, sendo o reembolso realizado por intermédio da emissão da respectiva nota fiscal e pagamento posterior.

Trata-se de simples ajuste de mercado, sem qualquer irregularidade, na medida em que a emissão da nota fiscal é elemento hábil suficiente a comprovar a prestação de serviços, gerando o direito, em potencial, ao pagamento das despesas que poderão ser quitadas, por exemplo, a tempo futuro.

Isso não impede, tampouco deve obstar, o ressarcimento das despesas, em que pese a existência de uma decisão do Superior Tribunal de Justiça, nos autos do REsp 1.959.929 – SP, em caso isolado, que preveja o contrário.

A Lei n. 8.846/1994, em seu artigo 1º, prevê a obrigatoriedade de emissão da nota fiscal no momento em que se efetua a operação, qual seja, quando ocorre de fato a prestação de serviços, sendo este documento suficiente a gerar obrigações fiscais, entre as partes e, consequentemente, ser suficiente ao processamento do reembolso das despesas decorrentes dos serviços profissionais médicos efetivamente realizados.

O corolário do reembolso deve ser a efetiva prestação de serviços, e não a data ou a forma de pagamento, na medida em que, uma vez devidamente realizado o serviço contratado perante o profissional de saúde, emitida a nota fiscal e firmada a obrigação de pagamento pelo beneficiário, ainda que a tempo futuro, o contrato com a operadora de plano de saúde já deve ser acionado passando a ser devido o reembolso de tais despesas.

Imaginar o contrário faz com que a operadora imponha ao consumidor um ônus excessivo a ter que antecipar um valor que, por vezes, irá lhe restringir o patrimônio momentaneamente, quando a percepção de tal valor deve ser certo, na medida em que não há, estando tudo dentro da legalidade, possibilidade de recusa quanto a tal pagamento contratualmente previsto.

A imposição de pagamento antecipado, na forma defendida pela decisão supramencionada, acaba por restringir o acesso ao sistema de livre escolha de prestadores ofertado pela própria operadora, mas que somente poderá ser utilizado pelo beneficiário que possuir condições financeiras diferenciadas, privilegiando uns em detrimentos de outros, que ficarão, mesmo tendo o contrato que lhe garantam tal direito, alijados desta condição vantajosa e restritos à rede de referência.

Tais linhas de tensão têm levado o Poder Judiciário a atuar de forma efetiva nas relações entre beneficiários e operadoras de planos de saúde, elevando sobremaneira a "judicialização da saúde", como convencionou-se denominar tais litígios, impondo ao Judiciário a missão de garantir os direitos individuais, reequilibrar economicamente os contratos, e, por vezes, estabelecer políticas públicas, o que tem se mostrado inviável sob diversos aspectos, em especial por retirar do Legislativo a prerrogativa de normatizar determinadas situações em saúde.

Ante uma ineficiência estatal em estabelecer políticas públicas de saúde efetivas e concretas, atendendo ao pragmatismo constitucional, e uma insuficiente atividade legislativa qualitativa, o Poder Judiciário assume um papel que, originalmente, não lhe pertence, mas que tem se demonstrado essencial aos direitos e garantias individuais.

VII.E. O PLANEJAMENTO FAMILIAR NO SUS[3]

A Carta Republicana de 1988 consagra a família, em suas múltiplas concepções, como a base da sociedade, com especial proteção do Estado. A partir dessa máxima, muito há que se desenvolver no campo da análise fática, normativa e concreta envolvendo o acesso ao planejamento familiar como política de Estado, e não apenas como uma mera conjectura, reservada a determinados cidadãos.

Contextualizando a questão ora posta, a saúde e o planejamento familiar encontram-se intrinsecamente conectados, ambos com uma proteção estatal absolutamente ímpar, enquanto direitos sociais estabelecidos a partir de bases sólidas e de forma programática, para que a finalidade constitucional seja sempre atingida, sem entraves postos por intermédio de legislação inferior, ou, ainda, pelo Poder Judiciário; é o quanto se extrai dos arts. 196 e 226, § 7º, do texto constitucional:

---

[3]   SIMONELLI, Osvaldo Pires Garcia. O acesso ao planejamento familiar no âmbito do SUS. In: GIACON, Flávia; BASSANI, Milena (coord.). *Reprodução assistida:* a relação entre direito e medicina. Editora Império, 2022.

Art. 196. A saúde é direito de todos e dever do Estado, garantido mediante políticas sociais e econômicas que visem à redução do risco de doença e de outros agravos e ao acesso universal e igualitário às ações e serviços para sua promoção, proteção e recuperação.

[...]

Art. 226. A família, base da sociedade, tem especial proteção do Estado.

[...]

§ 7º Fundado nos princípios da dignidade da pessoa humana e da paternidade responsável, o planejamento familiar é livre decisão do casal, **competindo ao Estado propiciar recursos educacionais e científicos para o exercício desse direito**, vedada qualquer forma coercitiva por parte de instituições oficiais ou privadas.

De maneira paralela a tal questão, a Norma Maior igualmente determina ao Estado o dever de propiciar aos cidadãos recursos científicos suficientes para que o planejamento familiar seja efetivado, a partir de uma decisão autônoma do casal, com relevante destaque ao fato de que o Supremo Tribunal Federal já possui entendimento consolidado no sentido de reconhecer as uniões homoafetivas como entidades familiares, consoante garantia fundamental constitucional ao tratamento igualitário e sem discriminação (ADIs 5.971 e 4.277 e ADPF 132).

Portanto, superado tal conceito, que, a princípio seria restritivo e discriminatório, a Constituição Federal, símbolo normativo republicano maior, impõe ao Estado a obrigatoriedade de promover políticas públicas que garantam o planejamento familiar de forma responsável, mas eminentemente concreta.

No âmbito da Saúde Pública, a questão encontra-se devidamente regulamentada pela Lei n. 8.080/1990, que, ao dispor sobre as condições para promoção, proteção e recuperação da saúde, além da organização e do funcionamento dos serviços correspondentes, "[...] regula, em todo o território nacional, as ações e serviços de saúde, executados isolada ou conjuntamente, em caráter permanente ou eventual, por pessoas naturais ou jurídicas de direito Público ou privado" (art. 1º).

Há que se mencionar, com igual relevância, a Lei n. 9.263/1996, cuja função precípua consiste em regulamentar justamente o já mencionado § 7º do art. 226 da Constituição, estabelecendo bases normativas infraconstitucionais fundadas no direito ao planejamento familiar, com destaque aos arts. 5º, 6º e 14, que assim dispõem, *ipsis litteris virgulisque*:

Art. 5º É dever do Estado, através do Sistema Único de Saúde, em associação, no que couber, às instâncias componentes do sistema educacional, promover condições e recursos informativos, educacionais, técnicos e científicos que assegurem o livre exercício do planejamento familiar.

Art. 6º As ações de planejamento familiar serão exercidas pelas instituições públicas e privadas, filantrópicas ou não, nos termos desta Lei e das normas de funcionamento e mecanismos de fiscalização estabelecidos pelas instâncias gestoras do Sistema Único de Saúde.

Parágrafo único – Compete à direção nacional do Sistema Único de Saúde definir as normas gerais de planejamento familiar.

[...]

Art. 14. Cabe à instância gestora do Sistema Único de Saúde, guardado o seu nível de competência e atribuições, cadastrar, fiscalizar e controlar as instituições e serviços que realizam ações e pesquisas na área do planejamento familiar.

Constata-se, portanto, dos mencionados artigos que, por intermédio do Sistema Único de Saúde, está obrigado, o Estado, a promover as medidas necessárias para assegurar o livre exercício do planejamento familiar (inteligência do art. 5º).

Ademais, os arts. 6º e 14 da Lei de regência da matéria são absolutamente pontuais ao incluir as entidades privadas, filantrópicas ou não, que atuem efetivamente no âmbito da saúde pública, na estrutura educacional e científica direcionada ao planejamento familiar.

Cabe, ainda, um importante destaque quanto ao preconizado pela Lei n. 9.263/1996, em seu art. 3º, I:

Art. 3º O planejamento familiar é parte integrante do conjunto de ações de atenção à mulher, ao homem ou ao casal, dentro de uma visão de atendimento global e integral à saúde.

Parágrafo único – As instâncias gestoras do Sistema Único de Saúde, em todos os seus níveis, na prestação das ações previstas no *caput*, obrigam-se a garantir, em toda a sua rede de serviços, no que respeita a atenção à mulher, ao homem ou ao casal, programa de atenção integral à saúde, em todos os seus ciclos vitais, que inclua, como atividades básicas, entre outras:

I – a assistência à concepção e contracepção;

[...].

Nesse toar, resta evidenciado o fato de que o planejamento familiar se encontra inserido no âmbito das responsabilidades estatais dentro do contexto do Sistema Único de Saúde, na medida em que há uma obrigação clara e direta a garantir, por intermédio da rede de serviços, o acesso a um programa de atenção integral à saúde da família, incluindo, não apenas, mas principalmente, a assistência à concepção e à contracepção.

Assim, o Sistema Único de Saúde passa a ser responsável direto pelas ações relacionadas ao planejamento familiar, no que se refere à atenção e aos cuidados com a assistência às famílias que possuem alguma dificuldade nesse sentido, tanto em termos orientativos como relacionados a determinadas patologias.

Iniciando-se pela "anticoncepção", o trabalho do planejamento familiar no Sistema Único de Saúde envolve a atuação dos profissionais em três pilares estabelecidos: "atividades educativas", "aconselhamento" e "atividades clínicas".

As atividades educativas estão relacionadas diretamente à orientação quanto ao planejamento familiar responsável, além da condução ampla e genérica quanto aos métodos contraceptivos existentes, suas funções, e, principalmente, no que se refere ao efetivo anteparo protetivo envolvendo as possibilidades de concepção e como evitá-la.

Cabe destaque quanto ao fato de que a autonomia plena dos envolvidos no planejamento familiar deve ser preservada, exceto quanto aos métodos definitivos de contracepção – laqueadura e vasectomia –, que dependem do preenchimento de alguns requisitos estabelecidos no próprio bojo da Lei n. 9.263/1996.[4]

A atividade de aconselhamento é muito importante, na medida em que coloca aos membros da unidade familiar a necessária prevenção diante de situações concretas, inclusive no que se refere à paternidade responsável, nos termos da Constituição Federal.

O Estado deve voltar seu olhar às unidades familiares que não possuem estrutura emocional, social e financeira a conceder boas condições para o desenvolvimento de todos os seus membros, sendo importante o aconselhamento quanto a esse aspecto, mas sempre com total e integral respeito à autonomia e à dignidade.

As atividades clínicas envolvem diretamente a aplicação de métodos contraceptivos e esterilizantes, por intermédio de programas próprios dentro do Sistema Único de Saúde, lembrando que não é permitida, em hipótese alguma, a realização de tais procedimentos sem que haja a devida permissão dos pacientes.

Noutro giro, o trabalho desenvolvido pelo Estado, do ponto de vista do planejamento familiar, envolve, justamente, a "concepção", realizada por intermédio de políticas públicas de saúde ligadas à rede de atendimento durante o pré-natal, bem como pela efetiva assistência ao parto, ao puerpério e ao neonato.

É de fundamental relevância o fato de que a gravidez não é uma doença, mas uma situação biológica que impõe uma série de cuidados à gestante e ao nascituro, em que o Estado deve se fazer absolutamente presente, principalmente no que se refere à missão de proteção e promoção da saúde.

Entretanto, um dos pontos relacionados ao planejamento familiar que merece especial atenção do Estado repousa nos momentos em que não é possível concretizá-lo de forma plena, inviabilizando a proteção constitucional insculpida no art. 226, § 7º, da Constituição Federal, na medida em que, enquanto livre decisão do casal, ao Estado "compete propiciar os recursos educacionais e científicos para o exercício deste direito".

Isso ocorre quando há uma situação de saúde que implica redução ou, por vezes, inviabilidade da capacidade reprodutiva, por intermédio de uma doença do sistema reprodutor, qual seja, a "infertilidade", definida pela Organização Mundial de Saúde como uma patologia que se constata diante do insucesso em engravidar após 12 meses ou mais de relações sexuais regulares sem proteção.

A Classificação Internacional de Doenças (CID) possui códigos específicos para tais patologias, sendo o N46 considerado para a "infertilidade masculina" e o N97 para a "feminina", contendo, ainda, as seguintes subdivisões:

> N97.0 – Infertilidade feminina associada à anovulação
>
> N97.1 – Infertilidade feminina de origem tubária
>
> N97.2 – Infertilidade feminina de origem uterina
>
> N97.3 – Infertilidade feminina de origem cervical

---

4   Alguns desses requisitos, em especial aqueles que violam a autonomia de vontade e exigem a participação ativa do cônjuge, estão sendo questionados no âmbito do Supremo Tribunal Federal, por intermédio das ADIs 5.097 e 5.911.

N97.4 – Infertilidade feminina associada a fatores do parceiro

N97.8 – Infertilidade feminina de outra origem

N97.9 – Infertilidade feminina não especificada

Portanto, dentro dos princípios que regem o Sistema Único de Saúde, a infertilidade é uma patologia, que demanda a respectiva proteção do Estado, em especial à luz do direito constitucional ao planejamento familiar.

O Sistema Único de Saúde possui, entre os seus princípios orientadores, a universalidade, que se categoriza como um direito igualitário e indistinto de que qualquer cidadão possa se valer, sem qualquer forma de restrição.

Noutra via, também há o chamado "princípio da integralidade", em que todas as patologias categorizadas merecem atenção do Estado, não sendo permitida a exclusão de nenhuma.

Diante, portanto, de um contexto de infertilidade – patologia definida pelo CID –, que impede a gravidez e restringe um direito constitucional, o Ministério da Saúde, por intermédio da Portaria de Consolidação MS/GM n. 02/2017, em seu Anexo XXX, estabelece a "Política Nacional de Atenção Integral em Reprodução Humana Assistida", segundo a qual:

> Art. 1º Fica instituída, no âmbito do Sistema Único de Saúde (SUS), a Política Nacional de Atenção Integral em Reprodução Humana Assistida, a ser implantada em todas as unidades federadas, respeitadas as competências das três esferas de gestão.

Assim, a saúde e o planejamento familiar, duas garantias sociais constitucionais, possuem intrínseca ligação, ocupando, a reprodução humana medicamente assistida, posição de política pública de saúde como mecanismo de efetivação do direito constitucional ao planejamento familiar.

Evidentemente, a reprodução humana é um dos meios de planejamento familiar, que se verifica, também, por intermédio do procedimento de adoção; contudo, em sendo "livre decisão do casal", conforme o texto constitucional, não pode, o Estado, marginalizar os cuidados técnicos e científicos existentes para superar a barreira da infertilidade, enquanto patologia.

Fato é que, diante de uma ineficiência do Estado em prover os cuidados necessários aos que se encontram acometidos pela infertilidade, a judicialização acaba avançando e figurando como agente instituidor de políticas públicas, por vezes concedendo, noutras negando o acesso a tais serviços de reprodução, o que, ainda que por via transversa, inviabiliza o acesso universal e integral.

Não há muitos julgados a respeito do tema no âmbito dos Tribunais Superiores, com destaque para o fato de que, no que se refere aos planos de saúde, o entendimento consolidado no Superior Tribunal de Justiça, por intermédio do Tema 1.067, indica que: "Salvo disposição contratual expressa, os planos de saúde não são obrigados a custear o tratamento médico de fertilização *in vitro*"; contudo, tal entendimento não se aproveita aos casos no âmbito do SUS, na medida em que, no caso mencionado, está-se diante de uma relação eminentemente contratual, sendo esta a linha de raciocínio adotada no julgado com força de recurso repetitivo.

No âmbito do Superior Tribunal de Justiça, dentre as decisões a respeito do tema, cabe destaque a uma delas, abaixo transcrita:

O Estado do Rio de Janeiro foi condenado na obrigação de arcar com todo o tratamento da recorrida no local indicado pelo ente público, conforme se extrai dos trechos abaixo colacionados. Portanto, não tem pertinência a alegação de que deve pagar o tratamento de fertilização *in vitro* em hospital particular, pois essa hipótese somente se concretizará com a sua recusa em obedecer a determinação judicial, *verbis*:

A sentença por sua vez, condenou o ESTADO DO RIO DE JANEIRO "ao custeio do tratamento pleiteado pela autora em local por este indicado e às suas expensas, no prazo de 30 dias contados da sua intimação pessoal, sob pena de arcar com as despesas efetuadas pela autora em razão do tratamento realizado em rede privada [...]".

Na verdade, a condenação do ESTADO DO RIO DE JANEIRO a arcar com as despesas efetuadas pela autora em razão do tratamento em rede privada constitui ônus imposto para o caso de descumprimento da decisão judicial e, não, uma condição como afirma o agravante (STJ, REsp n. 1.617.970/RJ, Segunda Turma, Rel. Min. Herman Benjamin, j. 20.09.2016, *DJe* 10.10.2016).

No caso, houve a decisão referente a uma condenação imposta ao Estado do Rio de Janeiro no sentido de fornecer o tratamento específico de reprodução humana assistida, na sua própria rede, de forma primária, mas de forma secundária, no âmbito da rede privada; de toda sorte, o ponto importante repousa na determinação ao Estado para que realize o procedimento.

No Supremo Tribunal Federal, há duas decisões relevantes ao debate ora posto, cujos trechos com relevância maior assim apontam:

4. A Turma Recursal de origem dirimiu a controvérsia nos seguintes termos:

"A orientação deste Colegiado, sobre questões ligadas à saúde, é no sentido de que a Constituição Federal protege o direito à saúde e à vida, sendo um dever do Estado zelar por esses bens jurídicos, cabendo ao Poder Judiciário intervir quando um desses bens está em risco, em decorrência da negativa injustificada da Administração na assistência adequada à saúde do paciente.

Outra diretriz é que deve ser comprovado, além da necessidade do medicamento ou do procedimento para o tratamento da enfermidade, que as alternativas da rede pública de saúde ou lhe foram negadas ou que estas são inexistentes ou ineficazes, não podendo substituir os medicamentos e procedimentos requeridos.

No presente caso, apesar da previsão para que o SUS oferte tratamentos de reprodução assistida, a autora não preenche os requisitos para a sua inclusão em lista de espera, dada a sua idade – atualmente 42 anos.

Destaco do laudo médico pericial: '[...] Os serviços de reprodução assistida no âmbito do SUS não aceitam pacientes com idade superior a 40 anos de idade devido às baixas taxas de sucesso e pelos custos elevados, de modo que eles otimizam a escassez de recurso selecionando candidatos (casais) com maior probabilidade de taxas de sucesso. A urgência neste caso seria a idade já avançada a autora, uma vez que a sua reserva folicular ovariana irá diminuir muito acima dos 40 anos, de forma que quanto mais tempo esperar menor serão as chances de sucesso no procedimento de FIV, que já são baixas na sua idade, e que podem piorar em poucos meses.[...] (LAUDOPERIC1 do ev. 54 – grifei)'.

Assim, visto que os autores não preenchem os requisitos necessários para a submissão ao procedimento em questão, a manutenção da improcedência é medida que se impõe" [...] (STF, RE n. 1.309.596/SC, Rel. Min. Cármen Lúcia).

Oportuna a transcrição da ementa do acórdão proferido pelo Tribunal de Justiça do Rio de Janeiro:

"DECISÃO MONOCRÁTICA. SAÚDE PÚBLICA. FORNECIMENTO DE MEDICAMENTOS. MUNICÍPIO. PRESERVAÇÃO DA VIDA. SISTEMA ÚNICO DE SAÚDE. FERTILIZAÇÃO *IN VITRO*. O objetivo perseguido pela autora, inobstante seus legítimos anseios de constituir prole, não é indispensável à manutenção de sua saúde, tampouco de sua sobrevivência. A condenação do Município na obrigação de fornecer à autora o tratamento de fertilização significa elasticizar em demasia o conceito jurídico-constitucional de 'saúde', beneficiando, tão somente, uma reduzida parcela da população em detrimento da maioria que necessita de atendimento em massa às doenças variadas e surtos endêmicos. Precedentes jurisprudenciais deste E. Tribunal de Justiça. RECURSO QUE SE NEGA SEGUIMENTO" (doc. fl. 02, fl. 08) (STF, Recurso Extraordinário com Agravo n. 792.869, Rel. Min. Rosa Weber).

Em um primeiro momento, verifica-se que, no âmbito do SUS, há requisitos para o acesso ao direito constitucional, mas que, por vezes, impõem restrições, cabendo, sempre, a análise quanto à sua legitimidade.

No caso envolvendo Santa Catarina, há o destaque para uma limitação imposta em razão da idade da paciente, *in casu*, 42 anos, na medida em que o sistema permite o acesso até 40 anos de idade.

Segundo o julgado em questão, tal restrição por idade encontra respaldo científico, consubstanciado nas baixas taxas de sucesso, além dos custos elevados, sendo que o Estado, em uma escolha complexa, otimiza a escassez de recursos selecionando os candidatos com maior probabilidade de êxito no procedimento.

Em um segundo momento, temos uma decisão que, com todo o respeito ao Excelso Pretório, não reconhece o direito ao planejamento familiar em seu *status* constitucional, na medida em que o qualifica como uma espécie de "subsistema de saúde", ou um "direito de segunda classe" em termos de políticas públicas, uma vez que compara o incomparável, negando o acesso aos procedimentos de reprodução humana assistida, sob a justificativa de estar beneficiando "tão somente, uma reduzida parcela da população em detrimento da maioria que necessita de atendimento em massa às doenças variadas e surtos endêmicos" [*sic*].

Evidentemente, não se trata de transpor orçamentos, ou, ainda, prejudicar políticas públicas no âmbito da saúde; mas, sim, considerar que ao Estado não é permitido restringir tal condição, mormente quando se trata de uma garantia constitucional em duplo viés, tanto pela ótica da saúde, quanto pelo direito ao planejamento familiar.

VII.F. A JUDICIALIZAÇÃO DA SAÚDE

A Constituição Federal de 1988, além de seu aspecto social e democrático, fundada em uma república federativa com bases sólidas nas regras de direito, fez que a saúde se tornasse um direito subjetivo do cidadão, que passou a ter acesso ao Judiciário para fazer que o Estado cumprisse seu papel. A saúde foi alçada a um *status* de direito subjetivo.

Direito subjetivo, segundo DONIZETTI e QUINTELLA,[5]

> [...] refere-se a uma faculdade incorporada à chamada esfera jurídica do sujeito em de-
> corrência de previsão do direito objetivo. Cuida-se da faculdade de um sujeito realizar
> uma conduta comissiva (ação) ou omissiva (omissão) ou exigi-la de outro sujeito. Do
> direito subjetivo dizem os romanistas: *ius est facultas agendi* (direito é a faculdade de agir).

Surge, a partir da Carta Republicana, a advocacia em saúde, como estratégia de garantia
dos direitos individuais, em especial, de acesso à saúde, além do efetivo estabelecimento das
políticas públicas de saúde, por intermédio de tutelas jurisdicionais, em um papel essencial
à sociedade.

Nesse ponto específico, o Excelso Pretório, por decisão proferida pela Ministra Ellen
Gracie, concluiu ser possível ao Judiciário adentrar em tal aspecto, quando inadimplente o
Estado no cumprimento efetivo de suas obrigações constitucionais:

> É possível ao Poder Judiciário determinar a implementação pelo Estado, quando inadim-
> plente, de políticas públicas constitucionalmente previstas, sem que haja ingerência em
> questão que envolve o poder discricionário do Poder Executivo. Precedentes (STF, RE
> n. 559.646/PR-AgR, Segunda Turma, Rel. Min. Ellen Gracie, *DJe* 24.06.2011).

Em que pese ser uma posição desconfortável do ponto de vista do equilíbrio constitucional dos Poderes da República, a judicialização da saúde possui esse potencial intrínseco
de contribuir à efetivação de políticas públicas para além dos limites da lide individual, im-
pelindo o Estado a observar o litígio por uma perspectiva ampliada, essencialmente com a
participação efetiva do Ministério Público.

No que se refere à formulação de políticas públicas por intermédio do Poder Judiciário
no tocante à saúde, há outro importante paradigma jurisprudencial, oriundo da Corte Constitucional brasileira, no qual restou definido que

> [...] o Poder Judiciário, em situações excepcionais, pode determinar que a Administra-
> ção Pública adote medidas concretas, assecuratórias de direitos constitucionalmente
> reconhecidos como essenciais, como é o caso da saúde, dever do Estado, sem que isso
> configure violação do princípio da separação dos poderes (STF, RE 762.242-AgR, Pri-
> meira Turma, Rel. Min. Dias Toffoli, *DJe* 16.12.2013).

Advogar em saúde, portanto, compreende uma série de etapas estratégicas – que se
iniciam muito antes do Poder Judiciário, essencialmente no âmbito da participação popular
–, assim definidas por DALLARI:[6]

---

5   DONIZETTI, Elpídio; QUINTELLA, Felipe. Direito objetivo e direito subjetivo: conceituação. Disponível em: http://
genjuridico.com.br/2020/04/30/cireito-objetivo-e-direito-subjetivo/. Acesso em: 20 set. 2022.

6   DALLARI, Sueli Gandolfi. Advocacia em saúde no Brasil contemporâneo. *Revista de Saúde Pública*, São Paulo, v.
30, n. 6, dez. 1996.

i. clareamento do problema, ii. coleta de dados sobre a situação, iii. elaboração de estratégias para se atingir os objetivos, iv. apresentação das estratégias para a clientela de tal forma que a mesma tenha autonomia para selecionar as que melhor lhe convierem, v. aplicação da estratégia escolhida e vi. avaliação.

Segundo a I. Professora,

> [...] a elaboração de estratégias envolve o conhecimento da situação política atual, a seleção do interlocutor mais sensível, que possa dar uma solução ao problema, e a seleção da estratégia em si. Esta seleção depende da natureza do problema: se está na execução das ações, na elaboração de políticas públicas, de legislação específica, na modificação de leis e normas, ou na não observância da legislação existente.

Em verdade, esse último aspecto, ligado à não observância da legislação existente, pode ser considerado um dos grandes problemas enfrentados nos processos de advocacia em saúde, uma vez que a própria Constituição Federal, considerada um texto de normas programáticas, instituiu um atendimento universal e integral, baseado em princípios de igualdade, isonomia e equidade, o que, em tese, acarretaria o não cumprimento da legislação vigente por praticamente todos os gestores, em todos os níveis de atendimento à saúde.

Grandes movimentos relacionados à advocacia em saúde, *v.g.*, no início dos anos 1990, com a mobilização da sociedade para o acesso a medicamentos relacionados ao tratamento da Síndrome da Imunodeficiência Humana, que, como última medida, levou o Poder Executivo à quebra de patentes internacionais, fazem parte da história do que se pode denominar de "uma boa e efetiva judicialização da saúde"; acerca desse tema, em especial, cabe destaque à importante decisão proferida sob a relatoria do Ministro Celso de Mello, no âmbito do Supremo Tribunal Federal, nos autos do RE 271.286/RS:

> – A legislação que assegura, às pessoas carentes e portadoras do vírus HIV, a distribuição gratuita de medicamentos destinados ao tratamento da AIDS qualifica-se como ato concretizador do dever constitucional que impõe ao Poder Público a obrigação de garantir aos cidadãos, o acesso universal e igualitário às ações e serviços de saúde. Precedentes (STF).
>
> – O direito à saúde – além de qualificar-se como direito fundamental que assiste a todas as pessoas – representa consequência constitucional indissociável do direito à vida. O Poder Público, qualquer que seja a esfera institucional de sua atuação no plano da organização federativa brasileira não pode mostrar-se indiferente ao problema da saúde da população, sob pena de incidir, ainda que por omissão, em censurável comportamento inconstitucional.
>
> – O direito público subjetivo à saúde traduz bem jurídico constitucionalmente tutelado, por cuja integridade deve velar, de maneira responsável, o Poder Público (federal, estadual ou municipal), a quem incumbe formular – e implementar – políticas sociais e econômicas que visem a garantir a plena consecução dos objetivos proclamados no art. 196 da Constituição da República (STF, RE 271.286/RS, Segunda Turma, Rel. Min. Celso de Mello, j. 12.09.2000).

A contrario sensu, a judicialização da saúde também é capaz de gerar prejuízos ao Estado, *v.g.*, o denominado "transplante de mioblastos", técnica que se apresentou no início dos anos 2000 como terapia utilizada para o tratamento da distrofia muscular de *duchenne*, conduzindo a inúmeros gastos públicos a partir de tutelas jurisdicionais permissivas, inclusive no âmbito do Supremo Tribunal Federal, e que, em 2002, foi declarado ineficaz pelo Conselho Federal de Medicina, por intermédio da Resolução n. 1.637/2002.

Nesse contexto, algumas medidas importantes têm se mostrado eficazes – com as respectivas críticas naturais aos sistemas em implementação –, tais como o denominado Nat-Jus, que se trata de uma ferramenta criada pelo Conselho Nacional de Justiça cujo objetivo primordial consiste em subsidiar magistrados no processo de tomada de decisão envolvendo a concessão ou a negativa de tutelas relacionadas a direitos individuais e, eventualmente, coletivos.

Por intermédio de pareceres técnicos, é possível, aos magistrados e às partes, obter informações a respeito do posicionamento já exarado e constante do banco de dados nacional, mitigando a possibilidade de surgirem decisões judiciais contraditórias a respeito de tratamentos, medicamentos e terapêuticas específicas, uniformizando o entendimento jurisprudencial já no início dos litígios, e permitindo, no âmbito da advocacia em saúde, a adoção das melhores estratégias.

O direito à saúde é, essencialmente, garantido constitucionalmente sob o aspecto individual, permitindo o acesso ao Poder Judiciário para a respectiva salvaguarda. Todavia, não se pode obliterar o fato de que a Carta Magna, em seu art. 196, estabelece suas bases a partir de uma perspectiva programada de ordem coletiva, por meio de políticas públicas de saúde, o que impõe uma dose de cautela necessária no ajuizamento de tais demandas, e na concessão de tutelas que possam, eventualmente, desequilibrar o sistema constitucionalmente arquitetado.

Como já abordado alhures, a participação do Ministério Público no âmbito da advocacia em saúde é essencial, cogente e determinada pela própria Constituição Federal, a partir da construção elaborada pela previsão contida nos arts. 197 e 129, II, ante o *status* constitucional de relevância pública atribuído às ações e aos serviços de saúde.

Contudo, não é apenas em direção ao Estado que tais demandas ocorrem, na medida em que contra as operadoras de planos de saúde também há uma série de demandas cujo objetivo é, justamente, estabelecer o direito à saúde em razão da atuação de forma suplementar dentro do sistema brasileiro de saúde, mas a partir de uma relação contratual privada.

As decisões proferidas em tal âmbito também possuem impacto relevante, na medida em que, como visto, as operadoras de planos de saúde congregam um número de beneficiários considerável comparativamente à população brasileira.

Ademais, seja qual for o ambiente, público ou privado, é essencial destacar que a judicialização da saúde se inicia a partir do ato médico consistente na prescrição de um tratamento, procedimento ou terapêutica ainda não inseridos no sistema brasileiro de saúde, destacando-se a responsabilidade ética em tal conduta, que deve ser respeitada quando levada ao Poder Judiciário para apreciação, como destacado pelo Ministro do Superior Tribunal de Justiça, Mauro Campbell Marques:

> O receituário médico, firmado seja por médico particular, seja por médico do serviço público, é documento hábil a comprovar a necessidade do medicamento. Adotar o entendimento do Poder Público, que pretende discutir a prescrição feita, seria adentrar ao

campo próprio do médico responsável pelo tratamento do paciente. A não ser quando evidente o erro contido no relatório/receita, ou seja, quando teratológica a prescrição, descabe ao administrador, bem como ao Judiciário, questionar se esse ou aquele medicamento seria o mais adequado (STJ, Agravo de Instrumento n. 1.114.613/MG, Decisão Monocrática, Min. Mauro Campbell Marques, *DJ* 08.05.2009).

Tanto no campo da judicialização da saúde privada quanto da pública, um elemento vem se mostrando essencial às demandas: a saúde e a medicina baseadas em evidências, de forma a romper as restrições legais impostas ao direito subjetivo dos pacientes, na busca por uma terapêutica ou procedimento ainda não incorporado às regras de fornecimento coletivo.

A saúde baseada em evidências, consiste em uma

> [...] abordagem que utiliza ferramentas da Epidemiologia Clínica, Estatística, da Metodologia Científica e da Informática para trabalhar a pesquisa, conhecimento e a atuação em Saúde; com o objetivo de oferecer a melhor informação disponível para tomada da decisão. A Prática Baseada em Evidências busca promover a integração da experiencia clínica às melhores evidências disponíveis, considerando a segurança nas intervenções e a ética na totalidade das ações. Saúde Baseada em Evidências é a arte de avaliar e reduzir a incerteza na tomada de decisão em Saúde.[7]

Como desdobramento de tais conceitos, encontra-se a medicina baseada em evidências, assim definida por ATALLAH e ARAUJO:[8]

> A medicina, durante muito tempo, baseou-se nas experiências pessoais, nas opiniões dos indivíduos com maior autoridade e nas teorias fisiopatológicas. A Medicina Baseada em Evidências (MBE) (Sackett *et al.*, 1996) – ou em provas científicas rigorosas – tem por objetivo nortear as tomadas de decisões sobre os cuidados em saúde, ressaltando o compromisso da busca explícita e honesta das melhores evidências científicas da literatura médica, a experiência do médico e a concordância do paciente sem os riscos e com benefícios da conduta informada.

> De certa forma, essa concepção de medicina (EBM,1992) tira a ênfase da prática com base apenas na intuição, na experiência clínica não sistematizada e nas teorias fisiopatológicas, para se concentrar na análise apurada dos métodos por meio dos quais as informações médicas foram ou serão obtidas. Dá especial atenção ao desenho da pesquisa, à sua condução e à análise estatística. No tocante ao método de pesquisa, baseia-se na associação de métodos epidemiológicos de base populacional à pesquisa clínica chamada epidemiologia clínica (Castelo Filho *et al.*, 1989). Esse conjunto se completa com métodos bem definidos para avaliação crítica e revisões sistemáticas da literatura médica e com o bom senso para adaptar tais conhecimentos às condições de cada paciente e ao contexto da realidade socioeconômica local.

---

[7]   COCHRANE BRASIL. Saúde baseada em evidências. Disponível em: https://brazil.cochrane.org/saúde-baseada--em-evidências. Acesso em: 20 set. 2022.

[8]   ATALLAH, Alvaro Nagib; CASTRO, Aldemar Araujo. Medicina baseada em evidências: o elo entre a boa ciência e a boa prática. Disponível em: http://www.centrocochranedobrasil.com.br/apl/artigos/artigo_517.pdf. Acesso em: 24 set. 2022.

A medicina baseada em evidências tem sido uma prática exigida no âmbito da judicialização da saúde, como forma de salvaguardar o direito constitucional à saúde, a partir de uma conduta médica, quando contrária às práticas protocolares, que esteja pautada, essencialmente, nos princípios éticos e bioéticos da não maleficência e da beneficência.

VII.f.1. A judicialização da saúde pública

Dentro das vertentes relacionadas à judicialização da saúde, encontra-se a respectiva atuação frente ao Estado, cuja busca transcende o direito individual, com impactos diretos no âmbito das políticas públicas, enquanto obrigação primária constitucional.

Nesse sentido, uma das relevantes fontes de preocupação no âmbito do Poder Judiciário é, essencialmente, estabelecer parâmetros jurisprudenciais para que não haja o desequilíbrio democrático, a partir das competências constitucionais atribuídas aos respectivos Poderes da República, destacando que a competência para "cuidar da saúde e assistência pública, da proteção e garantia das pessoas portadoras de deficiência"[9] é comum entre União, Estados, Distrito Federal e Municípios (art. 23, II, da Constituição Federal).

À luz de tal previsão constitucional, o Supremo Tribunal Federal possui relevantes julgados estabelecendo as regras acerca do ajuizamento de ações no que se refere à competência dos entes federativos, e, consequentemente, dentro da distribuição judicial:

> Agravo regimental no recurso extraordinário. Prestação de saúde. Legitimidade passiva da União. Responsabilidade solidária dos entes da Federação em matéria de saúde. Precedentes.
>
> 1. A jurisprudência da Corte pacificou entendimento no sentido de que a responsabilidade dos entes da Federação, no que tange ao dever fundamental de prestação de saúde, é solidária.
>
> 2. Agravo regimental não provido (STF, RE n. 575.179/ES-AgR, Primeira Turma, Rel. Min. Dias Toffoli, *DJe* 07.05.2013).

A questão também fora debatida sob o tema 793 de repercussão geral, firmando-se tese no seguinte sentido:

> Os entes da federação, em decorrência da competência comum, são solidariamente responsáveis nas demandas prestacionais na área da saúde, e diante dos critérios constitucionais de descentralização e hierarquização, compete à autoridade judicial direcionar o cumprimento conforme as regras de repartição de competências e determinar o ressarcimento a quem suportou o ônus financeiro.

O *leading case* em questão, a partir do Recurso Extraordinário 855.178/SE, tratava especificamente acerca da eventual existência de "responsabilidade solidária entre os entes

---

[9]   O termo "pessoa portadora de deficiência" fora acertadamente substituído por "pessoa com deficiência", a partir da Lei Federal n. 13.146/2015, que institui a "Lei Brasileira de Inclusão da Pessoa com Deficiência (Estatuto da Pessoa com Deficiência)".

federados pela promoção dos atos necessários à concretização do direito à saúde, tais como o fornecimento de medicamentos e o custeio de tratamento médico adequado aos necessitados".

Em sede de Embargos de Declaração opostos pela União, o Excelso Pretório reafirmou a tese, consolidando o entendimento:

> 1. É da jurisprudência do Supremo Tribunal Federal que o tratamento médico adequado aos necessitados se insere no rol dos deveres do Estado, porquanto responsabilidade solidária dos entes federados. O polo passivo pode ser composto por qualquer um deles, isoladamente, ou conjuntamente.
>
> 2. A fim de otimizar a compensação entre os entes federados, compete à autoridade judicial, diante dos critérios constitucionais de descentralização e hierarquização, direcionar, caso a caso, o cumprimento conforme as regras de repartição de competências e determinar o ressarcimento a quem suportou o ônus financeiro.
>
> 3. As ações que demandem fornecimento de medicamentos sem registro na ANVISA deverão necessariamente ser propostas em face da União. Precedente específico: RE 657.718, Rel. Min. Alexandre de Moraes.

Diante de tal contexto, duas premissas são fundamentais acerca do julgado e do respectivo impacto nas ações de saúde, estando a primeira relacionada à responsabilidade solidária, entregando-se o direito de optar pelo ajuizamento da ação contra o ente que a parte julgar cabível, mas com direcionamento do ressarcimento, frente ao caso concreto e diante das regras de competência, a quem, primariamente, deveria arcar com os custos originários.

Não parece ter sido a intenção do Excelso Pretório, a par da responsabilidade solidária e da respectiva escolha do requerente, manter sob o controle dos magistrados a decisão acerca do polo passivo em tais demandas, descaracterizando a própria competência comum constitucionalmente estabelecida.

Na primeira redação do tema, o Supremo Tribunal Federal havia fixado tese no seguinte sentido:

> O tratamento médico adequado aos necessitados se insere no rol dos deveres do Estado, porquanto responsabilidade solidária dos entes federados. O polo passivo pode ser composto por qualquer um deles, isoladamente, ou conjuntamente.

Esta é a verdadeira *iudicis intentio*: estabelecer a responsabilidade dos entes como, efetivamente, solidária.

O ressarcimento envolve, especificamente, uma demanda secundária, que não deve envolver o requerente na ação; trata-se de questão interna entre os entes federados, cada qual com a sua respectiva estrutura de repasses financeiros, que deve ser ordenada pelo Juiz ao sentenciar a contenda, sem que tal debate possa representar qualquer restrição ao direito subjetivo primariamente abordado na ação.

O sistema de saúde, estabelecido a partir das diretrizes constitucionais, concretizadas por intermédio da Lei n. 8.080/1990, determina a necessária descentralização, a partir da União, chegando aos Municípios, a quem incumbe "planejar, organizar, controlar e avaliar a ações e os serviços de saúde e gerir e executar os serviços públicos de saúde", bem como "dar execução, no âmbito municipal, à política de insumos e equipamentos para a saúde" (art. 18, I e V, da Lei n. 8.080/1990).

Em outro ponto essencial, a decisão proferida em sede de Embargos Declaratórios no âmbito do Tema n. 793, aponta o julgado proferido nos autos do Recurso Extraordinário n. 657.718 como matéria excepcional à regra da solidariedade, firmado no Tema de Repercussão Geral n. 500, quando relacionado ao fornecimento de medicamento não registrado no âmbito da Agência Nacional de Vigilância Sanitária:

1. O Estado não pode ser obrigado a fornecer medicamentos experimentais.

2. A ausência de registro na ANVISA impede, como regra geral, o fornecimento de medicamento por decisão judicial.

3. É possível, excepcionalmente, a concessão judicial de medicamento sem registro sanitário, em caso de mora irrazoável da ANVISA em apreciar o pedido (prazo superior ao previsto na Lei n. 13.411/2016), quando preenchidos três requisitos: (i) a existência de pedido de registro do medicamento no Brasil (salvo no caso de medicamentos órfãos para doenças raras e ultrarraras); (ii) a existência de registro do medicamento em renomadas agências de regulação no exterior; e (iii) a inexistência de substituto terapêutico com registro no Brasil.

4. As ações que demandem fornecimento de medicamentos sem registro na ANVISA deverão necessariamente ser propostas em face da União.

Das diretrizes estabelecidas por intermédio de tal Tema de Repercussão Geral, n. 500, é possível verificar que a fixação da União como parte única legitimada a compor o polo passivo decorre de uma competência *ratione personæ*, uma vez que, em se tratando de medicamento ainda não legalmente nacionalizado, existe questão afeta a interesse da União, e não de Estados e Municípios, considerando que a própria Agência Nacional de Vigilância Sanitária, órgão responsável pela avaliação de tais questões, do ponto de vista legal, é uma autarquia federal, como fixado pelo acórdão final, exarado no *leading case*: "Ademais, tendo em vista que o pressuposto básico da obrigação estatal é a mora da agência, as ações que demandem fornecimento de medicamentos sem registro na ANVISA deverão necessariamente ser propostas em face da União", com regra constitucional de competência absoluta indicada no art. 109, I.[10]

Acerca do mérito do Tema de Repercussão Geral n. 500, restou firmada a não obrigatoriedade quanto ao fornecimento, pelo Estado, de medicamentos considerados ainda experimentais ou sem o respectivo e devido registro na ANVISA, como regra geral a ser observada nas ações individuais.

Todavia, houve a abertura, em caráter excepcional, essencialmente quando já houver pedido de registro e a agência ultrapassar, de forma irrazoável e infundada, os prazos previstos na Lei n. 13.411/2016, estabelecidos a partir da complexidade e das características dos respectivos fármacos sob análise, exceto na hipótese de medicamentos órfãos destinados ao tratamento de doenças raras ou ultrarraras.

---

10 "Art. 109. Aos juízes federais compete processar e julgar:

I – as causas em que a União, entidade autárquica ou empresa pública federal forem interessadas na condição de autoras, rés, assistentes ou oponentes, exceto as de falência, as de acidentes de trabalho e as sujeitas à Justiça Eleitoral e à Justiça do Trabalho [...]."

Além disso, uma vez caracterizada a mora da agência, deve-se demonstrar que o medicamento se encontra registrado em agências reguladoras de renome internacional, bem como a inexistência de substituto terapêutico registrado nacionalmente.

Esse último requisito está vinculado ao respectivo relatório do médico assistente que deverá demonstrar, essencialmente, a refratariedade de seu paciente aos tratamentos convencionais existentes, diante dos benefícios da terapêutica proposta, inclusive com lastro na "medicina baseada em evidências", a partir da experiência internacional, na medida em que a questão envolve medicamento não registrado no Brasil e, portanto, carente de dados específicos nacionais.

Outra decisão relevante, sob a natureza de repercussão geral, envolve a definição quanto ao fornecimento dos medicamentos de alto custo, cujo *leading case*, Recurso Extraordinário n. 566.471/RN, envolve, à luz dos arts. 2º, 5º, 6º, 196, e 198, §§ 1º e 2º, da Constituição Federal, a obrigatoriedade, ou não, de o Estado fornecer medicamento de alto custo a portador de doença grave que não possui condições financeiras para comprá-lo.

O Tema de Repercussão Geral, registrado sob n. 6, ainda não teve a sua tese final elaborada, mas a vertente vencedora entendeu que, nos casos de remédios de alto custo não disponíveis no sistema, o Estado pode ser obrigado a fornecê-los, desde que comprovadas a extrema necessidade do medicamento e a incapacidade financeira do paciente e de sua família para sua aquisição, com destaque ao entendimento no sentido de que o Estado não pode ser obrigado a fornecer fármacos não registrados na agência reguladora.

No âmbito do Superior Tribunal de Justiça, fora apreciada demanda relativa ao dever do Estado na concessão dos medicamentos não incorporados em atos normativos do SUS, por intermédio do Recurso Especial n. 1.657.156/RJ, com relatoria do Ministro Benedito Gonçalves, afetado na forma do art. 1.036 do Código de Processo Civil, em que restou fixada tese no seguinte sentido:

> A tese fixada no julgamento repetitivo passa a ser:
>
> A concessão dos medicamentos não incorporados em atos normativos do SUS exige a presença cumulativa dos seguintes requisitos:
>
> i) Comprovação, por meio de laudo médico fundamentado e circunstanciado expedido por médico que assiste o paciente, da imprescindibilidade ou necessidade do medicamento, assim como da ineficácia, para o tratamento da moléstia, dos fármacos fornecidos pelo SUS;
>
> ii) incapacidade financeira de arcar com o custo do medicamento prescrito;
>
> iii) existência de registro do medicamento na ANVISA, observados os usos autorizados pela agência.
>
> Modula-se os efeitos do presente repetitivo de forma que os requisitos acima elencados sejam exigidos de forma cumulativa somente quanto aos processos distribuídos a partir da data da publicação do acórdão embargado, ou seja, 04.05.2018.

Na decisão fixada, há alguns critérios estabelecidos que, sob a ótica dos princípios constitucionais doutrinários do sistema público de saúde, encetam restrições não previstas, em especial no que se relaciona com a necessária demonstração de incapacidade financeira para arcar com os custos decorrentes do medicamento, definição que, além de subjetiva, subverte a gratuidade do sistema, impondo condição não sufragada – nem pela Carta Republicana nem pela redação da Lei n. 8.080/1990 – ao acesso integral, inclusive à assistência farmacêutica.

Em que pese tal *decisum* ainda aguardar julgamento pelo Excelso Pretório, nos autos do Agravo em Recurso Extraordinário n. 1.226.707/RJ, estabelece-se um critério que ofende a gratuidade do sistema público, que independe de qualquer forma de coparticipação, como ocorre em outros países, *v.g.*, as taxas moderadoras do Sistema Nacional de Saúde português, que se encontram a caminho da extinção diante do Decreto-lei n. 37/2022.

A saúde pública brasileira não possui qualquer restrição nesse sentido, sendo que o tema central julgado sob a forma processual de recurso repetitivo, visava a estabelecer regra acerca do fornecimento de medicamento com registro na agência nacional reguladora, mas ainda não incorporado ao sistema.

Nesses casos, a crítica ao *decisum* resta apenas em razão do critério financeiro como balizador do acesso a medicamentos não incorporados que, segundo a jurisprudência histórica, deveria se submeter a critérios médicos, a partir da medicina baseada em evidências e à luz da efetiva demonstração quanto à ineficácia dos fármacos disponíveis na rede, considerando as condições clínicas do paciente, em especial a refratariedade aos tratamentos protocolares.

Não se pode, sob nenhum aspecto, vincular a assistência farmacêutica no âmbito da saúde pública à capacidade financeira, na medida em que essa não foi a intenção do legislador, impondo, como alertado, um desequilíbrio entre os Poderes com a imposição de um critério impossível, sob a ótica da Constituição, às políticas públicas de saúde.

Noutro giro, acaso fosse o Poder Executivo regulamentar políticas públicas de saúde calcadas em critérios, *v.g.*, de coparticipação ou necessária demonstração de capacidade financeira como elemento restritivo de acesso à saúde, tal norma seria, fatalmente, eivada de nulidade frente à Carta Magna, em controle de constitucionalidade.

Por fim, a tese fixada ainda determina que, para a respectiva concessão, faz-se necessária a demonstração de que a prescrição médica se encontra inserida no campo de uso autorizado pela agência reguladora, adentrando e restringindo a prescrição *off-label* do medicamento.

A Lei n. 14.313/2022, ao alterar a Lei n. 8.080/1990, permitiu a prescrição médica, no âmbito da saúde pública, de medicamentos cuja destinação divirja do uso preconizado pela ANVISA, desde que haja diretriz favorável à sua utilização por intermédio da CONITEC, demonstradas as evidências científicas sobre a eficácia, a acurácia, a efetividade e a segurança, além de padronização por intermédio de protocolo estabelecido pelo Ministério da Saúde.

Trata-se de uma política pública de saúde, elaborada pelo Poder Legislativo, a ser executada pelo Poder Executivo, cuja interferência do Poder Judiciário tende a causar um desequilíbrio democrático, em exemplo claro do que poderia ser considerado "uma judicialização da saúde ineficaz", do ponto de vista constitucional.

A judicialização da saúde se mostra essencialmente eficaz quando presente para concretizar os conceitos dirigentes e pragmáticos constitucionais de acesso universal e integral à saúde a todos os nacionais e estrangeiros que aqui residem, *v.g.*, quando se trata, além das hipóteses acima, de efetiva aplicação das políticas públicas de saúde, garantindo-se o alcance de questões básicas, como leitos em unidades de terapia intensiva quando necessário, e internação domiciliar, a partir da Lei n. 8.080/1990 (arts. 19-I e seguintes), quando indicada clinicamente para o restabelecimento da saúde do paciente.

VII.f.2. A judicialização da saúde suplementar

A relação existente no âmbito da saúde suplementar é eminentemente contratual, baseada nas regras de direito civil e consumeristas, que sempre devem ser interpretadas à luz da Constituição Federal, em especial, do direito à saúde como uma garantia social e do princípio da dignidade da pessoa humana.

A partir da estrutura normativa que envolve a saúde suplementar, diversos são os pontos de tensão existentes, considerando que os contratos firmados são, em regra, de adesão, não permitindo a negociação direta e aberta quanto a determinadas cláusulas, essencialmente as restritivas de direitos.

O Superior Tribunal de Justiça, por meio da Súmula n. 608, estabeleceu que "aplica-se o Código de Defesa do Consumidor aos contratos de planos de saúde, salvo os administrados por entidades de autogestão".

Nesse sentido, a natural tendência do Poder Judiciário, quando instado a se manifestar a respeito de restrições impostas pelas operadoras de planos de saúde, é aplicar a legislação consumerista, que, em regra, protege o consumidor na interpretação das cláusulas contratuais duvidosas.

V.g., temos a Súmula n. 302 do Superior Tribunal de Justiça, que declara ser "abusiva a cláusula contratual de plano de saúde que limita no tempo a internação hospitalar do segurado", sendo um exemplo claro de interpretação da necessária exegese contratual a partir da ótica consumerista, como também a Súmula n. 597:

> A cláusula contratual de plano de saúde que prevê carência para utilização dos serviços de assistência médica nas situações de emergência ou de urgência é considerada abusiva se ultrapassado o prazo máximo de 24 horas contado da data da contratação.

Tais orientações, sumuladas, demonstram efetivamente a existência de contratos firmados entre beneficiários e operadoras de planos de saúde com cláusulas restritivas, interpretadas em favor do consumidor, declarando-se a sua abusividade e, portanto, sua inaplicabilidade.

No campo securitário, o Superior Tribunal de Justiça também possui entendimento sumulado a respeito das doenças preexistentes, por intermédio da Súmula n. 609, segundo a qual:

> A recusa de cobertura securitária, sob a alegação de doença preexistente, é ilícita se não houve a exigência de exames médicos prévios à contratação ou a demonstração de má-fé do segurado.

A interpretação a respeito da súmula em questão envolve restrição quanto ao cumprimento do contrato de seguro quando o sinistro envolve doença da qual o segurado já estava acometido no momento da contratação, sem que tal fato fosse comunicado à seguradora, o que se denomina de "doença preexistente", ou seja, que já se apresentava previamente à assinatura do contrato.

Segundo o entendimento sumulado, tal negativa por parte da seguradora somente se afigura legítima se houve o cuidado na exigência de exames médicos prévios à contratação, ou, ainda, quando detectada a má-fé do segurado.

Assim, para que a seguradora possa se eximir da respectiva responsabilidade contratada, na inexistência de exames médicos prévios, deve demonstrar a existência de má-fé do segurado, representada por intermédio da ciência inequívoca quanto a uma patologia presente, com a devida intenção de não comunicá-la à seguradora no momento da contratação.

Em tais casos, violada a boa-fé objetiva, elemento norteador dos contratos em geral, haverá a desoneração da seguradora quanto ao cumprimento das obrigações firmadas por intermédio da respectiva avença de finalidade securitária.

Entretanto, tal análise não pode ser subjetiva, *v.g.*, a partir de suspeitas de doenças ou condições de saúde não identificadas pelo paciente no momento da contratação, na medida em que caberá à operadora, para que possa se valer da respectiva recusa de cobertura, exigir os exames médicos necessários.

Aliás, o Superior Tribunal de Justiça, no julgamento do AREsp 2.028.338, condenou uma seguradora ao pagamento da respectiva indenização do seguro de vida, na medida em que não exigiu a realização de exames médicos ou periciais prévios, tampouco comprovou a existência de má-fé por parte do segurado, mantendo decisão que, na origem, havia aplicado o Enunciado 609.

Há que se ponderar, ainda, se tal entendimento sumulado estender-se-ia aos contratos firmados na área da saúde, tanto com seguradoras quanto com operadoras de planos de saúde sob as demais modalidades. A conclusão deve ser positiva.

Uma das regras contratuais legítimas a respeito das operadoras de planos de saúde envolve justamente as chamadas CPTs (Coberturas Parciais Temporárias), estabelecidas a partir da declaração ou conclusão sobre exames médicos prévios quanto a doenças e lesões preexistentes, limitando o acesso a procedimentos de alta complexidade, por um prazo máximo de 24 meses, segundo as normas da ANS.

Em tais casos, inclusive, é possível ao paciente realizar o pagamento do "agravo", considerado como uma remuneração a maior em sua mensalidade, para que possa ter acesso imediato à cobertura integral, eliminando a restrição decorrente de sua doença ou lesão preexistente.

A interpretação dos conceitos emanados a partir da Súmula n. 609 do Superior Tribunal de Justiça, aplicados aos contratos firmados com operadoras de planos de saúde, parece ser o melhor caminho, na medida em que a natureza da prestação de serviço firmada é, em sua essência, vinculada ao estado de saúde do beneficiário-contratante. Nesse sentido, segundo o Superior Tribunal de Justiça:

> 1. Não se justifica a recusa à cobertura de tratamento necessária à sobrevida do segurado, ao argumento de se tratar de doença preexistente, quando a administradora do plano de saúde não se precaveu mediante realização de exames de admissão no plano ou prova inequívoca de má-fé a qual não ocorreu. Precedentes (STJ, AgInt no AREsp 998.163/DF, Rel. Min. Luis Felipe Salomão, j. 21.02.2017).

Acerca do tema, o Tribunal de Justiça de São Paulo possui como referência jurisprudencial a Súmula n. 105, na qual, expressamente, afasta a incidência de doença ou lesão preexistente quando não se foi exigida, previamente, qualquer forma de avaliação médica: "Não prevalece a negativa de cobertura às doenças e às lesões preexistentes se, à época da contratação de plano de saúde, não se exigiu prévio exame médico admissional".

Acerca da constatação quanto à má-fé do segurado, consubstanciada na intenção deliberada de omitir do plano de saúde informações relevantes sobre seu estado de saúde, o Superior Tribunal de Justiça também possui precedente importante:

> 1. A jurisprudência desta Corte firmou-se no sentido de não ser possível à seguradora eximir-se do dever de pagamento da cobertura securitária sob a alegação de omissão de informações por parte do segurado, se dele não exigiu exames médicos prévios à contratação do seguro. Precedentes. 1.1. Consoante cediço no STJ, a suposta má-fé do segurado (decorrente da omissão intencional de doença preexistente) será, excepcionalmente, relevada quando, sem sofrer de efeitos antecipados, mantém vida regular por vários anos, demonstrando que possuía razoável estado de saúde no momento da contratação/renovação da apólice securitária (STJ, AgRg no REsp 1359184/SP, Rel. Min. Marco Buzzi, j. 06.12.2016).

Apenas a título de diferenciação, os planos de saúde podem estabelecer carências à efetiva concretização do objeto contratado, nas quais, durante tais períodos, em que pese o contrato ser efetivamente adimplido pelo beneficiário, não há obrigação de atendimento, nas hipóteses regulamentadas.

Em tais hipóteses, não há relação alguma com doenças preexistentes, mas situações previstas pelas normas regulamentadoras que limitam, temporariamente, o acesso a determinados procedimentos, *v.g.*, partos a termo (300 dias).

Sob o regime dos recursos repetitivos, o Superior Tribunal de Justiça possui alguns precedentes já sedimentados, bem como alguns ainda aguardando decisão definitiva, parametrizando determinadas situações e estabelecendo orientações a serem seguidas em hipóteses semelhantes.

Esse é o caso do Tema n. 952, cuja problemática submetida a julgamento consistia na discussão acerca da validade de reajuste do respectivo plano de saúde a partir de cláusula baseada em alteração de faixa etária do beneficiário, incidente sobre os contratos individuais ou familiares; a conclusão fora positiva, desde que observadas três premissas:

> (i) haja previsão contratual, (ii) sejam observadas as normas expedidas pelos órgãos governamentais reguladores e (iii) não sejam aplicados percentuais desarrazoados ou aleatórios que, concretamente e sem base atuarial idônea, onerem excessivamente o consumidor ou discriminem o idoso.

Quanto ao terceiro requisito, duas ponderações são essenciais. Uma delas reside na interpretação do que seriam tais "percentuais desarrazoados ou aleatórios" que "onerem excessivamente o consumidor", na medida em que tais informações são de exclusividade da seguradora, e, a partir do momento que um reajuste por faixa etária, e não por anualidade do contrato, ultrapassa a capacidade de pagamento por parte do beneficiário, já se pode concretizar um desequilíbrio apto à devida intervenção do Poder Judiciário.

No *leading case* no Superior Tribunal de Justiça, o Ministro Ricardo Villas Bôas Cueva destaca, na redação do acórdão:

8. A abusividade dos aumentos das mensalidades de plano de saúde por inserção do usuário em nova faixa de risco, sobretudo de participantes idosos, deverá ser aferida em cada caso concreto. Tal reajuste será adequado e razoável sempre que o percentual de majoração for justificado atuarialmente, a permitir a continuidade contratual tanto de jovens quanto de idosos, bem como a sobrevivência do próprio fundo mútuo e da operadora, que visa comumente o lucro, o qual não pode ser predatório, haja vista a natureza da atividade econômica explorada: serviço público impróprio ou atividade privada regulamentada, complementar, no caso, ao Serviço Único de Saúde (SUS), de responsabilidade do Estado.

9. Se for reconhecida a abusividade do aumento praticado pela operadora de plano de saúde em virtude da alteração de faixa etária do usuário, para não haver desequilíbrio contratual, faz-se necessária, nos termos do art. 51, § 2º, do CDC, a apuração de percentual adequado e razoável de majoração da mensalidade em virtude da inserção do consumidor na nova faixa de risco, o que deverá ser feito por meio de cálculos atuariais na fase de cumprimento de sentença (STJ, REsp 1.568.244/RJ, Segunda Seção, Rel. Min. Ricardo Villas Bôas Cueva, j. 14.12.2016, *DJe* 19.12.2016).

Assim, mesmo diante da fixação de tese em sede de recurso repetitivo, aplicável a casos semelhantes, o Superior Tribunal de Justiça manteve a possibilidade de discussão quanto a tais reajustes por faixa etária, a partir das especificidades dos casos concretos.

Outro ponto acerca da tese firmada envolve a proteção da pessoa idosa, proibindo-se a existência de cláusula discriminatória, sendo que há dois marcos regulatórios definidores a respeito de tal situação, com o advento da Lei n. 10.741/2003 (Estatuto da Pessoa Idosa), na medida em que os contratos firmados ou adaptados até 31 de dezembro de 2003 estariam sujeitos às regras contidas na Resolução n. 6/1998 do Conselho Nacional de Saúde Suplementar, segundo a qual os reajustes por faixa etária deveriam ocorrer, no máximo, por sete níveis, limitados a 70 anos de idade, enquanto os contratos firmados após tal data, estariam vinculados à Resolução Normativa n. 63/2003 da ANS, que aumenta para dez faixas etárias, mas limita a idade máxima em 59 anos como último marco reajustável do contrato.

Nesse aspecto, a decisão proferida pelo Superior Tribunal de Justiça ainda poderá ser alterada pelo Supremo Tribunal Federal, que, no Tema de Repercussão Geral n. 381, irá debater justamente a aplicação do Estatuto da Pessoa Idosa a contrato de plano de saúde firmado anteriormente à vigência da lei, *leading case* Recurso Extraordinário n. 630.852, à luz do art. 5º, XXXVI, da Constituição Federal, segundo o qual "a lei não prejudicará o direito adquirido, o ato jurídico perfeito e a coisa julgada".

No âmbito do Tribunal de Justiça de São Paulo, foi editada a Súmula n. 91, que prevê a aplicação retroativa da lei, de forma a beneficiar a pessoa idosa quanto aos reajustes por alteração de faixa etária:

> Ainda que a avença tenha sido firmada antes da sua vigência, é descabido, nos termos do disposto no art. 15, § 3º, do Estatuto do Idoso, o reajuste da mensalidade de plano de saúde por mudança de faixa etária.

Acerca da questão envolvendo os reajustes, o Tema repetitivo n. 1.016 cuidou de avaliar: (a) validade de cláusula contratual de plano de saúde coletivo que prevê reajuste por faixa etária; e (b) ônus da prova da base atuarial do reajuste, encetando a seguinte tese:

> (a) Aplicabilidade das teses firmadas no Tema 952/STJ aos planos coletivos, ressalvando-se, quanto às entidades de autogestão, a inaplicabilidade do CDC;
> (b) A melhor interpretação do enunciado normativo do art. 3º, II, da Resolução n. 63/2003, da ANS, é aquela que observa o sentido matemático da expressão "variação acumulada", referente ao aumento real de preço verificado em cada intervalo, devendo-se aplicar, para sua apuração, a respectiva fórmula matemática, estando incorreta a simples soma aritmética de percentuais de reajuste ou o cálculo de média dos percentuais aplicados em todas as faixas etárias.

A respeito dos reajustes por faixa etária, houve a extensão da tese firmada no âmbito do Tema n. 952 aos contratos coletivos; entretanto, quanto ao ônus processual acerca da base atuarial, o Superior Tribunal de Justiça não especificou diretamente sobre quem recairia – o beneficiário ou a operadora –, apenas indicando que não basta, para se constatar a abusividade do reajuste, a simples soma aritmética de percentuais de reajuste ou o cálculo de média dos percentuais aplicados nas respectivas faixas etárias, sendo necessária a aplicação de fórmulas matemáticas.

Nesse aspecto, acerca da prova de reajuste, mas dentro de uma discussão envolvendo a atualização por sinistralidade, cabe destacar decisão proferida em sede de Recurso Especial, na qual houve a anulação da sentença de primeiro grau e do respectivo acórdão subsequente, com determinação de perícia atuarial como sendo a prova essencial à constatação quanto à possível cobrança abusiva por parte da operadora de plano de saúde:

> RECURSO ESPECIAL. PLANO DE SAÚDE COLETIVO. PLANO DE SAÚDE INDIVIDUAL OU FAMILIAR E COLETIVO. DIFERENÇAS NA ATUÁRIA E FORMAÇÃO DE PREÇOS. REAJUSTE POR AUMENTO DE SINISTRALIDADE. CABIMENTO. PREVISÃO DE REAJUSTE POR MUDANÇA DE IDADE. POSSIBILIDADE. TESE DE ABUSIVIDADE DOS REAJUSTES. QUESTÕES TÉCNICAS. NECESSIDADE DE DEMONSTRAÇÃO, NO CASO CONCRETO. IMPRESCINDIBILIDADE. RECURSO ESPECIAL PARCIALMENTE PROVIDO (STJ, REsp n. 1.823.116/SP, Decisão Monocrática, Rel. Min. Luis Felipe Salomão, j. 06.08.2019).

O Ministro Luis Felipe Salomão, relator designado ao *case* em debate, ainda destaca, a respeito da perícia como prova fundamental em tais litígios, em que se busca a declaração de nulidade quanto ao reajuste aplicado no contrato de plano de saúde:

> De todo modo, em vista da patente ausência de exame concreto acerca de esteio atuarial para os substanciosos aumentos procedidos – por aumento de faixa etária e sinistralidade –, não mostra-se prudente o julgamento desde já de total improcedência do pedido formulado na inicial.

> Nesse diapasão, conforme entendimento perfilhado pela Corte Especial, por ocasião do julgamento do recurso repetitivo, REsp 1.124.552/RS, as "regras de experiência comum"

e as "as regras da experiência técnica" devem ceder vez à necessidade de "exame pericial", cabível sempre que a prova do fato "depender do conhecimento especial de técnico".

Registre-se que, na vigência do CPC/2015, o art. 375 do Códex estabelece textualmente que o juiz aplicará as regras de experiência comum subministradas pela observação do que ordinariamente acontece e, ainda, as regras da experiência técnica, ressalvado, quanto a estas, o exame pericial.

As regras da experiência técnica devem ser de conhecimento de todos, principalmente das partes, exatamente porque são vulgarizadas; se se trata de regra de experiência técnica, de conhecimento exclusivo do juiz ou "apanágio de especialistas", que por qualquer razão a tenha (o magistrado também tem formação em atuária, por exemplo), torna-se indispensável a realização da perícia. Essa é a razão pela qual se faz a ressalva, no final do texto, ao exame pericial (DIDIER JÚNIOR, Fredie; BRAGA, Paula Sarno; OLIVEIRA, Rafael Alexandria de. *Curso de direito processual civil*. 12. ed. Salvador: Juspodivm, 2017. v. 2, p. 78).

O *decisum* ora em voga, ao determinar o retorno dos autos ao primeiro grau de jurisdição para que fosse realizada a respectiva prova técnica termina por, ainda, afastar a aplicabilidade, por analogia, dos parâmetros estabelecidos pela Agência Nacional de Saúde Suplementar aos contratos individuais ou familiares e, nesse ponto, há que se permitir algumas exceções à regra.

A estruturação do reajuste depende de uma metodologia estabelecida pela própria ANS, que ultrapassa a simples correção inflacionária por intermédio dos índices oficiais, baseando-se em diversos aspectos acerca da sinistralidade do plano, lastreada, ainda, na VCMH (Variação do Custo Médico-Hospitalar).

Tais informações devem ser de fácil acesso ao beneficiário e à própria agência reguladora, na medida em que, não vinculado à previa autorização, o reajuste dos contratos coletivos por adesão ou empresariais deve assumir critérios transparentes, sob pena de incidir em nulidade, atraindo a aplicação analógica do reajuste contratual determinado pela Agência aos contratos individuais e familiares.

Não se pode permitir à operadora de planos de saúde a aplicação de reajustes sem que seja viabilizado ao beneficiário o amplo acesso aos critérios atuariais, sob pena de nulidade, aplicando-se o art. 51, X, do Código de Defesa do Consumidor, interpretando-se tal situação sob a ótica dos arts. 479 e 478 do Código Civil:

> Art. 51. São nulas de pleno direito, entre outras, as cláusulas contratuais relativas ao fornecimento de produtos e serviços que:
>
> [...]
>
> X – permitam ao fornecedor, direta ou indiretamente, variação do preço de maneira unilateral;
>
> [...]
>
> Art. 479. A resolução poderá ser evitada, oferecendo-se o réu a modificar equitativamente as condições do contrato.
>
> Art. 480. Se no contrato as obrigações couberem a apenas uma das partes, poderá ela pleitear que a sua prestação seja reduzida, ou alterado o modo de executá-la, a fim de evitar a onerosidade excessiva.

A respeito dos planos de saúde coletivos por adesão não é demais transcrever excerto extraído a partir de brilhante voto proferido pela Ministra Nancy Andrighi em julgamento de Recurso Especial paradigmático acerca do tema no âmbito do Superior Tribunal de Justiça:

> [...] a utilização de artifícios para redimensionar os riscos inerentes ao contrato possibilita às operadoras mascarar o preço real dos planos de saúde, oferecendo o serviço a custos iniciais baratos e atrativos, de forma a captar clientes, sabendo de antemão que, ao longo da execução do acordo, poderá unilateralmente reajustar as mensalidades de modo a reduzir os riscos assumidos, em detrimento dos conveniados, rompendo o binômio risco mutualismo, próprio dos contratos de seguro (REsp n. 1.102.848/SP, Terceira Turma, Rel. Min. Nancy Andrighi, j. 03.08.2010, *DJe* 25.10.2010).

Os contratos de planos de saúde, diante de sua natureza e características que ultrapassam as simples avenças consumeristas, devem, invariavelmente, ser interpretados à luz dos direitos sociais e garantias constitucionais, na medida em que envoltos pelo direito à saúde. Tal condição se reflete em diversos aspectos contratuais, inclusive quanto à rescisão unilateral por inadimplência, prevista no art. 13, parágrafo único, II:

> Art. 13. Os contratos de produtos de que tratam o inciso I e o § 1º do art. 1º desta Lei têm renovação automática a partir do vencimento do prazo inicial de vigência, não cabendo a cobrança de taxas ou qualquer outro valor no ato da renovação.
>
> Parágrafo único. Os produtos de que trata o *caput*, contratados individualmente, terão vigência mínima de um ano, sendo vedadas:
>
> [...]
>
> II – a suspensão ou a rescisão unilateral do contrato, salvo por fraude ou não pagamento da mensalidade por período superior a sessenta dias, consecutivos ou não, nos últimos doze meses de vigência do contrato, desde que o consumidor seja comprovadamente notificado até o quinquagésimo dia de inadimplência;
>
> [...].

Além da previsão legal acerca da notificação necessária, o inciso III do mesmo texto normativo impede que seja realizada a suspensão ou a própria rescisão unilateral do contrato, sob qualquer justificativa, quando o beneficiário estiver em regime de internação.

Também tramitando sob o regime de recursos repetitivos (Tema n. 1.069), encontra-se, no Superior Tribunal de Justiça, julgamento objetivando definir se há obrigatoriedade de custeio das cirurgias plásticas em pacientes pós-bariátricos, a partir dos contratos firmados com as operadoras de planos de saúde; o Tribunal de Justiça de São Paulo possui súmula a respeito do tema, segundo a qual: "não pode ser considerada simplesmente estética a cirurgia plástica complementar de tratamento de obesidade mórbida, havendo indicação médica" (Súmula n. 97).

A posição jurisprudencial do Tribunal bandeirante aponta para uma conclusão lógica a respeito do tema, na medida em que, havendo expressa indicação terapêutica, como continuidade do tratamento destinado ao restabelecimento pleno do paciente, não há que se falar em esteticidade do procedimento cirúrgico a atrair a vedação contida no art. 10, II, da Lei n. 9.656/1998.

Definir-se-á o respectivo enquadramento da cirurgia a partir da prescrição médica indicativa do procedimento cirúrgico, que poderá ser terapêutico ou estético, sendo, tal definição, essencial à análise quanto à obrigatoriedade de custeio pela operadora de plano de saúde, restando sob a responsabilidade do médico assistente assim determinar.

A susomencionada Súmula n. 302 do Superior Tribunal de Justiça, que considera abusiva cláusula contratual que imponha limite ao tempo de internação, possui relevância igualmente nos casos em que se discute o tratamento domiciliar, denominado *home care*.

Os contratos de planos de saúde, invariavelmente, não possuem cláusula específica garantindo o benefício do *home care,* o que levou as operadoras de planos de saúde a estabelecerem restrições quanto a tal cobertura, ensejando a respectiva judicialização, que, evidentemente, chegou ao Superior do Tribunal de Justiça, com destaque para o Recurso Especial n. 1.662.103/SP, que estabeleceu importantes diretrizes à garantia de cobertura para tal modalidade terapêutica de atendimento hospitalar:

> 5 – A internação domiciliar (*home care*) constitui desdobramento do tratamento hospitalar contratualmente previsto que não pode ser limitado pela operadora do plano de saúde. Precedentes.
>
> 6 – Recomenda-se observar circunstâncias relevantes para a internação domiciliar, assim expostas exemplificativamente: (i) haver condições estruturais da residência, (ii) real necessidade do atendimento domiciliar, com verificação do quadro clínico do paciente, (iii) indicação do médico assistente, (iv) solicitação da família, (v) concordância do paciente e (vi) não afetação do equilíbrio contratual, como nas hipóteses em que o custo do atendimento domiciliar por dia não supera o custo diário em hospital. Precedentes (STJ, REsp 1.662.103/SP, Terceira Turma, Rel. Min. Nancy Andrighi, j. 11.12.2018, *DJe* 13.12.2018).

Enfatize-se que o tratamento sob regime domiciliar não implica uma espécie de terapêutica a ser determinada por contrato, mas uma continuidade do regime de internação hospitalar, a se instalar no domicílio do enfermo, cuja finalidade primordial é permitir a desospitalização de pacientes, viabilizado a utilização otimizada de leitos hospitalares, e, essencialmente, a permanência sob cuidados em um ambiente propício à melhor recuperação da saúde, sem que haja supressão dos devidos cuidados médicos.

A par de todas as questões que envolvem a judicialização da saúde suplementar, não há menor sombra de dúvida de que a maior delas envolve o denominado "rol de procedimentos e eventos em saúde", cuja previsão fora estabelecida por intermédio do art. 10, § 4º, da Lei n. 9.656/1998:

> Art. 10. [...]
> § 4º A amplitude das coberturas no âmbito da saúde suplementar, inclusive de transplantes e de procedimentos de alta complexidade, será estabelecida em norma editada pela ANS, que publicará rol de procedimentos e eventos em saúde suplementar, atualizado a cada incorporação.

Todavia, os litígios acerca das coberturas contratuais e normativas primordialmente buscavam, sob a ótica do beneficiário, uma interpretação à lei que estabelecesse a lista de procedimentos com cobertura obrigatória, de forma exemplificativa, servindo apenas como uma referência aos planos de saúde, afastando-se qualquer taxatividade a respeito.

De acordo com a Lei n. 14.307/2022, o comumente denominado "rol da ANS" deve ser atualizado, com a incorporação de novas coberturas, em regra a cada seis meses, o que trouxe maior agilidade, é fato, mas sem qualquer inovação a respeito da característica de tal listagem que, segundo a própria agência reguladora, seria taxativa.

Nesse sentido, foi proferido o julgamento em sede de Embargos de Divergência, pelo Superior Tribunal de Justiça, por intermédio da sua Segunda Seção, reunindo-se os posicionamentos antagônicos entre as Terceira e Quarta Turmas que compreendiam ser o rol exemplificativo e taxativo, respectivamente, no qual fora vencedora a tese pela taxatividade, mas com exceções a serem avaliadas diante de algumas diretrizes:

> 1 – o Rol de Procedimentos e Eventos em Saúde Suplementar é, em regra, taxativo;
>
> 2 – a operadora de plano ou seguro de saúde não é obrigada a arcar com tratamento não constante do Rol da ANS se existe, para a cura do paciente, outro procedimento eficaz, efetivo e seguro já incorporado ao Rol;
>
> 3 – é possível a contratação de cobertura ampliada ou a negociação de aditivo contratual para a cobertura de procedimento *extra* Rol;
>
> 4 – não havendo substituto terapêutico ou esgotados os procedimentos do Rol da ANS, pode haver, a título excepcional, a cobertura do tratamento indicado pelo médico ou odontólogo assistente, desde que (i) não tenha sido indeferido expressamente, pela ANS, a incorporação do procedimento ao Rol da Saúde Suplementar; (ii) haja comprovação da eficácia do tratamento à luz da medicina baseada em evidências; (iii) haja recomendações de órgãos técnicos de renome nacionais (como CONITEC e NATJUS) e estrangeiros; e (iv) seja realizado, quando possível, o diálogo interinstitucional do magistrado com entes ou pessoas com *expertise* técnica na área da saúde, incluída a Comissão de Atualização do Rol de Procedimentos e Eventos em Saúde Suplementar, sem deslocamento da competência do julgamento do feito para a Justiça Federal, ante a ilegitimidade passiva *ad causam* da ANS (STJ, EREsp n. 1.889.704, EREsp n. 1.886.929, Segunda Seção, Rel. Min. Luis Felipe Salomão, j. 08.06.2022).

Em que pese a decisão proferida pelo Superior Tribunal de Justiça não ter qualquer efetivo vinculativo *erga omnes*, na medida em que sequer foram julgados os Embargos de Divergência em sede de recursos repetitivos, houve afetação indireta em diversos litígios, com a revogação de medidas concessivas a beneficiários cujas demandas não atendessem aos aspectos objetivos firmados pelo Superior Tribunal de Justiça.

Dentro do contexto de equilíbrio democrático-constitucional, alguns meses após, especificamente no dia 23 de setembro de 2022, houve a publicação da Lei n. 14.454, que, ao estabelecer "critérios que permitam a cobertura de exames ou tratamentos de saúde que não estão incluídos no rol de procedimentos e eventos em saúde suplementar", regulamentou o caráter mitigado do rol da ANS, direcionando-o para uma natureza referencial, na medida em que ampliou sobremaneira as permissões excepcionais, incluindo temas como "evidência científica" e "ausência de registro em órgão regulador nacional".

Com o acréscimo de alguns parágrafos específicos, o art. 10 da Lei n. 9.656/1998 passou a vigorar com a seguinte redação:

§ 12. O rol de procedimentos e eventos em saúde suplementar, atualizado pela ANS a cada nova incorporação, constitui a referência básica para os planos privados de assistência à saúde contratados a partir de 1º de janeiro de 1999 e para os contratos adaptados a esta Lei e fixa as diretrizes de atenção à saúde.

§ 13. Em caso de tratamento ou procedimento prescrito por médico ou odontólogo assistente que não estejam previstos no rol referido no § 12 deste artigo, a cobertura deverá ser autorizada pela operadora de planos de assistência à saúde, desde que:

I – exista comprovação da eficácia, à luz das ciências da saúde, baseada em evidências científicas e plano terapêutico; ou

II – existam recomendações pela Comissão Nacional de Incorporação de Tecnologias no Sistema Único de Saúde (Conitec), ou exista recomendação de, no mínimo, 1 (um) órgão de avaliação de tecnologias em saúde que tenha renome internacional, desde que sejam aprovadas também para seus nacionais.

O texto normativo não incluiu requisitos e instruções cumulativas, mas alternativas, o que impõe dizer que, uma vez preenchida qualquer das premissas estabelecidas, haverá obrigatoriedade de cobertura.

Nesse contexto, há que se destacar que as prescrições médicas e odontológicas adquirem papel de destaque, na medida em que qualquer indicação de procedimento ou terapêutica que esteja à margem do rol referencial deverá ser precedida de estudo técnico e aprofundado por parte do prescritor, não bastando conjecturas ou possibilidades distantes, mas sim demonstrações por intermédio de relatórios que comprovem sua eficácia e acurácia. A esse aspecto, FÜRST[11] nos ensina:

> Com isso, a determinação legal para que o sistema suplementar de saúde custeie procedimentos sem estabelecer qual o mínimo de evidência científica que se deve considerar será um retrocesso, à medida que possibilitará práticas médicas sem qualquer segurança nem eficácia. Surgirá uma disparidade entre pacientes, pois haverá aqueles com acesso ao que foi analisado e incorporado pela Conitec e, outros, expostos a potenciais práticas de baixa qualidade de evidência científica, sem segurança ou eficácia, mas com elevados valores ao sistema mutualista.

Em que pese, como já abordado, a necessária interpretação das normas incidentes sobre os contratos firmados entre beneficiários e operadoras de planos de saúde à luz de uma efetiva integração dos direitos e garantias constitucionais à saúde, a lei inovou no mundo jurídico de forma excessivamente ampliativa, ao permitir a introdução de novas tecnologias em saúde quando houver recomendação de, no mínimo, uma agência reguladora de renome internacional, desde que o procedimento ou tratamento objetivado esteja lá aprovado.

A respeito de tal temática, houve proposta de Emenda ao projeto de lei originário, que indicava, de forma complementar, o referendo da Agência Nacional de Vigilância Sanitária (ANVISA) quanto à segurança e à eficácia, seguindo, inclusive, o quanto já havia sido deliberado pelo Superior Tribunal de Justiça no âmbito do Tema n. 990, cuja tese fora firmada no

---

11   FÜRST, Henderson. Por que o rol de procedimentos da ANS importa. Disponível em: http://genjuridico.com.br/2022/09/23/rol-de-procedimentos-da-ans-e-a-nova-lei/. Acesso em: 24 set. 2022.

sentido de que "as operadoras de plano de saúde não estão obrigadas a fornecer medicamento não registrado pela ANVISA".

Tal ampliação tende a permitir a entrada de medicamentos e procedimentos ainda não testados em solo nacional, representando um risco, inclusive, para o próprio paciente, na medida em que os experimentos realizados em outros países não, necessariamente, atendem aos requisitos estabelecidos pela agência reguladora brasileira, além das diferenças e do desequilíbrio de ordem biológica e ambiental existentes entre os países.

Evidentemente, à luz da vontade do legislador, o Tema n. 990 perde sua eficácia, posto que firmado sobre outra composição normativa; todavia, tal ponto da lei representa certo desequilíbrio no sistema regulamentador, que poderá ser alvo de uma nova sequência dentro da judicialização da saúde suplementar.

O fato de a lei permitir ao médico, dentro de sua *expertise* e conhecimento acerca das condições clínicas do paciente assistido, prescrever terapêuticas não previstas no rol de procedimentos e eventos em saúde da ANS pode representar um grande avanço, em especial para doenças raras e ultrarraras, negligenciadas pela indústria farmacêutica e pelo uso de medicamentos *off-label*.

Entretanto, adotar procedimentos ainda não aprovados pelo respectivo órgão nacional implica grande responsabilidade do próprio médico prescritor, especialmente dos pontos de vista ético, civil e penal, na medida em que eventuais consequências adversas e danosas ao paciente podem ser alvo de responsabilização própria, tendo em vista que, ao decretar a necessidade de utilização de, *v.g.*, um medicamento de uso aprovado em outro país, assume inteiramente os riscos decorrentes, não podendo valer-se de qualquer excludente a seu favor.

Conhecer experimentos de outros países demanda ultrapassar a própria visão de uma medicina baseada em evidências, mas essencialmente, compreender o regramento internacional a respeito dos testes, das fases de aprovação e das consequências conhecidas a respeito, não sendo indicado que o profissional o faça, exceto se devidamente amparado para tal, legitimando sua conduta nos princípios elementares da medicina quanto à inequívoca beneficência de sua conduta em prol do paciente.

Como resultado das Jornadas de Saúde do Conselho Nacional de Justiça, fora formulado o Enunciado n. 97, que pode ser aplicado e interpretado à luz da Lei n. 14.454, na medida em que assim dispõe:

> ENUNCIADO n. 97.
> As solicitações de terapias alternativas não previstas no rol de procedimentos da ANS, tais como equoterapia, hidroterapia e métodos de tratamento, não são de cobertura e/ou custeio obrigatório às operadoras de saúde se não estiverem respaldadas em Medicina Baseada em Evidência e Plano Terapêutico com Prognóstico de Evolução.

A Quarta Turma do Superior Tribunal de Justiça, já sob a égide da Lei n. 14.454/2022, decidiu que uma operadora de plano de saúde deveria custear tratamento com medicamento prescrito por médico, mesmo para *usso off-label*, desde que devidamente registrado na ANVISA.

O Ministro Relator nos autos do AREsp 1.964.268 concluiu que: "Nesse cenário, conclui-se que tanto a jurisprudência do STJ quanto a nova redação da Lei dos Planos de

Saúde admitem a cobertura, de forma excepcional, de procedimentos ou medicamentos não previstos no rol da ANS, desde que amparada em critérios técnicos, cuja necessidade deve ser analisada caso a caso".

A judicialização da saúde suplementar tem sido essencial ao estabelecimento de balizadores aos contratos entre operadoras de planos de saúde e beneficiários. Contudo, há matérias que – assim como na hipótese dos litígios envolvendo a saúde pública – devem encontrar solução no âmbito do Parlamento brasileiro, a quem compete, constitucionalmente, inovar no mundo jurídico, por intermédio do respectivo e complexo processo de elaboração das normas, permanecendo o Poder Judiciário na essencial função de interpretá-las à luz do contexto em que inseridas, a fim de que não haja desequilíbrio nas relações e que o sistema se mantenha sustentável, posto que essencial na conjuntura do sistema brasileiro de saúde.

Para melhor compreender a judicialização da saúde:

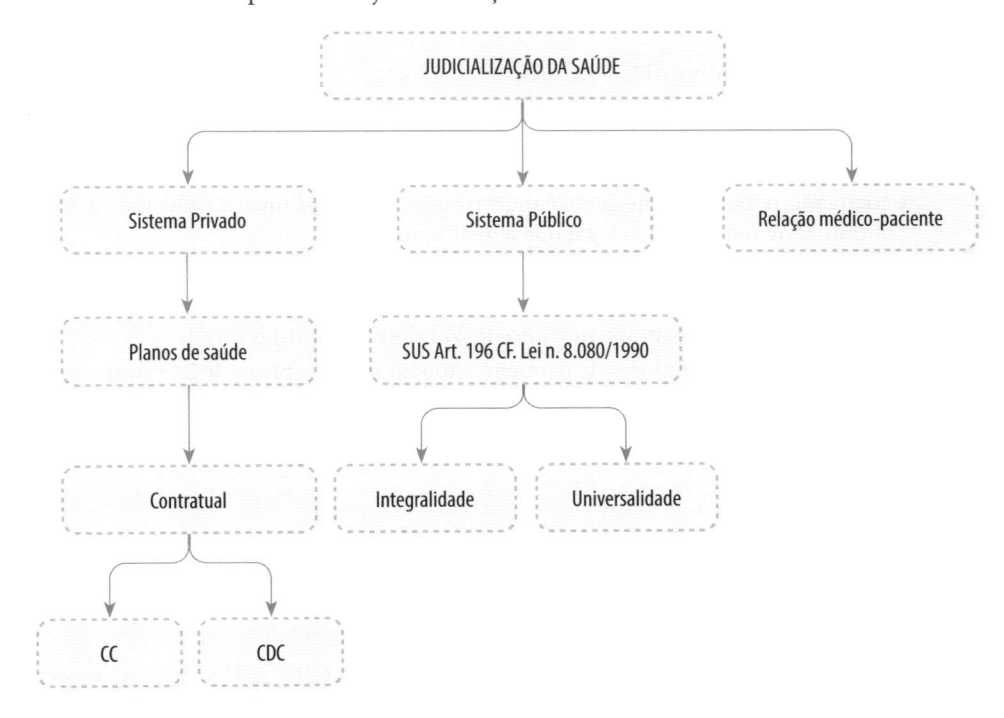

VII.G. A JUDICIALIZAÇÃO NA PRÁTICA

Sem dúvida, a grande dificuldade dos advogados iniciantes na área envolve, justamente, a judicialização da saúde, de forma prática e concreta. Nesse sentido, disponibilizamos uma minuta de ação judicial envolvendo pedido de *home care*, tema que ainda demanda uma atuação efetiva do advogado em saúde.

A partir da base sólida trazida nesta obra, é possível aprimorar a minuta abaixo, reforçando que se trata de mero indicativo, cabendo ao leitor e estudante desenvolver a sua própria forma de escrita, seu estilo redacional e os respectivos estudos a respeito das bases jurídica e jurisprudencial, sempre em constante evolução.

Resumo do caso:

Indicação médica de continuidade de tratamento em *home care*.

Paciente possui plano de saúde.

Ao solicitar a internação domiciliar, o plano de saúde nega.

Ausência de previsão contratual específica e não consta do Rol da ANS.

Obs.:

Negativa por escrito:

Resolução Normativa ANS 395/2016.

Art. 10. Havendo negativa de autorização para realização do procedimento e/ou serviço solicitado por profissional de saúde devidamente habilitado, seja ele credenciado ou não, a operadora deverá informar ao beneficiário detalhadamente, em linguagem clara e adequada, o motivo da negativa de autorização do procedimento, indicando a cláusula contratual ou o dispositivo legal que a justifique.

§ 1º O beneficiário, sem qualquer ônus, poderá requerer que as informações prestadas na forma do *caput* sejam reduzidas a termo e lhe encaminhadas por correspondência ou meio eletrônico, no prazo máximo de 24 (vinte e quatro) horas.

§ 2º No caso das operadoras de pequeno e médio porte, o prazo de 24 (vinte e quatro) horas previsto no § 1º deverá considerar o horário de funcionamento de suas unidades de atendimento.

EXCELENTÍSSIMO SENHOR DOUTOR JUIZ DE DIREITO DA __ª VARA CÍVEL DA COMARCA DE

xxxxxxxxxxxxxxxx, brasileiro, casado, inscrito no CPF/MF sob o n. xxxxx, e RG sob n. xxxDS/PE, residente e domiciliada à xxxx, por seu advogado (a), vem mui respeitosamente à presença V. Excelência, conforme instrumento procuratório anexo, propor a presente:

AÇÃO DE OBRIGAÇÃO DE FAZER CUMULADA COM REPARAÇÃO POR DANOS MORAIS C.C. PEDIDO DE TUTELA ANTECIPADA DE URGÊNCIA

em face da Empresa (**PLANO DE SAÚDE – QUALIFICAÇÃO COMPLETA**) inscrita no CNPJ n. (QUALIFICAÇÃO), registrada na Agência Nacional de Saúde Suplementar (ANS) sob o n. (..........), com sede na (.................), pelos motivos de fato e de direito a seguir expostos:

I – BREVE RESUMO DOS FATOS

A Autora aderiu ao plano de saúde (descrever as características do plano de saúde) sendo a titular (verificar qual é a condição da Autora), estando quite com a sua obrigação contratual, conforme **comprovantes de pagamento anexo**.

Em 13.06.2020, a Autora deu entrada no Hospital ( ) com um quadro de déficit motor e rebaixamento do nível de consciência, em razão de trauma cranioencefálico ("TCE" – CID S069), decorrente de uma queda de própria altura.

Em razão do referido trauma, a Autora acabou por desenvolver um Hematoma Subdural Crônico ("HSDC") bilateral, o que é definido como o acúmulo sanguíneo entre o encéfalo e o crânio.

(verificar tratamentos realizados durante a internação).

Diante do quadro de saúde da Autora, o médico assistente, Dr. (CRM), indicou a necessidade de **continuidade** do tratamento de forma domiciliar, retirando-a do ambiente hospitalar, dados os riscos de sua continuidade em tal ambiente, especialmente, mas não apenas, em razão da declarada emergência nacional em saúde pública pelo advento da Sars-Cov-2.

A Autora depende de alimentação por sonda nasogástrica, utilizando-se, ainda, de sonda vesical, encontrando-se traqueostomizada, sendo necessária a aspiração constante das secreções traqueais, dependendo de cuidados, por profissional técnico capacitado – enfermagem – 24 horas, 7 dias por semana, ou até que perdure tal condição de saúde.

(incluir o CID)

(VERIFICAR RELATÓRIO MÉDICO – INDICAÇÃO DE EQUIPE MULTIDISCIPLINAR).

Contudo, mesmo com seu contrato de plano de saúde absolutamente em dia, obteve resposta negativa da Ré, surgindo assim a necessidade de judicialização da questão, ante a ilegalidade praticada.

II – PRELIMINARMENTE

Da Legitimidade Passiva *ad causam*

A Autora possui contrato de prestação de serviços com a empresa Ré, desde a data de (verificar a data), estando absolutamente em dia com suas obrigações contratuais financeiras.

Assim, a negativa formalizada pela operadora, conforme documento ( ), faz com que seja correta a sua inclusão no presente polo passivo... etc...

III – DO MÉRITO DA AÇÃO

1. Conceito de *home care*/legislação em vigor (Resolução CFM n. 1.668/2003)

2. PORTARIA N. 963, DE 27 DE MAIO DE 2013 – Ministério da Saúde.

Redefine a Atenção Domiciliar no âmbito do Sistema Único de Saúde (SUS).

Art. 2º Para efeitos desta Portaria, considera-se:

I – Atenção Domiciliar: nova modalidade de atenção à saúde, substitutiva ou complementar às já existentes, caracterizada por um conjunto de ações de promoção à saúde, prevenção e tratamento de doenças e reabilitação prestadas em domicílio, com garantia de continuidade de cuidados e integrada às redes de atenção à saúde.

[Fundamentos jurídicos a serem trabalhados]:

> Código de Defesa do Consumidor.
>
> Art. 51. São nulas de pleno direito, entre outras, as cláusulas contratuais relativas ao fornecimento de produtos e serviços que:
>
> [...]
>
> IV – estabeleçam obrigações consideradas iníquas, abusivas, que coloquem o consumidor em desvantagem exagerada, ou sejam incompatíveis com a boa-fé ou a equidade;
>
> Tribunal de Justiça de São Paulo.
>
> Súmula 90: Havendo expressa indicação médica para a utilização dos serviços de "home care", revela-se abusiva a cláusula de exclusão inserida na avença, que não pode prevalecer.
>
> Súmula 12 TJBA.
>
> Súmula 338 TJRJ
>
> Súmula 07 TJPE
>
> Enunciado 94 TJRJ
>
> Súmula TJSP 102
>
> TJPA 28

Da necessidade do *home care*. Do relatório médico

[inserir aqui dados do relatório médico]

Da negativa:

[Inserir informações a respeito da negativa]

Observações quanto ao relatório médico:

1. Pode-se acrescer: fisioterapia, nutrição, fono...

2. Se ela está restrita ao leito.

3. Eventuais medicamentos de que fará uso.

No âmbito do STJ, REsp 1.662.103/SP, há um rol exemplificativo fixado pelo v. acórdão, cujos requisitos encontram-se, ainda que parcialmente, preenchidos na presente demanda, a saber:

> *i) haver condições estruturais da residência,*

(ii) real necessidade do atendimento domiciliar, com verificação do quadro clínico do paciente,

(iii) indicação do médico assistente,

(iv) solicitação da família,

(v) concordância do paciente e

(vi) não afetação do equilíbrio contratual, como nas hipóteses em que o custo do atendimento domiciliar por dia não supera o custo diário em hospital.

(outros precedentes: STJ, REsp 668.216/SP; STJ, REsp 1.537.301/RJ).

Merecem destaque os conceitos trazidos por Galeno Lacerda, citado nos autos do Agravo de Instrumento n. 229.439-4/8, da 4ª Câmara de Direito Privado do E. Tribunal de Justiça de São Paulo, publicado na *RT 717/*119, cujo trecho abaixo transcrevemos:

> "O contrato de seguro de vida ou de saúde cria um direito obrigacional de ressarcimento sobre um direito absoluto. Estamos em presença, assim, de uma categoria nova de 'direitos sobre direitos'. Nessa espécie prevalece a natureza do mais importante. Ou, como esclarece Ferrara, *il diritto dominato assume la natura del diritto dominante.* Por isso, se, no caso concreto, a seguradora, sem razão, negar à segurada, estará atentando contra os direitos absolutos à saúde e à vida da paciente. Para evitar essa situação extrema, que beira o ilícito penal, cabe, sem dúvida, o socorro ao poder cautelar geral, mediante o decreto de liminar provisoriamente satisfativa, da mesma natureza da que é outorgada em matéria de alimentos".

Trata-se, portanto, de ato ilegal e arbitrário praticado pela operadora, a impedir o livre exercício de um direito do beneficiário, ensejando, assim a concessão das respectivas tutelas jurisdicionais pleiteadas.

IV – DA TUTELA PROVISÓRIA DE URGÊNCIA ANTECIPADA

De acordo com o Código de Processo Civil, as tutelas proferidas em sede de análise perfunctória, inicial, ainda em cognição sumária, são denominadas de "provisórias", divididas em "urgência" e "evidência", inteligência do art. 294 do CPC.

Nesse toar, o art. 300 do CPC prevê que, para a concessão da chamada "tutela provisória de urgência", em sede antecipada, há que se demonstrar os seguintes requisitos: (1) probabilidade do direito; (2) perigo de dano ou risco ao resultado útil do processo.

Acresce-se, a tais requisitos, quando da concessão da tutela de urgência antecipada, a possibilidade de reversão do provimento antecipada (art. 300, § 3º, do mencionado Códex).

Acerca, portanto, da probabilidade do direito, a própria existência de Súmula no âmbito do E. Tribunal de Justiça de São Paulo (90), conforme demonstrado alhures, já é suficiente à tal demonstração quando devidamente subsumida ao caso vertente.

Há prescrição médica e negativa do plano de saúde, caracterizando, assim, a abusividade da medida adotada pela Ré na interpretação do contrato.

Ademais, restou evidenciado que os cuidados necessários à manutenção da saúde da Autora devem ser realizados em caráter domiciliar, sob risco de sua condição atual sofrer agravamento e, eventualmente, óbito.

Requer-se, ainda, na concessão da medida urgente, que sejam fixadas as respectivas astreintes, em valor suficiente a coibir qualquer tentativa da Ré em descumprir a ordem judicial emanada por esse MM. Juízo.

V – DA INVERSÃO DO ÔNUS DA PROVA

A questão do ônus da prova é de relevante importância, visto que a sua inobservância pode vir a acarretar prejuízos aos que a ela se sujeitam, mormente para aplicação do Código de Defesa do Consumidor.

Levando-se a efeito o disposto no art. 373 do Código de Processo Civil, provas são os elementos por meio dos quais as partes tentam convencer o Magistrado sobre a veracidade de suas alegações, seja o autor quanto ao fato constitutivo de seu direito, seja o réu, quanto ao fato impeditivo, modificativo ou extintivo do direito do autor. Lembrando que estas deverão ser indicadas na primeira oportunidade de se falar aos autos, ou seja, petição inicial e contestação.

Oportunamente, vejamos as lições de VICENTE GRECO FILHO, com a proficiência que lhe é peculiar, em sua consagrada obra *Direito processual civil brasileiro*, 2º volume, edição 1996, Editora Saraiva:

> "No momento do julgamento, porém, o juiz apreciará toda a prova (e contraprova) produzida e, se ficar na dúvida quanto ao fato constitutivo, em virtude do labor probatório do réu, ou não, o autor perde a demanda e o juiz julga a ação improcedente. O mesmo vale, em face do réu, quanto ao fato extintivo, modificativo ou impeditivo do direito do autor".

Tecidas tais considerações, reportemo-nos ao Código de Defesa do Consumidor, que traz, em seu art. 6º, VIII, a facilitação da defesa do consumidor lesado, com a inversão do ônus da prova a seu favor; no processo civil só ocorre a inversão, quando, a critério do juiz, for verossímil a alegação, ou quando for o autor for hipossuficiente, constatando-se a inversão do *onus probandi*.

Da exegese do artigo vislumbra-se que para a inversão do ônus da prova se faz necessária a verossimilhança da alegação, conforme o entendimento do juiz, ou a hipossuficiência da Autora.

Portanto, são 02 (duas) as situações, presentes no artigo em tela, para a concessão da inversão do ônus da prova, quais sejam: a verossimilhança e (ou) a hipossuficiência, no caso, técnica.

A verossimilhança é mais que um indício de prova, tem uma aparência de verdade, o que, no caso em tela, se constata por meio dos exames médicos, ora anexos.

Por outro lado, a hipossuficiência é a diminuição de capacidade do consumidor, diante da situação de vantagem econômica das empresas fornecedoras.

Daí, a relevância da inversão do ônus da prova está em fazer com que o consumidor de boa-fé se torne mais consciente de seus direitos e o fornecedor mais responsável e garantidor dos bens que põe no mercado.

In casu, a Autora já apresentou a principal prova pré-constituída nos autos, qual seja, o relatório médico indicando a necessidade de tratamento pela via domiciliar.

Portanto, haja vista a verossimilhança das alegações da Autora e sua hipossuficiência técnica, esta faz jus, nos termos do art. 6º, VIII, da Lei 8.078/1990, à inversão do ônus da prova ao seu favor.

VI – DOS DANOS MORAIS

A moral é reconhecida como bem jurídico, recebendo dos mais diversos diplomas legais a devida proteção, inclusive, estando amparada pelo art. 5º, V, da Carta Magna/1988, senão vejamos:

> "Art. 5º (*omissis*):
> **V – é assegurado o direito de resposta, proporcional ao agravo, além da indenização por dano material, moral ou à imagem**;" (destaques nossos).

Outrossim, o art. 186 e o art. 927 do Código Civil assim estabelecem:

> "Art. 186. Aquele que, por ação ou omissão voluntária, **negligência ou imprudência, violar direito e causar dano a outrem, ainda que exclusivamente moral, comete ato ilícito.**"
> "**Art. 927. Aquele que, por ato ilícito (arts. 186 e 187), causar dano a outrem, fica obrigado a repará-lo.**" (destaques nossos).

Finalmente, o Código de Defesa do Consumidor, no seu art. 6º, também protege a integridade moral dos consumidores:

> "Art. 6º – São direitos básicos do consumidor:
> [...]
> VI – **a efetiva prevenção e reparação de danos patrimoniais e morais, individuais**, coletivos e difusos;" (destaques nossos).

Ocorre que o dano moral, como sabido, deriva de uma dor íntima, uma comoção interna, um constrangimento gerado naquele que o sofreu e que repercutiria de igual forma em uma outra pessoa nas mesmas circunstâncias. Esse é o caso em tela, em que a demandante se viu completamente desamparada pelo plano de saúde, que negou o fornecimento do medicamento para tratamento de mazela grave, vendo-se submetida a uma situação de estresse constante, indignação e constrangimento, na qual se mostra, assim, um desrespeito para com a Autora/paciente, como consumidora e como pessoa.

A responsabilidade civil arguida exige a existência de pressupostos, como, por exemplo, o dever de indenizar. Tais pressupostos, em nosso ordenamento jurídico, são: **a) existência** de uma ação culposa, b) a ocorrência de um dano, e c) o nexo de causalidade entre o dano e ação.

Conforme demonstrado, os três pressupostos que caracterizam o dever de indenizar e eventuais reembolsos estão absolutamente presentes.

Desta feita, em face da inequívoca comprovação dos efetivos danos que vem sofrendo a Autora, esta faz jus à reparação ora pleiteada.

Vejamos o que ensina o Mestre SÍLVIO DE SALVO VENOSA em sua obra sobre responsabilidade civil:

> "**Os danos projetados nos consumidores, decorrentes da atividade do fornecedor de produtos e serviços, devem ser cabalmente indenizados. No nosso sistema foi adotada a responsabilidade objetiva no campo do consumidor, sem que haja limites para a indenização. Ao contrário do que ocorre em outros setores, no campo da indenização aos consumidores não existe limitação tarifada.**" (VENOSA, Sílvio Salvo. *Direito civil*: responsabilidade civil. São Paulo: Atlas, 2004. p. 206). (destaques nossos).

Sendo assim, é de se ressaltar a angústia e a situação de estresse prolongado a que a Autora está sendo submetida, tendo em vista que, ao indicar o tratamento domiciliar, o profissional médico entende ser a melhor medida à recuperação e ao bem-estar de sua paciente, ora Autora.

Evidentemente, a negativa perpetrada pela operadora de plano de saúde impõe um ônus excessivo à própria Autora e à sua família, trazendo situação angustiante e de sofrimento contínuo e diário.

Trata-se de verdadeira conduta ilícita da Ré, estando configurado, portanto, o dever de indenizar.

Sendo assim, demonstrados o dano e a culpa do agente, evidente se mostra o nexo causal. Como visto, derivaram-se da conduta ilícita da Ré os constrangimentos e as restrições causados à Autora de maneira diária e permanente, sendo evidente o liame lógico entre um e outro.

(INSERIR DECISÕES QUE AMPAREM A CONCESSÃO DE DANO MORAL, VOLTADAS À NEGATIVA DE CONCESSÃO DE *HOME CARE*).

VII – DOS PEDIDOS E REQUERIMENTOS

Diante de tudo quanto exposto, a Autora requer:

[1] A concessão da tutela provisória de urgência, em caráter antecedente, *inaudita altera parte*, a fim de que seja a Ré compelida a fornecer a continuidade do tratamento médico, sob a forma domiciliar, nos termos prescritos pelo médico assistente, conforme relatório presente nos autos;

[2] Fixação de astreintes na hipótese do não cumprimento da medida prevista no item [1];

[3] Indenização por danos morais, em montante suficiente a ensejar o devido ressarcimento pelo sofrimento da Autora até o ajuizamento desta ação, no valor de R$, a fim de que seja cumprido o efeito punitivo e pedagógico.

[4] Seja julgado procedente o pedido principal, garantir o tratamento da Autora, sob a forma de *home care*, nos termos do relatório médico, e no período definido pelo médico assistente.

[5] A condenação da Ré ao pagamento das verbas sucumbenciais, em especial <u>honorários advocatícios</u> a serem prudentemente arbitrados por esse MM. Juízo, na forma do art. 85, §§ 3º e 5º do Código de Processo Civil brasileiro.

Requer-se, ainda, seja citada a Ré para, querendo, apresente contestação à presenta ação, sob pena de caracterização da revelia, com a aplicação dos respectivos efeitos.

Outrossim, protesta-se pela realização das provas necessárias ao deslinde do presente feito, em especial a perícia médica, se assim entender necessário esse MM. Juízo.

Dá-se à causa, para fins fiscais e de alçada, o valor de R$, que corresponde a (valor de doze parcelas do plano ou custo do *home care*), juntando anexo o devido comprovante de recolhimento das custas iniciais.

Por fim, requer que todas as publicações e intimações sejam feitas exclusivamente em nome do Dr. , com endereço , endereço eletrônico @adv.br, sob pena de nulidade, conforme art. 272, §§ 2º e 5º do Código de Processo Civil.

Termos em que,

Pede deferimento.

São Paulo, na data do protocolo.

Advogado

OAB.

Documentos principais para instruir o processo:

1. Procuração e documentos pessoais do Autor.
2. Recolhimento de custas (se não for beneficiário da Justiça Gratuita).
3. Verificar necessidade de tramitação prioritária (idade, se for o caso).
4. Pagamentos para demonstrar que está em dia com o plano de saúde.
5. Carteirinha e contrato do plano de saúde.
6. Relatório médico indicando *home care*.
7. Prontuário médico.
8. Normas a respeito da questão.
9. Negativa expressa do plano de saúde.
10. Orçamento do *home care*.

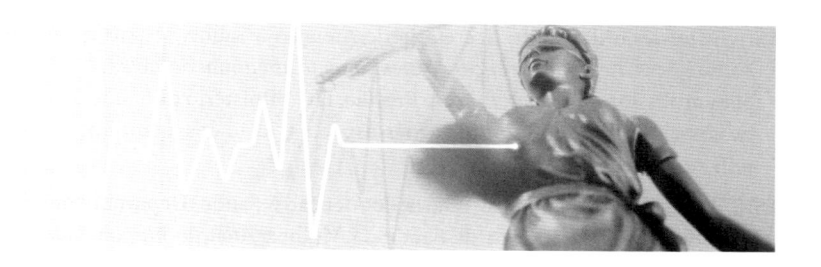

REFERÊNCIAS

ALBUQUERQUE, R. C. A lei relativa ao término da vida sob solicitação e suicídio assistido e a constituição holandesa. *Revista Brasileira de Direito Constitucional – RBDC*, n. 8, jul./dez. 2006.

ANDRADE, Edson de Oliveira. Como vejo a medicina e os médicos. Disponível em: http://www.scielo.br/pdf/abo/v67n3/20504.pdf. Acesso em: 12 abr. 2018.

ATALLAH, Alvaro Nagib; CASTRO, Aldemar Araujo. Medicina baseada em evidências: o elo entre a boa ciência e a boa prática. Disponível em: http://www.centrocochranedobrasil.com.br/apl/artigos/artigo_517.pdf. Acesso em: 24 set. 2022.

BANDEIRA, Karolini. Anestesista sedou paciente sete vezes durante estupro no Rio. *Metrópoles*, 19 jul. 2022. Disponível em: https://www.metropoles.com/brasil/anestesista-sedou-paciente-sete-vezes--durante-estupro-aponta-inquerito. Acesso em: 17 dez. 2022.

BARBOZA, Herbert Adriano; LOTT, Juliana Itaborahy; SILVA Maria Teresa Ferreira da; COSTA, Michelle Amorim. Descomplicando a LGPD na área da saúde. *In*: SIMONELLI, Osvaldo (coord.). *Direito preventivo para profissionais de saúde*. São Paulo: IPDMS, 2022.

BEAUCHAMP, Tom L.; CHILDRESS, James F. *Principles of biomedical ethics*. Oxford: Oxford University Press, 1979.

BERNARD, C. *Leçons sur les phénomènes de la vie communs aux animaux et aux végétaux*. Paris: Libraire J.-B. Baillière et Fils, 1878.

BONET, O. Saber e sentir: uma etnografia da aprendizagem da biomedicina. Tradução: Maria Lúcia de Macedo Cardoso e Tatiana Bacal. *Revista Saúde Coletiva*, Rio de Janeiro, v. 9, n. 1, p. 123-150, 1999.

BRASIL. Agência Nacional de Saúde Suplementar. Combate ao coronavírus: ANS define novas medidas para o setor de planos de saúde. Disponível em: http://www.ans.gov.br/aans/noticias-ans/coronavirus-covid-19/coronavirus-todas-as-noticias/5459-combate-ao-coronavirus-ans-define--novas-medidas-para-o-setor-de-planos-de-saude. Acesso em: 7 set. 2022.

BRASIL. Ministério da Saúde. *Guia de vigilância epidemiológica*. 7. ed. Brasília, DF: Ministério da Saúde, 2009. Disponível em: https://bvsms.saude.gov.br/bvs/publicacoes/guia_vigilancia_epidemiologica_7ed.pdf. Acesso em: 25 jul. 2022.

BRASIL. Ministério da Saúde. Secretaria de Atenção à Saúde. Departamento de Ações Pragmáticas Estratégicas. *Aspectos jurídicos do atendimento às vítimas de violência sexual*: perguntas e respostas para profissionais de saúde. 2. ed. Brasília, DF: Ministério da Saúde, 2011. Disponível em: https://bvsms.saude.gov.br/bvs/publicacoes/aspectos_juridicos_atendimento_vitimas_violencia_2ed.pdf. Acesso em: 2 ago. 2022.

BRASIL. Ministério da Saúde. Secretaria de Atenção à Saúde. Departamento de Ações Programáticas Estratégicas. Área Técnica de Saúde da Mulher. *Atenção humanizada ao abortamento*: norma técnica. Brasília, DF: Ministério da Saúde, 2005. Disponível em: https://bvsms.saude.gov.br/bvs/publicacoes/atencao_humanizada_abortamento.pdf. Acesso em: 1 ago. 2022.

BRASIL. Ministério da Saúde. Secretaria de Vigilância em Saúde. Departamento de Análise em Saúde e Doenças não Transmissíveis. *Guia de vigilância epidemiológica emergência de saúde pública de importância nacional pela doença pelo coronavírus 2019 – covid-19*. Brasília, DF: Ministério da Saúde, 2021. Disponível em: https://conasems-ava-prod.s3.sa-east-1.amazonaws.com/institucional/wpcontent/2021/03/Guia-de-vigila%CC%82ncia-epidemiolo%CC%81gica-da--covid_19_15.03_2021.pdf. Acesso em: 16 dez. 2022.

BROWN, Louis M. *Lawyering through life*: the origin of prevent law. Littleton: Fred B. Rothman & Co., 1986.

BUENO, Manoel Carlos. *Código de Hamurábi – Manual dos Inquisidores – Lei das XII Tábuas – Lei de Talião*. São Paulo: Edijur, 2018.

CAPANEMA, Walter Aranha. A responsabilidade civil na Lei Geral de Proteção de Dados. Disponível em: https://www.tjsp.jus.br/download/EPM/Publicacoes/CadernosJuridicos/ii_6_a_responsabilidade_civil.pdf?d=637250347559005712. Acesso em: 12 dez. 2022.

CARVALHO, José Carlos Maldonado. *Iatrogenia e erro médico sob o enfoque da responsabilidade civil*. Rio de Janeiro: Lumen Juris, 2005.

CASTRO, M. P. R; ANTUNES, G. C.; MARCON, L. M. P.; ANDRADE, L. S.; RÜCKL, S.; ANDRADE, V. L. A. Eutanásia e suicídio assistido em países ocidentais: revisão sistemática. *Revista Bioética*, v. 24, n. 2, p. 355-367, 2016.

CAVALIERI FILHO, Sergio. *Programa de responsabilidade civil*. 9. ed. São Paulo: Atlas, 2010.

COCHRANE BRASIL. Saúde baseada em evidências. Disponível em: https://brazil.cochrane.org/saúde--baseada-em-evidências. Acesso em: 20 set. 2022.

CÓDIGO DE MANU. *In*: WIKIPÉDIA: a enciclopédia livre. Disponível em: https://pt.wikipedia.org/wiki/C%C3%B3digo_de_Manu. Acesso em: 5 set. 2019.

COHEN, D. Quién decide? El adolescente como agente moral. *Perspectivas Bioéticas*, v. 7, n. 14, p. 55-68, 2003.

COLOMBIA. Corte Constitucional. Sentencia C-239/97. Homicidio por piedad-elementos/homicidio pietistico o eutanasico/homicidio eugenesico. Disponível em: http://www.corteconstitucional.gov.co/relatoria/1997/c-239-97.htm. Acesso em: 10 set. 2022.

COLOMBIA. Ministerio de Salud y Proteccion Social. Disponível em: https://www.minsalud.gov.co/Normatividad_Nuevo/Resolución%201216%20de%202015.pdf. Acesso em: 5 out. 2016.

COMPARATO F. K. *A Constituição alemã de 1919*. Disponível em: http://www.dhnet.org.br/educar/redeedh/anthist/alema1919.htm. Acesso em: 10 set. 2016.

CONSELHO FEDERAL DE MEDICINA – CFM. CFM exige boletim de ocorrência para fazer aborto. Disponível em: https://portal.cfm.org.br/noticias/cfm-exige-boletim-de-ocorrencia-para-fazer--aborto/. Acesso em: 05 ago. 2022.

CONSELHO FEDERAL DE MEDICINA – CFM. Códigos de Ética Médica (versões anteriores). Disponível em: https://portal.cfm.org.br/etica-medica/codigo-versoes-anteriores/. Acesso em: 8 jun. 2022.

CONSELHO FEDERAL DE MEDICINA – CFM. Ofício n. 1.756/2020 – COJUR. Disponível em: http://portal.cfm.org.br/images/PDF/2020_oficio_telemedicina.pdf. Acesso em: 7 set. 2020.

CONSELHO FEDERAL DE MEDICINA – CFM. Processo-consulta CFM n. 2.172/1997 – PC/CFM/n. 42/1999. Disponível em: https://sistemas.cfm.org.br/normas/arquivos/pareceres/BR/1999/42_1999.pdf. Acesso em: 19 dez. 2022.

CONSELHO FEDERAL DE MEDICINA – CFM. Processo-consulta CFM n. 4.362/1994 – PC/CFM/n. 15/1995. Disponível em: https://sistemas.cfm.org.br/normas/visualizar/pareceres/BR/1995/15.

CONSELHO FEDERAL DE MEDICINA. *Medicina aeroespacial*: orientações gerais para médicos a bordo. Brasília, DF: CFM, 2018. Disponível em: http://www.flip3d.com.br/web/pub/cfm/index9/?numero=21&edicao=4271#page/1. Acesso em: 25 jul. 2022.

CONSELHO REGIONAL DE MEDICINA DO ESTADO DA PARAÍBA – CRMPB. Processo consulta n. 11/2009. Disponível em: https://sistemas.cfm.org.br/normas/arquivos/pareceres/PB/2009/11_2009.pdf. Acesso em: 5 dez. 2022.

CONSELHO REGIONAL DE MEDICINA DO ESTADO DE SANTA CATARINA – CRMSC. Comissão de Divulgação de Assuntos Médicos. *Manual de orientação ética e disciplinar*. 2. ed. rev. e atual. Florianópolis: CRMSC, 2000. v. 1. Disponível em: http://www.portalmedico.org.br/regional/crmsc/manual/parte3b.htm. Acesso em: 30 abr. 2018.

CONSELHO REGIONAL DE MEDICINA DO ESTADO DE SÃO PAULO – CREMESP. Departamento Jurídico. Nota Técnica CREMESP n. 1/2014. Disponível em: https://www.cremesp.org.br/pdfs/remessa_protuario_delegado_policia.pdf. Acesso em: 20 jul. 2022.

CONSELHO REGIONAL DE MEDICINA DO ESTADO DE SÃO PAULO – CREMESP. Juramento de Hipócrates. Disponível em: https://www.cremesp.org.br/?siteAcao=Historia&esc=3. Acesso em: 25 maio 2020.

CURY, P. M. N. Métodos de direito comparado: desenvolvimento ao longo do século XX e perspectivas contemporâneas. *Revista de Estudos Constitucionais, Hermenêutica e Teoria do Direito (RECHTD)*, v. 6, n. 2, p. 176-185, jul./set. 2014. DOI 10.4013/retchd.2014.62.06.

D'ÁVILA, Roberto Luiz. Responsabilidades e normas éticas na utilização da telemedicina. Disponível em: http://portal.cfm.org.br/index.php?option=com_content&view=article&id=20096:responsabilidades-e-normas-eticas-na-utilizacao-da-telemedicina&catid=46. Acesso em: 7 set. 2022.

DALLARI, Sueli Gandolfi. Advocacia em saúde no Brasil contemporâneo. *Revista de Saúde Pública*, São Paulo, v. 30, n. 6, dez. 1996.

DELDEN, J. V. Holanda *vs* eutanásia pré-requisitada. In: OSELKA, Gabriel (coord.). *Entrevistas exclusivas com grandes nomes da bioética*. São Paulo: CREMESP, 2009.

DINIZ, D. GUILHELM. *O que é bioética*. São Paulo: Brasiliense, 2002.

DONIZETTI, Elpídio; QUINTELLA, Felipe. Direito objetivo e direito subjetivo: conceituação. Disponível em: http://genjuridico.com.br/2020/04/30/direito-objetivo-e-direito-subjetivo/. Acesso em: 20 set. 2022.

DÓREA, A. J. P. da S. Relação médico *x* paciente. Disponível em: https://portal.cfm.org.br/artigos/relacao-medico-x-paciente/. Acesso em: 27 nov. 2022.

FERRER, ISABEL. Holanda cogita autorizar suicídio assistido a quem "cansou de viver". *El País*, 13 out. 2016. Disponível em: http://brasil.elpais.com/brasil/2016/10/13/internacional/1476354654_421296. html. Acesso em: 18 out. 2016.

FRANÇA, Genival Veloso de. *Direito médico*. 10. ed. Rio de Janeiro: Forense, 2010.

FRANÇA, Genival Veloso de. *Direito médico*. 12. ed. Rio de Janeiro: Forense, 2014.

FRANCISCONI, Carlos Fernando; GOLDIM, José Roberto. Problemas de fim de vida: paciente terminal, morte e morrer. Disponível em: https://www.ufrgs.br/bioetica/morteres.htm. Acesso em: 10 set. 2022.

FRANCISCONI, Carlos Fernando; GOLDIM, José Roberto; LOPES, Maria Helena Itaqui. O papel dos comitês de bioética na humanização da assistência à saúde. *Revista Bioética*, v. 10, n. 2, 2002.

FÜRST, Henderson. Por que o rol de procedimentos da ANS importa. Disponível em: http://genjuridico.com.br/2022/09/23/rol-de-procedimentos-da-ans-e-a-nova-lei/. Acesso em: 24 set. 2022.

GOMES, Júlio Cézar Meirelles; FRANÇA, Genival Veloso de. Bioética clínica: erro médico. *In*: COSTA, Sergio Ibiapina Ferreira; OSELKA, Gabriel; GARRAFA, Volnei (coord.). *Iniciação à bioética*. Brasília: Conselho Federal de Medicina, 1998.

GRACIA, Diego. La deliberación moral: el método de la ética clínica. *Medicina Clínica*, v. 117, n. 1, p. 18-23, 2001.

HINTERMEYER P. *Eutanásia*: a dignidade em questão. São Paulo: Loyola, 2006.

JOÃO PAULO II, Papa. Carta encíclica *Evangelium vitae* (Sobre o valor e a inviolabilidade da vida humana). Disponível em: https://www.vatican.va/content/john-paul-ii/pt/encyclicals/documents/hf_jp-ii_enc_25031995_evangelium-vitae.html. Acesso em: 10 set. 2022.

KOVACS, M. J. A caminho da morte com dignidade no século XXI. *Revista Bioética*, v. 22, n. 1, p. 94-104, 2014.

KÜBLER-ROSS, Elizabeth. *Sobre a morte e o morrer*: o que os doentes terminais têm para ensinar a médicos, enfermeiras, religiosos e aos seus próprios parentes. 10. ed. São Paulo: Martins Fontes, 2017.

LEAVELL, Hugh; CLARK, E. Gurney. *Medicina preventiva*. São Paulo: McGraw-Hill do Brasil, 1976.

LEI DAS DOZE TÁBUAS. *In*: WIKIPÉDIA: a enciclopédia livre. Disponível em: https://pt.wikipedia. org/wiki/Lei_das_Doze_T%C3%A1buas. Acesso em: 5 set. 2019.

LOPES JÚNIOR, Aury. *Direito processual penal*. 14. ed. São Paulo: Saraiva, 2017.

MADRUGA, Célia Maria Dias; SOUZA, Eurípedes Sebastião Mendonça de. *Manual de orientações básicas para prescrição médica*. 2. ed. rev. e ampl. Brasília, DF: Conselho Federal de Medicina, 2011. Disponível em: https://portal.cfm.org.br/images/stories/biblioteca/cartilhaprescrimed2012. pdf. Acesso em: 15 ago. 2022.

MANDEL, Heidi; MANDEL, Steven; HAUGHN, Zac. Full disclosure: how to apologize for medical errors. Disponível em: https://practicalneurology.com/articles/2011-nov-dec/full-disclosure-how-to-

-apologize-for-medical-errors#:~:text=Telling%20the%20truth%20when%20ª,apology%2C%20 and%20ª%20discussion%20of. Acesso em: 5 set. 2022.

Médico teve denúncia arquivada em 93. Folha de S. Paulo, 28 ago. 2009. Disponível em: https://agora. folha.uol.com.br/policia/ult10104u616069.shtml. Acesso em: 10 ago. 2022.

MOORE, K. L.; PERSAUD, T. V. N.; TORCHIA, Mark G. *The developing human*: clinically oriented embryology. 10. ed. [*S. l.*]: Elsevier, 2016.

MORAES A. *Direitos humanos fundamentais*: teoria geral. São Paulo: Atlas, 2013.

MORAES, H. V. B. Eutanásia: conceito, história e legislação. *Revista Jus Navigandi*, Teresina, ano 17, n. 3.463, 24 dez. 2012. Disponível em: https://jus.com.br/artigos/23299. Acesso em: 19 jun. 2016.

MOREIRA NETO, Diogo de Figueiredo. *Curso de direito administrativo*. 14. ed. Rio de Janeiro: Forense, 2006.

MORITZ, Rachel Duarte (org.). *Conflitos bioéticos do viver e do morrer*. Brasília: Conselho Federal de Medicina, 2011.

MULARSKI, Richard A.; HEINE, Carlton E.; OSBORNE, Molly L.; GANZINI, Linda; CURTIS, J. Randall. Quality of dying in the ICU: ratings by family members. *Chestnet*, v. 128, n. 1, p. 280-287, jul. 2005. DOI 10.1378/chest.128.1.280.

NERY, Rosa Maria Barreto B. Andrade; NERY JUNIOR, Nelson. *Código de Processo Civil comentado e legislação extravagante*. 9. ed. São Paulo: Revista dos Tribunais, 2006.

NETHERLANDS. Termination of Life on Request and Assisted Suicide Act. Disponível em: https:// wfrtds.org/dutch-law-on-termination-of-life-on-request-and-assisted-suicide-complete-text/. Acesso em: 24 dez. 2022.

OSELKA, Gabriel (org.). *Bioética clínica*: reflexões e discussões sobre casos selecionados. São Paulo: CREMESP, 2008.

PESSINI, Léo. *Distanásia*: até quando prolongar a vida. São Paulo: Loyola, 2001.

POTTER, Van Rensselaer. *Bioética*: ponte para o futuro. São Paulo: Loyola, 2016.

QUINTANA, A. M.; ARPINI, M. D. Doação de órgãos: possíveis elementos de resistência e aceitação. *Boletim de Psicologia*, Santa Maria, v. LIX, n. 130, 2009.

RAPOSO, V. L. The right not to live. *Journal of Law and Social Sciences*, v. 4, n. 1, Dec. 2014. DOI 10.5176/2251-2853_4.1.173.

REICH, Warren T. *Encyclopedia of bioethics*. New York: Free Press-Macmillan, 1978.

ROONEY, A. *A história da medicina*: das primeiras curas aos milagres da medicina moderna. Tradução: Maria Lúcia Rosa. São Paulo: M. Books do Brasil, 2013.

ROSSINI, Maria Clara. Da Terra, médico americano atende astronauta da ISS. Disponível em: https:// super.abril.com.br/saude/da-terra-medico-americano-atende-astronauta-da-iss/. Acesso em: 5 set. 2022.

SCHAUER, Frederick. Slippery slopes. *Harvard Law Review*, v. 99, n. 2, p. 361-383, Dec. 1985.

SIMONELLI, Osvaldo Pires Garcia. Aspectos jurídicos dos relatórios médicos. *Revista Paulista de Reumatologia*, v. 17, n. 1, p. 7-10, jan./mar. 2018.

SIMONELLI, Osvaldo Pires Garcia (coord.). *Direito preventivo para profissionais de saúde*. São Paulo: IPDMS, 2022.

SIMONELLI, Osvaldo Pires Garcia. O acesso ao planejamento familiar no âmbito do SUS. In: GIA-CON, Flávia; BASSANI, Milena (coord.). *Reprodução assistida*: a relação entre direito e medicina. Editora Império, 2022.

SIMONELLI, Osvaldo Pires Garcia. O sensacionalismo na atividade médica. *In*: CAMARIM, Lavínio Nilton (coord.). *Ética em publicidade médica*. 2. ed. São Paulo: Conselho Regional de Medicina do Estado de São Paulo, 2006. p. 33-38. (Série Cadernos CREMESP).

SIQUEIRA, J. E.; GUERRA, M. A. T. Doente terminal. *Cadernos de Bioética*, São Paulo, 2001.

SOUZA, Virgínio Cândido Tosta de; PESSINI, Léo; HOSSNE, William Saad. Bioética, religião, espiritualidade e a arte do cuidar na relação médico-paciente. *Revista Bioethikos*, v. 6, n. 2, p. 181-190, 2012.

SUPERIOR TRIBUNAL DE JUSTIÇA – STJ. *Jurisprudência em teses*, Brasília, DF, n. 135, 18 out. 2019. Disponível em: https://www.stj.jus.br/internet_docs/jurisprudencia/jurisprudenciaemteses/Jurisprud%C3%AAncia%20em%20Teses%20135%20-%20Conselhos%20Profissionais%20-%20I.pdf. Acesso em: 8 jul. 2022.

TEIXEIRA, Gustavo. Abuso sexual. *Revista Ser Médico*, n. 60, jul./set. 2012. Disponível em: https://www.cremesp.org.br/?siteAcao=Revista&id=619. Acesso em: 10 ago. 2022.

THERRIE, Bárbara. 2 casais, 2 rins, 4 cirurgias simultâneas: o 1º transplante pareado do país. Disponível em: https://www.uol.com.br/vivabem/noticias/redacao/2022/05/02/dois-casais-e-dois-transplantes-simultaneos-conheca-o-transplante-pareado.htm. Acesso em: 15 set. 2022.

UNITED STATES OF AMERICA. State of California. AB-15 End of life. Disponível em: https://leginfo.legislature.ca.gov/faces/billNavClient.xhtml?bill_id=201520162AB15. Acesso em: 10 set. 2022.

UNITED STATES OF AMERICA. State of Oregon. Oregon Health Authority. Death with Dignity Act. Disponível em: https://www.oregon.gov/oha/PH/PROVIDERPARTNERRESOURCES/EVALUATIONRESEARCH/DEATHWITHDIGNITYACT/Pages/index.aspx. Acesso em: 10 set. 2022.

UR-NAMU. *In*: WIKIPÉDIA: a enciclopédia livre. Disponível em: https://pt.wikipedia.org/wiki/Ur-Nammu. Acesso em: 5 set. 2019.

URUGUAY. Código Penal de Uruguay (Ley 9.155/1993). Disponível em: https://www.oas.org/juridico/mla/sp/ury/sp_ury-int-text-cp.pdf. Acesso em: 5 out. 2016.

VV.AA. Diretriz da Sociedade Brasileira de Cardiologia sobre Telemedicina na Cardiologia – 2019. *Arq. Bras. Cardiol.* v. 113, n. 5, p. 1.006-1.056, 2019.

WORLD HEALTH ORGANIZATION (WHO). *International Classification of Diseases* (ICD-11). 11. rev. Geneva: WHO, 2018.

WORLD HEALTH ORGANIZATION (WHO). Palliative care. Disponível em: https://www.who.int/health-topics/palliative-care. Acesso em: 14 jun. 2022.

WORLD HEALTH ORGANIZATION (WHO). Telemedicine opportunities and developments in Member States. *Global Observatory for eHealth series*, v. 2, 2010. Disponível em: https://www.who.int/goe/publications/goe_telemedicine_2010.pdf. Acesso em: 7 set. 2022.

ZATERKA, L. A longevidade segundo a concepção de vida de Francis Bacon. *Filosofia e História da Biologia*, v. 5, n. 1, p. 127-140, 2010.

ZILLES, U. A sacralidade da vida. *Teocomunicação*, Porto Alegre, v. 37, n. 157, p. 337-351, 2007. ISSN 0103-314X. Disponível em: https://revistaseletronicas.pucrs.br/ojs/index.php/teo/article/view/2717/2065.

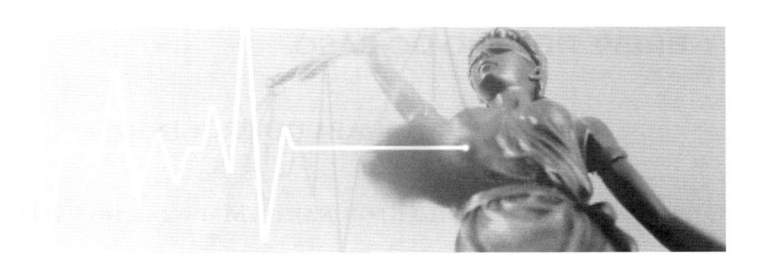

ANEXO

O PROCESSO ÉTICO-PROFISSIONAL MÉDICO NA PRÁTICA[1]

Nas páginas seguintes o leitor poderá "visualizar" um processo ético-profissional médico, sua estrutura e forma.

Os fatos são extraídos de hipóteses práticas, cuja semelhança com possíveis fatos reais é mera coincidência.

Todos os dados, nomes etc. são absolutamente fictícios, criados para estudo acadêmico.

Todas as peças processuais foram criadas para fins acadêmicos e representam apenas um indicativo prático para orientar os estudos.

---

[1] Este processo ético-profissional foi elaborado no âmbito do Programa de Formação em Direito Médico, sob responsabilidade do Prof. Osvaldo Simonelli, em conjunto com os alunos.

1.   BREVE RESUMO DO CASO

[CAPA DO PROCESSO[2]]

Conselho Regional de Medicina do Estado de

Denunciante: Sr. Cláudio José

Sindicado (s):   Dr. Carlos Paulo. CRM X00012

Dr. Daniel Marcos. CRM Y00013

Dr. Marcos Ricardo. CRM W00014

Dr. Luiz Augusto. CRM R000015

Resumo do Caso: *Paciente reclama de cirurgia realizada em que teria ficado com movimento da mão esquerda limitado, além de dores constantes, com correção após novo procedimento realizado com neurologista.*

2.   DENÚNCIA ÉTICA[3]

Ilustríssimo Senhor Presidente do Conselho Regional de Medicina do Estado de ( )

> Protocolo Conselho Regional de Medicina nº 3.528/2021
>
> Recebido em 5 de julho de 2022

Despacho:

Autue-se como sindicância.

Conselheiro Corregedor.

Cláudio José, brasileiro, autônomo, solteiro, portador do RG n. 00.000.000-x, residente e domiciliado à Rua XYZ, n. 002, na cidade de ( ), neste Estado, CEP. 00.000-00 vem, por seu

---

[2]   Em geral, na capa do processo constam o número de autuação, a identificação das partes e um breve resumo dos fatos em investigação.

[3]   A sindicância, normalmente, tem início com uma denúncia formulada pelo paciente, protocolada junto ao respectivo Conselho Regional de Medicina. Também podem ocorrer sindicâncias instauradas por representação de órgãos públicos, pessoas jurídicas de direito privado, comissões de ética médica e *ex officio* por parte do próprio Conselho.

Aqui fornecemos uma "minuta" de denúncia para que o leitor possa ter uma noção inicial.

advogado que a presente subscreve, requerer a instauração de sindicância ética, na forma da Resolução CFM nº 2.306/2022 pelas razões de fato e de direito a seguir articuladas.

I – RESUMO DOS FATOS

O Denunciante, na data de 20 de fevereiro de 2021, por volta das 23h, andava de bicicleta próximo à sua residência quando, infelizmente, veio a colidir com um carro, sofrendo dois cortes profundos na mão esquerda, sendo um no polegar, com rompimento de tendão, e outro no punho, com rompimento do nervo mediano.

Imediatamente foi conduzido ao Hospital do Bairro, recebendo atendimento médico por parte do médico, Dr. Carlos Paulo, CRM X00012, clínico geral, que indicou avaliação por ortopedista, e aplicou-lhe medicação para controle da dor.

O Denunciante foi avaliado ainda durante a madrugada entre os dias 20 e 21 de fevereiro pelo ortopedista, Dr. Daniel Marcos, CRM Y00013, que indicou procedimento cirúrgico de urgência para correção o quanto antes, principalmente do punho, diante do rompimento do nervo mediano.

Realizados os exames pré-operatórios e uma ultrassonografia que confirmou o rompimento do nervo mediano, o Denunciante foi informado que aguardava apenas a liberação do procedimento por parte de seu plano de saúde.

Após 9 dias de internação, preparando-se todas as noites para a cirurgia, ela foi realizada no dia 01 de março de 2021, com alta médica no dia subsequente, dia 02 de março, sendo que ainda estava com fortes dores no local, mesmo com toda a medicação analgésica indicada pelo médico cirurgião.

Retorna, o Denunciante, para consulta com o médico cirurgião que indica necessidade de fisioterapia para melhora da dor e restabelecimento dos movimentos da mão esquerda, ainda bastante limitados, inclusive em razão da dor.

Sem conseguir melhora substancial, o Denunciante passa por uma consulta com outro profissional, também ortopedista, aos 20 de março de 2021, Dr. Marcos Ricardo, CRM W00014, que indica pela correição do procedimento realizado, mas indica novos medicamentos para controle da dor, também sem resultados efetivos, sendo que o movimento da mão não apresenta melhora.

Passados alguns meses sem que o Denunciante consiga retornar seus movimentos plenos, no mês de junho de 2021, procura um Neurocirurgião, Dr. Luiz Augusto, CRM R000015, que aponta a necessidade de novo procedimento cirúrgico, realizado aos 10 de junho, e afirma que o procedimento, diante da complexidade, não deveria jamais ter sido realizado por ortopedista, uma vez que envolvia uma correção do plexo braquial.

Após este novo procedimento, consegue melhora da dor e observa avanço significativo dos movimentos, com ajuda de fisioterapia.

II – DO MÉRITO DA DENÚNCIA

Quanto ao mérito da denúncia, resta evidenciado que houve uma sequência de equívocos praticados, indicando um dano efetivo à saúde do Denunciante que, até os dias atuais, ainda apresenta limitações a respeito do movimento de sua mão esquerda.

Ao que parece, o atendimento prestado inicialmente no Hospital do Bairro foi insuficiente sob diversos aspectos.

Em primeiro momento, houve uma demora injustificada na realização do procedimento, na medida em que a informação era sempre a de que "não havia autorização do plano de saúde", o que indica que, muito possivelmente, houve falha na comunicação dos médicos e na indicação de ser um caso de urgência.

Num segundo momento, houve uma falha no procedimento cirúrgico que, a princípio, não poderia ter sido realizado pelo médico ortopedista, e depois precisou ser corrigida pelo Neurocirurgião quando, finalmente, houve uma melhora efetiva do movimento da mão do Denunciante e uma redução substancial da dor.

III – DA CONCLUSÃO

Diante de tudo quanto exposto, não há dúvidas quanto ao fato de que, no presente caso, os indícios de infração ética são absolutamente suficientes à instauração do processo ético-profissional contra os profissionais abaixo indicados, pela prática das infrações éticas consubstanciadas, no mínimo, no artigo 1º da Resolução CFM n. 2.217/2018 (Código de Ética Médica):

> É vedado ao médico:
>
> Art. 1º. Causar dano ao paciente, por ação ou omissão, caracterizável como imperícia, imprudência ou negligência.
>
> Parágrafo único. A responsabilidade médica é sempre pessoal e não pode ser presumida.

Quanto à conduta dos médicos envolvidos, destacamos:

- **Dr. Carlos Paulo – Clínico geral – 1º médico a atender o paciente**
  - Deve ser analisado se houve o pedido de urgência/emergência para a realização da cirurgia, já que houve um lapso temporal de 10 dias entre o acidente e a primeira cirurgia.
  - Acaso houvesse o pedido de urgência/emergência a autorização da cirurgia deveria ser em, no máximo, 48 horas.
  - Não foi solicitado exame de imagem, nem mesmo para saber se houve fratura. Talvez um exame mais acurado pudesse ter elucidado melhor a lesão e um encaminhamento e tratamento mais efetivo, demonstrando uma negligência.

- **Dr. Daniel Marcos – Cirurgião ortopedista**
  - Sua conduta deve ser investigada para saber se ele detinha as habilidades e formação necessárias à realização da cirurgia ou se, por envolver lesão de nervo, deveria ter chamado/encaminhado para o neurocirurgião.
  - Como foi a primeira cirurgia, tal conduta deve ser investigada para saber se houve alguma negligência, imperícia ou imprudência e se o procedimento foi realizado dentro do preconizado na literatura médica.

- **Dr. Marcos Ricardo (atendimento em 20/03/2021 – ortopedista)**
  - O atendimento foi realizado 20 dias após a cirurgia e só foi prescrito medicamento para controle da dor.
  - Averiguar se caberia a solicitação de algum exame ou procedimento para avaliar como estava a evolução do procedimento cirúrgico, caracterizando uma possível negligência.

- **Dr. Luiz Augusto – Neurocirurgião**
  - Avaliar a cirurgia realizada, se houve negligência, imprudência ou imperícia.
  - Avaliar se a neurólise teve que ser realizada em decorrência da demora da cirurgia anterior ou se pela técnica utilizada pelo ortopedista cirurgião, que causou um dano ao paciente.

- **Diretor técnico do plano de saúde**
  - Como o diretor técnico responde pelo plano de saúde, sua conduta seria investigada para saber o motivo do lapso temporal de 10 dias entre a solicitação da cirurgia e a efetivação da mesma.
  - Havendo omissão ou negativa indevida do plano de saúde, o diretor técnico responderá perante o Conselho.

Requer-se, portanto, seja a presente denúncia recebida e processada na forma do artigo 12 e seguintes na forma do artigo 14, II, da Resolução CFM n. 2.306/2022, instaurando-se, ao final, o competente processo ético-profissional diante dos graves indícios de faltas éticas cometidas pelos médicos envolvidos.

Outrossim, requer-se seja oficiado ao Plano de Saúde Vida Longa para que informe o nome do Diretor Técnico e seja ele chamado a prestar os devidos esclarecimentos, bem como ao Hospital do Bairro para que junte aos autos cópia integral do prontuário do paciente.

Para fins de intimações/notificações processuais, declina-se o endereço do patrono do Denunciante, localizado à Rua JKL, 21, nesta cidade, endereço eletrônico: direitodopaciente@gizmail.com.jt.

Termos em que,

Pede deferimento.

(local e data).

[Identificação do Advogado]

OAB

DOCUMENTOS QUE INSTRUEM A PRESENTE DENÚNCIA ÉTICA:

a. Atestados médicos.

b. Prescrição de medicamentos.

c. Exames complementares realizados.

d. Procuração.

e. Documentos pessoais do Denunciante.

PROCURAÇÃO *AD JUDITIA ET EXTRA*

Outorgante:

Outorgado:

Poderes:

[inserir os poderes da cláusula *ad juditia*, acrescentando ao final os poderes específicos:

...em especial para realizar representação ético-profissional junto ao Conselho Regional de Medicina.

Assinatura

Denunciante.

FICHA CADASTRAL DO(S) MÉDICO(S)[4]

Ficha Cadastral Médico

Conselho Regional de Medicina do Estado de

Nome do médico.

Endereço.

Qualificação completa.

Formação.

Especialidades.

Despacho:[5]

Nos termos do art. 16 do Código de Processo Ético-profissional, fica designado o Dr. [Fulano de Tal], como Conselheiro Sindicante para sindicar o presente feito, elaborando relatório conclusivo ao final.

Prazo de 90 dias.

Conselheiro Corregedor.

---

[4] Em regra, o Conselho junta aos autos, logo no início da sindicância, a ficha cadastral dos médicos denunciados.

[5] O Conselheiro Corregedor despacha nomeando um Conselheiro para ser o "Sindicante".

<u>**Despacho:**</u>[6]

Ciente da designação.

Intimem-se os médicos denunciados, **Drs. Carlos Paulo, Daniel Marcos, Marcos Ricardo e Luiz Augusto,** para prestarem os devidos esclarecimentos no âmbito desta sindicância.

Intime-se o Responsável Técnico do Plano de Saúde Vida Longa para esclarecer a demora na autorização da cirurgia.

Prazo: 15 dias.

Conselheiro Sindicante.

Ofício nº 01/2020 – Sindicância[7]

Ref.: (número da sindicância) – favor utilizar este número como referência

(são expedidos ofícios específicos para cada um dos médicos, intimando-os a prestar os devidos esclarecimentos).

Fica, Vossa Senhoria, devidamente intimado quanto ao despacho proferido pelo Conselheiro Sindicante:

> "Intimem-se os médicos denunciados, **Drs. Carlos Paulo, Daniel Marcos, Marcos Ricardo e Luiz Augusto,** para prestarem os devidos esclarecimentos no âmbito desta sindicância."

3. MANIFESTAÇÃO DOS MÉDICOS[8]

ILUSTRÍSSIMO SENHOR CONSELHEIRO SINDICANTE DOUTOR ( )

Sindicância ético-profissional nº ( ).

Ref.: Manifestação em Sindicância.

DRS. CARLOS PAULO, DANIEL MARCOS, MARCOS RICARDO E LUIZ AUGUSTO, devidamente qualificados nos presentes autos, conforme fichas de qualificação às fls. ( ), por seu advogado que a presente subscreve vem, à Vossa Ilustre presença, **manifestar-se** quanto ao teor da sindicância em epígrafe, conforme r. despacho de fls., o que o faz com base nas razões de fato e de direito a seguir articuladas:

---

[6] O Conselheiro Sindicante recebe os autos e passa a praticar os atos necessários à instrução. Alguns Conselhos Regionais realizam estes atos de simples andamento processual por intermédio de "Delegados Regionais".

[7] Após os despachos, o setor administrativo responsável emite os respectivos ofícios. Lembrando: os prazos correm da juntada aos autos do respectivo comprovante de recebimento, e sempre em dias corridos.

[8] Trata-se de uma "minuta" exemplificativa a respeito da manifestação dos médicos na fase de sindicância. Nesta fase inicial investigativa, a manifestação visa a apontar apenas a inexistência de indícios de infração ética.

I – BREVE RESUMO DOS FATOS

Trata-se, em apertada síntese, de denúncia formulada em face dos médicos ora indicados, na medida em que participaram do atendimento prestado ao Denunciante, em uma sequência de tratamentos após acidente ocorrido aos 20 de fevereiro de 2021, com atendimento inicial ocorrido no âmbito do Hospital do Bairro.

Relata o Denunciante ter ficado com sequelas dos tratamentos realizados, diminuição do movimento da mão esquerda e dores crônicas.

Jamais se pretende, com a presente manifestação, reduzir ou menosprezar o quanto experimentando pelo Denunciante em decorrência do acidente e consequências posteriores, mas apenas demonstrar que não há, sequer, indícios de infrações éticas cometidas pelos profissionais que o atenderam. Senão, vejamos:

II – DO MÉRITO DA MANIFESTAÇÃO

Individualizando as condutas, importante o destaque individual acerca da participação de cada profissional mencionado na Denúncia ética.

💡 **Dica de defesa:** (*sempre desenvolver um pouco mais de acordo com os detalhes do atendimento – pegar qual a medicação ministrada, quais os exames solicitados e realizados – isso deve constar do prontuário. Levantar informações acerca do procedimento médico realizado, possíveis consequências, lembrando sempre que há sequelas naturais do acidente, que não decorrem de um possível erro médico*).

II.a – Dr. Carlos Paulo

O médico em questão foi o primeiro a ter contato com o paciente, ao avaliá-lo na chegada ao Hospital. Como Clínico Geral realizou os atos necessários para estabilizar a situação, controlar a dor, chamando a avaliação imediata do ortopedista, diante da gravidade inicial do caso.

Assim, realizou sua função de forma eticamente correta, sem causar nenhum dano ao paciente. O protocolo de atendimento foi devidamente observado no caso concreto, considerando a entrada do paciente pelo sistema de urgência do hospital, com triagem imediata e avaliação médica eficiente.

II.b – Dr. Daniel Marcos

O Dr. Daniel realizou o procedimento cirúrgico tão logo houve a autorização do plano de saúde, utilizando-se da melhor técnica em benefício do seu paciente.

Formado pela Universidade Estadual há 10 anos, é especialista em ortopedia, cirurgião, com RQE registrado no CRM sob n. 1234.

O quadro do paciente era estável no momento da cirurgia, mas, infelizmente, um pouco tardio em razão da demora do plano de saúde, fato alheio à sua vontade e à sua atividade.

As sequelas relatadas pelo Denunciante, infelizmente, decorrem do próprio acidente, demandando recuperação lenta, através da prática da fisioterapia, não existindo comprovação nos autos de que, de fato, ele estaria realizando.

A correção do nervo e a do tendão são práticas bastante delicadas, e que não se esgotam pelo procedimento cirúrgico, por vezes, demandando novo procedimento, como o realizado pelo médico neurocirurgião.

Ocorre que o Denunciante, naturalmente impaciente com a sua lenta e natural recuperação, não seguiu as devidas recomendações médicas, o que afasta a responsabilidade do Denunciado no caso em tela.

Não há, portanto, sequer indícios de infração ética a justificar a abertura de processo ético em face do Denunciado.

II.c – Dr. Marcos Ricardo

O Médico acima indicado teve pouca ou quase nenhuma participação no feito, na medida em que realizou uma única consulta com o paciente, avaliando a situação de sua cirurgia que, aparentemente, estava correta.

Prescreveu medicação específica para controle da dor, e indicou a continuidade da fisioterapia pelo paciente, no total de ( ) sessões, retornando após. Infelizmente, o paciente não deu continuidade ao atendimento pelo Dr. Marcos Ricardo, deixando de comparecer a consultas posteriores para uma melhor avaliação.

Neste contexto, não há que se falar em qualquer forma de infração ética pelo Denunciado.

II.d – Dr. Luiz Augusto

Dr. Luiz Augusto foi o último médico a ter contato com o paciente e, quanto a ele, não há queixas. O médico, neurocirurgião, em último procedimento realizado, conseguiu melhorar bastante o quadro do paciente, com sequelas naturais em razão do acidente grave.

Importante destacar que a correção total do movimento da mão do Denunciante, bem como o controle efetivo das dores, ainda demandará tempo e, principalmente, a sua participação ativa junto a acompanhamento por fisioterapia e medicação.

Portanto, não há que se cogitar a abertura de processo ético em face do médico em questão.

III – CONCLUSÃO. PEDIDOS E REQUERIMENTOS

Diante do exposto, requer seja a presente sindicância arquivada ante a total ausência de indícios de infração ética.

Outrossim, caso entenda como necessário, requer-se ao I. Conselheiro Sindicante que intime o Denunciante a complementar a denúncia, na medida em que faltam alguns elementos essenciais ao pleno esclarecimento do feito, tais como as fichas de fisioterapia realizada no período.

Também é importante que seja requerido, ao Hospital do Bairro, cópia integral do prontuário do paciente, para melhor avaliação do caso.

Termos em que,

Pede deferimento.

Data, local, assinatura.

CERTIDÃO[9]

Certifico que o Dr. Luiz José, responsável técnico pelo Plano de Saúde Boa Vida, em que pese devidamente intimado às fls. não apresentou manifestação.

Data.

(escriturário).

4. RELATÓRIO CONCLUSIVO DA SINDICÂNCIA[10]

Denunciante: Sr. CLÁUDIO JOSÉ

Procurador (fls. 07 dos autos).

Denunciados: Dr. Dr. Carlos Paulo. CRM X00012

Dr. Daniel Marcos. CRM Y00013

Dr. Marcos Ricardo. CRM W00014

Dr. Luiz Augusto. CRM R000015

Procurador (fls. 20 dos autos).

1. PARTE EXPOSITIVA[11]

Descrição dos fatos e circunstâncias em que ocorreram (art. 16, II – CPEP):

Trata-se de sindicância ético-profissional instaurada a partir de denúncia formulada perante este Casa, na qual o Denunciante relata que:

> *O Denunciante, na data de 20 de fevereiro de 2021, por volta das 23h, andava de bicicleta próximo à sua residência quando, infelizmente, veio a colidir com um carro, sofrendo dois cortes profundos na mão esquerda, sendo um no polegar, com rompimento de tendão, e outro no punho, com rompimento do nervo mediano.*

> *Imediatamente foi conduzido ao Hospital do Bairro, recebendo atendimento médico por parte do médico, Dr. Carlos Paulo, CRM X00012, clínico geral, que indicou avaliação por ortopedista, e aplicou-lhe medicação para controle da dor.*

> *O Denunciante foi avaliado ainda durante a madrugada entre os dias 20 e 21 de fevereiro pelo ortopedista, Dr. Daniel Marcos, CRM Y00013, que indicou procedimento cirúrgico de urgência para correção o quanto antes, principalmente do punho, diante do rompimento do nervo mediano.*

---

[9]   Os funcionários dos Conselhos Regionais de Medicina devem certificar nos autos os fatos ocorridos, tais como: ausência de manifestação, devolução de ofício não recebido etc.

[10]   O relatório conclusivo da sindicância é o documento que encerra esta fase, previsto no artigo 16 do CPEP, Res. CFM nº 2.306/2022.

[11]   A parte "expositiva" compreende um resumo do que foi colhido durante a fase investigativa, desde a denúncia inicial.

Realizados os exames pré-operatórios e uma ultrassonografia que confirmou o rompimento do nervo mediano, o Denunciante foi informado que aguardava apenas a liberação do procedimento por parte de seu plano de saúde.

Após 9 dias de internação, preparando-se todas as noites para a cirurgia, ela foi realizada no dia 01 de março de 2021, com alta médica no dia subsequente, dia 02 de março, sendo que ainda estava com fortes dores no local, mesmo com toda a medicação analgésica indicada pelo médico cirurgião.

Retorna, o Denunciante, para consulta com o médico cirurgião que indica necessidade de fisioterapia para melhora da dor e restabelecimento dos movimentos da mão esquerda, ainda bastante limitados, inclusive em razão da dor.

Sem conseguir melhora substancial, o Denunciante passa por uma consulta com outro profissional, também ortopedista, aos 20 de março de 2021, Dr. Marcos Ricardo, CRM W00014, que indica pela correição do procedimento realizado, mas indica novos medicamentos para controle da dor, também sem resultados efetivos, sendo que o movimento da mão não apresenta melhora.

Passados alguns meses sem que o Denunciante consiga retornar seus movimentos plenos, no mês de junho de 2021, procura um Neurocirurgião, Dr. Luiz Augusto, CRM R000015, que aponta a necessidade de novo procedimento cirúrgico, realizado aos 10 de junho, e afirma que o procedimento, diante da complexidade, não deveria jamais ter sido realizado por ortopedista, vez que envolvia uma correção do plexo braquial.

Após este novo procedimento, consegue melhora da dor e observa avanço significativo dos movimentos, com ajuda de fisioterapia.

(...)

Quanto à conduta dos médicos envolvidos, destacamos:

- **Dr. Carlos Paulo – Clínico geral – 1º médico a atender o paciente**
  - *Deve ser analisado se houve o pedido de urgência/emergência para a realização da cirurgia, já que houve um lapso temporal de 10 dias entre o acidente e a primeira cirurgia.*
  - *Acaso houvesse o pedido de urgência/emergência a autorização da cirurgia deveria ser em, no máximo, 48 horas.*
  - *Não foi solicitado exame de imagem, nem mesmo para saber se houve fratura. Talvez um exame mais acurado pudesse ter elucidado melhor a lesão e um encaminhamento e tratamento mais efetivo, demonstrando uma negligência.*

- **Dr. Daniel Marcos – Cirurgião ortopedista**
  - *Sua conduta deve ser investigada para saber se ele detinha as habilidades e formação necessárias à realização da cirurgia ou se, por envolver lesão de nervo, deveria ter chamado/encaminhado para o neurocirurgião.*
  - *Como foi a primeira cirurgia, tal conduta deve ser investigada para saber se houve alguma negligência, imperícia ou imprudência e se o procedimento foi realizado dentro do preconizado na literatura médica.*

- **Dr. Marcos Ricardo (atendimento em 20/03/2021 – ortopedista)**
  - O atendimento foi realizado 20 dias após a cirurgia e só foi prescrito medicamento para controle da dor.
  - Averiguar se caberia a solicitação de algum exame ou procedimento para avaliar como estava a evolução do procedimento cirúrgico, caracterizando uma possível negligência.

- **Dr. Luiz Augusto – Neurocirurgião**
  - Avaliar a cirurgia realizada, se houve negligência, imprudência ou imperícia.
  - Avaliar se a neurólise teve que ser realizada em decorrência da demora da cirurgia anterior ou se pela técnica utilizada pelo ortopedista cirurgião, que causou um dano ao paciente.

- **Diretor técnico do plano de saúde**
  - Como o diretor técnico responde pelo plano de saúde, sua conduta seria investigada para saber o motivo do lapso temporal de 10 dias entre a solicitação da cirurgia e a efetivação da mesma.
  - Havendo omissão ou negativa indevida do plano de saúde, o diretor técnico responderá perante o Conselho.

Instados a se manifestarem, os Denunciados apresentaram as seguintes manifestações, representados por único advogado:

II – Do Mérito da Manifestação

Individualizando as condutas, importante o destaque individual acerca da participação de cada profissional mencionado na Denúncia ética.

II.a – Dr. Carlos Paulo

O médico em questão foi o primeiro a ter contato com o paciente, ao avaliá-lo na chegada ao Hospital. Como Clínico Geral realizou os atos necessários para estabilizar a situação, controlar a dor, chamando a avaliação imediata do ortopedista, diante da gravidade inicial do caso.

Assim, realizou sua função de forma eticamente correta, sem causar nenhum dano ao paciente. O protocolo de atendimento foi devidamente observado no caso concreto, considerando a entrada do paciente pelo sistema de urgência do hospital, com triagem imediata e avaliação médica eficiente.

💡 **Dica:** *(sempre desenvolver mais, de acordo com os detalhes do atendimento – pegar qual a medicação ministrada, quais os exames solicitados e realizados – isso consta no prontuário).*

II.b – Dr. Daniel Marcos

O Dr. Daniel realizou o procedimento cirúrgico tão logo houve a autorização do plano de saúde, utilizando-se da melhor técnica em benefício do seu paciente.

Formado pela Universidade Estadual há 10 anos, é especialista em ortopedia, cirurgião, com RQE registrado no CRM sob n. 1234.

O quadro do paciente era estável no momento da cirurgia, mas, infelizmente, um pouco tardio em razão da demora do plano de saúde, fato alheio à sua vontade e à sua atividade.

As sequelas relatadas pelo Denunciante, infelizmente, decorrem do próprio acidente, demandando recuperação lenta, através da prática da fisioterapia, não existindo comprovação nos autos de que, de fato, ele estaria realizando.

A correção do nervo e a do tendão são práticas bastante delicadas, e que não se esgotam pelo procedimento cirúrgico, por vezes, demandando novo procedimento, como o realizado pelo médico neurocirurgião.

Ocorre que o Denunciante, naturalmente impaciente com a sua lenta e natural recuperação, não seguiu as devidas recomendações médicas, o que afasta a responsabilidade do Denunciado no caso em tela.

💡 **Dica:** *(explorar um pouco mais o procedimento médico realizado, possíveis consequências, sequelas, lembrando sempre que há sequelas naturais do acidente).*

Não há, portanto, sequer indícios de infração ética a justificar a abertura de processo ético em face do Denunciado.

II.c – Dr. Marcos Ricardo

O Médico acima indicado teve pouca ou quase nenhuma participação no feito, na medida em que realizou uma única consulta com o paciente, avaliando a situação de sua cirurgia que, aparentemente, estava correta.

Prescreveu medicação específica para controle da dor, e indicou a continuidade da fisioterapia pelo paciente, no total de ( ) sessões, retornando após. Infelizmente, o paciente não deu continuidade ao atendimento pelo Dr. Marcos Ricardo, deixando de comparecer a consultas posteriores para uma melhor avaliação.

Neste contexto, não há que se falar em qualquer forma de infração ética pelo Denunciado.

💡 **Dica:** *(sempre anexar documentos comprobatórios – prescrição médica, prontuário etc.).*

II.d – Dr. Luiz Augusto

Dr. Luiz Augusto foi o último médico a ter contato com o paciente e, quanto a ele, não há queixas. O médico, neurocirurgião, em último procedimento realizado, conseguiu melhorar bastante o quadro do paciente, com sequelas naturais em razão do acidente grave.

💡 **Dica:** *(descrever um pouco mais o ato cirúrgico, o quadro do paciente, e o prognóstico pós-cirurgia).*

Importante destacar que a correção total do movimento da mão do Denunciante, bem como o controle efetivo das dores, ainda demandará tempo e, principalmente, a sua participação ativa junto a acompanhamento por fisioterapia e medicação.

Portanto, não há que se cogitar a abertura de processo ético em face do médico em questão.

III – Conclusão. Pedidos e Requerimentos

Diante do exposto, requer seja a presente sindicância arquivada ante a total ausência de indícios de infração ética.

Outrossim, caso entenda como necessário, requer-se ao I. Conselheiro Sindicante que intime o Denunciante a complementar a denúncia, na medida em que faltam alguns elementos essenciais ao pleno esclarecimento do feito, tais como as fichas de fisioterapia realizada no período.

Também é importante que seja requerido, ao Hospital do Bairro, cópia integral do prontuário do paciente, para melhor avaliação do caso.

2. PARTE CONCLUSIVA[12]

Indicação da correlação entre os fatos apurados e a eventual infração ao Código de Ética Médica (art. 16, III do CPEP)

O caso em análise não demanda maiores investigações.

Trata-se de uma cirurgia de correção de nervo e tendão da mão esquerda, decorrente de acidente sofrido pelo paciente, em que houve uma demora de 9 dias até que o plano de saúde autorizasse o procedimento.

Segundo o relato, bem como a análise da conduta adotada pelos profissionais, verifica-se que houve um procedimento inicialmente realizado, no dia 1º de março de 2021, decorrente de trauma, e não alguma síndrome ou deformação congênita.

A cirurgia da mão pode ser realizada pelo cirurgião ortopedista, e me parece que o Dr. Daniel Marcos possuía a qualificação necessária, uma vez especialista na área, com RQE registrado junto a este Conselho o que, obviamente, não o exime de eventual culpa no procedimento.

Pelos relatos colhidos nos autos, há dois pontos importantes: a demora no procedimento e a alta, aparentemente precoce, já que no dia seguinte ao procedimento com o paciente ainda relatando muitas dores.

Os resultados da cirurgia de mão não são imediatos, e surgem de forma gradual, na medida em que o inchaço começa a diminuir e são realizadas sessões de fisioterapia, sendo que o resultado final pode aparecer apenas após meses.

No caso, o paciente ainda teve que ser submetido a novo procedimento, agora com neurocirurgião, através de uma microcirurgia do plexo braquial com exploração e neurólise, o que indica uma possível correção do procedimento anterior.

Quanto à demora no procedimento, o responsável técnico pelo Plano de Saúde sequer respondeu ao chamado deste Conselho.

Diante do contexto, proponho a abertura de processo ético-profissional em face do Dr. Daniel Marcos, em razão de dois fatores preponderantes, sendo a alta precoce em decorrência

---

[12] A parte "conclusiva" representa o desfecho da investigação, sob a ótica do Conselheiro Sindicante. Ele pode propor a instauração de processo ético ou o seu arquivamento, ante a ausência de indícios de infração ética. Também é possível homologar uma conciliação ou um TAC, além de propor interdição cautelar ou procedimento administrativo para averiguação de doença incapacitante ao exercício da medicina.

do relato de dor intensa por parte do paciente e de possível erro ocorrido no procedimento realizado, com necessária correção posterior.

Assim, há indícios de infração ao artigo 1º do Código de Ética Médica.

Quanto ao Dr. Luiz José, responsável técnico pelo Plano de Saúde Boa Vida, há indícios de infração ao artigo 1º do Código de Ética Médica, na medida em que a demora injustificada na autorização pode ter atuado de forma a prejudicar o procedimento. Além disso, ao não responder à intimação deste Conselho, também incorre na prática vedada pelo artigo 17 do Código de Ética Médica.

É vedado ao médico:

Art. 1º Causar dano ao paciente, por ação ou omissão, caracterizável como imperícia, imprudência ou negligência.

Art. 17 Deixar de cumprir, salvo por motivo justo, as normas emanadas dos Conselhos Federal e Regionais de Medicina e de atender às suas requisições administrativas, intimações ou notificações no prazo determinado.

Figurará como Denunciante, o paciente, Sr. **Cláudio José**.

Assinatura do Conselheiro Sindicante.

Aprovado na Câmara de Sindicâncias.[13]
Homologado em Plenária.

5. PROCESSO ÉTICO-PROFISSIONAL[14]

TERMO DE ABERTURA DOS TRABALHOS[15]

Processo Ético-profissional n.

Fica designado para conduzir o processo, na forma do artigo 36 do CPEP o Conselheiro Dr. (...)

Assinatura

Conselheiro Corregedor.

---

13 Não há, nos Conselhos, decisões monocráticas. As deliberações são adotadas em órgãos colegiados, denominados de "Câmaras" ou "Plenos".

14 Uma vez constatada a existência de indícios de infração ética, é instaurado o Processo Ético-profissional (PEP), onde é obrigatória a observância da ampla defesa e do contraditório.

15 O Conselheiro Corregedor determina a instauração do processo ético-profissional, a partir da deliberação da Câmara de Sindicância, nomeando um Conselheiro Instrutor para instruir o feito.

Despacho:[16]

Citem-se os denunciados, e intimem-se para apresentar Defesa Prévia em 30 dias, na forma dos artigos 40 e 43 do CPEP.

Intime-se o Denunciante para ciência quanto à abertura do PEP e prazo de 30 dias para arrolar suas testemunhas, na forma do artigo 44 do CPEP.

Ass.

Conselheiro Corregedor.

Ofício nº 01/2020 – PEP

Ref.: (número do PEP) – favor utilizar este número como referência

(ofício para os médicos denunciados – **citação**)

(ofício específico para o **denunciante**)

6. DEFESA PRÉVIA[17]

Ilustríssimo Senhor Conselheiro Instrutor do E. Conselho Regional de Medicina do Estado de ...

Processo ético-profissional n.

---

[16] O primeiro ato processual sob a responsabilidade do Conselheiro Instrutor é a citação do denunciado, para apresentar a sua defesa prévia, bem como notificar o denunciante quanto à abertura do PEP, intimando-o quanto à possibilidade de se manifestar e arrolar testemunhas.

[17] Trata-se de uma minuta de defesa prévia, orientativa, com finalidade acadêmica para que o leitor possa visualizar uma peça processual administrativa defensiva. Na defesa prévia é importante que haja manifestação específica aos fatos imputados e, não exclusivamente, os artigos.

DANIEL MARCOS, médico, devidamente inscrito junto a este Conselho Regional de Medicina sob n. e LUIZ JOSÉ, médico, também devidamente inscrito perante este E. CRM sob n., ambos já devidamente qualificados vêm, à vossa Ilustre Presença, por seu advogado que a presente subscreve, citados e intimados nos presentes autos, apresentar DEFESA PRÉVIA, com base no artigo 43 e seguintes da Res. CFM nº 2.306/2022 – Código de Processo Ético-profissional (CPEP), e fundamentada nas razões de fato e de direito a seguir articuladas:

I – RESUMO DOS FATOS

Trata-se de Processo Ético-profissional (PEP) instaurado em face de ambos os profissionais, a partir de sindicância iniciada por denúncia formulada pelo paciente, em razão de procedimento cirúrgico realizado pelo Dr. Daniel Marcos, bem como pela possível demora na realização da cirurgia, sob responsabilidade autorizativa do responsável técnico da operadora do plano de saúde, Dr. Luiz José.

Pelo relatório conclusivo da sindicância, foi realizada a abertura de PEP com base em indícios de infração aos artigos 1º do Código de Ética Médica, bem como ao artigo 17 por parte do Dr. Luiz José ante a sua inércia em responder ao chamamento da sindicância.

🔅 **Dica de defesa:** [*não se estender muito no resumo dos fatos... pode-se até complementar com mais alguns detalhes, mas não indicamos que esse trecho da peça fique muito extenso*]

Entretanto, o presente processo ético deverá ser julgado absolutamente improcedente, com a absolvição de ambos os profissionais. Senão, vejamos:

II – PRELIMINARMENTE[18]

Da Ausência de Propositura de TAC

O Código de Processo Ético-profissional, em seu art. 23, assim dispõe, *in verbis*:

> Do Termo de Ajustamento de Conduta (TAC)
>
> Art. 23. O Termo de Ajustamento de Conduta (TAC) é o ato jurídico pelo qual a pessoa, física ou jurídica, em regra, reconhecendo implicitamente que sua conduta ofende ou pode ofender interesse ético individual ou coletivo, assume, perante órgão público legitimado, o compromisso de eliminar a ofensa ou o risco, por meio da adequação de seu comportamento às exigências éticas, mediante formalização de termo.
>
> § 1º O TAC depende de proposta do sindicante ou de outro membro da Câmara, após a apresentação de seu relatório conclusivo, e será firmado após aprovação pela Câmara de sindicância.
>
> § 2º O TAC será admitido nos casos em que não envolvam lesão corporal de natureza grave (art. 129, §§ 1º a 3º do Código Penal), violação à dignidade sexual ou óbito do paciente relacionados à conduta médica objeto da apuração.

---

[18] Como tópico "preliminar" devem constar as possíveis nulidades processuais. Uma vez afastadas pelo Conselheiro Instrutor, devem ser reiteradas em alegações finais, para serem apreciadas em Sessão de Julgamento.

O Termo de Ajustamento de Conduta, portanto, é admitido nos casos que não envolvam lesão corporal de natureza grave, assédio sexual ou óbito do paciente, o que significa dizer que, nos demais casos, ele deve ser proposto (desde que atendidas as demais condições, principalmente a primariedade do Denunciado, como ocorre na presente hipótese).

Em se tratando de processo administrativo punitivo, significa que o próprio Conselho Federal de Medicina, excetuadas as hipóteses taxativas da norma, enquanto agente normatizador, optou por qualificar as demais possíveis infrações de baixo potencial lesivo ou ofensivo; nesta hipótese, o TAC passa a ser uma prerrogativa objetiva e jamais subjetiva.

Neste sentido, qual teria sido a justificativa para que o Denunciado, uma vez não enquadrado em nenhuma das hipóteses proibitivas indicadas no CPEP, não tenha tido oportunidade de avaliar a possibilidade de firmar um TAC? Ante a ausência de fundamentação, há uma nulidade patente no presente caso.

Nem se justifique tratar-se de uma nulidade da sindicância, portanto incomunicável com a fase de processo, na medida em que a possibilidade de TAC é exclusiva daquele momento procedimental, o que indica que deve o feito retornar para a origem, abrindo-se tal oportunidade.

🔅 **Dica de defesa: Prescrição**[19]

5 anos contados do conhecimento do fato pelo Conselho até a **citação**.

3 anos paralisado sem andamento.

Requerer o arquivamento do processo, se for a hipótese, pela prescrição (da pretensão punitiva: 5 anos; da prescrição intercorrente 3 anos sem andamento), dentro do que consta no capítulo específico do livro.

III – DO MÉRITO

– **Dr. Daniel Marcos** – suposta infração ao artigo 1º do CEM (alta precoce em decorrência do relato de dor intensa por parte do paciente e de possível erro ocorrido no procedimento realizado, com necessária correção posterior):

Sugestões para linhas de defesa:

• Obrigação de meio e não de resultado, ou seja, o médico deveria fazer tudo o que está ao seu alcance para minimizar os problemas.

• Não houve dano ao paciente por erro médico, visto que as sequelas que o paciente sofreu foram em decorrência do acidente, o Dr. Daniel Marcos apenas fez o possível para minimizar as sequelas. Logo, os danos seriam os mesmos independentemente da atuação do médico.

• Importante frisar que o Dr. Daniel Marcos observou todos os protocolos do Hospital e da boa prática médica, respeitando a medicina moderna e realizando os procedimentos de acordo com os estudos, dando inclusive todas as orientações

---

[19] Observar os prazos prescricionais para verificar se, no caso concreto, são aplicáveis.

necessárias ao paciente quando da alta médica. O que não se sabe e não se tem prova neste processo é se de fato o paciente cumpriu todas as orientações repassadas pelo médico, Dr. Daniel Marcos.

• Aliás, quanto à alta cabe observar que ela foi feita em tempo certo, pois manter o paciente dentro do ambiente hospitalar só iria trazer mais prejuízo e riscos à saúde do mesmo, sobretudo em época de pandemia. Naquele momento era plenamente possível a alta do paciente.

• O Dr. Daniel Marcos tem especialidade registrada RQE e uma carreira indiscutível, além disso nunca sofreu nenhuma penalidade ética frente ao Conselho de Medicina.

– **<u>Dr. Luiz José</u>** – suposta infração ao artigo 1º do CEM (demora injustificada na autorização pode ter atuado de forma a prejudicar o procedimento):

Sugestões para linhas de defesa:

• Até onde se demonstrou na Sindicância, a suposta demora na concessão pelo plano de saúde não trouxe prejuízos ao paciente.

• Todos os prazos foram respeitados de acordo com as normas da ANS.

– **<u>Dr. Luiz José</u>** – suposta infração ao artigo 17 do CEM.

Sugestões para linhas de defesa:

• A Sindicância é um procedimento informal, no qual não há qualquer obrigatoriedade de manifestação pelos médicos, ressalta-se que apenas no PEP é que há necessária de apresentação de manifestação, ainda que de forma a informar que permanecerá em silêncio.

• Vale observar que no momento mais importante, ou seja, no PEP, o Dr. Luiz José se apresentou perante o Conselho com sua defesa.

• Por um dos integrantes do grupo foram trazidos à tona os mesmos princípios do Direito Penal, sobretudo que "ninguém é obrigado a produzir prova contra si mesmo".

• O Dr. Luiz José acrescenta em sua defesa ainda que tem uma carreira ilibada, nunca sofreu nenhuma penalidade ética, trabalha como responsável técnico pelo Plano de Saúde Boa Vida há anos, sempre prezando pelo respeito à vida e saúde dos pacientes/clientes.

Dica: Lembramos que a obrigação de provar os fatos alegados é do Conselho Regional de Medicina, enquanto órgão acusador.

Realizar a impugnação específica quanto aos artigos imputados.

Pesquisar na jurisprudência do CFM se há casos semelhantes: https://sistemas.cfm.org.br/jurisprudencia/

IV – CONCLUSÕES E REQUERIMENTOS

Diante de tudo quanto exposto, requer-se seja acolhida a preliminar de mérito arguida, retornando-se o feito à fase de sindicância para propositura do respectivo TAC ou, quanto ao mérito, o que se admite apenas pelo princípio da eventualidade, seja o presente processo ético-profissional julgado improcedente para absolver integralmente os médicos Denunciados.

Requer-se, ainda, sejam intimadas as testemunhas abaixo arroladas para a respectiva audiência de instrução quando efetivamente designada.

TESTEMUNHA COMUM A AMBOS OS MÉDICOS:

– Dr. Marcos Ricardo, brasileiro, casado, médico, CRM W00014, podendo ser localizado na Clínica XYZ, na Rua ZYX, nº XXX, Bairro das Clínicas, Município dos Médicos/MM, CEP XYZXXX.

CERTIDÃO[20]

CERTIFICO QUE ATÉ A PRESENTE DATA NÃO HOUVE MANIFESTAÇÃO DO DENUNCIANTE QUANTO À INDICAÇÃO DE TESTEMUNHAS CONFORME OFÍCIO DE FLS.

Funcionário

Data e Assinatura.

7.   MANIFESTAÇÃO DA ASSESSORIA JURÍDICA[21]

Processo Ético-Profissional n. 003/2020 – FDM

Despacho:

Ao jurídico para análise quanto às preliminares de mérito arguidas (se houver).

Designo audiência de instrução para o próximo dia 1º de junho, às 15h.

Intimem-se os Denunciados, bem como eventuais testemunhas arroladas.

Conselheiro Instrutor.

PARECER DA ASSESSORIA JURÍDICA

O TAC é uma prerrogativa do Conselheiro Sindicante, conforme artigo 23, parágrafo primeiro do CPEP.

---

[20]   Mesmo que o Denunciante não tenha se manifestado quanto à abertura do PEP, tampouco arrolado testemunhas, ele permanece como parte, sendo intimado de todos os atos processuais, exceto se, por algum motivo específico e excepcional, o Conselheiro Instrutor propuser a sua substituição pelo CRM *ex officio*, em aditamento próprio.

[21]   Em regra, quando há preliminares de mérito arguidas, os autos são encaminhados ao Departamento Jurídico para parecer.

A nulidade na fase de sindicância não afeta o PEP.
(JURISPRUDÊNCIA).

Opinamos pelo **não acolhimento da nulidade arguida**, prosseguindo o feito em seus ulteriores termos.

Despacho:

Acolho *in totum* o parecer da assessoria jurídica.
Designo audiência de instrução para o dia ( ), às 15h.

Intime-se.
Conselheiro Instrutor.

8.   AUDIÊNCIA DE INSTRUÇÃO[22]

A ata deve refletir a realidade, sendo uma obrigação do Conselheiro Instrutor redigi-la de forma fiel ao ato.

[DEPOIMENTOS]

[AS TESTEMUNHAS DEVEM FIRMAR "COMPROMISSO DE VERDADE"]

Encerrada a instrução processual, fica concedido o prazo de 15 dias para que os Denunciados apresentem suas alegações finais, na forma do art. 79 do CPEP, já saindo devidamente intimados. NADA MAIS.
Assinatura das partes:

Despacho:[23]
Encaminho os autos à Assessoria Jurídica para parecer quanto à aptidão dos autos para ser submetido à Sessão de Julgamento, na forma do art. 84 do Código de Processo Ético-profissional.

Conselheiro Instrutor.

---

22   A audiência de instrução é regulamentada pelo artigo 58 e seguintes do CPEP, e pode ser realizada em única data ou designada em datas distintas. O Denunciado é ouvido por último, tendo direito de fazer perguntas a todos os participantes.

23   O encaminhamento à Assessoria Jurídica nesta fase processual é obrigatório.

MANIFESTAÇÃO DA ASSESSORIA JURÍDICA

Estando o presente processo ético-profissional **apto** para julgamento, encaminho ao Ilustre Conselheiro Corregedor para as ulteriores providências.

Assessoria Jurídica.

CONSELHEIRO CORREGEDOR

Despacho:

Designo julgamento do presente feito para o dia [ ], às 10horas.

Intimem-se os Denunciados, com 10 dias de antecedência, conforme art. 88 do CPEP.

Fica designado o Conselheiro Dr. como Relator no presente feito.

Assinatura.

Conselheiro Corregedor

9. JULGAMENTO DO PROCESSO ÉTICO-PROFISSIONAL

Relatório. Voto

Processo Ético-Profissional n

Relator designado:

RELATÓRIO

PARTE EXPOSITIVA[24]

Trata-se do julgamento em processo ético-profissional instaurado em face dos Doutores Daniel Marcos e Luiz José, por possível infração aos artigos 1º e 17 do Código de Ética Médica.

O RELATÓRIO CONCLUSIVO DA SINDICÂNCIA consta assim resumido:

Trata-se de sindicância ético-profissional instaurada a partir de denúncia formulada perante este Casa, na qual o Denunciante relata que:

> *O Denunciante, na data de 20 de fevereiro de 2021, por volta das 23h, andava de bicicleta próximo à sua residência quando, infelizmente, veio a colidir com um carro, sofrendo dois*

---

[24] Tal como ocorrido na fase de sindicância, a parte expositiva do Voto do Relator compreende um resumo do processo, desde a denúncia inicial, até as alegações finais.

cortes profundos na mão esquerda, sendo um no polegar, com rompimento de tendão, e outro no punho, com rompimento do nervo mediano.

Imediatamente foi conduzido ao Hospital do Bairro, recebendo atendimento médico por parte do médico, Dr. Carlos Paulo, CRM X00012, clínico geral, que indicou avaliação por ortopedista, e aplicou-lhe medicação para controle da dor.

O Denunciante foi avaliado ainda durante a madrugada entre os dias 20 e 21 de fevereiro pelo ortopedista, Dr. Daniel Marcos, CRM Y00013, que indicou procedimento cirúrgico de urgência para correção o quanto antes, principalmente do punho, diante do rompimento do nervo mediano.

Realizados os exames pré-operatórios e uma ultrassonografia que confirmou o rompimento do nervo mediano, o Denunciante foi informado que aguardava apenas a liberação do procedimento por parte de seu plano de saúde.

Após 9 dias de internação, preparando-se todas as noites para a cirurgia, ela foi realizada no dia 01 de março de 2021, com alta médica no dia subsequente, dia 02 de março, sendo que ainda estava com fortes dores no local, mesmo com toda a medicação analgésica indicada pelo médico cirurgião.

Retorna, o Denunciante, para consulta com o médico cirurgião que indica necessidade de fisioterapia para melhora da dor e restabelecimento dos movimentos da mão esquerda, ainda bastante limitados, inclusive em razão da dor.

Sem conseguir melhora substancial, o Denunciante passa por uma consulta com outro profissional, também ortopedista, aos 20 de março de 2021, Dr. Marcos Ricardo, CRM W00014, que indica pela correição do procedimento realizado, mas indica novos medicamentos para controle da dor, também sem resultados efetivos, sendo que o movimento da mão não apresenta melhora.

Passados alguns meses sem que o Denunciante consiga retornar seus movimentos plenos, no mês de junho de 2021, procura um Neurocirurgião, Dr. Luiz Augusto, CRM R000015, que aponta a necessidade de novo procedimento cirúrgico, realizado aos 10 de junho, e afirma que o procedimento, diante da complexidade, não deveria jamais ter sido realizado por ortopedista, vez que envolvia uma correção do plexo braquial.

Após este novo procedimento, consegue melhora da dor e observa avanço significativo dos movimentos, com ajuda de fisioterapia.

(...)

Quanto à conduta dos médicos envolvidos, destacamos:

- **Dr. Carlos Paulo – Clínico geral – 1º médico a atender o paciente**
  - *Deve ser analisado se houve o pedido de urgência/emergência para a realização da cirurgia, já que houve um lapso temporal de 10 dias entre o acidente e a primeira cirurgia.*
  - *Acaso houvesse o pedido de urgência/emergência a autorização da cirurgia deveria ser em, no máximo, 48 horas.*
  - *Não foi solicitado exame de imagem, nem mesmo para saber se houve fratura. Talvez um exame mais acurado pudesse ter elucidado melhor a lesão e um encaminhamento e tratamento mais efetivo, demonstrando uma negligência.*

- *Dr. Daniel Marcos – Cirurgião ortopedista*
  - *Sua conduta deve ser investigada para saber se ele detinha as habilidades e formação necessárias à realização da cirurgia ou se, por envolver lesão de nervo, deveria ter chamado/encaminhado para o neurocirurgião.*
  - *Como foi a primeira cirurgia, tal conduta deve ser investigada para saber se houve alguma negligência, imperícia ou imprudência e se o procedimento foi realizado dentro do preconizado na literatura médica.*

- *Dr. Marcos Ricardo (atendimento em 20/03/2021 – ortopedista)*
  - *O atendimento foi realizado 20 dias após a cirurgia e só foi prescrito medicamento para controle da dor.*
  - *Averiguar se caberia a solicitação de algum exame ou procedimento para avaliar como estava a evolução do procedimento cirúrgico, caracterizando uma possível negligência.*

- *Dr. Luiz Augusto – Neurocirurgião*
  - *Avaliar a cirurgia realizada, se houve negligência, imprudência ou imperícia.*
  - *Avaliar se a neurólise teve que ser realizada em decorrência da demora da cirurgia anterior ou se pela técnica utilizada pelo ortopedista cirurgião, que causou um dano ao paciente.*

- *Diretor técnico do plano de saúde*
  - *Como o diretor técnico responde pelo plano de saúde, sua conduta seria investigada para saber o motivo do lapso temporal de 10 dias entre a solicitação da cirurgia e a efetivação da mesma.*
  - *Havendo omissão ou negativa indevida do plano de saúde, o diretor técnico responderá perante o Conselho.*

Instados a se manifestarem, os Denunciados apresentaram as seguintes manifestações, representados por único advogado, cujo resumo assim transcrevemos:

II – Do Mérito da Manifestação
Individualizando as condutas, importante o destaque individual acerca da participação de cada profissional mencionado na Denúncia ética.

II.a – Dr. Carlos Paulo
O médico em questão foi o primeiro a ter contato com o paciente, ao avaliá-lo na chegada ao Hospital. Como Clínico Geral realizou os atos necessários para estabilizar a situação, controlar a dor, chamando a avaliação imediata do ortopedista, diante da gravidade inicial do caso.

Assim, realizou sua função de forma eticamente correta, sem causar nenhum dano ao paciente. O protocolo de atendimento foi devidamente observado no caso concreto, considerando a entrada do paciente pelo sistema de urgência do hospital, com triagem imediata e avaliação médica eficiente.

II.b – Dr. Daniel Marcos

O Dr. Daniel realizou o procedimento cirúrgico tão logo houve a autorização do plano de saúde, utilizando-se da melhor técnica em benefício do seu paciente.

Formado pela Universidade Estadual há 10 anos, é especialista em ortopedia, cirurgião, com RQE registrado no CRM sob n. 1234.

O quadro do paciente era estável no momento da cirurgia, mas, infelizmente, um pouco tardio em razão da demora do plano de saúde, fato alheio à sua vontade e à sua atividade.

As sequelas relatadas pelo Denunciante, infelizmente, decorrem do próprio acidente, demandando recuperação lenta, através da prática da fisioterapia, não existindo comprovação nos autos de que, de fato, ele estaria realizando.

A correção do nervo e a do tendão são práticas bastante delicadas, e que não se esgotam pelo procedimento cirúrgico, por vezes, demandando novo procedimento, como o realizado pelo médico neurocirurgião.

Ocorre que o Denunciante, naturalmente impaciente com a sua lenta e natural recuperação, não seguiu as devidas recomendações médicas, o que afasta a responsabilidade do Denunciado no caso em tela.

Não há, portanto, sequer indícios de infração ética a justificar a abertura de processo ético em face do Denunciado.

II.c – Dr. Marcos Ricardo

O Médico acima indicado teve pouca ou quase nenhuma participação no feito, na medida em que realizou uma única consulta com o paciente, avaliando a situação de sua cirurgia que, aparentemente, estava correta.

Prescreveu medicação específica para controle da dor, e indicou a continuidade da fisioterapia pelo paciente, no total de ( ) sessões, retornando após. Infelizmente, o paciente não deu continuidade ao atendimento pelo Dr. Marcos Ricardo, deixando de comparecer a consultas posteriores para uma melhor avaliação.

Neste contexto, não há que se falar em qualquer forma de infração ética pelo Denunciado.

II.d – Dr. Luiz Augusto

Dr. Luiz Augusto foi o último médico a ter contato com o paciente e, quanto a ele, não há queixas. O médico, neurocirurgião, em último procedimento realizado, conseguiu melhorar bastante o quadro do paciente, com sequelas naturais em razão do acidente grave.

Importante destacar que a correção total do movimento da mão do Denunciante, bem como o controle efetivo das dores, ainda demandará tempo e, principalmente, a sua participação ativa junto a acompanhamento por fisioterapia e medicação.

Portanto, não há que se cogitar a abertura de processo ético em face do médico em questão.

III – Conclusão. Pedidos e Requerimentos

Diante do exposto, requer seja a presente sindicância arquivada ante a total ausência de indícios de infração ética.

Outrossim, caso entenda como necessário, requer-se ao I. Conselheiro Sindicante que intime o Denunciante a complementar a denúncia, na medida em que faltam alguns elementos essenciais ao pleno esclarecimento do feito, tais como as fichas de fisioterapia realizada no período.

Também é importante que seja requerido, ao Hospital do Bairro, cópia integral do prontuário do paciente, para melhor avaliação do caso.

(RESUMO DO RELATÓRIO CONCLUSIVO DA SINDICÂNCIA, DA DEFESA PRÉVIA, DOS DEPOIMENTOS E DAS ALEGAÇÕES FINAIS)

[NESTE MOMENTO ENCERRA-SE A LEITURA DO RELATOR].

É concedido prazo de 10 minutos às partes para a respectiva sustentação oral. Logo após, são abertos os debates e esclarecimentos pelos Conselheiros presentes à Sessão de Julgamento.

Após os debates é concedido novo prazo de 5 minutos às partes para sustentação oral.

[RETOMA-SE A LEITURA DO VOTO PELO RELATOR]

PARTE CONCLUSIVA[25]

VOTO

I.   DAS PRELIMINARES

Em que pese a louvável tese argumentativa do advogado do denunciado a quem rendo os meus elogios, rejeito a preliminar, com relação ao fato de que não lhe foi oportunizada a assinatura do Termo de Ajuste de Conduta, vez que a oferta de Termo de Ajuste de Conduta é facultativa ao Conselheiro Sindicante (nos termos do artigo 23, § 1º do CPEP).

II.   QUANTO À CULPABILIDADE

O caso clínico em questão demanda uma análise específica sob dois aspectos: um deles é a expectativa do paciente em uma rápida recuperação e outra quanto à postura dos médicos envolvidos.

A respeito da conduta relativa ao **Dr. Daniel Marcos**, o parecer conclusivo da sindicância restringiu sua participação no caso quanto a eventual alta médica precoce, na medida em que o paciente ainda estava alegando dor e ausência de movimentação da sua mão.

Neste caso, **não vejo culpabilidade do médico**. A recuperação desse tipo de cirurgia é efetivamente lenta, e depende muito da participação ativa do paciente, na realização de sessões de fisioterapia.

A obrigação do médico é de meios e não de resultado e, no caso em tela, resta inconteste que o procedimento fora devidamente realizado, de acordo com as provas colhidas, **o que nos impõe a absolvição do Dr. Daniel Marcos**, com relação ao artigo 1º do Código de Ética Médica.

---

[25]   Neste tópico o Conselheiro Relator apresenta o seu voto.

Quanto ao **Dr. Luiz José**, foram duas as condutas imputadas, sendo uma pelo artigo 1º, ante a possível demora na realização da cirurgia e outra pelo artigo 17, diante da ausência de resposta ao chamado deste Conselho, durante a fase de sindicância.

Segundo a documentação constante dos autos, não é normal aguardar que uma cirurgia demore 9 dias para ser liberada pelo Plano de Saúde, fato incontroverso. Por outro lado, o Dr. Luiz José não conseguiu trazer aos autos nenhum documento efetivo que pudesse demonstrar a sua atuação efetiva perante o caso, apenas alegando que houve uma falha administrativa.

Ele, enquanto responsável técnico, teria o dever de acompanhar o caso e verificar as razões da demora e isso, por óbvio, causou dano ao paciente estando apenas com controle da dor, retardando o procedimento cirúrgico e exposto, por mais tempo, ao ambiente hospitalar desnecessariamente. Por tal razão, entendo pela sua culpabilidade neste aspecto.

No que se refere à aplicação do artigo 17, vejo que o fato de ele não ter comparecido à sindicância, apenas a ele gerou prejuízo, pois viu-se obrigado a responder um processo ético--profissional que poderia ter sido resolvido ainda naquela fase, acaso tivesse comparecido oportunamente.

Portanto, **voto pela absolvição quanto ao artigo 17, contudo pela punição em razão do dano causado ao paciente na demora pela autorização do procedimento cirúrgico.**

III. QUANTO À CAPITULAÇÃO

Acolhendo em parte os argumentos da defesa, afasto a incidência do artigo 17 do Código de Ética Médica quanto ao Dr. Luiz José, **mas aplico-lhe o artigo 1º**, em que é vedado ao médico "Art. 1º. Causar dano ao paciente, por ação ou omissão, caracterizável como imperícia, imprudência ou negligência".

IV. QUANTO À PENA A SER APLICADA

Considerando que se trata de primeiro processo ético-profissional do Denunciado, além das características do caso, aplico-lhe a pena de 'advertência confidencial em aviso reservado', pena 'a', prevista no artigo 22 da Lei 3.268/1957.

É como voto.

Conselheiro Relator.

- [ENCERRADA A LEITURA DO VOTO DO RELATOR, O CONSELHEIRO PRE-SIDENTE INICIA A CONTAGEM DOS VOTOS ENTRE OS PRESENTES QUE PODEM SOLICITAR VISTAS DOS AUTOS OU APRESENTAR VOTO DIVER-GENTE PARA APRECIAÇÃO E VOTAÇÃO. AO FINAL É APRESENTADO O RESULTADO DO JULGAMENTO]

Observações Importantes:

Esta é uma minuta de processo ético hipotético, da denúncia até o respectivo julgamento pelo Regional.

Para compreender a estrutura recursal, bem como as eventuais questões relacionadas à prescrição e a competências/instâncias julgadoras, indica-se verificar os capítulos respectivos do presente livro.

No CFM, o julgamento do recurso segue o mesmo rito procedimental.

Lembra-se que todo o presente processo simulado foi elaborado para fins acadêmicos, não possuindo qualquer relação com dados concretos reais.